WILD
500 REZEPTE

Holger Vornholt

WILD
500 REZEPTE

HEEL

HEEL Verlag GmbH
Gut Pottscheidt
53639 Königswinter
Tel.: 02223 9230-0
Fax: 02223 9230-13
E-Mail: info@heel-verlag.de
www.heel-verlag.de

Autor: Holger Vornholt
Satz und Gestaltung: Noch & Noch, Menden
Lektorat: Katrin Beisel, Ulrike Reihn-Hamburger

Bildnachweis:
StockFood: © Alack, Chris (90); © BBS (301); © Bischof, Harry (103, 160); © Boyny, Michael (78); © Carlott, Caspar (121); © Caste, Alain (226, 229); © David Loftus Limited (394); © Eising Studio – Food (20, 21, 46, 51, 71, 82, 87, 88, 96, 99, 107, 185, 213, 218, 289, 295, 342); © Foodcollection GesmbH (56, 76); © Gerlach, Hans (157); © Gregson, Jonathan (283); © Hailight (182); © Heinze, Winfried (211, 330); © Holz, Jürgen (70); © Jones, Huw (273, 385); © Kaktusfactory, Ninprapha Lippert (60); © Koeb, Ulrike (158); © Kompatscher, Anneliese (73); © Lehmann, Herbert (244, 280); © Liebenstein, Jana (177); © Rees, Peter (55, 81); © Schardt, Wolfgang (256); © Sporrer/Skowronek (29, 361); © Stiepel, Kai (252); © Studio Schiermann (31); © Teubner Foodfoto GmbH (136, 149, 166); © Volk, Fridhelm (24); © Westermann, Jan-Peter (49, 52, 247); © Winkelmann, Bernhard (224); © Zandecki, Lukasz (208)
Photocuisine: © Asset (391); © Bagros (141); © Czap (109, 339); © Desgrieux (369); © Food & Drink (274); © Hendrickx/Supperdelux (397); © Leser (220); © Mallet (377); © Marielle (317); © Riou (345); © Rivière (207); © Ryman Cabannes (346, 350, 402); © Viel (324)
Fotolia: © Africa Studio (114, 126, 314); © aleksander1 (Gans-, Enten-, Strauß-Silhouette); © Andrea Sachs (268); © Alexander Potapov (Reh-Silhouette); © Andreja Donko (201); © ArtHdesign (232/233); © axepe (298); © Bernd Jürgens (14); © BeTa-Artworks (38); © blende40 (43, 311); © Bob Rannells (279); © by-studio (221); © Candy9 (Schnepfen-, Rebhuhn-, Wachtel-, Rotwild-Silhouette); © chris2766 (374); © chrismr (388); © Comugnero Silvana (171, 253); © Coprid (134); © Dalmatin.o (130, 172); © Darius Dzinnik (155); © Dionisvera (154); © Ellie Nator (Hasen-, Kaninchen-Silhouette); © Es75 (122); © ExQuisine (117); © eyewave (265); © FOOD-images (12, 223); © FOOD-pictures (328/329); © fotografiecor (16/17); © fox17 (131); © Gerhard Faktor (94/95); © gudrun (292); © Harald Lange (34); © Hastra (118); © Hero (132); © hfox (198); © HLPhoto (15 o., 236); © Ideenkoch (19, 133); © Igor Dutina (135); © Jack Ladowski (15 u.); © jh Fotografie (366); © Jörg Beuge (129); © Johannes D. Meyer (262/263);© Juan Pablo Fuentes (336); © kab-vision (315); © Kathrin39 (142); © kristina rütten (124, 127); © Lucky Dragon (258); © M.studio (251); © Maksim Toome (281); © Manuel calle (183); © MartaSzloser (312); © Martina Berg (320); © mica (164); © mipstudio (277); © Natika (102); © Naturfoto-Ottmann.de (358); © palomita0306 (238); © Perysty (Perlhuhn-Silhouette); © photocrew (39, 57); © Photohunter (8, 66); © Richard Villalon (334); © S.E. shooting (178); © Schellig (152); © scis65 (186); © © Sergey Yakovlev (Wildschwein-Silhouette); Silvano Rebai (192/193); © snyggg.de (Damwild-Silhouette); © st-fotograf (242); © Svenja98 (303); © tbob j. affelwoolf (Fasanen-, Tauben-Silhouette); © TwilightArtPictures (11); © TwilightArtPictures (115); © UMA (65, 145); © Viktoria (Gämsen-, Mufflon-Silhouette); © Wolfgang Kruck (174); © womue (335, 347, 393); © Yanterric (305); © ZIHE (58/59); © zolastro (104)
Cover: © Fotolia/snyggg.de
Coverrückseite: StockFood: © Volk, Fridhelm (li), © Studio Schiermann (Mi), © Newedel, Karl (re)
Covergestaltung: Axel Mertens

Printed in Italy

ISBN 978-3-86852-541-0

Inhalt

Vorwort

Der Genuss von Wild stellt für viele Feinschmecker einen kulinarischen Höhepunkt dar. Der Geschmack von Wildbret unterscheidet sich grundlegend vom Fleisch geschlachteter Haustiere. Im Gegensatz zu diesem ist Wildbret ein reines Naturprodukt, das ohne das Zutun des Menschen entstanden und dementsprechend natürlich und rein ist. Gleichzeitig ist der Verzehr von Wildbret die ursprünglichste Form des Fleischgenusses, der bereits auf die nomadischen Sammler und Jäger der Steinzeit zurückgeht.

In den Zeiten globaler Warenströme kommt heute nicht nur heimisches Wild, sondern immer mehr Fleisch von Wildtieren aus anderen Ländern und Kontinenten in den Handel, etwa Perlhühner aus Südeuropa, Rothirsch aus Neuseeland oder Straußenfleisch aus Afrika. Ein großer Teil dieser Ware stammt allerdings auch von nicht geschossenen sondern geschlachteten Wildtieren aus Farmen oder Wildgehegen. So ist Wildbret heute unabhängig von der Jagdsaison meist das ganze Jahr über gleichmäßig erhältlich.

Dennoch sind die geschossenen oder auf Farmen erzeugten Mengen an Wildfleisch wesentlich kleiner als die für den täglichen Konsum gezogenen Fleischmengen der industriellen Massentierhaltung. Folglich ist Wild heute nach wie vor ein Festmahl, das man nur zu bestimmten Anlässen servieren wird, etwa für liebe Gäste. Aus diesem Grund sind alle Rezepte in diesem Band auf Mengen berechnet, die man für ein Mahl mit 6 Personen benötigt. Für eine abweichende Personenzahl kann man die in den Zutatenlisten angegebenen Mengen jedoch auch leicht hoch- oder herunterrechnen, ohne dass die Rezepte darunter leiden. Bei den für 6 Personen notwendigen Mengen der Zutaten ist zu beachten, dass man gegebenenfalls portionsweise arbeiten muss und bestimmte Zubereitungsschritte der Fleischstücke auch nach und nach durchführen kann, etwa beim Anbraten von Geflügel vor dem Braten oder Schmoren.

Beim Einkauf von Wildbret sollte man auf jeden Fall den Metzger bitten, das Fleisch bereits so vorzubereiten, dass man selbst lästige, zeitraubende Arbeiten wie das Rupfen von Geflügel, das Abbalgen von Hasen oder Kaninchen, das Ausweiden sowie das Ausbeinen und zerlegen nicht mehr vornehmen muss. Darüber hinaus empfiehlt es sich, die Rezepte bereits vor dem Einkauf gründlich zu studieren, denn in vielen Fällen muss das Wildbret vor der Zubereitung gebeizt oder mariniert werden, was manchmal nur einige Stunden, manchmal aber auch mehrere Tage dauern kann.

Die in den Rezepten angegebenen Garzeiten der Fleischstücke sind Richtwerte. Anders als bei den standardisierten Fleischsorten aus der Intensiv-Landwirtschaft handelt es sich bei jedem einzelnen Wildbret um ein individuelles Stück. Da die Garzeiten von Fleisch in direkter Beziehung zu seiner inneren Struktur stehen, hängen sie direkt von der Größe und dem Alter des erlegten Tieres ab. Mit anderen Worten: Das Fleisch einer großen, alten Ente beispielsweise gart langsamer als das eines kleineren, jüngeren Artgenossen. Hier sind also die Erfahrung, das Fingerspitzengefühl und die Beobachtungsgabe des Kochs gefragt. Wer sichergehen will sollte ein Bratenthermometer benutzen.

Für die Zubereitung im Backofen ist zu beachten: Die angegebenen Temperaturen beziehen sich auf Ober-/Unterhitze beim Elektroherd. Für andere Herdarten ergeben sich unter Beibehaltung der Garzeiten folgende entsprechende Werte:

Temperatur Ober/Unterhitze (Grad)	Temperatur Umluft (Grad)	Gas Stufe
150	130	1
160	140	1
170	150	1–2
180	160	2
190	170	2–3
200	180	3
210	190	3–4
220	200	4
230	210	4–5
240	220	5
250	230	5–6

Eine Geschmackssache ist die Auswahl des zum Braten verwendeten Fetts. In den vorliegenden Rezepten wird meist Olivenöl oder Butterschmalz benutzt, doch kann man auch je nach eigener Vorliebe jede andere Art von Fett oder Öl nehmen, das sich zum Braten eignet. Nicht so gut eignen sich hingegen Butter oder Margarine, da man mit ihnen wegen des hohen Wasseranteils nicht die nötigen hohen Temperaturen erzielen kann, die man zum Braten benötigt. In der Regel wird die Butter vorher bräunen und die Margarine zu spritzen anfangen.

Ebenfalls dem Geschmack des Kochs und ein wenig auch seiner Fantasie überlassen ist die Wahl der passenden Beilage zu den einzelnen Wildrezepten. Von Reis, Nudeln oder Spätzle über Kartoffeln in allen Varianten bis hin zu Klößen, Knödeln oder Polenta reicht hier die Spannbreite. Oder warum nicht einmal einfach nur einen Salat und Weißbrot zu einem Wildgericht reichen? Der Genuss wird in allen Fällen unvergleichlich sein.

Das Damwild

Der Damhirsch *(Dama dama)* ist durch das typische Schaufelgeweih der männlichen Tiere und das gefleckte Sommerfell beider Geschlechter sehr gut vom Rothirsch oder vom Reh zu unterscheiden. Er ist größer als das Reh, aber kleiner als der Rothirsch. Männliche Tiere („Hirsche“) erreichen bei einer Körperlänge von ca. 200 cm ein Gewicht von maximal 150 kg, Weibchen („Tiere“) bis 60 kg und Jungtiere („Kälber“) bis 25 kg. Als Lebensräume bevorzugen die tagaktiven Damhirsche offene Landschaften mit einem lebhaften Wechsel von Waldstücken, Gebüschland, Feldern, Wiesen und Weiden. Hier finden sich auch ihre festen Brunftplätze, auf denen sie sich oft über Jahrzehnte hinweg jedes Jahr ihr Stelldichein geben.

Damhirsche stammen ursprünglich wohl aus Kleinasien und dem Orient, doch bereits in der Antike führten die Römer die edlen Hirsche in vielen anderen Regionen ihres Reiches ein und wilderten sie dort aus. Einen weiteren Schub erhielt das Verbreitungsgebiet im 17. und 18. Jahrhundert, als die absolutistischen Herrscher in ganz Europa Damhirsche als begehrtes Jagdwild für den Adel in ihren Ländern heimisch machten. Die größten Bestände existieren heute in Großbritannien.

Seit der Ausrottung von Wolf und Bär besitzt der Damhirsch bei uns keine natürlichen Feinde mehr, lediglich sehr junge Jungtiere können den Angriffen von Füchsen oder großen Greifvögeln zum Opfer fallen. Ohne Regulierung durch die Jagd würden die Bestände daher unkontrolliert wachsen. Deshalb müssen jedes Jahr so viele Damhirsche geschossen werden, wie Jungtiere geboren werden. Man schätzt, dass jährlich im Herbst bis zu einem Drittel aller erwachsenen Damhirsche von Jägern zur Strecke gebracht werden. Die Schonzeiten des Damwilds richten sich nach den Fortpflanzungszeiten („Setzzeiten“) und reichen meist von Februar bis August, die Jagdzeit liegt folglich im Zeitraum von September bis Januar. Noch nicht geschlechtsreife Tiere dürfen bereits ab Juli geschossen werden.

In der Küche besonders begehrt ist das Fleisch der Kälber, der noch nicht zu alten Hirsche („Schmalspießer“) und der Tiere („Schmaltiere“). Es ist hell bis rotbraun gefärbt und liefert besonders wohlschmeckende, zarte und saftige Braten, Keulen, Koteletts und Filets. Vielerorts wird Damwild auch in Gatterhaltung aufgezogen. Das Fleisch dieser Tiere steht dem Markt das ganze Jahr über zur Verfügung. Man mariniert oder beizt es und gart oder schmort es im Backofen.

Rühirei mit Damhirsch und Gemüse

Für 6 Personen

Zutaten

2 große Zwiebeln
3 Knoblauchzehen
3 mittelgroße Kartoffeln
3 mittelgroße Zucchini
3 EL gehackte glatte Petersilie
4 EL Olivenöl
1 kg Hackfleisch vom Damhirsch
Meersalz
frisch gemahlener schwarzer Pfeffer
9 große Eier

1 Zwiebeln und Knoblauch abziehen und fein hacken. Die Kartoffeln schälen und würfeln. Die Zucchini waschen und in Scheiben schneiden. Die Petersilie waschen, trocken tupfen und fein hacken.

2 In einer großen, tiefen Bratpfanne das Olivenöl erhitzen und die Zwiebeln und den Knoblauch darin 5 Minuten weich dünsten. Das Fleisch dazugeben, 10 Minuten braun anbraten und mit Salz und Pfeffer würzen. Die Kartoffeln zugeben und 10 Minuten mitbraten. Dann die Zucchini hinzufügen und weitere 10 Minuten braten, dabei gelegentlich umrühren. Wenn die Kartoffeln und Zucchini beinahe gar sind, zwei Drittel der Petersilie und die Eier darüber geben und gut umrühren, um das Eigelb aufzubrechen. 5 Minuten weiter braten, bis die Eier fest sind. Auf vorgewärmten Tellern anrichten, mit der restlichen Petersilie bestreuen und sofort servieren.

Schmortopf vom Damhirsch

Für 6 Personen

Zutaten

1,2 kg küchenfertiges Gulasch vom Damhirsch
400 g Aprikosen (aus der Dose)
500 g kleine Kartoffeln
3 EL gehackte Korianderblätter
250 g Erbsen (TK)
150 ml Gemüsebrühe
Meersalz
frisch gemahlener schwarzer Pfeffer
350 ml trockener Rotwein

1 Den Backofen auf 190 °C vorheizen. Das Fleisch waschen und trocken tupfen. Die Aprikosen abgießen, die Flüssigkeit auffangen. Die Kartoffeln abbürsten, die Korianderblätter fein hacken. Das Gulasch in einen Schmortopf geben und mit Aprikosen, Kartoffeln, Erbsen und drei Vierteln des Korianders bedecken. Mit der Gemüsebrühe beträufeln und leicht salzen und pfeffern. Den Aprikosensaft mit Wein auf 500 ml auffüllen. Über die Speisen träufeln und 15 Minuten ziehen lassen. Alles gut vermischen, dann den Topf dicht verschließen und 60–90 Minuten backen, bis das Fleisch schön zart ist. Dabei gelegentlich etwas Aprikosenwein angießen, wenn die Sauce zu trocken wird.

2 Auf vorgewärmten Tellern anrichten, mit dem restlichen Koriander garnieren und heiß servieren.

Scharfe Fleischbällchen vom Damhirsch

1 Für die Fleischbällchen die Chilischoten waschen und sehr fein schneiden. Den Ingwer fein hacken, den Knoblauch abziehen und pressen. Koriander und Petersilie waschen, trocken tupfen und fein hacken. Eine halbe Zitrone auspressen. Alles mit den restlichen Zutaten in einer großen Schüssel vermengen. Den Teig 5 Minuten kneten, um alles sehr gut zu vermischen. Walnussgroße Fleischbällchen formen und auf einer Platte beiseitestellen.

2 Für den Eintopf die Zwiebeln und den Knoblauch abziehen und sehr fein würfeln. Die Paprika waschen, entkernen und in Stücke schneiden. Die Kartoffeln schälen und würfeln. Das Olivenöl in einem Schmortopf erhitzen und die Zwiebeln ca. 7 Minuten weich und leicht golden dünsten. Tomaten, Chilipulver, Salz, Knoblauch und Kurkuma hinzufügen und bei geringer Hitze ca. 25 Minuten kochen, bis sich das Öl an der Oberfläche absetzt.

3 Die Paprika, die Kartoffeln und die vorbereiteten Fleischbällchen dazugeben, die Brühe einrühren und zugedeckt 30 Minuten köcheln lassen. Gelegentlich umrühren. Inzwischen eine halbe Zitrone auspressen und den restlichen Koriander fein hacken.

4 Den Zitronensaft einrühren, die Fleischbällchen mit dem Eintopf auf vorgewärmten Tellern anrichten und mit Koriander garniert servieren.

Für 6 Personen

Zutaten für die Fleischbällchen:

2 grüne Chilischoten
1 TL gehackter Ingwer
2 Knoblauchzehen
2 EL gehackte Korianderblätter
2 EL gehackte glatte Petersilie
½ Zitrone
1,2 kg Hackfleisch vom Damhirsch
2 EL gemahlener Koriander
1 TL rote Chilipaste
Meersalz
1 TL gemahlenes Kurkuma-Pulver
1 TL Garam Masala

Zutaten für den Eintopf:

1 rote Zwiebel
1 mittelgroße Zwiebel
2 Knoblauchzehen
1 rote Paprika
1 grüne Paprika
1 gelbe Paprika
6 große Kartoffeln
4 EL Olivenöl
400 g gehackte Tomaten aus der Dose, mit Saft
1 EL rotes Chilipulver
½ TL gemahlenes Kurkuma-Pulver
500 ml Gemüse- oder Fleischbrühe
½ Zitrone
2 EL gehackte Korianderblätter

Exotisches Damhirsch-Gulasch

Für 6 Personen

Zutaten

100 g Sultaninen
6 feste reife Birnen
2 Zimtstangen à 5 cm
2 rote Zwiebeln
12 Safranfäden
1 Bund frischer Koriander
1 Zitrone
2 unbehandelte Orangen
3 EL blanchierte Mandeln
1,2 kg küchenfertiges Gulasch vom Damhirsch
4 EL Butter
¼ TL gemahlener Kardamom
6 EL flüssiger Honig
4 EL Olivenöl
Meersalz
frisch gemahlener Nelkenpfeffer
250 ml trockener Rotwein

1 Die Sultaninen in warmem Wasser ca. 30 Minuten einweichen. Die Birnen waschen, vierteln und von den Kerngehäusen befreien. Die Zimtstangen längs halbieren. Die Zwiebeln abziehen und fein würfeln. Die Safranfäden fein zerkrümeln. Den Koriander mit Küchengarn zu einem Sträußchen binden, die Zitrone auspressen. Die Schale von 1 Orange abreiben, dann auspressen. Die andere Orange schälen und in Spalten zerteilen. Die Mandeln in einer Pfanne ohne Öl anrösten und beiseitestellen. Das Fleisch waschen und trocken tupfen.

2 In einem großen Schmortopf die Butter erhitzen und die Birnen darin 2 Minuten dünsten. Mit dem Kardamom bestreuen. Den Honig dazugeben und die Birnen darin unter Wenden rundum karamellisieren. Mit dem Schaumlöffel herausnehmen und beiseitestellen.

3 Das Olivenöl in den Topf geben und die Zwiebeln darin 7–8 Minuten golden braten. Das Fleisch und den Safran dazugeben, salzen und pfeffern und rundum goldbraun anbraten. Zimt, Sultaninen und Koriander hinzufügen, Zitronensaft und Rotwein einrühren. Aufkochen und zugedeckt 60–70 Minuten köcheln lassen, bis das Fleisch gar ist. Birnen, Orangenschale, -spalten und -saft hinzugeben und ohne Deckel 10 Minuten köcheln lassen.

4 Koriander und Zimtstangen entfernen. Auf vorgewärmten Tellern anrichten und mit den Mandeln bestreut servieren.

Hirschgulasch mit Maronengemüse

Für 6 Personen

Zutaten

500 g Maronen
2 Knoblauchzehen
3 rote Zwiebeln
3 große Karotten
3 feste reife Tomaten
1 EL gehackte Rosmarinblätter
150 g Frühstücksspeck
1,2 kg küchenfertiges Gulasch vom Damhirsch
4 EL Olivenöl
Meersalz
frisch gemahlener schwarzer Pfeffer
500 ml trockener Rotwein
1 Lorbeerblatt

1 Den Backofen auf 250 °C vorheizen. Die Maronen an der spitzen Seite kreuzweise einschneiden, kurz im Backofen anrösten, schälen und klein schneiden. Die Hitze auf 150 °C reduzieren. Knoblauch und Zwiebeln abziehen und fein würfeln. Die Karotten schälen und klein schneiden. Die Tomaten abwaschen und grob hacken. Die Rosmarinblätter fein wiegen. Den Frühstücksspeck klein schneiden. Das Fleisch waschen und trocken tupfen.

2 In einem feuerfesten Schmortopf das Olivenöl erhitzen und das Hirschgulasch mit dem Frühstücksspeck in Portionen jeweils 5–8 Minuten rundum braun anbraten. Das gesamte gebräunte Fleisch in den Topf geben, Knoblauch, Zwiebeln, Karotten und Tomaten hinzufügen und alles leicht anrösten. Salzen und pfeffern, mit dem Rotwein ablöschen, aufkochen lassen, den Rosmarin und das Lorbeerblatt dazugeben und im Backofen zugedeckt 30 Minuten backen.

3 Die Maronen einrühren und weitere 60 Minuten backen, bis das Fleisch sehr zart ist. Das Lorbeerblatt entfernen. Auf vorgewärmten Tellern anrichten und sofort servieren.

Winter-Eintopf vom Damwild

Für 6 Personen

Zutaten

3 Zwiebeln
6 Knoblauchzehen
3 Karotten
2 Stangen Sellerie
500 g kleine Champignons
6 große Kartoffeln
1 EL gehackte Thymianblätter
1 EL gehackte Majoranblätter
6 Wacholderbeeren
1,2 kg küchenfertiges Gulasch vom Damhirsch
2–3 EL Weizenmehl
Meersalz
frisch gemahlener schwarzer Pfeffer
4 EL extra-natives Olivenöl
2 EL Tomatenmark
500 ml dunkles Bier
125 ml Wildfond

1 Den Backofen auf 180 °C vorheizen. Zwiebeln und Knoblauch abziehen und fein würfeln. Karotten schälen, Sellerie waschen und putzen, beides klein schneiden. Die Champignons putzen (nicht waschen!) und in feine Scheiben schneiden. Die Kartoffeln schälen und klein schneiden. Rosmarin- und Thymianblätter fein wiegen. Die Wacholderbeeren in einem Mörser zerstoßen. Das Fleisch waschen und trocken tupfen. In einer flachen Schüssel Mehl, Salz und Pfeffer vermischen und das Fleisch darin wälzen, bis es gut paniert ist.

2 In einem großen Schmortopf das Olivenöl erhitzen und das Fleisch darin anbraten. Das Gemüse dazugeben und leicht anrösten. Mit Thymian, Majoran und Wacholderbeeren bestreuen. Tomatenmark, Bier und Wildfond in einer Schüssel vermengen, salzen, pfeffern und über das Fleisch und Gemüse geben. Zugedeckt 90–120 Minuten backen, bis das Fleisch sehr zart ist.

3 Auf vorgewärmten Tellern anrichten und sofort servieren.

Tschechisches Hirschgulasch

Für 6 Personen

Zutaten

3 Zwiebeln
2 Knoblauchzehen
Meersalz
2 grüne Paprikaschoten
1 rote Paprikaschote
1 grüne oder rote Chilischote
1 EL gehackte Majoranblätter
½ EL Kümmelsamen
1,2 kg küchenfertiges Gulasch vom Damhirsch
frisch gemahlener schwarzer Pfeffer
4 EL Olivenöl oder Butterschmalz
2 EL edelsüßes Paprikapulver
400 ml heiße Gemüsebrühe
400 g gehackte Tomaten aus der Dose
1 EL Weizenmehl
100 ml trockener Rotwein
scharfes Paprikapulver (nach Belieben)

1 Die Zwiebeln abziehen und in dünne Scheiben schneiden. Den Knoblauch abziehen, in Scheiben schneiden und in Salz zerdrücken. Die Paprika waschen, entkernen und in Streifen schneiden. Die Chilischote waschen, entkernen und fein hacken. Die Majoranblätter fein wiegen. Die Kümmelsamen in einem Mörser zerstoßen. Das Fleisch waschen und trocken tupfen.

2 Das Olivenöl oder Butterschmalz in einem großen Topf erhitzen und die Zwiebeln darin 5 Minuten weich dünsten. Das Fleisch dazugeben und ca. 8 Minuten rundum braun anbraten. Salzen und pfeffern und mit dem süßen Paprikapulver bestreuen. Ein paar Löffel von der heißen Brühe angießen und gut umrühren, bis das Fleisch mit dem Paprikapulver überzogen ist. Tomaten, Paprikaschoten, die Hälfte des Majorans, Kümmelsamen und Chili hinzugeben. Ca. 125 ml Brühe angießen, damit das Fleisch nicht am Topfboden anbrennt. Zugedeckt ca. 90 Minuten köcheln lassen, bis das Fleisch schön zart ist. Wenn der Eintopf zu trocken wird, etwas Brühe angießen.

3 Das Mehl mit 2 EL kaltem Wasser vermischen und in das Gulasch einrühren. Den Rotwein, den restlichen Majoran und den Knoblauch dazugeben und 10 Minuten köcheln lassen. Mit Salz, Pfeffer und scharfem Paprikapulver abschmecken.

4 Auf vorgewärmten Tellern anrichten und sofort servieren.

Hirscheintopf süß-pikant

1 Den Knoblauch abziehen und fein hacken. Kreuzkümmel- und Koriandersamen in einem Mörser zerdrücken. Das Mehl in einer flachen Schüssel salzen und pfeffern. Das Fleisch waschen, trocken tupfen, darin rundum wälzen und abschütteln.

2 In einer Kasserolle 500 ml Wasser zum Kochen bringen. Das Olivenöl in einem großen Topf erhitzen und das Fleisch darin 8–10 Minuten rundum braun anbraten. Herausnehmen und beiseitestellen, den Bratensaft im Topf lassen. Den Knoblauch in den Topf geben und eine halbe Minute dünsten. Kreuzkümmel, Koriander, Zimt und Lorbeerblatt dazugeben und 1–2 Minuten rösten, dann mit dem Sherry ablöschen und unter Umrühren einkochen lassen. Das kochende Wasser angießen und alles gut vermischen. Das Fleisch hinzufügen und zugedeckt bei geringer Hitze 60 Minuten köcheln lassen. Immer wieder umrühren.

3 Inzwischen den Lauch putzen und waschen, die Karotten schälen und beides klein schneiden. Die Kartoffeln abbürsten. Alles mit den Sultaninen hinzugeben, salzen und pfeffern und zugedeckt bei geringer Hitze ca. 60 Minuten köcheln lassen, bis Fleisch und Gemüse weich sind. Die Zitronenschale abreiben. Das Lorbeerblatt entfernen.

4 Auf vorgewärmten Tellern anrichten und mit der Zitronenschale bestreut servieren.

Für 6 Personen

Zutaten

4 Knoblauchzehen
1 TL Kreuzkümmelsamen
1 TL Koriandersamen
75 g Weizenmehl
Salz
frisch gemahlener weißer Pfeffer
1,2 kg küchenfertiges Gulasch vom Damhirsch
4 EL Olivenöl
1 TL Zimtpulver
1 Lorbeerblatt
100 ml süßer Sherry
3 Stangen Lauch
3 Karotten
16 kleine Kartoffeln
100 g Sultaninen
1 unbehandelte Zitrone

Hirschgulasch mit Rosinen, Mandeln und Honig

Für 6 Personen

Zutaten

¼ TL Safranfäden
3 cm frischer Ingwer
3 rote Zwiebeln
3 Knoblauchzehen
1,2 kg küchenfertiges Gulasch vom Damhirsch
4 EL Olivenöl
Meersalz
frisch gemahlener schwarzer Pfeffer
1 EL Honig
150 g Rosinen
100 g getrocknete Aprikosen
2 getrocknete Feigen
1 Zitrone
3 Zimtstangen à 5 cm
1 EL gehackte Korianderblätter
120 g geröstete Mandelplättchen

1 Den Safran in einer Pfanne ohne Öl 2–3 Minuten spröde rösten. In einer Tasse zerbröseln, mit etwas heißem Wasser aufgießen und 10 Minuten ziehen lassen. Den Ingwer schälen und fein reiben. Die Zwiebeln abziehen, 1 Zwiebel raspeln, 2 Zwiebeln fein würfeln. Den Knoblauch abziehen und in dünne Scheiben schneiden. Das Fleisch waschen und trocken tupfen.

2 Das Olivenöl in einem großen Schmortopf erhitzen und den Ingwer mit Salz, Pfeffer, Knoblauch und der geraspelten Zwiebel darin 1 Minute andünsten. Das Fleisch dazugeben und ca. 3 Minuten umrühren, bis es gut mit den Gewürzen vermischt ist. Gehackte Zwiebeln, Safranmischung und Honig hinzufügen. Heißes Wasser angießen, bis das Fleisch bedeckt ist. Zugedeckt bei mittlerer Hitze 90 Minuten köcheln lassen. Dabei immer wieder umrühren und Wasser angießen, wenn das Gericht zu trocken wird.

3 In der Zwischenzeit Rosinen, Aprikosen und Feigen klein schneiden. Die Zitrone auspressen. Das Trockenobst mit dem Zitronensaft und heißem Wasser bedecken und 30 Minuten einweichen. Die Obstmischung mit den Zimtstangen an den Eintopf geben und zugedeckt weitere 30 Minuten köcheln lassen, bis das Fleisch sehr zart ist. Mit Salz und Pfeffer abschmecken und die Zimtstangen wieder entfernen. Den Koriander fein hacken.

4 Auf vorgewärmten Tellern anrichten und mit Mandeln und Koriander bestreut servieren.

Hirschbraten und Gemüse mit Knoblauch und Rosmarin

1 Den Knoblauch abziehen, in dünne Scheiben schneiden und in Salz zerstoßen. Die Rosmarinblätter fein wiegen. Die Pfefferkörner und Wacholderbeeren in einem Mörser zerstoßen. Alles mit dem Senf und 2 EL Olivenöl zu einer Paste vermengen. Das Fleisch waschen, trocken tupfen, mit der Paste bestreichen und 30 Minuten ruhen lassen.

2 Den Backofen auf 180 °C vorheizen. Die Süßkartoffeln, Speiserüben, Pastinaken und Karotten schälen, in Stücke schneiden, in einer großen Schüssel vermengen, salzen, pfeffern und mit 4 EL Olivenöl beträufeln. Noch einmal gründlich vermischen, bis alles mit Öl überzogen ist.

3 Das Fleisch in einen großen Bräter geben und das Gemüse um das Fleisch herum anordnen. Ca. 90 Minuten im Backofen garen, bis das Fleisch zart und das Gemüse gar und knusprig ist. Während der Garzeit immer wieder mit Rotwein und dem Bratenfond übergießen. Das Gemüse gelegentlich mit einer Bratengabel bewegen, damit es nicht festbrennt. Den fertigen Braten und das Gemüse auf einer großen vorgewärmten Servierplatte anrichten und im Backofen warmhalten.

4 Den Bratenfond in einem Topf erhitzen. Die Speisestärke mit kaltem Wasser in einer Schüssel zu einer glatten Paste verrühren und die Sauce damit binden. Noch 2–3 Minuten köcheln lassen. In eine Saucière füllen und zu dem Braten und Gemüse reichen.

Für 6 Personen

Zutaten

4 Knoblauchzehen
Meersalz
2 EL gehackte Rosmarinblätter
10 schwarze Pfefferkörner
6 Wacholderbeeren
3 EL körniger Senf
6 EL Olivenöl
2 kg küchenfertige Hirschkeule mit Knochen
1 kg Süßkartoffeln
1–2 Speiserüben
2 Pastinaken
3 Karotten
frisch gemahlener schwarzer Pfeffer
500 ml trockener Rotwein
1 EL Speisestärke

Braten vom Damhirschrücken

Für 6 Personen

Zutaten

10 schwarze Pfefferkörner
6 Wacholderbeeren
2 Lorbeerblätter
1 EL gehackte Thymianblätter
1 EL gehackte Majoranblätter
1 EL gehackte Rosmarinblätter
3 rote Zwiebeln
2 Knoblauchzehen
2 Karotten
750 ml trockener Rotwein
125 ml Rotweinessig
1 Zitrone
1 Gewürznelke
2 kg küchenfertiger Damhirschrücken mit Knochen
4 EL Olivenöl
Meersalz
frisch gemahlener schwarzer Pfeffer
3 EL Butter
1 kg Äpfel
8 cl Calvados
2 EL eiskalte Butter

1 Pfefferkörner, Wacholderbeeren und Lorbeerblätter in einem Mörser zerstoßen. Thymian-, Majoran- und Rosmarinblätter fein wiegen. Zwiebeln und Knoblauch abziehen, die Zwiebeln grob würfeln, den Knoblauch in Scheiben schneiden. Die Karotten schälen und klein schneiden. Alles in ein großes Gefäß geben und mit Rotwein und Rotweinessig angießen. Die Zitrone halbieren und von jeder Hälfte eine dünne Scheibe abschneiden. Zitronenscheiben mit der Gewürznelke in die Marinade geben. Das Fleisch waschen, trocken tupfen, in die Marinade legen und 24 Stunden kühl ziehen lassen, nach 12 Stunden einmal wenden.

2 Den Backofen auf 225 °C vorheizen. Das Olivenöl in einen Bräter geben, den Damhirschücken daraufsetzen und salzen und pfeffern. Das Gemüse aus der Marinade nehmen und dazulegen. In den Backofen schieben und 20 Minuten garen. Mit 250 ml Marinade ablöschen, die Hitze auf 190 °C reduzieren und weitere 50 Minuten garen. Dabei immer wieder mit Marinade und Fond übergießen.

3 Inzwischen die Äpfel schälen, von den Kerngehäusen befreien und klein würfeln. In einem großen Topf die Butter erhitzen und die Äpfel darin dünsten. Die Zitrone auspressen, den Saft zu den Äpfeln geben und alles mit Pfeffer würzen.

4 Den Braten herausnehmen und 20 Minuten warm beiseitestellen. Den Bratensatz mit der restlichen Marinade loskochen, den Fond pürieren oder durch ein Sieb streichen und leicht sämig einkochen. Den Calvados unterrühren und die Sauce mit der eiskalten Butter binden.

5 Das Fleisch aus dem Knochen lösen, in Scheiben schneiden, auf vorgewärmten Tellern anrichten und mit der Sauce überzogen servieren.

Marinierte Keule vom Damhirsch

1 Pfefferkörner, Wacholderbeeren und Lorbeerblätter in einem Mörser zerstoßen. Thymian-, Majoran- und Rosmarinblätter fein wiegen. Zwiebeln und 2 Knoblauchzehen abziehen, die Zwiebeln grob würfeln, den Knoblauch in Scheiben schneiden. Die Karotten schälen und klein schneiden. Alles in ein großes Gefäß geben und mit Rotwein und Rotweinessig angießen. Die Zitrone achteln und mit der Gewürznelke in die Marinade geben. Das Fleisch waschen, trocken tupfen, zusammenrollen, mit Küchenzwirn festbinden, in die Marinade legen und 24 Stunden kühl ziehen lassen, nach 12 Stunden einmal wenden.

2 Den Backofen auf 180–200 °C vorheizen. 4 Knoblauchzehen abziehen, in Scheiben schneiden und in Salz zerstoßen. Mit reichlich schwarzem Pfeffern und dem Senf vermischen und die Keule damit einreiben. In einem Bräter das Olivenöl erhitzen und die Keule darin rundum goldbraun anbraten. Zitrone und Gewürznelke aus der Marinade entfernen, das Gemüse herausnehmen, in den Bräter geben und leicht anrösten lassen. Mit einem Drittel der Marinade ablöschen, in den Backofen schieben und ca. 80–90 Minuten schmoren lassen. Dabei immer wieder mit Marinade und Fond begießen.

3 Das Fleisch herausnehmen und 20 Minuten warm beiseitestellen. Den Bratensatz mit der restlichen Marinade loskochen, den Fond pürieren oder durch ein Sieb streichen und leicht sämig einkochen. Weinbrand und Madeira unterrühren, die Speisestärke mit kaltem Wasser glattrühren und die Sauce damit binden. Noch 2–3 Minuten köcheln lassen.

4 Das Fleisch in Scheiben schneiden, auf vorgewärmten Tellern anrichten und mit der Sauce überzogen servieren.

Für 6 Personen

Zutaten

10 schwarze Pfefferkörner
6 Wacholderbeeren
2 Lorbeerblätter
1 EL gehackte Thymianblätter
1 EL gehackte Majoranblätter
1 EL gehackte Rosmarinblätter
3 rote Zwiebeln
6 Knoblauchzehen
2 Karotten
750 ml trockener Rotwein
125 ml Rotweinessig
1 Zitrone
1 Gewürznelke
1,2 kg küchenfertige Keule vom Damhirsch, ohne Knochen
Meersalz
frisch gemahlener schwarzer Pfeffer
2 EL körniger Senf
4 EL Olivenöl
4 cl Weinbrand
100 ml Madeira
1 EL Speisestärke

Eintopf mit Wurst und Spitzkohl

Für 6 Personen

Zutaten

2–3 Köpfe Spitzkohl
6 mittelgroße Kartoffeln
1 kg Räucherwurst vom Damhirsch
2 TL Kümmelsamen
Meersalz
frisch gemahlener schwarzer Pfeffer

1 Den Spitzkohl in keilförmige Spalten schneiden, äußere Blätter und Strünke entfernen. Die Kartoffeln schälen und vierteln. Die Wurst in Stücke schneiden, mit den Kartoffeln in einen großen Kochtopf geben und mit dem Kümmel bestreuen. Mit Spitzkohl bedecken und 1 l Wasser angießen. Aufkochen und bei mittlerer Hitze ca. 20 Minuten kochen, bis der Kohl und die Kartoffeln weich sind. Salzen, pfeffern, abgießen und direkt aus dem Topf servieren.

Panierte Koteletts vom Damhirsch

Für 6 Personen

Zutaten

12–15 küchenfertige Koteletts vom Damhirsch
Meersalz
frisch gemahlener schwarzer Pfeffer
4 EL Butter
6–8 EL Paniermehl
6 EL Olivenöl
18 Cherry-Tomaten

1 Die Koteletts waschen, trocken tupfen und auf beiden Seiten salzen und pfeffern. In einer großen Pfanne die Butter zerlassen. Die Koteletts einmal von beiden Seiten darin wenden und beiseitestellen. 2 EL Öl in die Pfanne geben und erhitzen. Die Koteletts nacheinander in Paniermehl wenden, und von jeder Seite 3–5 Minuten goldbraun braten. Inzwischen die Tomaten waschen und abtropfen lassen. In einer zweiten Pfanne 4 EL Öl erhitzen, die Tomaten darin rundherum anbraten und bei reduzierter Hitze weich dünsten.

2 Die Koteletts auf vorgewärmten Tellern anrichten und mit je 3 Tomaten garniert servieren.

Gegrillte Koteletts vom Damhirsch

Für 6 Personen

Zutaten

12–15 küchenfertige Koteletts vom Damhirsch
frisch gemahlener schwarzer Pfeffer
6 EL Olivenöl
Meersalz
6 zarte Maiskolben
3 EL Butter

1 Das Fleisch waschen, trocken tupfen, von beiden Seiten kräftig pfeffern, in eine Schüssel geben, mit dem Olivenöl vermengen und 2 Stunden ziehen lassen. Die Koteletts auf dem Holzkohlegrill von beiden Seiten ca. 3–5 Minuten direkt grillen, dann beiseitestellen und ruhen lassen. Inzwischen die Maiskolben rundherum schön knusprig grillen. Die Koteletts auf Teller geben, salzen, je einen Maiskolben dazulegen und mit Butter bestreichen.

Koteletts vom Damhirsch mit Champignons

Für 6 Personen

Zutaten

3 rote Zwiebeln
2 Knoblauchzehen
500 g kleine braune Champignons oder Steinpilze
2 EL gehackte glatte Petersilie
6 EL Olivenöl
250 ml trockener Rotwein
Meersalz
frisch gemahlener schwarzer Pfeffer
12–15 küchenfertige Koteletts vom Damhirsch

1 Zwiebeln und Knoblauch abziehen und fein würfeln. Die Pilze putzen (nicht waschen!) und eventuell halbieren. Die Petersilie waschen, trocken tupfen und sehr fein hacken. In einem großen Schmortopf 3 EL Olivenöl erhitzen und die Zwiebeln und den Knoblauch darin andünsten. Die Champignons dazugeben und bei großer Hitze unter ständigem Umrühren anbraten. Mit dem Rotwein ablöschen und zugedeckt 15 Minuten köcheln lassen. Den Deckel abnehmen und weiter köcheln lassen, bis die Flüssigkeit verdampft ist. Mit Salz und Pfeffer würzen und die Hälfte der Petersilie unterheben.

2 Inzwischen das Fleisch waschen, trocken tupfen und von beiden Seiten salzen und pfeffern. In einer großen Pfanne 3 EL Olivenöl erhitzen und die Koteletts darin nacheinander von jeder Seite 3–5 Minuten braten. Zusammen mit den Pilzen auf vorgewärmten Tellern anrichten und mit der restlichen Petersilie garniert servieren.

Gulasch vom Damhirsch

Für 6 Personen

Zutaten

1 EL gehackte Thymianblätter
1½ TL gehackte Majoranblätter
1 TL schwarze Pfefferkörner
5 Wacholderbeeren
3 Knoblauchzehen
4 Schalotten
1 rote Paprikaschote
1 grüne Paprikaschote
1,2 kg küchenfertiges Gulasch vom Damhirsch
Meersalz
frisch gemahlener schwarzer Pfeffer
4 EL Butterschmalz oder Olivenöl
4 EL Tomatenmark
6 EL Mehl
500 ml trockener Rotwein
250 ml Gemüsebrühe oder Wildfond
1½ TL abgeriebene Zitronenschale
2 EL gehackte glatte Petersilie

1 Die Thymian- und Majoranblätter fein wiegen. Die Pfefferkörner und die Wacholderbeeren im Mörser grob zerstoßen. Die Knoblauchzehen abziehen und fein hacken. Alles gut miteinander vermischen. Die Schalotten abziehen und fein würfeln. Die Paprikaschoten waschen, von den Kernen befreien und in fingerbreite, 4 Zentimeter lange Streifen schneiden. Das Fleisch sorgfältig waschen, trocken tupfen, salzen und mit der Gewürzmischung vermengen.

2 In einem großen Topf das Butterschmalz oder Olivenöl erhitzen und das Fleisch darin rundum goldbraun anbraten. Schalotten und Paprika hinzugeben und anrösten. Das Tomatenmark einrühren und das Mehl anstäuben. Mit Rotwein ablöschen und Gemüsebrühe oder Wildfond angießen.

3 Aufkochen lassen und die Zitronenschale dazugeben. Zugedeckt ca. 80–90 Minuten sanft schmoren lassen, bis das Fleisch sehr zart ist. Die Petersilie waschen, trocken tupfen und fein hacken. Die Hälfte der Petersilie einrühren und nochmals mit Salz und Pfeffer abschmecken. Anrichten, mit der restlichen Petersilie garnieren und sofort servieren.

Gefüllte Keule vom Damhirsch

Für 6 Personen

Zutaten

1 EL gehackte Thymianblätter
1 EL gehackte Majoranblätter
2 Fleischtomaten
2 Schalotten
200 g durchwachsener Räucherspeck
1 Ei
Meersalz
frisch gemahlener schwarzer Pfeffer
500 g Gehacktes vom Schwein
1 küchenfertige Keule vom Damhirsch ohne Knochen
1–2 Karotten
1 kleine Stange Lauch
2 große Zwiebeln
2 EL Butterschmalz oder Olivenöl
250 ml trockener Rotwein
500 ml Fleischbrühe oder Wildfond
150 g milder Frühstücksspeck
200 g Sahne

1 Die Thymian- und Majoranblätter fein wiegen. Die Fleischtomaten waschen, halbieren, die Kerne und die Flüssigkeit herausnehmen und in einer kleinen Schale auffangen. Das Fruchtfleisch fein würfeln. Die Schalotten abziehen und fein würfeln. Den Räucherspeck in Würfel schneiden. Alles gut mit dem Ei vermischen, salzen, pfeffern und mit dem Gehackten vom Schwein zu einer Masse verkneten.

2 Den Backofen auf 180 °C vorheizen. Die Hirschkeule von innen salzen, die Füllung hineingeben und von außen ebenfalls gut mit Salz und Pfeffer würzen. Die Karotten schälen und in grobe Stücke schneiden. Den Lauch putzen und grob zerteilen. Die Zwiebeln abziehen und halbieren. Butterschmalz oder Olivenöl in einem Bräter erhitzen und die Keule darin von allen Seiten scharf anbraten. Karotten, Lauch und Zwiebelhälften (auf die Schnittflächen stellen) dazugeben und anrösten. Mit dem Rotwein ablöschen und die Fleischbrühe oder den Wildfond angießen. Tomatenkerne und -saft untermischen. Die Keule mit dem Frühstücksspeck belegen, in den Backofen geben und ca. 180 Minuten garen, bis das Fleisch sehr zart ist.

3 Aus dem Ofen nehmen, die Keule herausnehmen und warm beiseitestellen. Die Sauce pürieren oder durch ein Sieb streichen und erneut aufkochen. Unter ständigem Rühren mit der Sahne binden und noch einmal mit Salz und Pfeffer abschmecken.

4 Das Fleisch mit einem sehr scharfen Messer in Scheiben aufgeschnitten servieren und die Sauce getrennt dazu reichen.

5 Alternativ kann die Keule auch mit Lauch und Paprika gefüllt werden.

Gulaschsuppe vom Damhirsch

Für 6 Personen

Zutaten

10 Zwiebeln
1 rote Paprikaschote
1 gelbe Paprikaschote
250 g Pfifferlinge oder Champignons
1 Bund glatte Petersilie
150 g geräucherter Bauchspeck
750 g küchenfertiges Gulasch vom Damhirsch
Meersalz
frisch gemahlener schwarzer Pfeffer
6 EL Olivenöl
3 EL Mehl
150 ml Madeira
1,5 l Fleischbrühe oder Wildfond
Weinbrand
Paprikapulver edelsüß
Paprikapulver rosenscharf

1 Die Zwiebeln abziehen und fein würfeln. Die Paprikaschoten waschen, von den Kernen befreien und in fingerbreite, 4 Zentimeter lange Streifen schneiden. Die Pfifferlinge oder Champignons putzen (nicht waschen!) und je nach Größe eventuell halbieren oder vierteln. Die Petersilie waschen, trocken tupfen und sehr fein hacken. Den Bauchspeck in Würfel schneiden. Das Fleisch sorgfältig waschen, trocken tupfen und mit Salz und Pfeffer würzen.

2 In einem großen Topf das Olivenöl erhitzen und den Speck darin anbraten. Die Zwiebeln dazugeben und glasig dünsten. Das Fleisch hinzufügen und rundum 10 Minuten anbraten. Die Paprikaschoten hinzugeben. Mit Salz und Pfeffer würzen. Das Mehl anstäuben, mit Madeira ablöschen und mit Fleischbrühe oder Wildfond auffüllen. Gut umrühren.

3 Zugedeckt ca. 60–70 Minuten kochen lassen. Die Pilze hinzugeben und weitere 20 Minuten köcheln lassen, bis das Fleisch sehr zart ist. Die Hälfte der Petersilie unterziehen. Je nach Geschmack eventuell mit Weinbrand und Paprikapulver verfeinern. Anrichten und mit Petersilie garniert servieren.

Gebeizter Schmorbraten vom Damhirsch

Für 6 Personen

Zutaten

1 EL gehackte Majoranblätter
1 EL gehackte Thymianblätter
10 Pfefferkörner
2 Knoblauchzehen
Meersalz
6 EL Dijon-Senf
1,2 kg küchenfertiges Rückenfilet vom Damhirsch
500 g kleine rote Kartoffeln
3 Karotten
1 Gemüsezwiebel
4 EL Olivenöl
500 ml Wildfond
frisch gemahlener schwarzer Pfeffer

1 Die Majoran- und Thymianblätter fein wiegen. Die Pfefferkörner in einem Mörser zerstoßen. Den Knoblauch abziehen, in feine Scheiben schneiden und in Salz zerstoßen. Alles mit dem Senf zu einer Paste verarbeiten. Das Fleisch waschen, trocken tupfen, mit der Paste bestreichen und 24 Stunden zugedeckt im Kühlschrank ziehen lassen.

2 Die Kartoffeln schälen und halbieren. Die Karotten schälen und in dicke Scheiben schneiden. Die Gemüsezwiebel abziehen und fein würfeln. In einem großen Schmortopf das Olivenöl erhitzen und das Fleisch darin rundum anbraten. Kartoffeln, Karotten und Zwiebel dazugeben und kurz anrösten. Mit dem Wildfond ablöschen, die eventuell übrig gebliebene Beize untermischen und 90 Minuten zugedeckt köcheln lassen. Das Fleisch herausnehmen und 10 Minuten warm beiseitestellen.

3 Das Fleisch in Scheiben schneiden und anrichten. Das Gemüse mit der Sauce in einer Schüssel dazu servieren.

Pfeffersteaks vom Damhirsch

1 Den Knoblauch abziehen und pressen. Die Wacholderbeeren und Pfefferkörner in einem Mörser zerstoßen und mit dem Knoblauch, der Zitronenschale und 3 EL Olivenöl vermengen. Die Damhirsch-Steaks waschen, trocken tupfen, klopfen, rundum mit der Gewürzpaste bestreichen und 4–5 Stunden im Kühlschrank marinieren.

2 In einer Pfanne 3 EL Olivenöl erhitzen und die Steaks darin je nach Geschmack von jeder Seite ca. 6–8 Minuten braten. Das Fleisch herausnehmen, salzen, pfeffern und warm beiseitestellen.

3 Den Bratenfond mit dem Rotwein loskochen und Fleischbrühe oder Wildfond angießen. Bei großer Hitze auf die gewünschte Konsistenz einkochen. Dabei unter ständigem Rühren den Gorgonzola und das Johannisbeergelee untermischen und die Sauce mit der Crème fraîche binden. Noch einmal mit Salz und Pfeffer abschmecken.

4 Die Steaks auf einer Platte anrichten, eventuell ausgetretenen Saft in die Sauce mischen. Die Sauce getrennt zu den Steaks servieren.

Für 6 Personen

Zutaten

3 Knoblauchzehen
6 Wacholderbeeren
1½ TL Pfefferkörner
1½ TL geriebene Zitronenschale
6 EL Olivenöl
6 küchenfertige Steaks vom Damhirsch
Meersalz
frisch gemahlener schwarzer Pfeffer
250 ml trockener Rotwein
375 ml Fleischbrühe oder Wildfond
50 g Gorgonzola
1 EL Johannisbeergelee
150 g Crème fraîche

Kräutersteaks vom Damhirsch

1 Den Knoblauch abziehen, in feine Scheiben schneiden und in Salz zerstoßen. Rosmarin-, Thymian- und Majoranblätter sehr fein wiegen. Alles mit 3 EL Olivenöl und Pfeffer zu einer Gewürzpaste verarbeiten. Die Steaks waschen, trocken tupfen, klopfen und mit der Gewürzpaste bestreichen. Mindestens 8 Stunden im Kühlschrank marinieren.

2 3 EL Olivenöl in einer großen Pfanne erhitzen und die Steaks darin je nach Geschmack von jeder Seite 6–8 Minuten braten. Herausnehmen und warm beiseitestellen. Die Heidelbeeren waschen, putzen und verlesen. Die Butter in die Pfanne geben und die Heidelbeeren darin weich dünsten. Mit dem Rotwein ablöschen und Fleischbrühe oder Wildfond angießen. Bei großer Hitze auf die gewünschte Konsistenz einkochen und die Sauce mit der Sahne binden. Noch einmal mit Salz und Pfeffer abschmecken.

3 Die Steaks auf einer Platte anrichten, eventuell ausgetretenen Saft in die Sauce mischen. Die Sauce getrennt zu den Steaks servieren.

Für 6 Personen

Zutaten

3 Knoblauchzehen
Meersalz
1 EL gehackte Rosmarinblätter
1 EL gehackte Thymianblätter
1½ TL gehackte Majoranblätter
6 EL Olivenöl
frisch gemahlener schwarzer Pfeffer
6 küchenfertige Steaks vom Damhirsch
150 g Heidelbeeren
2 EL Butter
250 ml trockener Rotwein
250 ml Fleischbrühe oder Wildfond
200 g Sahne

Keule vom Damhirsch mit Kräutersauce

Für 6 Personen

Zutaten

1 EL gehackte Thymianblätter
1 EL gehackte Rosmarinblätter
1½ TL gehackte Oreganoblätter
1 TL Wacholderbeeren
1 TL schwarze Pfefferkörner
1 TL Pimentkörner
1 TL Koriandersamen
2–3 Schalotten
2–3 Knoblauchzehen
1 Karotte
250 g Cherry-Tomaten
1 kleine Stange Lauch
1 küchenfertige Keule vom Damhirsch
Meersalz
frisch gemahlener schwarzer Pfeffer
3 EL Butterschmalz oder Olivenöl
500 ml trockener Rotwein
500 ml Gemüsebrühe oder Wildfond
3 EL Tomatenmark
200 g Sahne

1 Thymian-, Rosmarin- und Oreganoblätter fein wiegen. Wacholderbeeren, schwarze Pfefferkörner und Pimentkörner im Mörser zerstoßen. Eine kleine Pfanne erhitzen, die Koriandersamen darin rösten und ebenfalls im Mörser zerstoßen. Alles miteinander vermischen.

2 Schalotten und Knoblauch abziehen und fein würfeln. Die Karotte schälen und in Stücke schneiden. Die Tomaten waschen und vierteln. Den Lauch putzen, waschen und in Stücke schneiden.

3 Den Backofen auf 180–200 °C vorheizen. Die Hirschkeule waschen, trocken tupfen und von allen Seiten gut salzen und pfeffern. In einem Bräter das Butterschmalz oder Olivenöl erhitzen und die Keule von allen Seiten darin goldbraun anbraten. Das Fleisch rundum mit der Gewürzmischung einreiben. Das Gemüse dazugeben und den Bräter in den Backofen geben.

4 Die Hirschkeule ca. 30 Minuten im Backofen garen. Mit dem Rotwein ablöschen und mit Gemüsebrühe oder Wildfond auffüllen. Weitere 30–40 Minuten garen, dann aus dem Ofen nehmen und die Keule in Folie gewickelt bei 80–90 °C 15 Minuten ruhen lassen.

5 In der Zwischenzeit den Fond pürieren oder durch ein Sieb streichen und in einen Topf geben. Aufkochen, das Tomatenmark unterrühren und bei großer Hitze auf die gewünschte Konsistenz einkochen. Unter ständigem Rühren mit der Sahne binden. Noch einmal mit Salz und Pfeffer abschmecken.

6 Die Damhirschkeule aus der Folie nehmen, eventuell ausgetretenen Bratensaft auffangen und unter die Sauce rühren. Das Fleisch in Scheiben schneiden, auf einer vorgewärmten Platte anrichten und mit etwas Sauce überziehen. Die restliche Sauce getrennt dazu servieren.

Rote Kohlrouladen vom Damhirsch

1 Das Fleisch waschen, trocken tupfen und sehr fein schneiden. In einem Topf 500 ml Salzwasser zum Kochen bringen und das Fleisch darin 30–40 Minuten gar kochen. Herausnehmen, erkalten lassen und auch den Fond beiseitestellen. Das Damhirschfleisch mit dem Wildbret in eine große Schüssel geben. 3 Schalotten abziehen und fein würfeln. Die Dörrpflaumen und Rosinen fein hacken. In einer Pfanne das Olivenöl erhitzen und die Schalotten darin glasig dünsten. Dörrpflaumen und Rosinen hinzugeben und anschwitzen.Vom Herd nehmen, erkalten lassen und mit den Eiern sowie Salz, Pfeffer, Majoran und Beifuß sehr gut mit dem Fleisch vermischen.

2 Den Backofen auf 180–200 °C vorheizen. In einem Topf Salzwasser zum Kochen bringen. 12 große Blätter vom Rotkohl ablösen, waschen, kurz in dem kochendem Salzwasser blanchieren, abschrecken und erkalten lassen. Jeweils 2 Blätter zu einer Roulade versetzt übereinander legen und die Füllmasse darauf verteilen. Die 6 Rouladen sorgfältig aufrollen und mit Küchengarn gut zusammenbinden. Die Rouladen in eine passende Auflaufform geben und ca. die Hälfte vom Wildfond angießen. In den Backofen geben und zugedeckt ca. 30–40 Minuten schmoren lassen.

3 In der Zwischenzeit die restlichen 3 Schalotten abziehen und fein würfeln. Die Champignons putzen (nicht waschen!) und in feine Würfel schneiden. Die Zitrone auspressen und die Champignonwürfel mit der Hälfte des Zitronensafts beträufeln. Die Rosmarin- und Thymianblätter fein wiegen. Die Butter in einer Pfanne erhitzen und die Schalotten darin glasig schwitzen. Die Pilze dazugeben und bei großer Hitze anbraten, bis die Flüssigkeit verdampft ist. Dabei ständig umrühren. Mit dem Rotwein ablöschen und mit dem restlichen Wildfond auffüllen. Rosmarin, Thymian und Preiselbeermarmelade unterrühren und bei großer Hitze auf die gewünschte Konsistenz einkochen. Die Sauce mit der Crème fraîche binden und mit Salz, Pfeffer und dem verbliebenen Zitronensaft abschmecken.

4 Die Rouladen auf vorgewärmte Teller geben, mit etwas Sauce überziehen und die restliche Sauce getrennt dazu servieren.

Für 6 Personen

Zutaten

400 g küchenfertiges Gulasch vom Damhirsch
Meersalz
350 g feines Wildbret
6 Schalotten
150 g Dörrpflaumen
100 g Rosinen
2–3 EL Olivenöl
3 Eier
frisch gemahlener schwarzer Pfeffer
1 TL Majoranpulver
1 TL Beifußpulver
1 Kopf Rotkohl
150 g Champignons
1 Zitrone
1 EL gehackte Rosmarinblätter
1 EL gehackte Thymianblätter
3 EL Butter
250 ml trockener Rotwein
3 EL Preiselbeermarmelade
150 g Crème fraîche

Koteletts vom Damhirsch mit Pilzsauce

Für 6 Personen

Zutaten

1½ TL gehackte Rosmarinblätter
1½ TL gehackte Majoranblätter
1½ TL gehackte Thymianblätter
2 Knoblauchzehen
1½ TL geriebene Zitronenschale
10 EL Olivenöl
250 ml Rotwein
12–15 küchenfertige Koteletts vom Damhirsch
3 Schalotten
150 g Pfifferlinge
Meersalz
frisch gemahlener schwarzer Pfeffer
2 EL Johannisbeergelee
150 g Crème fraîche

1 Rosmarin-, Majoran- und Thymianblätter sehr fein wiegen. Knoblauch abziehen und pressen. Alles mit der Zitronenschale, 4 EL Olivenöl und 50 ml Rotwein zu einer Marinade verarbeiten. Die Koteletts waschen, trocken tupfen, in eine Schüssel geben, mit der Marinade vermischen und über Nacht im Kühlschrank ziehen lassen.

2 Die Schalotten abziehen und fein würfeln. Die Pilze putzen (nicht waschen!) und je nach Größe eventuell halbieren oder vierteln. In einer Pfanne 3 EL Olivenöl erhitzen und die gut abgetropften Koteletts darin von jeder Seite 3–5 Minuten braten. Herausnehmen, salzen, pfeffern und warm stellen.

3 In 3 EL Olivenöl die Schalotten glasig dünsten. Die Pilze hinzugeben und bei großer Hitze braten, bis die Flüssigkeit verdampft ist. Mit dem verbliebenen Rotwein ablöschen und die restliche Marinade angießen. Aufkochen und auf die gewünschte Konsistenz einkochen lassen. Das Johannisbeergelee unterheben und die Sauce mit der Crème fraîche binden. Noch einmal mit Salz und Pfeffer abschmecken.

4 Die Koteletts auf einer vorgewärmten Platte anrichten, eventuell ausgetretenen Fleischsaft in die Sauce geben. Mit etwas Sauce überzogen servieren und die restliche Sauce separat reichen.

Kräutergulasch vom Damhirsch mit Nüssen

Für 6 Personen

Zutaten

1 EL gehackte Rosmarinblätter
1 EL gehackte Thymianblätter
1 EL gehackte Majoranblätter
1,2 kg küchenfertiges Gulasch vom Damhirsch
Meersalz
frisch gemahlener schwarzer Pfeffer
3 Schalotten
3 Knoblauchzehen
1–2 Karotten
1 Stange Sellerie
1 kleine Stange Lauch
1 Bund glatte Petersilie
3 EL Olivenöl
3 EL Tomatenmark
250 ml trockener Rotwein
500 ml Gemüsebrühe oder Wildfond
200 g Sahne
25 g geschrotete Haselnüsse
25 g geschrotete Walnüsse
50 g Pinienkerne

1 Rosmarin-, Thymian- und Majoranblätter sehr fein wiegen. Das Fleisch waschen, trocken tupfen, salzen, pfeffern und mit den Kräutern vermengen. Schalotten und Knoblauch abziehen und sehr klein würfeln. Die Karotten schälen und in feine Stifte schneiden. Sellerie und Lauch putzen, waschen und in dünne Scheiben schneiden. Die Petersilie waschen, trocken tupfen und sehr fein hacken.

2 Den Backofen auf 180–200 °C vorheizen. Das Olivenöl in einem Bratentopf erhitzen und das Hirschgulasch unter Rühren von allen Seiten kräftig anbraten. Schalotten, Knoblauch, Karotten, Sellerie, Lauch und die Hälfte der Petersilie dazugeben und anrösten. Das Tomatenmark unterrühren, mit Rotwein ablöschen und mit Gemüsebrühe oder Wildfond auffüllen. In den Backofen geben und zugedeckt 70–80 Minuten schmoren lassen.

3 Den Topf aus dem Backofen nehmen und auf den Herd stellen. Unter ständigem Rühren die Sahne unterziehen und das Gulasch noch einmal mit Salz und Pfeffer abschmecken. Haselnüsse, Walnüsse und Pinienkerne unterheben und noch einmal kurz aufkochen lassen. Das Hirschgulasch auf vorgewärmten Tellern anrichten und mit der restlichen Petersilie garniert servieren.

Steaks vom Damhirsch in Orangensauce

Für 6 Personen

Zutaten

6 Wacholderbeeren
Meersalz
frisch gemahlener schwarzer Pfeffer
6 küchenfertige Steaks vom Damhirsch
8 EL Olivenöl
3 Orangen
150 ml Madeira
1 TL abgeriebene Orangenschale
6 EL Crème double
2 EL Orangenmarmelade

1 Die Wacholderbeeren im Mörser zerstoßen. Mit Salz und Pfeffer mischen und die Steaks damit von beiden Seiten einreiben. Mit 4 EL Olivenöl beträufeln und in einem verschließbaren Gefäß 24 Stunden im Kühlschrank marinieren lassen.

2 Die Steaks abtropfen lassen und trocken tupfen. In einer Pfanne 4 EL Olivenöl erhitzen und die Steaks darin von jeder Seite ca. 6 Minuten braten, sodass sie innen noch leicht rosa sind. Herausnehmen und warm beiseitestellen.

3 Inzwischen die Orangen auspressen. Den Bratenfond mit Madeira loskochen, den Orangensaft angießen und die Orangenschale dazugeben. Aufkochen lassen und unter ständigem Rühren mit der Crème double binden. Die Soße mit Orangenmarmelade verfeinern und noch einmal mit Salz und Pfeffer abschmecken. Die Steaks anrichten und sofort mit der Sauce servieren.

Damhirschpfeffer

Für 6 Personen

Zutaten

1 EL gehackte Rosmarinblätter
1 EL gehackte Thymianblätter
3 Knoblauchzehen
4 Zwiebeln
Meersalz
frisch gemahlener schwarzer Pfeffer
100 ml Weinbrand
750 ml trockener Rotwein
1,5 kg Fleisch vom Damhirsch aus der Schulter, ohne Knochen
4 EL Olivenöl
3 EL Tomatenmark
3 EL Preiselbeermarmelade

1 Rosmarin- und Thymianblätter fein wiegen. Knoblauch und Zwiebeln abziehen und fein würfeln. Alles mit Salz und Pfeffer mischen und in einer großen Schüssel mit Weinbrand und Rotwein aufgießen. Das Fleisch in mundgerechte Stücke schneiden, in die Marinade geben und zugedeckt im Kühlschrank einige Stunden ziehen lassen.

2 In einem Topf das Olivenöl erhitzen und das abgetropfte Fleisch darin rundum kräftig anbraten. Das Tomatenmark unterrühren und kurz anrösten. Mit der Marinade ablöschen, aufkochen und zugedeckt bei geringer Hitze 90 Minuten sanft köcheln lassen. Die Preiselbeermarmelade unterziehen, noch einmal mit Salz und Pfeffer abschmecken, auf vorgewärmten Tellern anrichten und sofort servieren.

Filet vom Damhirsch im Speckmantel

Für 6 Personen

Zutaten

1 TL gehackte Rosmarinblätter
1 TL gehackte Thymianblätter
6 Wacholderbeeren
10 schwarze Pfefferkörner
1 EL körniger Senf
½ TL getrockneter Estragon
3 küchenfertige Filets vom Damhirsch
150 g Frühstücksspeck in Scheiben
3–4 EL Olivenöl
125 ml trockener Rotwein
125 ml Fleischbrühe oder Wildfond
Meersalz
frisch gemahlener schwarzer Pfeffer
2 EL Butter

1 Rosmarin- und Thymianblätter fein wiegen. Wacholderbeeren und Pfefferkörner im Mörser zerstoßen. Alles mit dem Senf und dem Estragon zu einer Gewürzpaste vermischen. Das Fleisch waschen, trocken tupfen, mit der Gewürzpaste bestreichen und mit den Speckscheiben umwickeln.

2 Den Backofen auf 150 °C vorheizen. In einem Bräter das Olivenöl erhitzen und die Filets von allen Seiten darin gut anbraten. In den Backofen geben und ca. 10 Minuten fertig garen.

3 Den Bräter aus dem Backofen nehmen. Das Fleisch herausnehmen und warm beiseitestellen. Den Bratenrückstand mit Rotwein und Fleischbrühe oder Wildfond ablöschen. Die Sauce kurz aufkochen, auf die gewünschte Konsistenz einkochen, noch einmal mit Salz und Pfeffer abschmecken und mit der Butter binden.

4 Die Filets auf einer vorgewärmten Platte aufschneiden, eventuell austretenden Fleischsaft in die Sauce geben. Das Fleisch mit der Sauce überziehen und sofort servieren.

Das Rotwild

Der unbestrittene König unserer Wälder ist der Rothirsch *(Cervus elaphus).* In Deutschland ist er das größte Wildtier. Hirschbullen erreichen bei einer Länge von 250 cm ein Höchstgewicht von bis zu 300 kg, Hirschkühe maximal 100 kg und Kälber bis zu 70 kg. Durch ihre großen und weitverzweigten Geweihe sind ältere männliche Tiere unverwechselbar. Das als Jagdtrophäe begehrte Geweih wird nur von männlichen Tieren entwickelt. Ursprünglich lebten die Rot-hirsche bei uns in abwechslungsreichen halboffenen Landschaften mit Wäldern, Gebüsch und Grasland. In den letzten Jahrhunderten wurden sie jedoch von hier verdrängt, sodass sie heute zu nahezu reinen Waldbewohnern geworden sind. Man findet Rotwild in verschiedenen Unterarten sowohl in weiten Teilen Europas als auch Asiens, Nordafrikas und Nordamerikas.

Die Jagd auf Rotwild lässt sich anhand von Höhlenmalereien bis in die Steinzeit zurückverfolgen. Damit gehörte es über Jahrtausende hinweg zu den wichtigsten Fleischlieferanten der nomadischen Sammler und Jäger. Auch in alten griechischen und römischen Schriften aus der Antike wird die Jagd auf Hirsche erwähnt. Im Mittelalter war die Jagd auf Rothirsche ausschließlich der adligen Oberschicht vorbehalten. Heute, Jahrhunderte nach der Ausrottung der großen Raubtiere wie Luchs, Wolf und Bär, steht die Jagd bei uns ganz im Zeichen der Wildhege, die verhindern soll, dass die Bestände zu sehr wachsen und durch Wildverbiss an Bäumen die Grundlagen der Forstwirtschaft gefährden. Dabei wird ein Rothirschbestand angestrebt, der mit den natürlichen Ressourcen seines Lebensraumes im Einklang steht. Die jährlichen Abschusspläne werden von Amts wegen festgelegt.

In der Jägersprache werden Hirschbullen nach der Anzahl der Enden ihrer Geweihstangen bezeichnet, vom „Spießer“, dessen Geweih noch keine Verzweigungen aufweist, bis hin zum kapitalen „Zwölfender“ oder gar darüber hinaus. Hirschkühe hingegen werden „Tier“ oder „Kahlwild“, Jungtiere als „Kälber“ bezeichnet. Eine Hirschkuh, die bereits ein Kalb „gesetzt“ hat, ein „Alttier“. Bis zum zweiten Lebensjahr werden Hirschkühe als „Schmaltiere“ bezeichnet, Hirschbullen als „Schmalspießer“.

In der Küche wird vor allem das fettarme und aromatische Fleisch der Kälber, der Schmaltiere und der Schmalspießer geschätzt. Es zeichnet sich durch eine kräftige rotbraune Färbung aus. Es wird meist mariniert oder gebeizt, geschmort oder im Backofen gegart.

Geschmortes Rotwild mit Kirschen

Für 6 Personen

Zutaten

1,2 kg küchenfertiges Gulasch vom Rothirsch
3 Karotten
400 g Sauerkirschen (aus dem Glas)
500 g kleine Kartoffeln
3 EL gehackte glatte Petersilie
150 ml Gemüsebrühe
Meersalz
frisch gemahlener schwarzer Pfeffer
350 ml trockener Rotwein

1 Den Backofen auf 190 °C vorheizen. Das Fleisch waschen und trocken tupfen. Die Karotten schälen und in kleine Stifte schneiden. Die Sauerkirschen abgießen, die Flüssigkeit auffangen. Die Kartoffeln abbürsten. Die Petersilie waschen, trocken tupfen und fein hacken. Das Gulasch in einen Schmortopf geben und mit Kirschen, Kartoffeln, Karotten und drei Vierteln der Petersilie bedecken. Mit der Gemüsebrühe beträufeln und leicht salzen und pfeffern. Den Kirschsaft mit Wein auf 500 ml auffüllen. Über die Speisen träufeln und 15 Minuten ziehen lassen. Alles gut vermischen, dann den Topf dicht verschließen und 60–90 Minuten backen, bis das Fleisch schön zart ist. Dabei gelegentlich etwas Wein angießen, wenn die Sauce zu trocken wird.

2 Auf vorgewärmten Tellern anrichten, mit der restlichen Petersilie garnieren und heiß servieren.

Maronengulasch vom Rothirsch

Für 6 Personen

Zutaten

500 g Maronen
2 Knoblauchzehen
3 rote Zwiebeln
3 große Karotten
3 feste reife Tomaten
1 EL gehackte Rosmarinblätter
1 EL gehackte Thymianblätter
1 EL gehackte Majoranblätter
10 Pfefferkörner
6 Wacholderbeeren
1,2 kg küchenfertiges Gulasch vom Rothirsch
150 g Frühstücksspeck
4 EL Olivenöl
Meersalz
frisch gemahlener schwarzer Pfeffer
500 ml trockener Rotwein
1 Lorbeerblatt

1 Den Backofen auf 250 °C vorheizen. Die Maronen an der spitzen Seite kreuzweise einschneiden, kurz im Backofen anrösten, schälen und klein schneiden. Die Hitze auf 150 °C reduzieren. Knoblauch und Zwiebeln abziehen und fein würfeln. Die Karotten schälen und klein schneiden. Die Tomaten abwaschen und grob hacken. Die Rosmarin-, Thymian- und Majoranblätter fein wiegen. Die Pfefferkörner und Wacholderbeeren in einem Mörser zerstoßen. Das Fleisch waschen, trocken tupfen und mit Rosmarin, Thymian, Majoran, Pfeffer und Wacholderbeeren vermengen. Den Frühstücksspeck klein schneiden.

2 In einem feuerfesten Schmortopf das Olivenöl erhitzen und das Hirschgulasch mit dem Frühstücksspeck in Portionen jeweils 5–8 Minuten rundum braun anbraten. Das gesamte gebräunte Fleisch in den Topf geben, Knoblauch, Zwiebeln, Karotten und Tomaten hinzufügen und alles leicht anrösten. Salzen und pfeffern, mit dem Rotwein ablöschen, aufkochen lassen, Rosmarin und Lorbeerblatt dazugeben und im Backofen zugedeckt 60 Minuten garen.

3 Die Maronen einrühren und weitere 60 Minuten backen, bis das Fleisch sehr zart ist. Anschließend das Lorbeerblatt entfernen.

4 Auf vorgewärmten Tellern anrichten und sofort servieren.

Jägerfrühstück

Für 6 Personen

Zutaten

3 Schalotten
3 mittelgroße Kartoffeln
3 mittelgroße Zucchini
12 Cherry-Tomaten
3 EL gehackte glatte Petersilie
4 EL Olivenöl
1 kg Hackfleisch vom Rothirsch
Meersalz
frisch gemahlener schwarzer Pfeffer
9 große Eier

1 Die Schalotten abziehen und fein hacken. Die Kartoffeln schälen und würfeln. Die Zucchini waschen und in Scheiben schneiden. Die Tomaten waschen und vierteln. Die Petersilie waschen, trocken tupfen und fein hacken.

2 In einer großen, tiefen Bratpfanne das Olivenöl erhitzen und die Zwiebeln darin glasig dünsten. Das Fleisch dazugeben, 10 Minuten braun anbraten und mit Salz und Pfeffer würzen. Die Kartoffeln zugeben und 10 Minuten mitbraten. Dann die Zucchini hinzufügen und weitere 10 Minuten kochen, dabei gelegentlich umrühren. Wenn die Kartoffeln und Zucchini beinahe gar sind, zwei Drittel der Petersilie und die Eier darüber geben und gut umrühren, um das Eigelb aufzubrechen. Die Tomaten unterrühren und 5 Minuten weiterkochen, bis die Eier fest sind.

3 Auf vorgewärmten Tellern anrichten, mit der restlichen Petersilie bestreuen und sofort servieren.

Deftiger Eintopf vom Rotwild

Für 6 Personen

Zutaten

2 große Zwiebeln
2 Karotten
2 Speiserüben
1 Petersilienwurzel
6 mittlere Kartoffeln
1,2 kg küchenfertiges Gulasch vom Rothirsch
2–3 EL Weizenmehl
Meersalz
frisch gemahlener schwarzer Pfeffer
4 EL Olivenöl
500 ml Fleischbrühe oder Wildfond
150 g Weizenmehl
60 g Backfett oder Rindertalg
1 EL gehackte krause Petersilie

1 Die Zwiebeln abziehen und grob hacken. Die Karotten, Rüben, Petersilienwurzel und Kartoffeln schälen und in Stücke schneiden. Das Fleisch waschen, trocken tupfen, im Mehl wälzen und abschütteln. Großzügig salzen und pfeffern. Das Olivenöl in einem großen Schmortopf erhitzen und das Fleisch darin 8–10 Minuten rundum braun anbraten. Zwiebeln, Karotten und Rüben dazugeben und bei mittlerer Hitze 8–10 Minuten anrösten. Mit der Brühe ablöschen und bei geringer Hitze 80 Minuten köcheln lassen.

2 Inzwischen das Mehl und das Fett mit 4–6 EL Wasser vermengen, sodass ein glatter Teig entsteht. Daraus 6 Knödel formen und in den Topf geben. Zugedeckt weitere 30–45 Minuten köcheln lassen, bis das Fleisch schön zart ist und die Knödel ihre Größe verdoppelt haben. Die Petersilie waschen, trocken tupfen und fein hacken.

3 Auf vorgewärmten Tellern anrichten, mit der Petersilie bestreuen und sofort servieren.

Hirschgulasch mit Paprika

Für 6 Personen

Zutaten

3 Zwiebeln
2 Knoblauchzehen
Meersalz
2 grüne Paprikaschoten
1 rote Paprikaschote
1 grüne oder rote Chilischote
1 EL gehackte Rosmarinblätter
1 EL gehackte Thymianblätter
1 EL gehackte Majoranblätter
10 Pfefferkörner
6 Wacholderbeeren
½ EL Kümmelsamen
1,2 kg küchenfertiges Gulasch vom Rothirsch
frisch gemahlener schwarzer Pfeffer
4 EL Olivenöl oder Butterschmalz
2 EL edelsüßes Paprikapulver
400 ml heiße Gemüsebrühe
400 g gehackte Tomaten aus der Dose
1 EL Weizenmehl
100 ml trockener Rotwein
scharfes Paprikapulver (nach Belieben)

1 Die Zwiebeln abziehen und in dünne Scheiben schneiden. Den Knoblauch abziehen, in Scheiben schneiden und in Salz zerdrücken. Die Paprika waschen, entkernen und in Streifen schneiden. Die Chilischote waschen, entkernen und fein hacken. Die Rosmarin-, Thymian- und Majoranblätter fein wiegen. Die Pfefferkörner, Wacholderbeeren und Kümmelsamen in einem Mörser zerstoßen. Das Fleisch waschen, trocken tupfen und mit der Hälfte des Rosmarins, Thymians und Majorans sowie mit den Pfefferkörnern und Wacholderbeeren vermengen.

2 Das Olivenöl oder Butterschmalz in einem großen Topf erhitzen und die Zwiebeln darin 5 Minuten weich dünsten. Das Fleisch dazugeben und ca. 8 Minuten rundum braun anbraten. Salzen, pfeffern und mit dem süßen Paprikapulver bestreuen. Ein paar Löffel von der heißen Brühe angießen und gut umrühren, bis das Fleisch mit dem Paprikapulver überzogen ist. Tomaten, Paprikaschoten, den restlichen Rosmarin, Thymian und Majoran sowie die Kümmelsamen und Chilischote hinzugeben. Ca. 125 ml Brühe angießen, damit das Fleisch nicht am Topfboden anbrennt. Zugedeckt ca. 90 Minuten köcheln lassen, bis das Fleisch schön zart ist. Wenn der Eintopf zu trocken wird, etwas Brühe angießen.

3 Das Mehl mit 2 EL kaltem Wasser vermischen und in das Gulasch einrühren. Den Rotwein und den Knoblauch dazugeben und 10 Minuten köcheln lassen. Mit Salz, Pfeffer und scharfem Paprikapulver abschmecken.

4 Auf vorgewärmten Tellern anrichten und sofort servieren.

Exotisches Gulasch vom Rotwild

1 Den Safran in einer Pfanne ohne Öl 2–3 Minuten spröde rösten. In einer Tasse zerbröseln, mit etwas heißem Wasser aufgießen und 10 Minuten ziehen lassen. Die Zwiebeln abziehen, 1 Zwiebel raspeln, 2 Zwiebeln fein würfeln. Den Knoblauch abziehen und in dünne Scheiben schneiden. Das Fleisch waschen und trocken tupfen.

2 Das Olivenöl in einem großen Schmortopf erhitzen und die geraspelte Zwiebel mit Salz, Pfeffer und Knoblauch darin 1 Minute andünsten. Das Fleisch dazugeben und ca. 3 Minuten umrühren, bis es gut mit den Gewürzen vermischt ist. Gehackte Zwiebeln, Safranmischung und Honig hinzufügen. Heißes Wasser angießen, bis das Fleisch bedeckt ist. Zugedeckt bei mittlerer Hitze 90 Minuten köcheln lassen. Dabei immer wieder umrühren und Wasser angießen, wenn das Gericht zu trocken wird.

3 In der Zwischenzeit Rosinen, Aprikosen und Feigen klein schneiden. Die Zitrone auspressen. Das Trockenobst mit dem Zitronensaft und heißem Wasser bedecken und 30 Minuten einweichen. Die Obstmischung an den Eintopf geben und zugedeckt weitere 30 Minuten köcheln lassen, bis das Fleisch sehr zart ist. Mit Salz und Pfeffer abschmecken. Die Petersilie waschen, trocken tupfen und fein hacken.

4 Auf vorgewärmten Tellern anrichten und mit Mandeln und Petersilie bestreut servieren.

Für 6 Personen

Zutaten

¼ TL Safranfäden
3 rote Zwiebeln
3 Knoblauchzehen
1,2 kg küchenfertiges Gulasch vom Rothirsch
4 EL Olivenöl
Meersalz
frisch gemahlener schwarzer Pfeffer
1 EL Honig
150 g Rosinen
100 g getrocknete Aprikosen
2 getrocknete Feigen
1 Zitrone
1 EL gehackte glatte Petersilie
120 g geröstete Mandelplättchen

Senfbraten vom Rothirsch

Für 6 Personen

Zutaten

1 EL gehackte Rosmarinblätter
1 EL gehackte Thymianblätter
1 EL gehackte Majoranblätter
10 Pfefferkörner
6 Wacholderbeeren
2 Knoblauchzehen
Meersalz
6 EL Dijon-Senf
1,2 kg küchenfertiges Rückenfilet vom Rothirsch
500 g Cherry-Tomaten
3 Karotten
3 große weiße Zwiebeln
4 EL Olivenöl
500 ml trockener Rotwein
frisch gemahlener schwarzer Pfeffer

1 Die Rosmarin-, Thymian- und Majoranblätter fein wiegen. Die Pfefferkörner und Wacholderbeeren in einem Mörser zerstoßen. Den Knoblauch abziehen, in feine Scheiben schneiden und in Salz zerstoßen. Alles mit dem Senf zu einer Paste verarbeiten. Das Fleisch waschen, trocken tupfen, mit der Paste bestreichen und 24 Stunden zugedeckt im Kühlschrank ziehen lassen.

2 Die Tomaten waschen und vierteln. Die Karotten schälen und in dicke Scheiben schneiden. Die Zwiebeln abziehen und fein würfeln. In einem großen Schmortopf das Olivenöl erhitzen und das Fleisch darin rundum anbraten. Tomaten, Karotten und Zwiebeln dazugeben und kurz anrösten. Mit dem Rotwein ablöschen, die eventuell übrig gebliebene Beize untermischen und 90 Minuten zugedeckt köcheln lassen. Das Fleisch herausnehmen und 10 Minuten warm beiseitestellen.

3 Das Fleisch in Scheiben schneiden und auf einer vorgewärmten Platte anrichten. Das Gemüse pfeffern und mit der Sauce in einer Schüssel dazu servieren.

Italienischer Eintopf mit Wurst

Für 6 Personen

Zutaten

1 große weiße Zwiebel
2 Knoblauchzehen
3 Karotten
1 kg Räucherwurst vom Rothirsch
4 EL Olivenöl
1 l Fleischbrühe oder Wildfond
400 g gehackte Tomaten aus der Dose
1 TL getrockneter Oregano
2 Lorbeerblätter
300 g große weiße Bohnen aus dem Glas

1 Zwiebel und Knoblauch abziehen und fein würfeln. Die Karotten schälen und klein schneiden. Die Wurst in 2,5 cm lange Stücke schneiden.

2 In einem Topf das Olivenöl erhitzen und die Zwiebel und den Knoblauch darin glasig dünsten. Die Wurst darin anbraten, dann die Karotten hinzufügen und anrösten. Mit Fleischbrühe oder Wildfond ablöschen. Tomaten, Oregano und Lorbeerblätter dazugeben und zugedeckt 20 Minuten köcheln lassen. Die Bohnen hinzufügen und weitere 10 Minuten garen. Die Lorbeerblätter entfernen.

3 Auf vorgewärmten Tellern anrichten und heiß servieren.

Mediterraner Braten vom Rothirsch

Für 6 Personen

Zutaten

4 Knoblauchzehen
Meersalz
2 EL gehackte Rosmarinblätter
10 schwarze Pfefferkörner
6 Wacholderbeeren
3 EL körniger Senf
6 EL Olivenöl
2 kg küchenfertige Hirschkeule ohne Knochen
1 kg kleine Kartoffeln
500 g Cherry-Tomaten
500 g braune Champignons
frisch gemahlener schwarzer Pfeffer
500 ml trockener Rotwein
2 EL eiskalte Butter

1 Den Knoblauch abziehen, in dünne Scheiben schneiden und in Salz zerstoßen. Die Rosmarinblätter fein wiegen. Die Pfefferkörner und Wacholderbeeren in einem Mörser zerstoßen. Alles mit dem Senf und 2 EL Olivenöl zu einer Paste vermengen. Das Fleisch waschen, trocken tupfen, mit der Paste bestreichen und 30 Minuten ruhen lassen.

2 Den Backofen auf 180 °C vorheizen. Die Kartoffeln schälen, die Tomaten waschen. Die Champignons putzen (nicht waschen!). Das Gemüse in einer großen Schüssel vermengen, salzen, pfeffern und mit 4 EL Olivenöl beträufeln. Noch einmal gründlich vermischen.

3 Das Fleisch in einen großen Bräter geben und das Gemüse um das Fleisch herum anordnen. Ca. 90 Minuten im Backofen garen, bis das Fleisch zart und das Gemüse gar und knusprig ist. Während der Garzeit immer wieder mit Rotwein und dem Bratenfond übergießen. Den fertigen Braten und das Gemüse auf einer großen vorgewärmten Servierplatte anrichten und im Backofen warmhalten.

4 Den Bratenfond in einem Topf erhitzen, mit der Butter binden und getrennt dazu reichen.

Filet vom Rothirsch mit Steinpilzen

Für 6 Personen

Zutaten

500 g zerhackte Rückenknochen vom Rothirsch
1,2 kg küchenfertiges Filet, vom Metzger ausgelöst
5 EL Olivenöl
4 EL Butter
Meersalz
frisch gemahlener schwarzer Pfeffer
2 Schalotten
500 g Steinpilze
200 ml trockener Rotwein
150 g Crème fraîche

1 Die Hirschknochen in 3 EL Olivenöl braun anrösten. Mit 500 ml Wasser ablöschen, bei großer Hitze auf ca. 250 ml Brühe reduzieren lassen und durch ein feines Küchensieb abseihen.

2 Das Fleisch waschen, trocken tupfen, salzen und pfeffern. In einem Bräter 2 EL Olivenöl und 2 EL Butter erhitzen und das Filet darin rundum anbraten. In den Backofen geben und ca. 10–15 Minuten garen lassen. In der Zwischenzeit die Schalotten abziehen und fein würfeln sowie die Steinpilze putzen (nicht waschen!) und in Scheiben schneiden.

3 Den Bratensatz mit dem Rotwein loskochen und mit der Knochenbrühe auffüllen. Die Sauce auf die Hälfte reduzieren und die Crème fraîche unterziehen. Noch einige Minuten sanft köcheln lassen.

4 Die Schalotten in 2 EL Butter glasig dünsten. Die Steinpilze dazugeben und einige Minuten gar braten. Mit Salz und Pfeffer würzen.

Kräuterbraten vom Hirschrücken

Für 6 Personen

Zutaten

10 schwarze Pfefferkörner
6 Wacholderbeeren
2 Lorbeerblätter
1 EL gehackte Thymianblätter
1 EL gehackte Majoranblätter
1 EL gehackte Rosmarinblätter
3 rote Zwiebeln
2 Knoblauchzehen
2 Karotten
750 ml trockener Rotwein
125 ml Rotweinessig
1 Zitrone
1 Gewürznelke
2 kg küchenfertiger Hirschrücken mit Knochen
4 EL Olivenöl
Meersalz
frisch gemahlener schwarzer Pfeffer
3 EL Butter
1 kg Äpfel
8 cl Calvados
2 EL eiskalte Butter

1 Pfefferkörner, Wacholderbeeren und Lorbeerblätter in einem Mörser zerstoßen. Thymian-, Majoran- und Rosmarinblätter fein wiegen. Zwiebeln und Knoblauch abziehen, die Zwiebeln grob würfeln, den Knoblauch in Scheiben schneiden. Die Karotten schälen und klein schneiden. Alles in ein großes Gefäß geben und mit Rotwein und Rotweinessig angießen. Die Zitrone halbieren und von jeder Hälfte eine dünne Scheibe abschneiden. Zitronenscheiben mit der Gewürznelke in die Marinade geben. Das Fleisch waschen, trocken tupfen, in die Marinade legen und 24 Stunden kühl ziehen lassen, nach 12 Stunden einmal wenden.

2 Den Backofen auf 225 °C vorheizen. Das Olivenöl in einen Bräter geben, den Hirschrücken daraufsetzen, salzen und pfeffern. Das Gemüse aus der Marinade nehmen und dazulegen. In den Backofen schieben und 20 Minuten garen. Mit 250 ml Marinade ablöschen, die Hitze auf 190 °C reduzieren und weitere 50 Minuten garen. Dabei immer wieder mit Marinade und Fond übergießen.

3 Inzwischen die Äpfel schälen, von den Kerngehäusen befreien und klein würfeln. In einem großen Topf die Butter erhitzen und die Äpfel darin dünsten. Die Zitrone auspressen, den Saft zu den Äpfeln geben und alles mit Pfeffer würzen.

4 Den Braten herausnehmen und 20 Minuten warm beiseitestellen. Den Bratensatz mit der restlichen Marinade loskochen, den Fond pürieren oder durch ein Sieb streichen und leicht sämig einkochen. Den Calvados unterrühren und die Sauce mit der eiskalten Butter binden. Das Fleisch aus dem Knochen lösen und die Schwarte abschneiden.

5 Den Braten in Scheiben schneiden, auf vorgewärmten Tellern anrichten und mit der Sauce überzogen servieren.

Marinierte Keule vom Rothirsch

Für 6 Personen

Zutaten

10 schwarze Pfefferkörner
6 Wacholderbeeren
2 Lorbeerblätter
1 EL gehackte Thymianblätter
1 EL gehackte Majoranblätter
1 EL gehackte Rosmarinblätter
3 rote Zwiebeln
6 Knoblauchzehen
2 Karotten
750 ml trockener Rotwein
125 ml Rotweinessig
1 Zitrone
1 Gewürznelke
1,2 kg küchenfertige Keule vom Rothirsch, ohne Knochen
Meersalz
frisch gemahlener schwarzer Pfeffer
2 EL körniger Senf
4 EL Olivenöl
4 cl Weinbrand
100 ml Madeira
1 EL Speisestärke

1 Pfefferkörner, Wacholderbeeren und Lorbeerblätter in einem Mörser zerstoßen. Thymian-, Majoran- und Rosmarinblätter fein wiegen. Zwiebeln und 2 Knoblauchzehen abziehen, die Zwiebeln grob würfeln, den Knoblauch in Scheiben schneiden. Die Karotten schälen und klein schneiden. Alles in ein großes Gefäß geben und mit Rotwein und Rotweinessig angießen. Die Zitrone achteln und mit der Gewürznelke in die Marinade geben. Das Fleisch waschen, trocken tupfen, zusammenrollen, mit Küchenzwirn festbinden, in die Marinade legen und 24 Stunden kühl ziehen lassen, nach 12 Stunden einmal wenden.

2 Den Backofen auf 180–200 °C vorheizen. 4 Knoblauchzehen abziehen, in Scheiben schneiden und in Salz zerstoßen. Mit reichlich schwarzem Pfeffer und dem Senf vermischen und die Keule damit einreiben. In einem Bräter das Olivenöl erhitzen und die Keule darin rundum goldbraun anbraten. Zitrone und Gewürznelke aus der Marinade entfernen, das Gemüse herausnehmen, in den Bräter geben und leicht anrösten lassen. Mit der Marinade ablöschen, in den Backofen schieben und ca. 80–90 Minuten schmoren lassen. Dabei immer wieder mit Marinade und Fond begießen.

3 Den Braten herausnehmen und 20 Minuten warm beiseitestellen. Den Bratensatz mit der restlichen Marinade loskochen, den Fond pürieren oder durch ein Sieb streichen und leicht sämig einkochen. Weinbrand und Madeira unterrühren, die Speisestärke mit kaltem Wasser glatt rühren und die Sauce damit binden. Noch 2–3 Minuten köcheln lassen.

4 Den Braten in Scheiben schneiden, auf vorgewärmten Tellern anrichten und mit der Sauce überzogen servieren.

Panierte Koteletts vom Rothirsch

Für 6 Personen

Zutaten

6–12 küchenfertige Koteletts vom Rothirsch
(je nach Größe)
Meersalz
frisch gemahlener schwarzer Pfeffer
4 EL Butter
6–8 EL Paniermehl
6 EL Olivenöl
18 Cherry-Tomaten

1 Die Koteletts waschen, trocken tupfen und auf beiden Seiten salzen und pfeffern. In einer großen Pfanne die Butter zerlassen. Die Koteletts einmal von beiden Seiten darin wenden und beiseitestellen. 2 EL Öl in die Pfanne geben und erhitzen. Die Koteletts nacheinander in Paniermehl wenden und von jeder Seite je nach Größe 3–7 Minuten goldbraun braten. Inzwischen die Tomaten waschen und abtropfen lassen. In einer zweiten Pfanne 4 EL Olivenöl erhitzen, die Tomaten darin rundherum anbraten und bei reduzierter Hitze weich dünsten.

2 Die Koteletts auf vorgewärmten Tellern anrichten und mit je 3 Tomaten garniert servieren.

Gegrillte Koteletts vom Rothirsch

Für 6 Personen

Zutaten

6–12 küchenfertige Koteletts vom Rothirsch
(je nach Größe)
frisch gemahlener schwarzer Pfeffer
6 EL Olivenöl
Meersalz
6 zarte Maiskolben
3 EL Butter

1 Das Fleisch waschen, trocken tupfen, von beiden Seiten kräftig pfeffern, in eine Schüssel geben, mit dem Olivenöl vermengen und 2 Stunden ziehen lassen. Die Koteletts auf dem Holzkohlegrill von beiden Seiten je nach Größe ca. 3–7 Minuten direkt grillen, dann beiseitestellen und ruhen lassen. Inzwischen die Maiskolben rundherum schön knusprig grillen. Die Koteletts auf Teller geben, je einen Maiskolben dazulegen und mit Butter bestreichen.

Koteletts vom Rothirsch mit Champignons

Für 6 Personen

Zutaten

3 rote Zwiebeln
2 Knoblauchzehen
500 g kleine braune Champignons
2 EL gehackte glatte Petersilie
6 EL Olivenöl
250 ml trockener Rotwein
Meersalz
frisch gemahlener schwarzer Pfeffer
6–12 küchenfertige Koteletts vom Rothirsch
(je nach Größe)

1 Zwiebeln und Knoblauch abziehen und fein würfeln. Die Champignons putzen (nicht waschen!). Die Petersilie sehr fein hacken. Die Zwiebeln und den Knoblauch in 3 EL Olivenöl andünsten. Die Champignons dazugeben und bei großer Hitze unter ständigem Umrühren anbraten. Mit dem Rotwein ablöschen und zugedeckt 15 Minuten köcheln lassen. Ohne Deckel weiter köcheln lassen, bis die Flüssigkeit verdampft ist. Mit Salz und Pfeffer würzen und die Hälfte der Petersilie unterheben.

2 Die Koteletts in 3 EL Olivenöl nacheinander von jeder Seite je nach Größe 3–7 Minuten braten.

Filet vom Rothirsch im Teigmantel

Für 6 Personen

Zutaten

400 g Weizenmehl
1–2 Eier
1½ Tassen lauwarmes Wasser
6 EL flüssige Butter
Meersalz
frisch geriebene Muskatnuss
1 EL gehackte Rosmarinblätter
1 EL gehackte Majoranblätter
1½ TL Wacholderbeeren
1,5 kg küchenfertiges Hirschfilet
Meersalz
frisch gemahlener schwarzer Pfeffer
3 EL Butterschmalz oder Olivenöl

1 Das Mehl zu einem Hügel auf eine Arbeitsfläche sieben. In die Spitze eine Mulde eindrücken und die Eier hineingeben. Wasser und 3 EL flüssige Butter hinzufügen und mit Salz und Muskatnuss würzen. Mit bemehlten Händen zügig zu einem glatten, kompakten Teig kneten. Den fertigen Teig in einer Schüssel mit einem Tuch abgedeckt an einem warmen Ort ca. 30 Minuten ruhen lassen. Dann den Teig noch einmal kräftig durchkneten und auf einer bemehlten Arbeitsfläche dünn ausrollen. Mit den Händen in eine rechteckige Form bringen.

2 Rosmarin- und Majoranblätter fein wiegen. Die Wacholderbeeren in einem Mörser zerstoßen. Das Fleisch waschen, trocken tupfen, salzen, pfeffern und mit den Kräutern und Wacholderbeeren einreiben. In einer Pfanne das Butterschmalz oder Olivenöl erhitzen und das Fleisch darin rundum scharf goldbraun anbraten. Herausnehmen und abkühlen lassen.

3 Den Backofen auf 180–200 °C vorheizen. Das Fleisch auf den ausgerollten Strudelteig legen und sorgfältig einwickeln. Die Teigrolle mit 3 EL flüssiger Butter bestreichen. In den Backofen geben und ca. 30 Minuten backen.

Rahmgulasch vom Rothirsch

Für 6 Personen

Zutaten

1 EL gehackte Thymianblätter
1 EL gehackte Majoranblätter
6 Wacholderbeeren
4 Schalotten
1 kg küchenfertiges Gulasch vom Rothirsch
Meersalz
frisch gemahlener schwarzer Pfeffer
Cayennepfeffer
4 EL Olivenöl
250 ml trockener Rotwein
250 ml Gemüsebrühe
250 ml Fleischbrühe oder Wildfond
1–2 EL Johannisbeergelee
½ Bund glatte Petersilie
150 g Crème fraîche

1 Thymian- und Majoranblätter fein wiegen. Die Wacholderbeeren in einem Mörser zerstoßen. Die Schalotten abziehen und fein würfeln. Das Fleisch waschen, trocken tupfen, salzen, pfeffern und je nach Geschmack mit Cayennepfeffer würzen. Thymian, Majoran und Wacholderbeeren dazugeben und alles gut vermengen.

2 Das Fleisch im Olivenöl rundherum kräftig anbraten. Die Schalotten dazugeben, einige Zeit mitbraten, dann mit Rotwein ablöschen und mit Gemüsebrühe und Fleischbrühe oder Wildfond auffüllen. Aufkochen lassen, Johannisbeergelee unterziehen und 30 Minuten sanft köcheln lassen.

3 Inzwischen die Petersilie waschen, trocken tupfen und sehr fein hacken. Die Hälfte der Petersilie und die Crème fraîche einrühren und weitere 30 Minuten köcheln lassen, bis das Fleisch sehr zart ist und das Gulasch eine sämige Konsistenz erreicht hat. Dabei immer wieder umrühren. Noch einmal kräftig mit Salz und Pfeffer und nach Wunsch mit Cayennepfeffer abschmecken. Auf Tellern anrichten und mit der restlichen Petersilie garniert sofort servieren.

Roulade vom Rothirsch

1 Die Karotten schälen, den Sellerie putzen und beides in sehr feine Streifen schneiden. Den Speck ebenfalls in sehr feine Streifen schneiden. Die Wacholderbeeren im Mörser zerstoßen. Das Fleisch in ca. 2 cm dicke Scheiben schneiden und jede Scheibe sehr sorgfältig platt klopfen. Von beiden Seiten dünn mit Senf bestreichen, salzen, pfeffern und mit den Wacholderbeeren bestreuen. Mit den Speck-, Karotten- und Selleriestreifen belegen, zusammenrollen und mit Küchengarn festbinden.

2 In einem Bratentopf das Olivenöl erhitzen und die Rouladen darin von allen Seiten goldbraun anbraten. Mit Rotwein ablöschen und mit Fleischbrühe oder Wildfond auffüllen. Die Rosmarin- und Thymianblätter fein wiegen und mit den Nelken und den Lorbeerblättern dazugeben. Ca. 30 Minuten zugedeckt sanft schmoren lassen.

3 Die Rouladen herausnehmen und vom Garn befreien. Nelken und Lorbeerblätter aus der Sauce nehmen. Aufkochen, die Preiselbeermarmelade unterheben und bei großer Hitze unter ständigem Rühren reduzieren. Noch einmal mit Salz und Pfeffer abschmecken und mit der Crème fraîche binden.

Für 6 Personen

Zutaten

1–2 Karotten
1–2 Stangen Sellerie
150 g magerer Speck
6 Wacholderbeeren
1,2 kg küchenfertiges Rückenfilet vom Rothirsch, vom Metzger ausgelöst
1–2 EL körniger Senf
4 EL Olivenöl
250 ml trockener Rotwein
500 ml Fleischbrühe oder Wildfond
1 EL gehackte Rosmarinblätter
1 EL gehackte Thymianblätter
3 Nelken
2 Lorbeerblätter
3 EL Preiselbeermarmelade
150 g Crème fraîche

Filets vom Hirschkalb mit Heidelbeeren

1 Die Schalotten abziehen, die Karotte schälen, den Sellerie putzen und alles sehr fein würfeln. Die Wacholderbeeren im Mörser zerstoßen. Die Heidelbeeren putzen und verlesen. Das Fleisch waschen, trocken tupfen und rundum mit Salz und Pfeffer würzen.

2 In einer Pfanne das Butterschmalz oder Olivenöl erhitzen und die Filets rundum einige Minuten braten, bis das Fleisch gar ist. Herausnehmen und warm beiseitestellen.

3 Schalotten, Karotte, Sellerie, Wacholderbeeren und zwei Drittel der Heidelbeeren in die Pfanne geben und bei großer Hitze anrösten. Mit dem Rotwein ablöschen und mit Fleischbrühe oder Wildfond auffüllen. Bei starker Hitze einkochen lassen. Die Sauce pürieren oder durch ein Sieb passieren, mit Salz und Pfeffer abschmecken und mit der Sahne binden. Die restlichen Heidelbeeren in die Sauce geben.

4 Ausgetretenen Fleischsaft in die Sauce mischen. Die Filets mit etwas Sauce überzogen servieren und die restliche Sauce separat reichen.

Für 6 Personen

Zutaten

4 Schalotten
1 Karotte
1 Stange Sellerie
6 Wacholderbeeren
300 g Heidelbeeren
6 küchenfertige Filets vom Hirschkalb, vom Metzger ausgelöst
Meersalz
frisch gemahlener schwarzer Pfeffer
4 EL Butterschmalz oder Olivenöl
250 ml Rotwein
250 ml Fleischbrühe oder Wildfond
200 g Sahne

Hirschpfeffer deftig

Für 6 Personen

Zutaten

3 große Zwiebeln
3 Knoblauchzehen
1 EL gehackte Rosmarinblätter
1 EL gehackte Thymianblätter
130 ml Olivenöl
100 ml Weinbrand
1,5 kg küchenfertiges Gulasch vom Rothirsch aus der Schulter
50 g magerer Speck
1 EL Tomatenmark
500 ml trockener Rotwein
1 Bund glatte Petersilie
3 EL Preiselbeermarmelade
Meersalz
frisch gemahlener schwarzer Pfeffer

1 Zwiebeln und Knoblauch abziehen und würfeln. Rosmarin- und Thymianblätter fein wiegen. In eine große Schüssel geben und mit 100 ml Olivenöl und Weinbrand vermischen. Das Fleisch waschen, trocken tupfen und in die Marinade geben. Gut vermischen und über Nacht zugedeckt im Kühlschrank marinieren lassen.

2 Den Speck in Würfel schneiden. In einem Bratentopf das restliche Olivenöl erhitzen und die Speckwürfel darin anbraten. Das Fleisch aus der Marinade nehmen, abtropfen lassen, in den Topf geben und kräftig anbraten. Dabei ständig umrühren. Das Tomatenmark untermischen, kurz anrösten und mit dem Rotwein ablöschen. Die Marinade angießen und aufkochen lassen. Bei geringer Hitze zugedeckt 90 Minuten köcheln lassen.

3 Die Petersilie waschen, trocken tupfen und sehr fein hacken. Die Preiselbeermarmelade und die Hälfte der Petersilie unterheben, mit Salz und Pfeffer abschmecken, auf Tellern anrichten und mit der restlichen Petersilie garniert servieren.

Filetspitzen vom Rothirsch

Für 6 Personen

Zutaten

200 g Steinpilze
2–3 Schalotten
6 Wacholderbeeren
1,2 kg küchenfertiges Filet vom Rothirsch
3–4 EL Butterschmalz oder Olivenöl
Meersalz
frisch gemahlener schwarzer Pfeffer
500 ml trockener Rotwein
3 cl Madeira
150 g Crème fraîche

1 Die Steinpilze putzen (nicht waschen!) und klein schneiden. Die Schalotten abziehen und fein würfeln. Die Wacholderbeeren in einem Mörser zerstoßen. Das Fleisch waschen, trocken tupfen und in mundgerechte Stücke schneiden.

2 In einer Pfanne das Butterschmalz oder Olivenöl erhitzen und das Fleisch darin braten, bis es gar ist. Herausnehmen, salzen, pfeffern und warm beiseitestellen. Die Schalotten in die Pfanne geben und kurz anbraten. Die Steinpilze und Wacholderbeeren dazugeben und bei großer Hitze braten, bis alle Flüssigkeit verdampft ist. Mit dem Rotwein ablöschen und aufkochen lassen. Die Sauce unter ständigem Rühren auf die gewünschte Konsistenz einkochen, mit dem Madeira verfeinern, mit der Crème fraîche binden und noch einmal mit Pfeffer und Salz abschmecken. Das Fleisch dazugeben und in der Sauce noch einmal erhitzen. Auf Tellern anrichten und sofort servieren.

Gespickter Nussbraten vom Rothirsch

1 Die Schalotten abziehen und grob würfeln. Sellerie und Lauch putzen und waschen, die Karotten waschen und alles in Stücke schneiden. Den Bauchspeck in Streifen schneiden. Das Fleisch waschen, trocken tupfen und mit Hilfe eines sehr spitzen Messers mit den Speckstreifen spicken.

2 Den Backofen auf 180–200 °C vorheizen. In einem Bräter das Butterschmalz oder Olivenöl erhitzen und den Braten von allen Seiten darin kräftig anbräunen. Schalotten, Sellerie, Lauch und Karotten dazugeben und anrösten. Mit etwas Fleischbrühe oder Wildfond ablöschen, in den Backofen geben und zugedeckt ca. 90 Minuten schmoren lassen.

3 Den Bräter aus dem Ofen nehmen, den Braten herausnehmen und ca. 15 Minuten warm beiseitestellen. Den Bratenfond mit der verbliebenen Fleischbrühe oder dem Wildfond aufkochen und pürieren oder durch ein Küchensieb streichen. Erneut aufkochen, mit der Sahne verfeinern und mit Salz und Pfeffer abschmecken. Die Speisestärke mit etwas kaltem Wasser verrühren, in die Sauce geben und unter ständigem Rühren 1–2 Minuten köcheln lassen.

4 Den Braten in Scheiben aufschneiden und auf einer vorgewärmten Platte anrichten. Eventuell ausgetretenen Fleischsaft unter die Sauce heben. Das Fleisch mit etwas Sauce überziehen und die restliche Sauce getrennt dazu reichen.

Für 6 Personen

Zutaten

3 Schalotten
1 Stange Sellerie
1 Stange Lauch
1–2 Karotten
100 g geräucherter Bauchspeck
1,3 kg küchenfertiger Nussbraten aus der Keule vom Rothirsch
3–4 EL Butterschmalz oder Olivenöl
500 ml Fleischbrühe oder Wildfond
frisch gemahlener schwarzer Pfeffer
Meersalz
50 g Sahne
1–2 TL Speisestärke

Gebratener Hirschrücken vom Rothirsch

Für 6 Personen

Zutaten

10 schwarze Pfefferkörner
10 Wacholderbeeren
1 EL gehackte Rosmarinblätter
1 EL gehackte Thymianblätter
2 Knoblauchzehen
1,8 kg küchenfertiger Hirschrücken vom Rothirsch
2 große Zwiebeln
2 Karotten
1 Sellerieknolle
1 Petersilienwurzel
2 EL gehackte glatte Petersilie
½ Zitrone
150 g magerer Räucherspeck
2 EL Butter
2 EL Olivenöl
10 dünne Scheiben fetter Speck
500 ml trockener Rotwein
200 g Sahne
Meersalz
frisch gemahlener schwarzer Pfeffer
1 TL Speisestärke

1 Die Pfefferkörner und Wacholderbeeren im Mörser zerstoßen. Rosmarin- und Thymianblätter fein wiegen. Den Knoblauch abziehen und pressen. Alles zu einer Gewürzpaste vermischen. Das Fleisch waschen, trocken tupfen und mit den Gewürzen einreiben. Die Zwiebeln abziehen und vierteln. Karotten, Sellerie und Petersilienwurzel schälen und grob zerteilen. Die Petersilie waschen, trocken tupfen und fein hacken. Die halbe Zitrone auspressen. Den Räucherspeck fein würfeln.

2 Den Backofen auf 240 °C vorheizen. In einem großen Bräter die Butter und das Olivenöl erhitzen und die Speckwürfel darin anbraten. Karotten, Sellerie und Petersilienwurzel dazugeben und anrösten. Den Hirschrücken in den Bräter legen, mit den Speckscheiben belegen und in den Backofen geben. 15 Minuten garen, dann den Rotwein angießen. Nach weiteren 5 Minuten die Hitze auf 180 °C reduzieren und bei fallender Hitze weitere 35 Minuten garen. Den Hirschrücken von den Speckscheiben befreien und noch einmal 25 Minuten garen. Dabei das Fleisch immer wieder mit dem Fond begießen.

3 Den Bräter aus dem Ofen nehmen. Den Hirschrücken ca. 15 Minuten warm beiseitestellen. Das Gemüse aus dem Fond nehmen und beiseitestellen. Den Fond in einen Topf geben und bei großer Hitze unter ständigem Rühren auf die gewünschte Konsistenz eindicken. Mit Sahne verfeinern und mit Salz, Pfeffer und Zitronensaft abschmecken. Die Speisestärke mit kaltem Wasser glatt rühren, unter die Sauce mischen und noch 1–2 Minuten köcheln lassen. Immer wieder umrühren.

4 Den Hirschrücken in Scheiben schneiden und auf einer vorgewärmten Platte anrichten. Ausgetretenen Fleischsaft unter die Sauce heben. Mit etwas Sauce überziehen und die restliche Sauce separat dazu reichen. Dazu in einer kleinen Schüssel das Gemüse servieren.

Hirschrücken vom Rothirsch in Kräuterkruste

Für 6 Personen

Zutaten

10 schwarze Pfefferkörner
10 Wacholderbeeren
Meersalz
1,8 kg küchenfertiger Hirschrücken vom Rothirsch
5 Schalotten
4 EL Olivenöl
10 dünne Scheiben fetter Speck
500 ml trockener Rotwein
1 EL gehackte Rosmarinblätter
1 EL gehackte Thymianblätter
2 Knoblauchzehen
1 Ei
1–2 EL weiche Butter
50 g Semmelbrösel
200 g Sahne
frisch gemahlener schwarzer Pfeffer
1 TL abgeriebene Zitronenschale
2 EL Orangensaft
2 EL Zitronensaft
1 TL Speisestärke

1 Die Pfefferkörner und Wacholderbeeren im Mörser zerstoßen und mit Salz vermischen. Das Fleisch waschen, trocken tupfen und mit den Gewürzen einreiben. Die Schalotten abziehen und halbieren.

2 Den Backofen auf 240 °C vorheizen. Das Olivenöl in einen großen Bräter geben, das Fleisch dazugeben und mit den Speckscheiben belegen. Die Schalotten hinzufügen. Den Bräter in den Backofen geben und 20 Minuten garen. Den Rotwein angießen, die Hitze auf 175 °C reduzieren und weitere 35 Minuten garen.

3 In der Zwischenzeit die Rosmarin- und Thymianblätter fein wiegen. Den Knoblauch abziehen und pressen. Das Ei verquirlen. Rosmarin, Thymian, Knoblauch und Ei mit der Butter und den Semmelbröseln vermischen. Den Hirschrücken von den Speckscheiben befreien, mit der Gewürzpaste bestreichen und unter Oberhitze noch einmal 20–25 Minuten garen, bis eine schön knusprige Kräuterkruste entsteht. Bei Bedarf das Fleisch mit dem entstandenen Bratensaft beträufeln.

4 Den Bräter aus dem Ofen nehmen. Den Hirschrücken ca. 15 Minuten warm beiseitestellen. Den Fond pürieren oder durch ein Sieb streichen und in einen Topf geben. Bei großer Hitze unter ständigem Rühren auf die gewünschte Konsistenz eindicken. Mit Sahne verfeinern und mit Salz, Pfeffer, Zitronenschale, Zitronensaft und Orangensaft abschmecken. Die Speisestärke mit kaltem Wasser glatt rühren, unter die Sauce mischen und noch 1–2 Minuten köcheln lassen. Immer wieder umrühren.

5 Den Hirschrücken in Scheiben schneiden und auf einer vorgewärmten Platte anrichten. Ausgetretenen Fleischsaft unter die Sauce heben. Mit etwas Sauce überziehen und die restliche Sauce separat dazu reichen.

Filet vom Rothirsch mit Speck

Für 6 Personen

Zutaten

6 schwarze Pfefferkörner
6 Wacholderbeeren
1 Lorbeerblatt
1–2 TL gehackte Thymianblätter
1–2 TL gehackte Majoranblätter
1,2 kg küchenfertiges Filet vom Rothirsch
3–4 Scheiben fetter Speck
2 EL Butter
1 EL Olivenöl
150 ml trockener Rotwein
100 g Crème fraîche
Meersalz

1 Pfefferkörner, Wacholderbeeren und Lorbeerblatt im Mörser zerstoßen. Thymian- und Majoranblätter fein wiegen. Alles miteinander vermischen. Das Fleisch waschen, trocken tupfen und mit der Hälfte der Gewürzmischung einreiben. In die Speckscheiben einwickeln und mit Küchengarn festbinden.

2 In einer großen Pfanne die Butter und das Olivenöl erhitzen und das Filet darin von allen Seiten anbraten. Bei reduzierter Hitze weitere 20 Minuten braten, dabei mehrmals wenden. Den Faden lösen, den Speck vom Filet entfernen und neben das Fleisch legen. Das Filet von jeder Seite weitere 8 Minuten braten, dabei immer wieder mit Bratensaft übergießen.

3 Herausnehmen und warm beiseitestellen. Den Bratensatz mit dem Rotwein ablöschen und etwas reduzieren. Die restliche Gewürzmischung und die Crème fraîche dazugeben, noch einmal aufkochen und mit Salz abschmecken. Das Filet in Scheiben schneiden und mit dem Speck auf einer vorgewärmten Platte anrichten. Die Sauce separat dazu servieren.

Überbackene Filets vom Rothirsch

Für 6 Personen

Zutaten

6 EL Olivenöl
3 EL Zitronensaft
frisch gemahlener schwarzer Pfeffer
1,2 kg küchenfertiges Filet vom Rothirsch
1–2 EL weiche Butter
12 Scheiben Frühstücksspeck
6 Scheiben Emmentaler
Meersalz

1 Das Olivenöl in einer großen Schüssel mit dem Zitronensaft verrühren und reichlich Pfeffer daruntermischen. Das Fleisch waschen, trocken tupfen und in 6 gleich große Stücke schneiden. In die Schüssel geben und 1–2 Stunden marinieren lassen.

2 Den Backofen auf 240 °C vorheizen. Ein Stück Alufolie (20 × 20 cm) innen mit Butter bestreichen und in die Mitte nebeneinander 2 Scheiben Frühstücksspeck platzieren. Ein Filetstück darauflegen, leicht salzen und mit einer Käsescheibe bedecken. Die Folie zu einem völlig dichten Paket zusammenfalten. Den Vorgang noch fünfmal wiederholen, bis die Filets, die Speck- und die Käsescheiben aufgebraucht sind. Die Pakete auf eine feuerfeste Grillpfanne geben, in den Ofen schieben und bei auf 200 °C reduzierter Hitze ca. 20 Minuten garen. Die Folien öffnen (aufschneiden) und die Filets noch 5–10 Minuten bräunen, bis der Käse die richtige Konsistenz hat. Auf vorgewärmten Tellern anrichten und sofort servieren.

Filet vom Rothirsch auf Jäger-Art

Für 6 Personen

Zutaten

8 EL Olivenöl
3 EL Zitronensaft
frisch gemahlener schwarzer Pfeffer
6 küchenfertige, fingerdicke, schräg geschnittene Scheiben Filet vom Rothirsch
Meersalz
5 EL Butter
6 Eier
6 große Scheiben Weißbrot
6 dünne Scheiben Räucherschinken
12 gewässerte Sardellenfilets

1 6 EL Olivenöl in einer großen Schüssel mit dem Zitronensaft verrühren und reichlich Pfeffer daruntermischen. Das Fleisch waschen, trocken tupfen, in die Schüssel geben und 1–2 Stunden marinieren lassen.

2 In einer Pfanne je 2 EL Butter und Olivenöl erhitzen und jeweils 3 Filets in zwei Durchgängen von beiden Seiten je 1 Minute anbraten. Bei reduzierter Hitze von jeder Seite weitere 4 Minuten braten und leicht salzen. Gleichzeitig in einer anderen Pfanne die restliche Butter erhitzen und die Eier ebenfalls in zwei Durchgängen (mit je 3 Eiern) zu Spiegeleiern braten und leicht salzen.

3 In der Zwischenzeit die Weißbrotscheiben kräftig toasten. Das Bratfett darüber träufeln und jede Brotscheibe mit 1 Scheibe Schinken, 1 Scheibe Filet und 1 Spiegelei belegen. Kreuzförmig mit je zwei Sardellen garnieren und sofort servieren.

Steaks vom Rothirsch auf Champignonbett

Für 6 Personen

Zutaten

3 große rote Zwiebeln
2 Knoblauchzehen
500 g braune Champignons
2 EL gehackte glatte Petersilie
100 g magerer Räucherspeck
6 EL Öl
100 ml trockener Rotwein
Meersalz
frisch gemahlener schwarzer Pfeffer
6 küchenfertige Steaks vom Rothirsch

1 Zwiebeln und Knoblauch abziehen und sehr fein würfeln. Die Champignons sorgfältig putzen (nicht waschen!) und in Stücke schneiden. Die Petersilie waschen, trocken tupfen und fein hacken. Den Speck in feine Würfel schneiden.

2 In einer großen Pfanne 3 EL Olivenöl erhitzen und den Speck darin auslassen. Die Zwiebeln dazugeben und glasig dünsten. Knoblauch hinzufügen und anrösten. Die Champignons hinzugeben und kräftig anbraten. Mit dem Rotwein ablöschen und bei großer Hitze einkochen, bis die Flüssigkeit verdampft ist. Salzen, pfeffern und die Petersilie untermischen. Herausnehmen und warm beiseitestellen.

3 In derselben Pfanne 3 EL Öl erhitzen und die Steaks darin von jeder Seite 5–6 Minuten braten, salzen und pfeffern.

4 Auf vorgewärmten Tellern die Champignons anrichten, die Steaks darauflegen und sofort servieren.

Hirschkeule mit Steinpilzsauce

Für 6 Personen

Zutaten

10 schwarze Pfefferkörner
6 Wacholderbeeren
2 Lorbeerblätter
1 EL gehackte Thymianblätter
1 EL gehackte Majoranblätter
1½ TL geriebene Zitronenschale
1½ TL Sardellenpaste
750 ml trockener Rotwein
1,5 kg küchenfertige Hirschkeule ohne Knochen
15 g getrocknete Steinpilze
3 Zwiebeln
150 g geräucherter Speck
4 EL Olivenöl
2 Schalotten
2 EL Butter
Meersalz
frisch gemahlener schwarzer Pfeffer
1 EL gehackter frischer Schnittlauch
1 EL gehackte glatte Petersilie
3 EL Johannisbeergelee
200 g Sahne

1 Pfefferkörner, Wacholderbeeren und Lorbeerblätter im Mörser zerstoßen. Die Thymian- und Majoranblätter fein wiegen. Alles mit der Zitronenschale und der Sardellenpaste vermischen und in eine große Schüssel geben. Den Rotwein angießen, die Hirschkeule waschen, trocken tupfen, dazugeben und 24 Stunden im Kühlschrank marinieren lassen. Nach 12 Stunden die Keule einmal wenden.

2 Den Backofen auf 200 °C vorheizen. Die Steinpilze in eine kleine Schüssel geben, mit lauwarmem Wasser bedecken und beiseitestellen. Die Zwiebeln abziehen und fein würfeln. Den Speck in kleine Würfel schneiden. Die Hirschkeule aus der Marinade nehmen und trocken tupfen. In einem Bräter das Olivenöl erhitzen und den Speck darin glasig anschwitzen. Das Fleisch dazugeben und rundherum kräftig anbraten. Die Zwiebeln hinzugeben und bei reduzierter Hitze etwas anbräunen. Mit zwei Drittel der Marinade angießen und aufkochen. In den Backofen geben und zugedeckt ca. 80–90 Minuten schmoren lassen. Zwischendurch das Fleisch immer wieder mit dem Fond übergießen.

3 Inzwischen die Schalotten abziehen und sehr fein würfeln. In einer Pfanne 2 EL Butter erhitzen und die Schalotten darin glasig dünsten. Die Steinpilze ausdrücken, die Flüssigkeit auffangen. Die Pilze in die Pfanne geben und ca. 10–15 Minuten garen. Immer wieder mit der Einweichflüssigkeit ablöschen, bis diese fast völlig verdampft ist. Dabei darauf achten, dass kein Sand in die Pfanne gerät. Schnittlauch und Petersilie fein wiegen und unter die Pilze ziehen. Mit Salz und Pfeffer abschmecken.

4 Die Hirschkeule aus dem Bräter nehmen und für 20 Minuten warm beiseitestellen. Den Bratenfond in einen Topf geben und aufkochen. Die restliche Marinade angießen und bei starker Hitze auf die gewünschte Konsistenz einkochen lassen. Dabei unter ständigem Rühren das Johannisbeergelee und die Sahne untermischen. Die Steinpilze unterheben und noch einmal mit Salz und Pfeffer abschmecken.

5 Die Hirschkeule in Scheiben schneiden, eventuell austretenden Fleischsaft in die Sauce mischen. Auf einer vorgewärmten Platte anrichten und mit etwas Sauce überziehen. Die restliche Sauce separat servieren.

Kalbsbraten vom Rothirsch

Für 6 Personen

Zutaten

4 Schalotten
½ Sellerieknolle
1–2 Karotten
1 EL gehackte Thymianblätter
1,2 kg küchenfertiger Rücken vom Hirschkalb, ohne Knochen
200 g fetter Speck
Meersalz
frisch gemahlener schwarzer Pfeffer
5 EL Olivenöl
12 Wacholderbeeren
2 Knoblauchzehen
250 ml trockener Rotwein
1 Lorbeerblatt
200 g Sahne
2 TL Dijon-Senf
2 EL Preiselbeermarmelade
1 EL eiskalte Butter

1 Die Schalotten abziehen und würfeln. Sellerie und Karotten schälen und in Stücke schneiden. Die Thymianblätter fein wiegen. Den Speck in dünne, ca. 4 cm lange Stifte schneiden. Das Fleisch waschen, trocken tupfen, mit Hilfe eines sehr spitzen Messers mit dem Speck spicken, salzen und pfeffern.

2 Den Backofen auf 220 °C vorheizen. In einem Bräter 3 EL Olivenöl erhitzen und das Fleisch darin von allen Seiten schön goldbraun anbraten. Das Gemüse und den Thymian dazugeben und anrösten. In den Backofen geben und ca. 15–20 Minuten garen.

3 In der Zwischenzeit die Wacholderbeeren in einem Mörser zerstoßen. Knoblauch abziehen und in Scheiben schneiden. In einer Pfanne 2 EL Öl erhitzen und die Wacholderbeeren und den Knoblauch darin anbraten. Mit dem Rotwein ablöschen, das Lorbeerblatt dazugeben und bei großer Hitze auf die Hälfte einkochen lassen.

4 Das Fleisch aus dem Bräter nehmen und warm beiseitestellen. Den Bratenfond mit der Rotweinsauce loskochen, pürieren oder durch ein Sieb streichen und in einen Topf geben. Unter ständigem Rühren die Sahne, den Senf und die Preiselbeermarmelade unterziehen. Noch einige Minuten köcheln lassen, mit Salz und Pfeffer abschmecken und mit der eiskalten Butter binden.

5 Den Braten in Scheiben schneiden, eventuell austretenden Fleischsaft in die Sauce mischen. Auf einer vorgewärmten Platte anrichten und mit etwas Sauce überziehen. Die restliche Sauce separat servieren.

Hirschrücken vom Rothirsch aus der Folie

1 Den Backofen auf 240 °C vorheizen. Pfefferkörner, Wacholderbeeren und Lorbeerblätter im Mörser zerstoßen. Thymian- und Majoranblätter fein wiegen und alles vermischen. Das Fleisch waschen, trocken tupfen, salzen, mit der Gewürzmischung einreiben und mit den Speckscheiben belegen. Ein großes Stück Alufolie ausbreiten und mit 2 EL Butter bestreichen, den Rand aussparen. Das Fleisch in die Mitte der Folie legen und diese rundum hochfalten, dabei die Ränder sorgfältig falzen, damit keine Flüssigkeit austreten kann.

2 In einen Bräter legen und in den Backofen geben. 10 Minuten backen, dann die Hitze auf 190 °C reduzieren. Nach weiteren 35–40 Minuten die Folie an der Oberseite aufschneiden und zu den Seiten aufschlagen. Die Speckscheiben vom Fleisch nehmen und danebenlegen. Den Braten 25 Minuten bräunen lassen, dabei mit der restlichen Butter einpinseln. Den Backofen abschalten und den Hirschrücken noch 20 Minuten darin ruhen lassen.

3 Inzwischen die Schalotten abziehen und fein reiben. In einem Topf die Fleischbrühe oder den Wildfond aufkochen, die Schalotten dazugeben und Crème fraîche, Johannisbeergelee und Senf unterrühren. Unter ständigem Rühren den Lebkuchen einarbeiten und die Sauce köcheln lassen, bis sie sämig wird. Die Petersilie waschen, trocken tupfen, fein hacken und in die Sauce geben. Noch einmal mit Salz und Pfeffer abschmecken.

4 Das Fleisch aus der Folie nehmen, den Fleischsaft in die Sauce mischen. Den Braten in Scheiben schneiden, mit dem Speck auf einer vorgewärmten Platte anrichten und mit etwas Sauce überziehen. Die restliche Sauce getrennt dazu servieren.

Für 6 Personen

Zutaten

10 schwarze Pfefferkörner
15 Wacholderbeeren
2 Lorbeerblätter
1 EL gehackte Thymianblätter
1 EL gehackte Majoranblätter
1,5 kg küchenfertiger Hirschrücken vom Rothirsch
Meersalz
6 dünne Scheiben fetter Speck
4 EL weiche Butter
2 Schalotten
250 ml Fleischbrühe oder Wildfond
150 g Crème fraîche
1 EL Johannisbeergelee
2–3 TL scharfer Senf
2–3 EL geriebener Saucenlebkuchen
4 EL gehackte glatte Petersilie
frisch gemahlener schwarzer Pfeffer

Pikant marinierte Keule vom Rothirsch

Für 6 Personen

Zutaten

10 schwarze Pfefferkörner
15 Wacholderbeeren
2 Lorbeerblätter
1 EL gehackte Thymianblätter
1 EL gehackte Majoranblätter
2 Knoblauchzehen
1 TL geriebene Zitronenschale
2 EL körniger Senf
750 ml trockener Rotwein
1,5 kg küchenfertige Keule vom Rothirsch
3 Zwiebeln
150 g magerer geräucherter Speck
3 EL Butterschmalz
2 EL Johannisbeergelee
125 ml Madeira
Meersalz
frisch gemahlener schwarzer Pfeffer
1 EL Butter
1 EL Mehl

1 Pfefferkörner, Wacholderbeeren und Lorbeerblätter im Mörser zerstoßen. Thymian- und Majoranblätter fein wiegen. Knoblauch abziehen und pressen. Alles mit der Zitronenschale und dem Senf vermischen und in eine große Schüssel geben. Den Rotwein angießen, die Hirschkeule waschen, trocken tupfen, dazugeben und 24 Stunden im Kühlschrank marinieren lassen. Nach 12 Stunden die Keule einmal wenden.

2 Den Backofen auf 180–200 °C vorheizen. Die Zwiebeln abziehen und fein würfeln. Den Speck in kleine Würfel schneiden. Die Hirschkeule aus der Marinade nehmen und trocken tupfen. In einem Bräter das Butterschmalz erhitzen und den Speck darin glasig anschwitzen. Das Fleisch dazugeben und rundum kräftig anbraten. Die Zwiebeln hinzugeben und bei reduzierter Hitze etwas anbräunen. Mit zwei Drittel der Marinade angießen und aufkochen. In den Backofen geben und zugedeckt ca. 80–90 Minuten schmoren lassen. Zwischendurch das Fleisch immer wieder mit dem Fond übergießen.

3 Die Hirschkeule aus dem Bräter nehmen und für 20 Minuten warm beiseitestellen. Den Bratfond in einen Topf geben und aufkochen. Die restliche Marinade angießen und bei starker Hitze auf die gewünschte Konsistenz einkochen lassen. Dabei unter ständigem Rühren das Johannisbeergelee und den Madeira untermischen. Mit Salz und Pfeffer abschmecken. Die Butter mit dem Mehl verkneten und die Sauce damit binden.

4 Die Hirschkeule in Scheiben schneiden, eventuell austretenden Fleischsaft in die Sauce mischen. Auf einer vorgewärmten Platte anrichten und mit etwas Sauce überziehen. Die restliche Sauce separat servieren.

Kalbssteaks vom Rothirsch mit Pfifferlingen

1 Den Backofen auf 220 °C vorheizen. Das Fleisch waschen, trocken tupfen, salzen und pfeffern. In einem großen Bräter, in den alle Steaks gleichzeitig passen, 3 EL Öl erhitzen und die Steaks von beiden Seiten anbraten. Den Orangenabrieb über das Fleisch geben und mit Muskatnuss würzen. Auf jedes Steak einen Thymianzweig legen, das Fleisch in den Backofen geben und ca. 15 Minuten garen.

2 Die Frühlingszwiebeln putzen und klein schneiden. Die Pfifferlinge sorgfältig putzen (nicht waschen!) und je nach Größe halbieren oder vierteln. Die Petersilie waschen, trocken tupfen und sehr fein hacken.

3 Das Fleisch aus dem Ofen nehmen, in Alufolie einwickeln und im abgeschalteten Backofen noch ca. 10 Minuten ruhen lassen. Den Bratensatz mit Fleischbrühe oder Wildfond loskochen und durch ein Sieb streichen. In einer Pfanne 2 EL Olivenöl erhitzen. Die Frühlingszwiebeln darin anrösten. Die Pfifferlinge dazugeben und braten, bis die austretende Flüssigkeit verdampft ist. Das Mehl darüber stäuben und Fleischbrühe oder Wildfond angießen. Die Sauce einige Minuten einköcheln lassen. Sahne, Preiselbeermarmelade und die Hälfte der Petersilie einrühren, nochmals kurz einkochen lassen und abschmecken.

Für 6 Personen

Zutaten

1 unbehandelte Orange
6 küchenfertige Kalbssteaks vom Rothirsch
Meersalz
frisch gemahlener schwarzer Pfeffer
5 EL Olivenöl
frisch geriebene Muskatnuss
6 Thymianzweige
1 Bund Frühlingszwiebeln
300 g Pfifferlinge
2 EL gehackte glatte Petersilie
1 TL Mehl
200 ml Fleischbrühe oder Wildfond
200 g Sahne
2–3 EL Preiselbeermarmelade

Steaks vom Rothirsch mit Lebkuchensauce

1 2 Wacholderbeeren im Mörser zerstoßen. Mit 1 EL Olivenöl, dem Senf und Pfeffer zu einer Gewürzpaste verarbeiten. Die Steaks waschen, trocken tupfen, von beiden Seiten mit der Gewürzmischung bestreichen und im Kühlschrank 4 Stunden ziehen lassen.

2 Die Schalotten abziehen und fein reiben. Den Knoblauch abziehen und pressen. Die Wacholderbeeren, die Pfefferkörner und das Lorbeerblatt im Mörser zerstoßen. Thymian- und Majoranblätter fein wiegen.

3 Die Steaks in 4 EL Olivenöl von beiden Seiten anbraten. Den Bratensatz mit dem Rotwein ablöschen, Schalotten, Knoblauch, Wacholderbeeren, Pfefferkörner, Lorbeerblatt, Thymian und Majoran dazugeben und aufkochen lassen. Sardellenpaste, Johannisbeergelee und Lebkuchen einrühren. Mit Salz und Piment abschmecken. Die Steaks wieder in die Sauce geben und ca. 6 Minuten garziehen lassen.

Für 6 Personen

Zutaten

6 Wacholderbeeren
5 EL Olivenöl
2 TL körniger Senf
frisch gemahlener schwarzer Pfeffer
6 küchenfertige Steaks vom Rothirsch
2 Schalotten
1 Knoblauchzehe
5 schwarze Pfefferkörner
1 Lorbeerblatt
1 TL gehackte Thymianblätter
1 TL gehackte Majoranblätter
250 ml trockener Rotwein
1 TL Sardellenpaste
2 EL Johannisbeergelee
4 EL geriebener Saucenlebkuchen
Meersalz

Calvados-Rouladen vom Rothirsch

Für 6 Personen

Zutaten

3 Schalotten
10 Cornichons
1 großer Apfel
250 g Cherry-Tomaten
6 küchenfertige Rouladenscheiben vom Rothirsch (je ca. 160 g)
Meersalz
frisch gemahlener schwarzer Pfeffer
6 TL körniger Senf
6 EL Olivenöl
250 ml Fleischbrühe oder Wildfond
125 ml Cidre
50 ml Calvados
150 ml Crème fraîche
2 EL Speisestärke

1 Die Schalotten abziehen und fein würfeln. Die Cornichons längs in Scheiben schneiden. Den Apfel schälen, vom Kerngehäuse befreien und in Würfel schneiden. Die Tomaten waschen und vierteln. Die Rouladen waschen, trocken tupfen, salzen, pfeffern und von beiden Seiten mit Senf bestreichen. Schalotten, Cornichons und Apfel darauflegen. Die Rouladen aufrollen und mit Küchenzwirn festbinden. Dabei die Seiten jeweils über die Füllung klappen.

2 In einem großen Schmortopf das Öl erhitzen und die Rouladen darin rundum anbraten. Die Tomaten dazugeben und kurz anrösten. Mit Fleischbrühe oder Wildfond, Cidre und Calvados ablöschen und ca. 60–80 Minuten schmoren lassen, bis das Fleisch mürbe ist.

3 Die Rouladen herausnehmen und warm beiseitestellen. Crème fraîche in die Sauce rühren und mit Salz und Pfeffer abschmecken. Die Speisestärke mit kaltem Wasser glatt rühren und die Sauce damit binden. Noch einige Minuten sanft köcheln lassen, dabei immer wieder umrühren.

Klassischer Braten vom Rothirsch

Für 6 Personen

Zutaten

1,5 kg küchenfertige Keule ohne Knochen vom Rothirsch
Meersalz
frisch gemahlener schwarzer Pfeffer
8 Scheiben Frühstücksspeck
4 Schalotten
2 Karotten
1 Stange Sellerie
750 ml Fleischbrühe oder Wildfond
1 Glas Preiselbeeren (ca. 400 g)
200 g Sahne
1 EL Speisestärke

1 Den Backofen auf 200 °C vorheizen. Die Hirschkeule waschen, trocken tupfen, mit Salz und Pfeffer einreiben und mit dem Frühstücksspeck belegen. In einen Bräter setzen, in den Backofen geben und 60–70 Minuten garen. Den Speck vom Fleisch nehmen.

2 In der Zwischenzeit die Schalotten abziehen, die Karotten waschen und den Sellerie putzen. Alles in grobe Stücke schneiden, zum Braten geben und 20 Minuten anrösten. Mit 250 ml Fleischbrühe oder Wildfond ablöschen und weitere 20 Minuten garen.

3 Den Braten aus dem Bräter nehmen und warm für 15 Minuten beiseitestellen. Den Bratenfond pürieren oder durch ein Sieb streichen. 500 ml Fleischbrühe oder Wildfond angießen, aufkochen und bei großer Hitze auf die gewünschte Konsistenz reduzieren. Preiselbeeren und Schlagsahne unterrühren und die Sauce mit Salz und Pfeffer abschmecken. Die Speisestärke mit kaltem Wasser glattrühren, in die Sauce geben und unter ständigem Umrühren noch 1–2 Minuten köcheln lassen. Die Hirschkeule in Scheiben schneiden.

Klassisches Gulasch vom Rothirsch

1 Sellerie und Karotten schälen und in Stücke schneiden. Die Zwiebeln abziehen und würfeln. Den Speck in kleine Würfel schneiden. Die Thymianblätter fein wiegen. Das Hirschfleisch waschen, trocken tupfen und mit Salz und Pfeffer würzen.

2 In einem großen Schmortopf das Butterschmalz oder Olivenöl erhitzen und das Fleisch darin rundum goldbraun anbraten. Herausnehmen und beiseitestellen. Sellerie, Karotten, Zwiebeln, Speck, Thymian, Lorbeerblätter und Tomatenmark in den Topf geben und einige Minuten anrösten. Mit Mehl bestäuben, gut umrühren, mit dem Rotwein ablöschen und die Fleischbrühe oder den Wildfond angießen. Aufkochen lassen, das Fleisch wieder hinzugeben und zugedeckt bei geringer Hitze 70–80 Minuten schmoren lassen, bis das Fleisch mürbe ist. Preiselbeermarmelade und Crème fraîche unterheben und noch einmal mit Salz, Pfeffer und Zitronensaft abschmecken.

3 Petersilie waschen, trocken tupfen und sehr fein hacken. Das Gulasch auf vorgewärmten Tellern anrichten und mit Petersilie garniert sofort servieren.

Für 6 Personen

Zutaten

½ Knolle Sellerie
2 Karotten
3 große rote Zwiebeln
150 g geräucherter Speck
1 EL gehackte Thymianblätter
1,2 kg küchenfertiges Gulasch aus der Schulter
Salz
frisch gemahlener schwarzer Pfeffer
4 EL Butterschmalz oder Olivenöl
2 Lorbeerblätter
2–3 EL Tomatenmark
1–2 EL Mehl
250 ml trockener Rotwein
250 ml Fleischbrühe oder Wildfond
2 EL Preiselbeermarmelade
150 g Crème fraîche
1 EL Zitronensaft
1 EL gehackte glatte Petersilie

Steaks vom Rothirsch mit Preiselbeeren

1 Basilikum- und Oreganoblätter fein wiegen. Die Pfefferkörner im Mörser zerstoßen. Alles mit Salz und 6 EL Olivenöl vermengen. Die Hirschmedaillons waschen, trocken tupfen, mit der Gewürzmischung bestreichen und zugedeckt im Kühlschrank über Nacht marinieren lassen.

2 Die Schalotten abziehen, die Karotten schälen und beides sehr fein würfeln. Den Lauch putzen und waschen und in sehr feine Ringe schneiden. In einer großen Pfanne 4 EL Olivenöl erhitzen und die Medaillons darin von jeder Seite je nach Gusto 3–6 Minuten braten. Herausnehmen und warm beiseitestellen.

3 Die Butter in die Pfanne geben und das Gemüse darin anrösten. Mit dem Rotwein ablöschen und 8–10 Minuten kochen. Die Sahne und die Preiselbeermarmelade einrühren und noch einmal 3–4 Minuten sanft köcheln lassen. Dabei ständig umrühren. Die Sauce mit Salz, Pfeffer und Balsamico abschmecken und mit der eiskalten Butter binden.

Für 6 Personen

Zutaten

1 EL gehackte Basilikumblätter
1 EL gehackte Oreganoblätter
1 TL schwarze Pfefferkörner
Meersalz
10 EL Olivenöl
12 küchenfertige Medaillons vom Rothirsch
2–3 Schalotten
1–2 Karotten
1 kleine Stange Lauch
1–2 EL Butter
250 ml trockener Rotwein
200 g Sahne
6 EL Preiselbeermarmelade
1–2 TL Balsamico
frisch gemahlener schwarzer Pfeffer
1–2 EL eiskalte Butter

Braten vom Rothirsch mit Rosinensauce

Für 6 Personen

Zutaten

60 g Rosinen
6 EL Weinbrand
10 Wacholderbeeren
2 Lorbeerblätter
1,5 kg küchenfertige Keule ohne Knochen vom Rothirsch
Meersalz
frisch gemahlener schwarzer Pfeffer
4 EL Butterschmalz oder Olivenöl
200 g Frühstücksspeck
800 ml Fleischbrühe oder Wildfond
3 Zwiebeln
1 Petersilienwurzel
1–2 Karotten
1–2 EL Butter
1–2 EL Mehl
200 g Sahne

1 Die Rosinen klein hacken und in einer kleinen Schüssel in dem Weinbrand ziehen lassen. Die Wacholderbeeren und die Lorbeerblätter in einem Mörser zerstoßen. Die Hirschkeule waschen, trocken tupfen, salzen, pfeffern und mit den Wacholderbeeren und Lorbeerblättern einreiben.

2 Den Backofen auf 180–200 °C vorheizen. In einem Bräter das Butterschmalz oder Olivenöl erhitzen und das Fleisch darin von allen Seiten goldbraun anbraten. Die Keule mit dem Frühstücksspeck belegen und 60 Minuten im Backofen garen. Nach 30 Minuten die Hälfte der Fleischbrühe oder des Wildfonds angießen.

3 Die Zwiebeln abziehen und grob würfeln, Petersilienwurzel und Karotten schälen und in Stücke schneiden. Das Gemüse zu dem Braten geben, die Speckscheiben abnehmen und neben das Fleisch legen. Weitere 30 Minuten garen, dabei das Fleisch bei Bedarf immer wieder mit Fond übergießen.

4 Die Butter mit dem Mehl verkneten und kalt stellen. Den Bräter herausnehmen und das Fleisch im abgeschalteten Backofen noch 20–25 Minuten ruhen lassen. Die Sauce pürieren oder durch ein Küchensieb streichen und in einen Topf füllen. Die restliche Fleischbrühe oder den Wildfond dazugeben und bei großer Hitze auf die Hälfte reduzieren. Die Sahne und die Rosinen mit dem Weinbrand hineinrühren und kurz weiter köcheln lassen. Mit Salz und Pfeffer abschmecken und mit der Mehlbutter binden.

5 Den Braten in Scheiben schneiden und auf einer vorgewärmten Platte anrichten. Eventuell ausgetretenen Fleischsaft in die Sauce rühren. Den Braten und die Sauce getrennt servieren.

Keule vom Rothirsch in Burgundersauce

1 Schalotten und rote Zwiebeln abziehen und grob würfeln. Den Knoblauch abziehen und in Stücke schneiden. Die Frühlingszwiebeln putzen, waschen und klein schneiden. Die Karotte schälen und in Stücke schneiden. Rosmarin- und Thymianblätter fein wiegen. Alles in eine große Schüssel geben und Lorbeerblätter, Gewürznelken, Wacholderbeeren und Pfefferkörner hinzufügen. Mit dem Rotwein aufgießen und gut umrühren. Das Fleisch waschen, trocken tupfen und in die Marinade geben. Zugedeckt im Kühlschrank 1–2 Tage marinieren lassen. Die Keule gelegentlich wenden.

2 Die Butter mit dem Mehl verkneten und ins Eisfach stellen. Den Backofen auf 250 °C vorheizen. Die Keule abtropfen lassen, trocken tupfen, salzen und pfeffern. In einem Bräter das Olivenöl erhitzen und die Keule darin rundum goldbraun anbraten. Die Marinade durch ein Sieb schütten. Das Gemüse und die Gewürze in den Bräter geben und die Keule 30 Minuten im Backofen garen. Mit der Hälfte der Marinade ablöschen, die Hitze auf 150 °C reduzieren und weitere 90–100 Minuten garen. Dabei nach und nach mit der restlichen Marinade begießen.

3 Den Bräter herausnehmen und das Fleisch im abgeschalteten Ofen 20 Minuten ruhen lassen. Inzwischen die Sauce pürieren oder durch ein Sieb streichen, in einen Topf geben und auf die gewünschte Konsistenz einkochen. Die gefrorene Mehlbutter in kleine Stücke schneiden und die kochende Sauce damit unter ständigem Rühren binden. Noch 3 Minuten köcheln lassen und mit Salz und Pfeffer abschmecken.

4 Den Braten in Scheiben schneiden und auf einer vorgewärmten Platte anrichten. Eventuell ausgetretenen Fleischsaft in die Sauce rühren. Den Braten und die Sauce getrennt servieren.

Für 6 Personen

Zutaten

3 Schalotten
3 rote Zwiebeln
2 Knoblauchzehen
1 Bund Frühlingszwiebeln
1 Karotte
1 EL gehackte Rosmarinblätter
1 EL gehackte Thymianblätter
2 Lorbeerblätter
3 Gewürznelken
5 Wacholderbeeren
10 schwarze Pfefferkörner
1 l trockener Spätburgunder Rotwein
1,5 kg Keulenbraten vom Hirschkalb
2 EL Butter
3 EL Mehl
Meersalz
frisch gemahlener schwarzer Pfeffer
4 EL Olivenöl

Das Rehwild

Das Reh *(Capreolus capreolus)* ist die am häufigsten vorkommende und gleichzeitig kleinste europäische Hirschart. Männliche Tiere („Böcke“) werden bis zu 35 kg schwer, weibliche Tiere („Ricken“) erreichen maximal 25 kg und die Kälber („Kitze“) 15 kg. Ursprünglich sind Rehe Tiere der lockeren Wälder mit vielen Lichtungen, der Waldränder und abwechslungsreichen Landschaften. Heute wagen sie sich jedoch auch bis weit in die deckungslosen Landschaften der modernen Landwirtschaft und sogar bis in die Nähe menschlicher Ansiedlungen vor. Bei Gefahr suchen aufgeschreckte Rehe mit großen, schnellen Sprüngen Schutz in Dickichten, wobei sie auch größere Hindernisse überwinden können. Während des Sommerhalbjahrs leben die Rehe in kleineren Familienverbänden, die meist aus einer Ricke und ihren Kitzen bestehen. Im Winter schließen sie sich gelegentlich auch zu größeren Rudeln von bis zu 50 Tieren zusammen.

Rehe kommen in fast ganz Europa sowie in weiten Teilen Kleinasiens vor. Die eleganten Sprinter haben viele natürliche Feinde: Neben Füchsen, Dachsen und – wo es sie noch gibt – Wölfen, Luchsen, Waldkatzen, Bären und Adlern – ist der Mensch für sie allerdings die größte Gefahr. Vor allem durch den Straßenverkehr sterben jährlich Tausende von Rehen. Viele fallen auch den Mähdreschern zum Opfer, und schließlich ist das Reh wegen seines zahlreichen Vorkommens ein besonders beliebtes Jagdwild. Genaue Angaben über die tatsächlichen Größen der Populationen sind wegen der Heimlichkeit ihres Lebens allerdings kaum möglich. Man richtet sich bei der Schätzung des Rehbestandes nach den Ergebnissen der Beobachtung des von den Rehen verursachten Wildverbisses an den jungen Bäumen. Ziel der Jagd ist auch hier wieder die Herstellung einer gesunden Balance zwischen den Interessen der Forstwirtschaft an der natürlichen Verjüngung des Waldes und einem gesunden, starken Rehbestand. Die entsprechenden Abschusspläne gelten für drei Jahre und werden von den Jagdbehörden in Kraft gesetzt und überwacht. Heute wird in der Regel eine Planung über drei Jahre vorgenommen, die Bewirtschaftungsrichtlinien sind abhängig vom jeweiligen Bundesland.

Rehe werden in allen europäischen Ländern gejagt, allein in Deutschland schießen die Jäger jedes Jahr mehr als eine Million Tiere. Dabei werden weit über 11.000 Tonnen Wildbret gewonnen. Für die Küche eignet sich besonders gut das Fleisch der bis zu zweijährigen Tiere. Es ist rotbraun gefärbt, zart und eignet sich je nach Stück zum Schmoren, Braten und Kurzbraten.

Gegrillter Rehrücken

Für 6 Personen

Zutaten

1,2 kg küchenfertiger Rehrücken ohne Knochen
250 g grüner Speck
3 EL Olivenöl
frisch gemahlener schwarzer Pfeffer
1 kg weißer Spargel
Meersalz
6 EL flüssige Butter

1 Das Fleisch waschen und trocken tupfen. Den Speck in Stifte schneiden und das Fleisch damit spicken. Den gespickten Rehrücken mit Olivenöl einpinseln und kräftig pfeffern. Den Spargel schälen, in 6 Portionen aufteilen und jede Portion in Alufolie verpacken. Auf dem Grill in ca. 20–30 Minuten gar grillen. Das Fleisch auf den Rost geben und von allen Seiten ca. 25 Minuten gar grillen. Auf ein schönes Branding achten. Vom Rost nehmen und ca. 10 Minuten ruhen lassen.

2 Den Spargel auspacken und auf 6 Tellern anrichten. Das Fleisch in 6 Stücke aufschneiden, auf die Teller geben, alles salzen und mit der Butter überzogen servieren.

Rehkeule vom Drehspieß

Für 6 Personen

Zutaten

6 Wacholderbeeren
10 schwarze Pfefferkörner
1 EL gehackte Thymianblätter
1 EL gehackte Rosmarinblätter
1 EL gehackte Majoranblätter
3 EL körniger Senf
9 EL Olivenöl
1,8 kg küchenfertige Rehkeule mit Knochen
400 g grüner Speck
12 kleine Kartoffeln (Bratlinge)
12 kleine Tomaten
Meersalz
frisch gemahlener schwarzer Pfeffer

1 Die Pfefferkörner und Wacholderbeeren in einem Mörser zerstoßen. Die Thymian-, Rosmarin- und Majoranblätter fein wiegen. Alles mit Senf und 6 EL Olivenöl vermischen. Das Fleisch waschen, trocken tupfen, mit der Gewürzmischung bestreichen und 5 Stunden ziehen lassen. Den Speck in große Scheiben schneiden, die Rehkeule darin einwickeln, in einen Grillkorb geben und am Drehspieß befestigen. Ca. 100–120 Minuten über der Holzkohle grillen, das Fleisch nach dem Grillen noch 15 Minuten ruhen lassen.

2 In dieser Zeit die Kartoffeln bürsten und halbieren. Die Tomaten waschen und halbieren. Abwechselnd je 4 Kartoffel- und Tomatenhälften auf einen Spieß stecken und so insgesamt 6 Spieße herstellen. Salzen, pfeffern, mit 3 EL Olivenöl beträufeln und 2–3 Minuten von der Schnittseite und 1 Minute von der Hautseite auf dem Rost grillen.

3 Das Fleisch vom Speckmantel befreien, vom Knochen lösen, aufschneiden, auf Tellern anrichten, salzen, pfeffern und mit je einem Grillspieß servieren.

Grillkoteletts vom Reh

Für 6 Personen

Zutaten

2 Knoblauchzehen
1 EL gehackte Thymianblätter
6 Wacholderbeeren
6 EL Olivenöl
3 EL körniger Senf
frisch gemahlener schwarzer Pfeffer
6–12 küchenfertige Koteletts vom Reh (je nach Größe)
24 Cherry-Tomaten
Meersalz

1 Den Knoblauch abziehen und pressen, den Thymian fein wiegen und die Wacholderbeeren in einem Mörser zerstoßen. Alles mit 3 EL Olivenöl, dem Senf und reichlich Pfeffer zu einer Marinade verrühren. Das Fleisch waschen, trocken tupfen, dazugeben und 24 Stunden im Kühlschrank marinieren lassen.

2 Die Koteletts auf dem Holzkohlegrill von beiden Seiten direkt gut durch grillen, dann beiseitestellen und ruhen lassen. Inzwischen die Cherry-Tomaten waschen und zu je 4 Tomaten auf einen Spieß stecken, salzen, pfeffern und mit 3 EL Olivenöl beträufeln. Am Rande des Rosts grillen, bis die ersten Tomaten aufplatzen.

3 Die Koteletts auf Teller geben, je einen Tomatenspieß dazulegen und sofort servieren.

Rouladen vom Reh

Für 6 Personen

Zutaten

1–2 Karotten
1–2 Stangen Sellerie
150 g magerer Speck
6 Wacholderbeeren
6 küchenfertige Rouladenscheiben aus der Rehkeule (à 200 g)
1–2 EL körniger Senf
Meersalz
frisch gemahlener schwarzer Pfeffer
4 EL Olivenöl
250 ml trockener Rotwein
500 ml Fleischbrühe oder Wildfond
1 EL gehackte Rosmarinblätter
1 EL gehackte Thymianblätter
3 Nelken
2 Lorbeerblätter
3 EL Preiselbeermarmelade
150 g Crème fraîche

1 Die Karotten schälen, den Sellerie putzen und beides in sehr feine Streifen schneiden. Den Speck ebenfalls in sehr feine Streifen schneiden. Die Wacholderbeeren im Mörser zerstoßen. Das Fleisch waschen, trocken tupfen, von beiden Seiten dünn mit Senf bestreichen, salzen, pfeffern und mit den Wacholderbeeren bestreuen. Mit den Speck-, Karotten- und Selleriestreifen belegen, zusammenrollen und mit Küchengarn festbinden.

2 In einem Bratentopf das Olivenöl erhitzen und die Rouladen darin von allen Seiten goldbraun anbraten. Mit Rotwein ablöschen und mit Fleischbrühe oder Wildfond auffüllen. Die Rosmarin- und Thymianblätter fein wiegen und mit den Nelken und den Lorbeerblättern dazugeben. Ca. 30 Minuten zugedeckt sanft schmoren lassen.

3 Die Rouladen herausnehmen, vom Garn befreien und warm beiseitestellen. Nelken und Lorbeerblätter aus der Sauce nehmen. Aufkochen, die Preiselbeermarmelade unterheben und bei großer Hitze unter ständigem Rühren auf die gewünschte Konsistenz reduzieren. Noch einmal mit Salz und Pfeffer abschmecken und mit der Crème fraîche binden.

4 Die Rouladen auf einer vorgewärmten Platte anrichten und mit etwas Sauce überziehen. Die restliche Sauce getrennt servieren.

Pastete vom Reh

Für 6 Personen

Zutaten

4 Wacholderbeeren
3 rote Zwiebeln
1 TL gehackte Majoranblätter
1 TL gehackte Thymianblätter
300 g fetter Speck (Rückenspeck)
800 g küchenfertige Rehkeule ohne Knochen
250 g küchenfertige Leber vom Wildschwein oder Schwein
6 cl Gin
150–200 ml Milch
1 altbackenes Brötchen
Meersalz
frisch gemahlener schwarzer Pfeffer
4 Tomaten
½ Bund krause Petersilienzweige

1 Die Wacholderbeeren in einem Mörser zerstoßen. Die Zwiebeln abziehen und fein würfeln. Die Majoran- und Thymianblätter fein wiegen. Vom Speck 20 sehr dünne Scheiben à 10 g abschneiden, den Rest fein würfeln. Das Fleisch und die Leber waschen, trocken tupfen und in kleine Würfel schneiden. Die Leber häuten und würfeln. Fleisch und Leber mit den Wacholderbeeren und dem Gin vermengen und zugedeckt im Kühlschrank 2 Stunden ziehen lassen.

2 Die Milch zum Kochen bringen, über das Brötchen gießen und gut einweichen lassen. Ausdrücken und zusammen mit dem Majoran, dem Thymian, den Zwiebeln, den Speckwürfeln, dem Fleisch und der Leber durch die feine Scheibe eines Fleischwolfs drehen. Die Masse gut mit Salz und Pfeffer würzen.

3 Den Backofen auf 180–200 °C vorheizen. Eine Pastetenform mit 14 Speckscheiben auslegen, die Fleischmassen darüber geben und glatt streichen. Die restlichen Speckscheiben darauf legen, die Form mit Alufolie abdecken und die Pastete 70–80 Minuten im Backofen garen lassen. In der Zwischenzeit die Tomaten waschen und achteln, die Petersilie waschen, trocken tupfen und grob hacken.

4 Herausnehmen, erkalten lassen, stürzen und in Scheiben schneiden. Die Pastete auf Tellern anrichten und mit Tomatenecken und Petersilie garniert servieren.

Rehrücken mit Feigensauce

1 Den Rehrücken waschen und trocken tupfen. Die Salbei- und Thymianblätter fein wiegen, die Wacholderbeeren in einem Mörser zerstoßen. Das Fleisch salzen und pfeffern und mit Salbei, Thymian und Wacholderbeeren einreiben. Die Schalotten abziehen und fein würfeln. Die Karotten schälen und klein schneiden. Den Lauch putzen, waschen und in Ringe schneiden.

2 Den Backofen auf 200–220 °C vorheizen. In einem Bräter das Butterschmalz oder Olivenöl erhitzen und den Rehrücken rundum kräftig anbraten. Schalotten, Karotten und Lauch dazugeben und einige Minuten anrösten. Mit dem Rotwein ablöschen und mit Fleischbrühe oder Wildfond auffüllen. Zugedeckt im Backofen 80–90 Minuten schmoren lassen.

3 Nach dem Ende der Garzeit den Rehrücken herausnehmen und für 15 Minuten im abgeschalteten Backofen ruhen lassen. Inzwischen den Fond pürieren oder durch ein Sieb streichen, in einen Topf umfüllen und aufkochen. Mit der Sahne auf die gewünschte Konsistenz einkochen, Feigenmarmelade und Balsamico unterziehen, noch einmal mit Salz und Pfeffer abschmecken und die Pinienkerne einrühren.

4 Das Fleisch in Scheiben schneiden und auf vorgewärmten Tellern anrichten. Ausgetretenen Fleischsaft unter die Sauce rühren. Mit etwas Soße überziehen und die restliche Sauce getrennt servieren.

Für 6 Personen

Zutaten

1,2 kg küchenfertiger Rehrücken ohne Knochen
1 EL gehackte Salbeiblätter
1 EL gehackte Thymianblätter
1 TL Wacholderbeeren
Meersalz
frisch gemahlener schwarzer Pfeffer
3 EL Butterschmalz oder Olivenöl
3 Schalotten
2 Karotten
1 kleine Stange Lauch
500 ml trockener Rotwein
250 ml Fleischbrühe oder Wildfond
200 g Sahne
3 EL Feigenmarmelade
2 EL Balsamico
50 g Pinienkerne

Ragout vom Rehrücken

Für 6 Personen

Zutaten

200 g Steinpilze
2 rote Zwiebeln
6 Wacholderbeeren
1,2 kg küchenfertiges Filet vom Reh
3–4 EL Butterschmalz oder Olivenöl
Meersalz
frisch gemahlener schwarzer Pfeffer
100 ml Portwein
400 ml trockener Rotwein
150 g Crème fraîche

1 Die Steinpilze putzen (nicht waschen!) und klein schneiden. Die Zwiebeln abziehen und fein würfeln. Die Wacholderbeeren in einem Mörser zerstoßen. Das Fleisch waschen, trocken tupfen und in mundgerechte Stücke schneiden.

2 In einer Pfanne das Butterschmalz oder Olivenöl erhitzen und das Fleisch darin braten, bis es gar ist. Herausnehmen, salzen, pfeffern und warm beiseitestellen. Die Zwiebeln in die Pfanne geben und kurz anbraten. Die Steinpilze und Wacholderbeeren dazugeben und bei großer Hitze braten, bis alle Flüssigkeit verdampft ist. Mit dem Portwein ablöschen, den Rotwein angießen und aufkochen lassen. Die Sauce unter ständigem Rühren auf die gewünschte Konsistenz einkochen, mit der Crème fraîche binden und noch einmal mit Pfeffer und Salz abschmecken. Das Fleisch dazugeben und in der Sauce noch einmal erhitzen. Auf Tellern anrichten und sofort servieren.

Überbackenes Filet vom Reh

Für 6 Personen

Zutaten

6 EL Olivenöl
3 EL Zitronensaft
1–2 TL gehackte Thymianblätter
1–2 TL gehackte Rosmarinblätter
frisch gemahlener schwarzer Pfeffer
1,2 kg küchenfertiges Filet vom Reh
1–2 EL weiche Butter
12 Scheiben Frühstücksspeck
6 Scheiben Emmentaler
Meersalz

1 Das Olivenöl in einer großen Schüssel mit dem Zitronensaft verrühren. Thymian- und Rosmarinblätter fein wiegen und reichlich Pfeffer daruntermischen. Das Fleisch waschen, trocken tupfen und in 6 gleich große Stücke schneiden. In die Schüssel geben und 1–2 Stunden marinieren lassen.

2 Den Backofenofen auf 240 °C vorheizen. Ein Stück Alufolie (20 × 20 cm) innen mit Butter bestreichen und in die Mitte nebeneinander 2 Scheiben Frühstücksspeckscheiben platzieren. Ein Filetstück darauflegen, leicht salzen und mit einer Käsescheibe bedecken. Die Folie zu einem völlig dichten Paket zusammenfalten. Den Vorgang noch fünfmal wiederholen, bis die Filets, die Speck- und die Käsescheiben aufgebraucht sind. Die Pakete auf eine feuerfeste Grillpfanne geben, in den Ofen schieben und bei auf 200 °C reduzierter Hitze ca. 20 Minuten garen. Die Folien öffnen (aufschneiden) und die Filets noch 5–10 Minuten bräunen, bis der Käse die richtige Konsistenz hat. Auf vorgewärmten Tellern anrichten und sofort servieren.

Rehbraten mit Rosinensauce

1 Die Rosinen klein hacken und in einer kleinen Schüssel im Weinbrand ziehen lassen. Die Wacholderbeeren und die Lorbeerblätter in einem Mörser zerstoßen. Die Rehkeule waschen, trocken tupfen, salzen, pfeffern und mit den Wacholderbeeren und Lorbeerblättern einreiben.

2 Den Backofen auf 180–200 °C vorheizen. In einem Bräter das Butterschmalz oder Olivenöl erhitzen und das Fleisch darin von allen Seiten goldbraun anbraten. Die Keule mit dem Frühstücksspeck belegen und 60 Minuten im Backofen garen. Nach 30 Minuten die Hälfte der Fleischbrühe oder des Wildfonds angießen.

3 Die Zwiebeln abziehen und grob würfeln, die Karotten schälen und in Stücke schneiden. Das Gemüse zu dem Braten geben, die Speckscheiben abnehmen und neben das Fleisch legen. Weitere 30 Minuten garen, dabei das Fleisch bei Bedarf immer wieder mit Fond übergießen.

4 Die Butter mit dem Mehl verkneten und kalt stellen. Den Bräter herausnehmen und das Fleisch im abgeschalteten Backofen noch 20–25 Minuten ruhen lassen. Die Sauce pürieren oder durch ein Küchensieb streichen und in einen Topf füllen. Die restliche Fleischbrühe oder den Wildfond dazugeben und bei großer Hitze auf die Hälfte reduzieren. Die Sahne und die Rosinen mit dem Weinbrand verrühren und kurz weiter köcheln lassen. Mit Salz und Pfeffer abschmecken und mit der Mehlbutter binden. Noch 1–2 Minuten köcheln lassen.

5 Den Braten in Scheiben schneiden und auf einer vorgewärmten Platte anrichten. Eventuell ausgetretenen Fleischsaft in die Sauce rühren. Den Braten und die Sauce getrennt servieren.

Für 6 Personen

Zutaten

60 g Rosinen
6 EL Weinbrand
10 Wacholderbeeren
2 Lorbeerblätter
1,2 kg küchenfertige Rehkeule ohne Knochen
Meersalz
frisch gemahlener schwarzer Pfeffer
4 EL Butterschmalz oder Olivenöl
200 g Frühstücksspeck
800 ml Fleischbrühe oder Wildfond
4 große Zwiebeln
1–2 Karotten
1 EL Butter
2 EL Mehl
200 g Sahne

Rehrücken mit Steinpilzen

Für 6 Personen

Zutaten

1,2 kg küchenfertiger Rehrücken, vom Metzger ausgelöst
Meersalz
frisch gemahlener schwarzer Pfeffer
2 EL Olivenöl
4 EL Butter
500 ml trockener Rotwein
2 Schalotten
500 g Steinpilze
150 g Crème fraîche

1 Den Backofen auf 180 °C vorheizen. Das Fleisch waschen, trocken tupfen, salzen und pfeffern. In einem Bräter das Olivenöl und 2 EL Butter erhitzen und das Fleisch darin rundum anbraten. Mit dem Rotwein ablöschen, in den Backofen geben und ca. 45–60 Minuten garen lassen.

2 In der Zwischenzeit die Schalotten abziehen und fein würfeln sowie die Steinpilze putzen (nicht waschen!) und in Scheiben schneiden. In einer Pfanne 2 EL Butter erhitzen und die Schalotten darin glasig dünsten. Die Steinpilze dazugeben und einige Minuten gar braten. Mit Salz und Pfeffer würzen.

3 Das Fleisch aus dem Backofen nehmen und warm beiseitestellen. Die Sauce auf die Hälfte reduzieren und die Crème fraîche unterziehen. Noch einige Minuten sanft köcheln lassen. Immer wieder umrühren. Mit Salz und Pfeffer abschmecken.

4 Den Rehrücken in Scheiben schneiden, auf vorgewärmten Tellern anrichten und mit der Sauce überziehen. Die Steinpilze dazugeben und sofort servieren.

Rehsteaks in Orangensauce

Für 6 Personen

Zutaten

6 Wacholderbeeren
Meersalz
frisch gemahlener schwarzer Pfeffer
6 küchenfertige Steaks aus der Rehkeule
8 EL Olivenöl
3 Orangen
150 ml süßer Sherry
1 TL abgeriebene Orangenschale
6 EL Creme fraîche
2 EL Orangenmarmelade

1 Die Wacholderbeeren im Mörser zerstoßen. Mit Salz und Pfeffer mischen und die Steaks damit von beiden Seiten einreiben. Mit 4 EL Olivenöl beträufeln und in einem verschließbaren Gefäß 24 Stunden im Kühlschrank marinieren lassen.

2 Die Steaks abtropfen lassen und trocken tupfen. In einer Pfanne 4 EL Olivenöl erhitzen und die Steaks darin von jeder Seite ca. 6 Minuten braten, sodass sie innen noch leicht rosa sind. Herausnehmen und warm beiseitestellen.

3 Inzwischen die Orangen auspressen. Den Bratenfond mit Sherry loskochen, den Orangensaft angießen und die Orangenschale dazugeben. Aufkochen lassen und unter ständigem Rühren mit der Creme fraîche binden. Die Sauce mit Orangenmarmelade verfeinern und noch einmal mit Salz und Pfeffer abschmecken. Die Steaks anrichten und sofort mit der Sauce servieren.

Pfeffersteaks vom Reh

1 Den Knoblauch abziehen und pressen. Die Wacholderbeeren und Pfefferkörner in einem Mörser zerstoßen und mit dem Knoblauch und 3 EL Olivenöl vermengen. Das Fleisch waschen, trocken tupfen, klopfen, rundum mit der Gewürzpaste bestreichen und 4–5 Stunden im Kühlschrank marinieren.

2 In einer Pfanne 3 EL Olivenöl erhitzen und die Steaks darin nach Geschmack von jeder Seite ca. 5–8 Minuten braten. Das Fleisch herausnehmen, salzen, pfeffern und warm beiseitestellen.

3 Den Bratenfond mit dem Rotwein loskochen und Fleischbrühe oder Wildfond angießen. Bei großer Hitze mit der Creme fraîche auf die gewünschte Konsistenz einkochen. Das Holundergelee untermischen und die Sauce noch einmal mit Salz und Pfeffer abschmecken.

4 Die Steaks auf einer Platte anrichten, eventuell ausgetretenen Saft in die Sauce mischen und die Sauce getrennt zu den Steaks servieren.

Für 6 Personen

Zutaten

3 Knoblauchzehen
6 Wacholderbeeren
1½ TL Pfefferkörner
6 EL Olivenöl
6 küchenfertige Steaks aus der Rehkeule
Meersalz
frisch gemahlener schwarzer Pfeffer
250 ml trockener Rotwein
375 ml Fleischbrühe oder Wildfond
1 EL Holundergelee
150 g Crème fraîche

Rehrücken mit Schokoladensauce

1 Die Schokolade klein hacken. Das Fleisch waschen, trocken tupfen, in 6 Stücke schneiden, salzen und pfeffern. In einer großen Pfanne das Butterschmalz erhitzen und das Fleisch darin scharf anbraten. Bei reduzierter Hitze ca. 10–12 Minuten weiterbraten, bis das Fleisch innen durch, aber noch schön saftig ist. Aus der Pfanne nehmen und warm beiseitestellen.

2 Den Bratensatz mit dem Rotwein ablöschen, einkochen lassen, mit dem Mehl binden und mit Fleischbrühe oder Wildfond aufgießen. Die Schokolade dazugeben und schmelzen lassen. Unter ständigem Rühren einkochen lassen, bis die Sauce die gewünschte sämige Konsistenz hat. Mit Salz und reichlich Pfeffer würzen.

3 Das Fleisch auf vorgewärmten Tellern anrichten und sofort mit der Sauce überzogen servieren.

Für 6 Personen

Zutaten

50 g Zartbitterschokolade
1,2 kg küchenfertiger Rehrücken ohne Knochen
Meersalz
frisch gemahlener schwarzer Pfeffer
3 EL Butterschmalz
100 ml kräftiger Rotwein
1 TL Mehl
200 ml Fleischbrühe oder Wildfond

Rehrücken im Speckmantel

1 Rosmarin-, Thymian- und Majoranblätter fein wiegen. Wacholderbeeren und Pfefferkörner im Mörser zerstoßen. Alles mit dem Senf und dem Estragon zu einer Gewürzpaste vermischen. Das Fleisch waschen, trocken tupfen, mit der Gewürzpaste bestreichen und mit den Speckscheiben umwickeln.

2 Den Backofen auf 150 °C vorheizen. In einem Bräter das Olivenöl erhitzen und das Fleisch von allen Seiten darin gut anbraten. In den Backofen geben und ca. 60 Minuten fertig garen.

3 Den Bräter aus dem Backofen nehmen. Das Fleisch herausnehmen und warm beiseitestellen. Den Bratenrückstand mit Rotwein ablöschen. Die Sauce kurz aufkochen und reduzieren, noch einmal mit Salz und Pfeffer abschmecken und mit der Butter binden.

4 Den Rehrücken auf einer vorgewärmten Platte aufschneiden, eventuell austretenden Fleischsaft in die Sauce geben. Das Fleisch mit der Sauce überziehen und sofort servieren.

Für 6 Personen

Zutaten

1 TL gehackte Rosmarinblätter
1 TL gehackte Thymianblätter
1 TL gehackte Majoranblätter
6 Wacholderbeeren
10 schwarze Pfefferkörner
1 EL körniger Senf
½ TL getrockneter Estragon
1,2 kg küchenfertiger Rehrücken ohne Knochen
250 g Frühstücksspeck
3–4 EL Olivenöl
250 ml trockener Rotwein
Meersalz
frisch gemahlener schwarzer Pfeffer
2 EL Butter

Reh im Teigmantel

1 Aus dem Mehl, den Eiern, dem Wasser, der Butter, dem Salz und etwas Muskat zügig einen glatten, kompakten Teig kneten. Den fertigen Teig in einer Schüssel mit einem Tuch abgedeckt an einem warmen Ort ca. 30 Minuten ruhen lassen. Dann den Teig noch einmal kräftig durchkneten und auf einer bemehlten Arbeitsfläche dünn ausrollen. Mit den Händen in eine rechteckige Form bringen.

2 Rosmarin- und Majoranblätter fein wiegen. Die Wacholderbeeren in einem Mörser zerstoßen. Das Fleisch waschen, trocken tupfen, salzen, pfeffern und mit den Kräutern und Wacholderbeeren einreiben. In einer Pfanne das Butterschmalz oder Olivenöl erhitzen und das Fleisch darin rundum scharf goldbraun anbraten. Herausnehmen und abkühlen lassen.

3 Den Backofen auf 180–200 °C vorheizen. Das Fleisch auf den ausgerollten Strudelteig legen und sorgfältig einwickeln. Die Teigrolle mit 3 EL flüssiger Butter bestreichen. In den Backofen geben und ca. 30 Minuten backen.

Für 6 Personen

Zutaten

400 g Weizenmehl
1–2 Eier
1½ Tassen lauwarmes Wasser
6 EL flüssige Butter
Meersalz
frisch geriebene Muskatnuss
1 EL gehackte Rosmarinblätter
1 EL gehackte Majoranblätter
1½ TL Wacholderbeeren
1,2 kg küchenfertiges Filet von Reh
Meersalz
frisch gemahlener schwarzer Pfeffer
3 EL Butterschmalz oder Olivenöl

Rehrücken mit Kräutern

Für 6 Personen

Zutaten

10 schwarze Pfefferkörner
10 Wacholderbeeren
Meersalz
1,2 kg küchenfertiger Rehrücken ohne Knochen
5 Schalotten
4 EL Olivenöl
10 dünne Scheiben fetter Speck
500 ml trockener Rotwein
1 EL gehackte Rosmarinblätter
1 EL gehackte Thymianblätter
1 EL gehackte Majoranblätter
2 Knoblauchzehen
1 Ei
1–2 EL weiche Butter
50 g Semmelbrösel
200 g Sahne
frisch gemahlener schwarzer Pfeffer
1 TL abgeriebene Zitronenschale
2 EL Orangensaft
2 EL Zitronensaft
1 TL Speisestärke

1 Die Pfefferkörner und Wacholderbeeren im Mörser zerstoßen und mit Salz vermischen. Das Fleisch waschen, trocken tupfen und mit den Gewürzen einreiben. Die Schalotten abziehen und halbieren.

2 Den Backofen auf 240 °C vorheizen. Das Olivenöl in einen großen Bräter geben, das Fleisch dazugeben und mit den Speckscheiben belegen. Die Schalotten hinzufügen. Den Bräter in den Backofen geben und 20 Minuten garen. Den Rotwein angießen, die Hitze auf 175 °C reduzieren und weitere 35 Minuten garen.

3 In der Zwischenzeit die Rosmarin-, Thymian- und Majoranblätter fein wiegen. Den Knoblauch abziehen und pressen. Das Ei verquirlen. Rosmarin, Thymian, Majoran, Knoblauch und Ei mit der Butter und den Semmelbröseln vermischen. Den Rehrücken von den Speckscheiben befreien, mit der Gewürzpaste bestreichen und unter dem Grill eine schön knusprige Kräuterkruste erzeugen. Bei Bedarf das Fleisch mit Fond beträufeln.

4 Den Bräter aus dem Ofen nehmen. Den Rehrücken ca. 15 Minuten warm beiseitestellen. Den Fond pürieren oder durch ein Sieb passieren und in einen Topf geben. Bei großer Hitze unter ständigem Rühren auf die gewünschte Konsistenz eindicken. Mit Sahne verfeinern und mit Salz, Pfeffer, Zitronenschale, Zitronensaft und Orangensaft abschmecken. Die Speisestärke mit kaltem Wasser glatt rühren, unter die Sauce mischen und noch 1–2 Minuten köcheln lassen. Immer wieder umrühren.

5 Den Rehrücken in Scheiben schneiden und auf einer vorgewärmten Platte anrichten. Ausgetretenen Fleischsaft unter die Sauce heben. Sofort servieren und die Sauce separat reichen.

Rehbraten mit Lebkuchensauce

1 2 Wacholderbeeren im Mörser zerstoßen. Mit 1 EL Olivenöl, dem Senf und Pfeffer zu einer Gewürzpaste verarbeiten. Das Fleisch waschen, trocken tupfen, von beiden Seiten mit der Gewürzmischung bestreichen, aufrollen, mit Küchengarn fixieren und im Kühlschrank 4 Stunden ziehen lassen.

2 Die Schalotten abziehen und fein reiben. Den Knoblauch abziehen und pressen. Die restlichen Wacholderbeeren, die Pfefferkörner und das Lorbeerblatt im Mörser zerstoßen. Die Thymian-, Majoran- und Rosmarinblätter fein wiegen.

3 In einem Bräter 4 EL Olivenöl erhitzen und das Fleisch von allen Seiten darin anbraten. Schalotten, Knoblauch, Wacholderbeeren, Pfefferkörner, Lorbeerblatt, Thymian, Rosmarin und Majoran dazugeben und kurz mitrösten. Mit dem Rotwein ablöschen, aufkochen lassen und 90 Minuten schmoren lassen. Das Fleisch herausnehmen und warm beiseitestellen. Den Fond pürieren oder durch ein Sieb streichen und aufkochen lassen. Holundergelee und Lebkuchen einrühren. Mit Salz und Pfeffer abschmecken.

4 Den Braten aufschneiden, auf vorgewärmten Tellern anrichten und mit der Sauce überzogen servieren.

Für 6 Personen

Zutaten

6 Wacholderbeeren
5 EL Olivenöl
2 TL körniger Senf
frisch gemahlener schwarzer Pfeffer
1,2 kg küchenfertige Rehkeule ohne Knochen
2 Schalotten
1 Knoblauchzehe
5 schwarze Pfefferkörner
1 Lorbeerblatter
1 TL gehackte Thymianblätter
1 TL gehackte Majoranblätter
1 TL gehackte Rosmarinblätter
500 ml trockener Rotwein
2 EL Holundergelee
4 EL geriebener Saucenlebkuchen
Meersalz

Reh mit Schattenmorellen

1 Den Backofen auf 190 °C vorheizen. Das Fleisch waschen und trocken tupfen. Die Karotten schälen und in kleine Stifte schneiden. Die Schattenmorellen abgießen, die Flüssigkeit auffangen. Die Kartoffeln abbürsten. Die Petersilie waschen, trocken tupfen und fein hacken. Das Gulasch in einen Schmortopf geben und mit Kirschen, Kartoffeln, Karotten und drei Viertel der Petersilie bedecken. Mit 150 ml Rotwein beträufeln und leicht salzen und pfeffern. Den Kirschsaft mit Wein auf 500 ml auffüllen. Über die Speisen träufeln und 15 Minuten ziehen lassen. Alles gut vermischen, dann den Topf dicht verschließen und 60–90 Minuten backen, bis das Fleisch schön zart ist. Dabei gelegentlich etwas Wein angießen, wenn die Sauce zu trocken wird.

2 Auf vorgewärmten Tellern anrichten, mit der restlichen Petersilie garnieren und heiß servieren.

Für 6 Personen

Zutaten

1,2 kg küchenfertiges Gulasch vom Reh
3 Karotten
400 g Schattenmorellen (aus dem Glas)
500 g kleine Kartoffeln
3 EL gehackte glatte Petersilie
Meersalz
frisch gemahlener schwarzer Pfeffer
500 ml trockener Rotwein

Exotisches Rehgulasch

Für 6 Personen

Zutaten

100 g Sultaninen
6 feste reife Birnen
2 Zimtstangen à 5 cm
2 rote Zwiebeln
1 Karotte
12 Safranfäden
1 Bund frischer Koriander
1 Zitrone
2 unbehandelte Orangen
3 EL blanchierte Mandeln
1,2 kg küchenfertiges Gulasch vom Reh
4 EL Butter
¼ TL gemahlener Kardamom
6 EL flüssiger Honig
4 EL Olivenöl
Meersalz
frisch gemahlener Nelkenpfeffer
250 ml trockener Rotwein

1 Die Sultaninen in warmem Wasser ca. 30 Minuten einweichen. Die Birnen waschen, vierteln und von den Kerngehäusen befreien. Die Zimtstangen längs halbieren. Die Zwiebeln abziehen und fein würfeln. Die Karotten waschen und fein würfeln. Die Safranfäden fein zerkrümeln. Den Koriander mit Küchengarn zu einem Sträußchen binden. Die Zitrone auspressen. Die Schale von 1 Orange abreiben, dann auspressen. Die andere Orange schälen und in Spalten zerteilen. Die Mandeln in einer Pfanne ohne Öl anrösten und beiseitestellen. Das Fleisch waschen und trocken tupfen.

2 In einem großen Schmortopf die Butter erhitzen und die Birnen darin 2 Minuten dünsten. Mit dem Kardamom bestreuen. Den Honig dazugeben und die Birnen darin unter Wenden rundum karamellisieren. Mit dem Schaumlöffel herausnehmen und beiseitestellen.

3 Das Olivenöl in den Topf geben und die Zwiebeln und die Karotte darin 7–8 Minuten golden braten. Das Fleisch und den Safran dazugeben, salzen, pfeffern und rundum goldbraun anbraten. Zimt, Sultaninen und Koriander hinzufügen, Zitronensaft und Rotwein einrühren. Aufkochen und zugedeckt 60–70 Minuten köcheln lassen, bis das Fleisch gar ist. Birnen, Orangenschale, Orangenspalten und Orangensaft hinzugeben und ohne Deckel 10 Minuten köcheln lassen. Koriander und Zimtstangen entfernen.

4 Auf vorgewärmten Tellern anrichten und mit den Mandeln bestreut servieren..

Rehkeule in Burgundercreme

Für 6 Personen

Zutaten

3 Gemüsezwiebeln
2 Knoblauchzehen
2 Karotten
1 EL gehackte Rosmarinblätter
1 EL gehackte Thymianblätter
1 EL gehackte Majoranblätter
2 Lorbeerblätter
3 Gewürznelken
5 Wacholderbeeren
10 schwarze Pfefferkörner
1 l trockener Spätburgunder Rotwein
1,2 kg küchenfertige Rehkeule ohne Knochen
2 EL Butter
3 EL Mehl
Meersalz
frisch gemahlener schwarzer Pfeffer
4 EL Olivenöl
200 g Sahne

1 Die Gemüsezwiebeln abziehen und grob würfeln. Den Knoblauch abziehen und in Stücke schneiden. Die Karotten schälen und in Stücke schneiden. Rosmarin-, Thymian- und Majoranblätter fein wiegen. Alles in eine große Schüssel geben und Lorbeerblätter, Gewürznelken, Wacholderbeeren und Pfefferkörner hinzufügen. Mit dem Rotwein aufgießen und gut umrühren. Das Fleisch waschen, trocken tupfen und in die Marinade geben. Zugedeckt im Kühlschrank 1–2 Tage marinieren lassen. Die Keule gelegentlich wenden.

2 Die Butter mit dem Mehl verkneten und ins Eisfach stellen. Den Backofen auf 250 °C vorheizen. Die Keule abtropfen lassen, trocken tupfen, salzen und pfeffern. In einem Bräter das Olivenöl erhitzen und die Keule darin rundum goldbraun anbraten. Die Marinade durch ein Sieb schütten. Das Gemüse und die Gewürze in den Bräter geben und die Keule 30 Minuten im Backofen garen. Mit der Hälfte der Marinade ablöschen, die Hitze auf 150 °C reduzieren und weitere 90–100 Minuten garen. Dabei nach und nach mit der restlichen Marinade begießen.

3 Den Bräter herausnehmen und das Fleisch im abgeschalteten Ofen 20 Minuten ruhen lassen. Inzwischen die Sauce pürieren oder durch ein Sieb streichen, in einen Topf geben und mit der Sahne auf eine sehr cremige Konsistenz einkochen. Die gefrorene Mehlbutter in kleine Stücke schneiden und die kochende Sauce damit unter ständigem Rühren binden. Noch 3 Minuten köcheln lassen und mit Salz und Pfeffer abschmecken.

4 Den Braten in Scheiben schneiden und auf einer vorgewärmten Platte anrichten. Eventuell ausgetretenen Fleischsaft in die Sauce rühren. Den Braten und die Sauce getrennt servieren.

Reh mit Maronen

Für 6 Personen

Zutaten

500 g Maronen
2 Knoblauchzehen
2 Gemüsezwiebeln
3 Karotten
3 feste reife Tomaten
1 EL gehackte Thymianblätter
1 EL gehackte Majoranblätter
1 EL gehackte Rosmarinblätter
1,2 kg küchenfertiges Gulasch vom Reh
4 EL Olivenöl
Meersalz
frisch gemahlener schwarzer Pfeffer
500 ml trockener Rotwein

1 Den Backofen auf 250 °C vorheizen. Die Maronen an der spitzen Seite kreuzweise einschneiden, kurz im Backofen anrösten, schälen und klein schneiden. Die Hitze auf 150 °C reduzieren. Knoblauch und Gemüsezwiebeln abziehen und fein würfeln. Die Karotten schälen und klein schneiden. Die Tomaten abwaschen und grob hacken. Die Thymian-, Majoran- und Rosmarinblätter fein wiegen. Das Fleisch waschen und trocken tupfen.

2 In einem feuerfesten Schmortopf das Olivenöl erhitzen und das Rehgulasch rundum braun anbraten. Knoblauch, Gemüsezwiebeln, Karotten und Tomaten hinzufügen und alles leicht anrösten. Salzen und pfeffern, mit dem Rotwein ablöschen, aufkochen lassen, Thymian, Majoran und Rosmarin dazugeben und im Backofen zugedeckt 60 Minuten backen.

3 Die Maronen einrühren und weitere 60 Minuten backen, bis das Fleisch sehr zart ist.

4 Auf vorgewärmten Tellern anrichten und sofort servieren.

Eintopf vom Reh mit Pilzen

Für 6 Personen

Zutaten

3 Zwiebeln
6 Knoblauchzehen
3 Karotten
2 Stangen Sellerie
500 g kleine Pfifferlinge oder Champignons
6 große Kartoffeln
1 EL gehackte Thymianblätter
1 EL gehackte Majoranblätter
6 Wacholderbeeren
1,2 kg küchenfertiges Gulasch vom Reh
2–3 EL Weizenmehl
Meersalz
frisch gemahlener schwarzer Pfeffer
4 EL extra-natives Olivenöl
2 EL Tomatenmark
500 ml dunkles Bier
125 ml Wildfond

1 Den Backofen auf 180 °C vorheizen. Zwiebeln und Knoblauch abziehen und fein würfeln. Karotten schälen, Sellerie waschen und putzen, beides klein schneiden. Die Pilze putzen (nicht waschen!) und in feine Scheiben schneiden. Die Kartoffeln schälen und klein schneiden. Thymian- und Majoranblätter fein wiegen. Die Wacholderbeeren in einem Mörser zerstoßen. Das Fleisch waschen und trocken tupfen. In einer flachen Schüssel Mehl, Salz und Pfeffer vermischen und das Fleisch darin wälzen, bis es gut paniert ist.

2 In einem großen Schmortopf das Olivenöl erhitzen und das Fleisch darin anbraten. Das Gemüse dazugeben und leicht anrösten. Mit Thymian, Majoran und Wacholderbeeren bestreuen. Tomatenmark, Bier und Wildfond in einer Schüssel vermengen, salzen, pfeffern und über das Fleisch und Gemüse geben. Zugedeckt 90–120 Minuten backen, bis das Fleisch sehr zart ist.

3 Auf vorgewärmten Tellern anrichten und sofort servieren.

Rehgulasch mit Einlage

Für 6 Personen

Zutaten

2 große Zwiebeln
2 Karotten
3 Teltower Rüben
1,2 kg küchenfertiges Gulasch vom Reh
2–3 EL Weizenmehl
Meersalz
frisch gemahlener schwarzer Pfeffer
4 EL Olivenöl
500 ml Fleischbrühe oder Wildfond
150 g Weizenmehl
60 g Backfett oder Rindertalg
1 EL gehackte krause Petersilie

1 Die Zwiebeln abziehen und grob hacken. Die Karotten und die Rüben schälen und in Stücke schneiden. Das Fleisch waschen, trocken tupfen, im Mehl wälzen und abschütteln. Großzügig salzen und pfeffern. Das Olivenöl in einem großen Schmortopf erhitzen und das Fleisch darin 8–10 Minuten rundum braun anbraten. Zwiebeln, Karotten und Rüben dazugeben und bei mittlerer Hitze 8–10 Minuten anrösten. Mit der Brühe oder dem Wildfond ablöschen und bei geringer Hitze 80 Minuten köcheln lassen.

2 Inzwischen das Mehl und das Fett mit 4–6 EL Wasser vermengen, dass ein glatter Teig entsteht. Daraus 6 Knödel formen und in den Topf geben. Zugedeckt weitere 30–45 Minuten köcheln lassen, bis das Fleisch schön zart ist und die Knödel ihre Größe verdoppelt haben. Die Petersilie waschen, trocken tupfen und fein hacken.

3 Auf vorgewärmten Tellern anrichten, mit der Petersilie bestreuen und sofort servieren.

Rehrücken in Senfbeize

Für 6 Personen

Zutaten

1 EL gehackte Majoranblätter
1 EL gehackte Thymianblätter
10 schwarze Pfefferkörner
2 Knoblauchzehen
Meersalz
6 EL Dijon-Senf
1,2 kg küchenfertiges Rückenfilet vom Reh
500 g kleine Kartoffeln
3 Karotten
1 Gemüsezwiebel
4 EL Olivenöl
500 ml Wildfond
frisch gemahlener schwarzer Pfeffer

1 Die Majoran- und Thymianblätter fein wiegen. Die Pfefferkörner in einem Mörser zerstoßen. Den Knoblauch abziehen, in feine Scheiben schneiden und in Salz zerstoßen. Alles mit dem Senf zu einer Paste verarbeiten. Das Fleisch waschen, trocken tupfen, mit der Paste bestreichen und 24 Stunden zugedeckt im Kühlschrank ziehen lassen.

2 Die Kartoffeln schälen und halbieren. Die Karotten schälen und in dicke Scheiben schneiden. Die Gemüsezwiebel abziehen und fein würfeln. In einem großen Schmortopf das Olivenöl erhitzen und das Fleisch darin rundum anbraten. Kartoffeln, Karotten und Zwiebel dazugeben und kurz anrösten. Mit dem Wildfond ablöschen und 90 Minuten zugedeckt köcheln lassen. Das Fleisch herausnehmen und 10 Minuten warm beiseitestellen.

3 Das Fleisch in Scheiben schneiden und auf einer vorgewärmten Platte anrichten. Das Gemüse pfeffern und mit der Sauce in einer Schüssel dazu servieren.

Würzig-süßer Reheintopf

Für 6 Personen

Zutaten

4 Knoblauchzehen
1 TL Kreuzkümmelsamen
1 TL Koriandersamen
75 g Weizenmehl
Salz
frisch gemahlener weißer Pfeffer
1,2 kg küchenfertiges Gulasch vom Reh
4 EL Olivenöl
1 TL Zimtpulver
1 Lorbeerblatt
100 ml süßer Sherry
3 Stangen Lauch
3 Karotten
16 kleine Kartoffeln
90 g Sultaninen
1 unbehandelte Zitrone

1 Den Knoblauch abziehen und fein hacken. Kreuzkümmel- und Koriandersamen in einem Mörser zerdrücken. Das Mehl in einer flachen Schüssel salzen und pfeffern. Das Fleisch waschen, trocken tupfen, darin rundum wälzen und abschütteln.

2 In einer Kasserolle 500 ml Wasser zum Kochen bringen. Das Olivenöl in einem großen Topf erhitzen und das Fleisch darin 8–10 Minuten rundum braun anbraten. Herausnehmen und beiseitestellen, den Bratensaft im Topf lassen. Den Knoblauch in den Topf geben und eine halbe Minute dünsten. Kreuzkümmel, Koriander, Zimt und Lorbeerblatt dazugeben und 1–2 Minuten rösten, dann mit dem Sherry ablöschen und unter Umrühren einkochen lassen. Das kochende Wasser angießen und alles gut vermischen. Das Fleisch hinzufügen und zugedeckt bei geringer Hitze 60 Minuten köcheln lassen. Immer wieder umrühren.

3 Inzwischen den Lauch putzen und waschen, die Karotten schälen und beides klein schneiden. Die Kartoffeln abbürsten. Alles mit den Sultaninen hinzugeben, salzen und pfeffern und zugedeckt bei geringer Hitze ca. 60 Minuten köcheln lassen, bis Fleisch und Gemüse weich sind. Von der Zitrone die Schale abreiben. Das Lorbeerblatt entfernen.

Gulasch vom Reh mit Pfifferlingen

Für 6 Personen

Zutaten

100 g durchwachsener Speck
3 Schalotten
1 Knoblauchzehe
200 g Pfifferlinge
½ Bund glatte Petersilie
1 kg küchenfertiges Gulasch vom Reh
3 EL Olivenöl
Meersalz
frisch gemahlener schwarzer Pfeffer
250 ml trockener Rotwein
250 ml Fleischbrühe oder Wildfond
150 g Crème fraîche

1 Den Speck in kleine Würfel schneiden. Schalotten und Knoblauch abziehen und fein würfeln. Die Pfifferlinge putzen (nicht waschen!) und in dünne Scheiben schneiden. Die Petersilie waschen, trocken tupfen und fein hacken. Das Fleisch waschen und trocken tupfen.

2 In einem Schmortopf das Olivenöl erhitzen und den Speck, die Schalotten und den Knoblauch darin glasig andünsten. Das Fleisch dazugeben und bei großer Hitze rundum kräftig goldbraun anbraten. Mit Salz und Pfeffer würzen. Mit dem Rotwein ablöschen und mit Fleischbrühe oder Wildfond aufgießen. Bei geringer Hitze zugedeckt 40–45 Minuten schmoren lassen. Die Pfifferlinge unterrühren und weitere 10 Minuten köcheln lassen. Noch einmal mit Salz und Pfeffer abschmecken, die Hälfte der Petersilie unterziehen und mit der Crème fraîche binden.

3 Auf vorgewärmte Teller geben und mit der restlichen Petersilie garniert servieren.

Ungarisches Rehgulasch

Für 6 Personen

Zutaten

3 Zwiebeln
2 Knoblauchzehen
Meersalz
2 grüne Paprikaschoten
1 rote Paprikaschote
1 grüne oder rote Chilischote
1 EL gehackte Majoranblätter
½ EL Kümmelsamen
1,2 kg küchenfertiges Gulasch vom Reh
frisch gemahlener schwarzer Pfeffer
4 EL Olivenöl oder Butterschmalz
2 EL edelsüßes Paprikapulver
400 ml heiße Gemüsebrühe
400 g gehackte Tomaten aus der Dose
1 EL Weizenmehl
100 ml trockener Rotwein
scharfes Paprikapulver (nach Belieben)

1 Die Zwiebeln abziehen und in dünne Scheiben schneiden. Den Knoblauch abziehen, in Scheiben schneiden und in Salz zerdrücken. Die Paprika waschen, entkernen und in Streifen schneiden. Die Chilischote waschen, entkernen und fein hacken. Die Majoranblätter fein wiegen. Die Kümmelsamen in einem Mörser zerstoßen. Das Fleisch waschen und trocken tupfen.

2 Die Zwiebeln im Olivenöl oder Butterschmalz 5 Minuten weich dünsten. Das Fleisch dazugeben und ca. 8 Minuten rundum braun anbraten. Salzen, pfeffern und mit dem süßen Paprikapulver bestreuen. Ein paar Löffel von der heißen Brühe angießen und gut umrühren, bis das Fleisch mit dem Paprikapulver überzogen ist. Tomaten, Paprikaschoten, die Hälfte des Majorans, Kümmelsamen und Chili hinzugeben. Ca. 125 ml Brühe angießen, damit das Fleisch nicht am Topfboden anbrennt. Zugedeckt ca. 90 Minuten köcheln lassen, bis das Fleisch schön zart ist. Wenn der Eintopf zu trocken wird, etwas Brühe angießen.

3 Das Mehl mit 2 EL kaltem Wasser vermischen und in das Gulasch einrühren. Den Rotwein, den restlichen Majoran und den zerdrückten Knoblauch dazugeben und 10 Minuten köcheln lassen. Salzen, pfeffern und mit scharfem Paprikapulver abschmecken.

Medaillons vom Reh mit Kräuterseitlingen

Für 6 Personen

Zutaten

6 Wacholderbeeren
3 Schalotten
6 Kräuterseitlinge
½ Bund glatte Petersilie
900 g küchenfertiges Filet vom Reh ohne Knochen
Meersalz
frisch gemahlener schwarzer Pfeffer
6 EL Butterschmalz oder Olivenöl
400 ml Fleischbrühe oder Wildfond
2 EL eiskalte Butter

1 Die Wacholderbeeren in einem Mörser zerstoßen. Die Schalotten abziehen und fein Würfeln. Die Kräuterseitlinge putzen und in Würfel schneiden. Die Petersilie waschen, trocken tupfen und sehr fein hacken. Das Fleisch waschen, trocken tupfen und in 18 Medaillons zerteilen. Von beiden Seiten mit Salz, Pfeffer und Wacholderbeeren würzen.

2 3 EL Butterschmalz oder Olivenöl erhitzen und die Medaillons von beiden Seiten nach Belieben braten. Herausnehmen und warm beiseitestellen. Inzwischen in einer zweiten Pfanne 3 EL Butterschmalz oder Olivenöl erhitzen und die Schalotten darin glasig dünsten. Die Pilze dazugeben und bei großer Hitze 5–8 Minuten kräftig braten. Dabei immer wieder umrühren. Herausnehmen und beiseitestellen.

3 Den Pilzfond mit Fleischbrühe oder Wildfond ablöschen und kräftig einkochen lassen. Mit Salz und Pfeffer würzen, die Hälfte der Petersilie unterziehen und mit der Butter binden.

Rehgulasch orientalisch

1 Die Pinienkerne ohne Öl in einer Pfanne goldbraun toasten. Den Safran in einer Pfanne ohne Öl 2–3 Minuten spröde rösten. In einer Tasse zerbröseln, mit etwas heißem Wasser aufgießen und 10 Minuten ziehen lassen. Die Schalotten abziehen, 2 Schalotten raspeln, 2 Schalotten fein würfeln. Den Knoblauch abziehen und in dünne Scheiben schneiden. Die Karotten schälen und hobeln. Die Birnen waschen, vierteln, von den Kerngehäusen befreien und klein schneiden. Das Fleisch waschen und trocken tupfen.

2 Das Olivenöl in einem großen Schmortopf erhitzen und die geraspelten Schalotten mit Salz, Pfeffer, Knoblauch und Karotten darin 1 Minute andünsten. Das Fleisch dazugeben und ca. 3 Minuten umrühren, bis alles gut vermischt ist. Gehackte Zwiebeln, Safranmischung und Honig hinzufügen. Heißes Wasser angießen, bis das Fleisch bedeckt ist. Zugedeckt bei mittlerer Hitze 90 Minuten köcheln lassen. Dabei immer wieder umrühren und Wasser angießen, wenn das Gericht zu trocken wird.

3 In der Zwischenzeit Rosinen, Aprikosen und Datteln klein schneiden. Die Zitrone auspressen. Das Trockenobst mit dem Zitronensaft und heißem Wasser bedecken und 30 Minuten einweichen. Die Obstmischung mit den Birnen und den Zimtstangen an den Eintopf geben und zugedeckt weitere 30 Minuten köcheln lassen, bis das Fleisch sehr zart ist. Mit Salz und Pfeffer abschmecken und die Zimtstangen wieder entfernen. Den Koriander fein hacken.

4 Auf vorgewärmten Tellern anrichten und mit Pinienkernen und Koriander bestreut servieren.

Für 6 Personen

Zutaten

120 g Pinienkerne
¼ TL Safranfäden
4 Schalotten
3 Knoblauchzehen
2 Karotten
3 feste Birnen
1,2 kg küchenfertiges Gulasch vom Reh
4 EL Olivenöl
Meersalz
frisch gemahlener schwarzer Pfeffer
1 EL Honig
150 g Rosinen
100 g getrocknete Aprikosen
3 getrocknete Datteln
1 Zitrone
3 Zimtstangen à 5 cm
1 EL gehackte Korianderblätter

Kräuterbraten vom Reh

Für 6 Personen

Zutaten

4 Knoblauchzehen
Meersalz
2 EL gehackte Rosmarinblätter
10 schwarze Pfefferkörner
6 Wacholderbeeren
3 EL körniger Senf
6 EL Olivenöl
2 kg küchenfertige Rehkeule mit Knochen
1 kg Süßkartoffeln
1–2 Speiserüben
2 Pastinaken
3 Karotten
frisch gemahlener schwarzer Pfeffer
1 EL Speisestärke
500 ml trockener Rotwein

1 Den Knoblauch abziehen, in dünne Scheiben schneiden und in Salz zerstoßen. Die Rosmarinblätter fein wiegen. Die Pfefferkörner und Wacholderbeeren in einem Mörser zerstoßen. Alles mit dem Senf und 2 EL Olivenöl zu einer Paste vermengen. Das Fleisch waschen, trocken tupfen, mit der Paste bestreichen und 30 Minuten ruhen lassen.

2 Den Backofen auf 180 °C vorheizen. Die Süßkartoffeln, Speiserüben, Pastinaken und Karotten schälen, in Stücke schneiden, in einer großen Schüssel vermengen, salzen, pfeffern und mit 4 EL Olivenöl beträufeln. Noch einmal gründlich vermischen, bis alles mit Öl überzogen ist.

3 Das Fleisch in einen großen Bräter geben und das Gemüse um das Fleisch herum anordnen. Ca. 90 Minuten im Backofen garen, bis das Fleisch zart und das Gemüse gar und knusprig ist. Während der Garzeit immer wieder mit Rotwein und dem Bratenfond übergießen. Das Gemüse gelegentlich mit einer Bratengabel bewegen, damit es nicht festbrennt. Den fertigen Braten und das Gemüse auf einer großen vorgewärmten Servierplatte anrichten und im Backofen warmhalten.

4 Den Bratenfond in einem Topf erhitzen. Die Speisestärke mit kaltem Wasser in einer Schüssel zu einer glatten Paste verrühren und die Sauce damit binden. Noch 2–3 Minuten köcheln lassen. In eine Saucière füllen und zu dem Braten und Gemüse reichen.

Marinierter Braten vom Rehrücken

Für 6 Personen

Zutaten

10 schwarze Pfefferkörner
6 Wacholderbeeren
2 Lorbeerblätter
1 EL gehackte Thymianblätter
1 EL gehackte Majoranblätter
1 EL gehackte Rosmarinblätter
3 rote Zwiebeln
2 Knoblauchzehen
2 Karotten
750 ml trockener Rotwein
125 ml Rotweinessig
1 Zitrone
1 Gewürznelke
1,8 kg küchenfertiger Rehrücken mit Knochen
4 EL Olivenöl
Meersalz
frisch gemahlener schwarzer Pfeffer
400 g Frühstücksspeck
3 EL Butter
1 kg Äpfel
8 cl Calvados
2 EL eiskalte Butter

1 Pfefferkörner, Wacholderbeeren und Lorbeerblätter in einem Mörser zerstoßen. Thymian-, Majoran- und Rosmarinblätter fein wiegen. Zwiebeln und Knoblauch abziehen, die Zwiebeln grob würfeln, den Knoblauch in Scheiben schneiden. Die Karotten schälen und klein schneiden. Alles in ein großes Gefäß geben und mit Rotwein und Rotweinessig angießen. Die Zitrone halbieren und von jeder Hälfte eine dünne Scheibe abschneiden. Zitronenscheiben mit der Gewürznelke in die Marinade geben. Das Fleisch waschen, trocken tupfen, in die Marinade legen und 24 Stunden kühl ziehen lassen, nach 12 Stunden einmal wenden.

2 Den Backofen auf 225 °C vorheizen. Das Olivenöl in einen Bräter geben, den Rehrücken daraufsetzen, salzen, pfeffern und mit dem Frühstücksspeck belegen. Das Gemüse aus der Marinade nehmen und dazulegen. In den Backofen schieben und 20 Minuten garen. Mit 250 ml Marinade ablöschen, die Hitze auf 190 °C reduzieren und weitere 40 Minuten garen. Dabei immer wieder mit Marinade und Fond übergießen. Die Speckscheiben abnehmen und noch 10 Minuten bräunen lassen.

3 Inzwischen die Äpfel schälen, von den Kerngehäusen befreien und klein würfeln. In einem großen Topf die Butter erhitzen und die Äpfel darin dünsten. Die Zitrone auspressen, den Saft zu den Äpfeln geben und alles mit Pfeffer würzen.

4 Den Braten herausnehmen und 20 Minuten warm beiseitestellen. Den Bratensatz mit der restlichen Marinade loskochen, den Fond pürieren oder durch ein Sieb streichen und leicht sämig einkochen. Den Calvados unterrühren und die Sauce mit der eiskalten Butter binden.

5 Das Fleisch aus dem Knochen lösen, in Scheiben schneiden, auf vorgewärmten Tellern anrichten und mit der Sauce überzogen servieren.

Marinierte Keule vom Reh

Für 6 Personen

Zutaten

10 schwarze Pfefferkörner
6 Wacholderbeeren
2 Lorbeerblätter
1 EL gehackte Thymianblätter
1 EL gehackte Majoranblätter
1 EL gehackte Rosmarinblätter
3 rote Zwiebeln
6 Knoblauchzehen
2 Karotten
750 ml trockener Rotwein
125 ml Rotweinessig
1 Zitrone
1 Gewürznelke
1,2 kg küchenfertige Keule vom Reh, ohne Knochen
Meersalz
frisch gemahlener schwarzer Pfeffer
2 EL körniger Senf
4 EL Olivenöl
4 cl Weinbrand
100 ml Madeira
1 EL Speisestärke

1 Pfefferkörner, Wacholderbeeren und Lorbeerblätter in einem Mörser zerstoßen. Thymian-, Majoran- und Rosmarinblätter fein wiegen. Zwiebeln und 2 Knoblauchzehen abziehen, die Zwiebeln grob würfeln, den Knoblauch in Scheiben schneiden. Die Karotten schälen und klein schneiden. Alles in ein großes Gefäß geben und mit Rotwein und Rotweinessig angießen. Die Zitrone achteln und mit der Gewürznelke in die Marinade geben. Das Fleisch waschen, trocken tupfen, zusammenrollen, mit Küchenzwirn festbinden, in die Marinade legen und 24 Stunden kühl ziehen lassen, nach 12 Stunden einmal wenden.

2 Den Backofen auf 180–200 °C vorheizen. 4 Knoblauchzehen abziehen, in Scheiben schneiden und in Salz zerstoßen. Mit reichlich schwarzem Pfeffern und dem Senf vermischen und die Keule damit einreiben. In einem Bräter das Olivenöl erhitzen und die Keule darin rundum goldbraun anbraten. Zitrone und Gewürznelke aus der Marinade entfernen, das Gemüse herausnehmen, in den Bräter geben und leicht anrösten lassen. Mit einem Drittel der Marinade ablöschen, in den Backofen schieben und ca. 80–90 Minuten schmoren lassen. Dabei immer wieder mit Marinade und Fond begießen.

3 Den Braten herausnehmen und 20 Minuten warm beiseitestellen. Den Bratensatz mit der restlichen Marinade loskochen, den Fond pürieren oder durch ein Sieb streichen und leicht sämig einkochen. Weinbrand und Madeira unterrühren, die Speisestärke mit kaltem Wasser glattrühren und die Sauce damit binden. Noch 2–3 Minuten köcheln lassen.

4 Den Braten in Scheiben schneiden, auf vorgewärmten Tellern anrichten und mit der Sauce überzogen servieren.

Panierte Koteletts vom Reh

Für 6 Personen

Zutaten

12–15 küchenfertige Koteletts vom Reh
Meersalz
frisch gemahlener schwarzer Pfeffer
4 EL Butter
6–8 EL Paniermehl
6 EL Olivenöl
18 Cherry-Tomaten

1 Die Koteletts waschen, trocken tupfen und auf beiden Seiten salzen und pfeffern. In einer großen Pfanne die Butter zerlassen. Die Koteletts einmal von beiden Seiten darin wenden und beiseitestellen. 2 EL Öl in die Pfanne geben und erhitzen. Die Koteletts nacheinander in Paniermehl wenden, und von jeder Seite 3–5 Minuten goldbraun braten. Inzwischen die Tomaten waschen und abtropfen lassen. In einer zweiten Pfanne 4 EL Olivenöl erhitzen, die Tomaten darin rundherum anbraten und bei reduzierter Hitze weich dünsten.

2 Die Koteletts auf vorgewärmten Tellern anrichten und mit je 3 Tomaten garniert servieren.

Gegrillte Stielkoteletts vom Reh

Für 6 Personen

Zutaten

12–15 küchenfertige Stielkoteletts vom Reh
frisch gemahlener schwarzer Pfeffer
6 EL Olivenöl
Meersalz
6 zarte Maiskolben
3 EL Butter

1 Das Fleisch waschen, trocken tupfen, von beiden Seiten kräftig pfeffern, in eine Schüssel geben, mit dem Olivenöl vermengen und 2 Stunden ziehen lassen. Die Koteletts auf dem Holzkohlegrill von beiden Seiten ca. 3–5 Minuten direkt grillen, dann beiseitestellen und ruhen lassen. Inzwischen die Maiskolben rundherum schön knusprig grillen. Die Koteletts auf Teller geben, salzen, je einen Maiskolben dazulegen und mit Butter bestreichen.

Koteletts vom Reh mit Champignons

Für 6 Personen

Zutaten

3 rote Zwiebeln
2 Knoblauchzehen
500 g kleine braune Champignons
2 EL gehackte glatte Petersilie
6 EL Olivenöl
250 ml trockener Rotwein
Meersalz
frisch gemahlener schwarzer Pfeffer
12–15 küchenfertige Koteletts vom Reh

1 Zwiebeln und Knoblauch abziehen und fein würfeln. Die Champignons putzen. Die Petersilie waschen, trocken tupfen und sehr fein hacken.Die Zwiebeln und den Knoblauch in 3 EL Olivenöl andünsten. Die Champignons dazugeben und bei großer Hitze unter ständigem Umrühren anbraten. Mit dem Rotwein ablöschen und zugedeckt 15 Minuten köcheln lassen. Den Deckel abnehmen und weiter köcheln lassen, bis die Flüssigkeit verdampft ist. Mit Salz und Pfeffer würzen und die Hälfte der Petersilie unterheben.

2 Inzwischen das Fleisch waschen, trocken tupfen und von beiden Seiten salzen und pfeffern. In einer großen Pfanne 3 EL Olivenöl erhitzen und die Koteletts darin nacheinander von jeder Seite 3–5 Minuten braten.

Geschnetzeltes vom Reh mit Champignons

Für 6 Personen

Zutaten

2 Schalotten
1 Stange Lauch
1 Karotte
500 g braune Champignons
2 EL gehackte glatte Petersilie
1 kg küchenfertiges Gulasch vom Reh
Meersalz
frisch gemahlener schwarzer Pfeffer
4 EL Butterschmalz oder Olivenöl
250 ml Fleischbrühe oder Wildfond
200 g Sahne
1 EL Butter
1 EL Mehl
1 EL Honig

1 Die Schalotten abziehen und fein würfeln. Den Lauch putzen, waschen und in feine Ringe schneiden. Die Karotte schälen und in kleine Würfel schneiden. Die Champignons sorgfältig putzen (nicht waschen!) und je nach Größe eventuell halbieren oder vierteln. Die Petersilie waschen, trocken tupfen und sehr fein hacken. Das Fleisch waschen, trocken tupfen, in dünne Scheiben schneiden und mit Salz und Pfeffer würzen.

2 In einem Schmortopf das Butterschmalz oder Öl erhitzen und das Fleisch bei großer Hitze darin scharf anbraten. Herausnehmen und warm beiseitestellen. Die Schalotten in den Topf geben und anschwitzen, Lauch und Karotte dazugeben und anrösten. Die Champignons hinzufügen und braten, bis die eventuell austretende Flüssigkeit verdampft ist. Mit Fleischbrühe oder Wildfond ablöschen, leicht einkochen lassen und die Sahne und die Hälfte der Petersilie einrühren. Die Butter mit dem Mehl verkneten und die Sauce damit binden. Mit Salz, Pfeffer und Honig abschmecken und das Fleisch wieder dazugeben. Noch einige Minuten ziehen lassen und immer wieder umrühren.

Rehpfeffer

Für 6 Personen

Zutaten

2–3 Schalotten
¼ Sellerieknolle
1 Karotte
10 Wacholderbeeren
10 Pfefferkörner
2–3 Lorbeerblätter
750 ml trockener Rotwein
1,2 kg küchenfertige Rehkeule
4 EL Olivenöl
2–3 EL Tomatenmark
1 EL Dijon-Senf
1 EL Mehl
2 EL gehackte glatte Petersilie
Meersalz
frisch gemahlener schwarzer Pfeffer
1–2 EL kalte Butter

1 Die Schalotten abziehen und würfeln. Sellerie und Karotte schälen und in Stücke schneiden. Alles mit den Wacholderbeeren, Pfefferkörnern und Lorbeerblättern in eine große Schüssel geben. Mit dem Rotwein aufgießen und gut vermischen. Das Fleisch waschen, trocken tupfen, in 4 cm große Stücke schneiden, in die Marinade geben und 1–2 Tage darin zugedeckt im Kühlschrank marinieren lassen.

2 Das Fleisch aus der Marinade nehmen und abtropfen lassen. Die Marinade durch ein Sieb geben, die Gewürze entfernen, das Gemüse aufheben. Das Fleisch im Olivenöl kräftig anbraten. Gemüse, Tomatenmark und Senf dazugeben und anrösten. Mit Mehl bestäuben, gut umrühren und mit der Marinade ablöschen. 15–20 Minuten köcheln lassen, bis das Fleisch gar ist. Die Petersilie waschen, trocken tupfen und sehr fein hacken.

3 Das Fleisch herausnehmen und warm beiseitestellen. Den Fond bei starker Hitze etwas einkochen lassen, dann pürieren oder durch ein Sieb streichen. Die Hälfte der Petersilie unterrühren, mit Salz und Pfeffer abschmecken und mit der Butter binden. Dabei ständig umrühren. Das Fleisch wieder dazugeben und kurz ziehen lassen.

Kräuterfilets vom Rehrücken mit Weintrauben

1 Den Backofen auf 200 °C vorheizen. Die Knoblauchzehe abziehen und pressen. Thymian- und Majoranblätter fein wiegen. Alles mit dem Senf, etwas Salz, Pfeffer, der Butter, dem Ei und den Semmelbröseln zu einer Paste verkneten. Das Fleisch waschen und trocken tupfen. In einer Pfanne das Olivenöl erhitzen und die Filets darin von jeder Seite 1 Minute anbraten. Herausnehmen, mit der Gewürzpaste bestreichen und in eine Auflaufform geben. Die Weintrauben waschen, abtropfen lassen und ebenfalls in die Auflaufform geben. In den Backofen stellen und 30 Minuten garen.

2 Den Rehrücken in Scheiben schneiden, mit den Weintrauben auf vorgewärmten Tellern anrichten und sofort servieren.

Für 6 Personen

Zutaten

1 Knoblauchzehe
1 TL gehackte Thymianblätter
1 TL gehackte Majoranblätter
1 EL Estragonsenf
Meersalz
frisch gemahlener schwarzer Pfeffer
2 EL weiche Butter
1 Ei
30 g Semmelbrösel
1,2 kg küchenfertiger Rehrücken, vom Metzger ausgelöst
3 EL Olivenöl
250 g kernlose Weintrauben

Gulasch vom Reh mit Gemüse

1 Schalotten und Knoblauch abziehen und fein würfeln. Karotten und Sellerie schälen und klein schneiden. Paprikaschoten waschen, entkernen und in feine, 4 cm lange Streifen schneiden. Champignons putzen (nicht waschen!) und vierteln. Majoran-, Thymian- und Rosmarinblätter fein wiegen. Petersilie waschen, trocken tupfen und sehr fein hacken. Wacholderbeeren und Lorbeerblatt im Mörser zerstoßen.

2 Den Backofen auf 180 °C vorheizen. Das Rehgulasch waschen, trocken tupfen und mit Salz, Pfeffer, Wacholderbeeren und dem Lorbeerblatt würzen. In einem Bräter das Öl erhitzen und das Fleisch darin rundum scharf anbraten. Gemüse, Majoran, Thymian, Rosmarin und Tomatenmark hinzufügen und bei großer Hitze anrösten. Mit dem Rotwein ablöschen und Gemüsebrühe oder Wildfond angießen. In den Backofen geben zugedeckt 60–70 Minuten schmoren lassen.

3 Aus dem Backofen nehmen und die Hälfte der Petersilie unterziehen. Auf vorgewärmten Tellern anrichten und mit der restlichen Petersilie garniert servieren.

Für 6 Personen

Zutaten

3 Schalotten
2 Knoblauchzehen
2 Karotten
¼ Sellerieknolle
1 rote Paprikaschote
1 grüne Paprikaschote
150 g Champignons
2 TL gehackte Majoranblätter
1 EL gehackte Thymianblätter
1 EL gehackte Rosmarinblätter
2 EL gehackte glatte Petersilie
1½ TL Wacholderbeeren
1 Lorbeerblatt
1,2 kg Gulasch vom Reh
Meersalz
frisch gemahlener schwarzer Pfeffer
3 EL Olivenöl
4 EL Tomatenmark
250 ml trockener Rotwein
500 ml Gemüsebrühe oder Wildfond

Geschmorte Rehkeule

Für 6 Personen

Zutaten

1½ TL Wacholderbeeren
10 schwarze Pfefferkörner
1 Lorbeerblatt
1 TL Kräuter der Provence
Meersalz
1,5 kg küchenfertige Rehkeule ohne Knochen
3 rote Zwiebeln
2 Karotten
2 säuerliche Äpfel
4 EL Butterschmalz oder Olivenöl
3 EL Tomatenmark
250 ml trockener Rotwein
500 ml Gemüsebrühe oder Wildfond
1 EL gehackte glatte Petersilie
200 g Sahne
4 EL Preiselbeermarmelade
frisch gemahlener schwarzer Pfeffer
Cayennepfeffer
Zitronensaft
Balsamico

1 Die Wacholderbeeren, die Pfefferkörner und das Lorbeerblatt in einem Mörser zerstoßen und mit den Kräutern der Provence und Salz vermischen. Die Rehkeule waschen, trocken tupfen, eventuell mit Küchenzwirn zusammenbinden und rundum mit der Gewürzmischung einreiben. Die Zwiebeln abziehen und fein würfeln, die Karotten schälen und in kleine Stifte schneiden. Die Äpfel schälen, von den Kerngehäusen befreien und klein schneiden.

2 Den Backofen auf 180–200 °C vorheizen. Butterschmalz oder Olivenöl in einem Bräter erhitzen und das Fleisch darin von allen Seiten goldbraun anbraten. Zwiebeln, Karotten und Äpfel dazugeben und kurz mitbraten. Das Tomatenmark unterrühren und anrösten. Mit dem Rotwein ablöschen und mit Gemüsebrühe oder Wildfond auffüllen. In den Backofen geben und zugedeckt 80–90 Minuten schmoren lassen. Die Petersilie waschen, trocken tupfen und sehr fein hacken.

3 Den Bräter aus dem Ofen nehmen und die Rehkeule warm beiseitestellen. Den Fond pürieren oder durch ein Sieb streichen, in einen Topf geben und eventuell auf die gewünschte Konsistenz einkochen. Mit der Sahne verfeinern und die Preiselbeermarmelade sowie die Petersilie untermischen. Mit Salz, Pfeffer, Cayennepfeffer, Zitronensaft und Balsamico abschmecken.

4 Die Rehkeule in Scheiben schneiden und auf einer vorgewärmten Platte anrichten. Eventuell ausgetretenen Fleischsaft in die Sauce rühren. Fleisch und Sauce getrennt servieren.

Rehrücken mit Burgundersauce

Für 6 Personen

Zutaten

3 rote Zwiebeln
2 Karotten
1 kleine Lauchstange
1 Stange Sellerie
1 kg Knochen vom Reh, vom Metzger klein gehackt
6 EL Butterschmalz oder Olivenöl
1 TL Wacholderbeeren
1 TL Pfefferkörner
75 g Tomatenmark
3 EL Mehl
750 ml trockener Spätburgunder Rotwein
Meersalz
frisch gemahlener schwarzer Pfeffer
3 EL Preiselbeermarmelade
900 g küchenfertiger Rehrücken, vom Metzger ausgelöst
2 EL eiskalte Butter

1 Die Zwiebeln abziehen und grob würfeln. Karotten schälen und in Abschnitte schneiden. Lauch putzen, waschen und in dicke Scheiben schneiden. Den Sellerie putzen und in Stücke schneiden. Die Knochen waschen und trockentupfen.

2 In einem Bräter 3 EL Butterschmalz oder Olivenöl erhitzen und die Knochen darin anbraten. Das Gemüse dazugeben und bei starker Hitze anrösten. Immer wieder umrühren. Wacholderbeeren und Pfefferkörner hinzufügen, das Tomatenmark einrühren und unter ständigem Umrühren weitere 5–8 Minuten rösten. Mit dem Mehl bestäuben, noch einmal kräftig rühren und mit dem Rotwein ablöschen. Salzen, pfeffern und ca. 60 Minuten sanft köcheln lassen. Die Sauce durch ein Sieb geben und auf die gewünschte Konsistenz einkochen. Die Preiselbeermarmelade unterheben, noch einmal mit Salz und Pfeffer abschmecken und die Sauce mit der Butter binden.

3 Das Fleisch waschen, trocken tupfen, in 6 gleich große Stücke teilen und im Bräter in 3 EL Butterschmalz oder Olivenöl von beiden Seiten je nach Gusto 4–5 Minuten braten. Herausnehmen und kurz ruhen lassen. Eventuell ausgetretenen Fleischsaft unter die Sauce mischen.

Pikante Koteletts vom Reh mit Pfifferlingen

Für 6 Personen

Zutaten

1 TL schwarze Pfefferkörner
1 TL Wacholderbeeren
1 TL geriebene Zitronenschale
1 TL geriebene Orangenschale
12 küchenfertige Koteletts vom Reh
4 EL Olivenöl
2–3 Schalotten
400 g Pfifferlinge
1 EL gehackte glatte Petersilie
1 EL gehackten Schnittlauch
Meersalz
frisch gemahlener schwarzer Pfeffer

1 Die Pfefferkörner und die Wacholderbeeren im Mörser zerstoßen. Mit der Zitronenschale und der Orangenschale vermischen. Die Rehkoteletts waschen, trocken tupfen, mit der Gewürzmischung einreiben und über Nacht zugedeckt im Kühlschrank durchziehen lassen.

2 Die Schalotten abziehen und fein würfeln. Die Pfifferlinge sorgfältig putzen (nicht waschen!) und in feine Scheiben schneiden. Petersilie und Schnittlauch waschen, trocken tupfen und fein hacken. In einer großen Pfanne das Olivenöl erhitzen, die Koteletts darin von beiden Seiten braten, herausnehmen und warm beiseitestellen. Im verbliebenen Öl die Schalotten glasig dünsten, die Pfifferlinge hinzugeben und durchbraten. Petersilie und Schnittlauch unterheben und mit Salz und Pfeffer würzen.

Filets vom Rehrücken mit Pfeffersauce

Für 6 Personen

Zutaten

2–3 Knoblauchzehen
Meersalz
1 TL gehackte Majoranblätter
1 TL gehackte Rosmarinblätter
1 TL gehackte Thymianblätter
frisch gemahlener schwarzer Pfeffer
6 EL Olivenöl
1,2 kg küchenfertiges Filet vom Rehrücken
4 Schalotten
3–4 EL Butterschmalz
3 EL grüne Pfefferkörner
4 cl Weinbrand
500 ml Fleischbrühe oder Wildfond
200 g Sahne
Cayennepfeffer
3 EL Johannisbeergelee

1 Die Knoblauchzehen abziehen, in dünne Scheiben schneiden und in Salz zerstoßen. Majoran-, Rosmarin- und Thymianblätter fein wiegen. Kräftig pfeffern und alles mit dem Olivenöl verrühren. Das Fleisch waschen, trocken tupfen, mit der Gewürzmischung bestreichen und 4 Stunden im Kühlschrank ziehen lassen.

2 Die Schalotten abziehen und fein würfeln. In einer großen Pfanne das Butterschmalz erhitzen und die Filets darin von beiden Seiten nach Gusto medium oder durch braten. Herausnehmen und warm beiseitestellen.

3 Die Schalotten in die Pfanne geben und glasig dünsten. Die Pfefferkörner hinzufügen, mitdünsten und mit dem Weinbrand ablöschen. Mit Fleischbrühe oder Wildfond und der Sahne auffüllen. Bei starker Hitze auf die gewünschte Konsistenz reduzieren, dabei ständig umrühren. Die Sauce mit Salz, Pfeffer, Cayennepfeffer und Johannisbeergelee abschmecken.

Kräutermedaillons vom Reh

Für 6 Personen

Zutaten

1 TL gehackte Thymianblätter
1 TL gehackte Majoranblätter
1 TL gehackte Rosmarinblätter
1 TL schwarze Pfefferkörner
3 Wacholderbeeren
Meersalz
250 ml trockener Rotwein
10 EL Olivenöl
12 küchenfertige Medaillons vom Reh
150 g Frühstücksspeck in Scheiben
2–3 Knoblauchzehen
3 Fleischtomaten
1–2 EL eiskalte Butter

1 Thymian-, Majoran- und Rosmarinblätter fein wiegen. Die Pfefferkörner und Wacholderbeeren im Mörser zerstoßen. Alles mit ein wenig Salz, dem Rotwein und 8 EL Olivenöl zu einer Marinade verrühren. Die Rehmedaillons waschen, trocken tupfen und 4 Stunden in der Marinade ziehen lassen.

2 Inzwischen 2 EL Olivenöl in einer Pfanne erhitzen, den Speck darin auslassen und anrösten. Den Knoblauch abziehen, fein hacken, dazugeben und glasig dünsten, nicht bräunen. Die Tomaten waschen und in so viele Scheiben schneiden, wie Medaillons vorhanden sind, Stielansätze entfernen. In die Pfanne geben und von beiden Seiten anrösten. Alles aus der Pfanne nehmen und warm beiseitestellen.

3 Die Medaillons aus der Marinade nehmen, abtropfen lassen und in der Pfanne je nach Gusto medium oder durch braten. Den Bratensatz mit der Marinade loskochen und diese bei großer Hitze auf die Hälfte einkochen. Mit der Butter binden.

Feine Nüsschen vom Reh

Für 6 Personen

Zutaten

1 EL gehackte Thymianblätter
1 TL gehackte Rosmarinblätter
3 Pimentkörner
4 Schalotten
6 küchenfertige Nüsschen vom Reh oder andere Stücke aus der Keule (à ca. 180 g)
Meersalz
frisch gemahlener schwarzer Pfeffer
1 Gewürznelke
2 Lorbeerblätter
4 EL Olivenöl
200 ml trockener Rotwein
200 g Sahne
2 EL eiskalte Butter

1 Die Thymian- und Rosmarinblätter fein wiegen. Die Pimentkörner im Mörser zerstoßen. Die Schalotten abziehen und fein würfeln. Das Fleisch waschen und trocken tupfen.

2 Den Backofen auf 170 °C vorheizen. In einem Bräter das Olivenöl erhitzen und das Fleisch darin rundum anbraten. Salzen, pfeffern und warm beiseitestellen. Die Schalotten im Bräter glasig dünsten. Thymian, Rosmarin, Piment, Gewürznelke und Lorbeerblätter dazugeben und kurz anrösten. Mit dem Rotwein ablöschen und das Fleisch wieder hinzufügen. In den Backofen stellen und das Ganze ca. 30–40 Minuten backen, bis das Fleisch gar ist. Wenn nötig, zwischendurch etwas Wasser angießen.

3 Das Fleisch aus dem Bräter nehmen und warm beiseitestellen. Den Fond durch ein Küchensieb geben, in einem Topf mit der Sahne verfeinern, nochmals mit Salz und Pfeffer abschmecken und mit der Butter binden.

Schnitzel vom Reh mit Steinpilzen

Für 6 Personen

Zutaten

20 g getrocknete Steinpilze
3 Schalotten
150 g luftgetrockneter Schinken
1 kg küchenfertige Schnitzel vom Reh
5 EL Butterschmalz oder Olivenöl
Meersalz
frisch gemahlener schwarzer Pfeffer
250 ml trockener Rotwein
200 g Sahne
3 EL Preiselbeermarmelade

1 In einer kleinen Schüssel die Steinpilze mit lauwarmem Wasser bedecken und 1 Stunde einweichen lassen. Inzwischen die Schalotten abziehen und fein würfeln. Den Schinken in feine, 4 cm lange Streifen schneiden

2 Das Fleisch waschen und trocken tupfen. In einer großen Pfanne 3 EL Butterschmalz oder Olivenöl erhitzen und die Rehschnitzel darin von beiden Seiten nach Gusto medium oder durch braten. Mit Salz und Pfeffer würzen und warm beiseitestellen. Den Bratenfond mit dem Rotwein ablöschen und einkochen. Mit der Sahne verfeinern und die Preiselbeermarmelade unterziehen.

3 Inzwischen in einer anderen Pfanne 2 EL Butterschmalz erhitzen und die Schalotten darin glasig dünsten. Den Schinken dazugeben und kurz anbraten. Die Steinpilze abtropfen lassen und in die Pfanne geben. Kräftig braten, dabei immer wieder mit der Einweichflüssigkeit ablöschen. Mit Salz und Pfeffer würzen und zu der Rotweinsauce geben. Gut durchmischen und noch einmal abschmecken.

Gulasch vom Reh mit Waldpilzen

Für 6 Personen

Zutaten

2 TL Wacholderbeeren
100 g geräucherter Bauchspeck
3 große rote Zwiebeln
3 Knoblauchzehen
2 Karotten
¼ Sellerieknolle
100 g Champignons
100 g Pfifferlinge
100 g Steinpilze
½ Bund glatte Petersilie
1,2 kg küchenfertiges Gulasch vom Reh
3–4 EL Butterschmalz oder Olivenöl
500 ml trockener Rotwein
250 ml Fleischbrühe oder Wildfond
Meersalz
frisch gemahlener schwarzer Pfeffer
2 EL Preiselbeermarmelade

1 In einem Mörser die Wacholderbeeren zerstoßen. Den Speck fein würfeln. Zwiebeln und Knoblauch abziehen und in kleine Würfel schneiden. Karotten und Sellerie schälen und klein schneiden. Champignons, Pfifferlinge und Steinpilze putzen (nicht waschen!) und in dünne Scheiben schneiden. Die Petersilie waschen, trocken tupfen und sehr fein hacken. Das Fleisch waschen und trocken tupfen.

2 In einem großen Topf das Butterschmalz oder Olivenöl erhitzen und das Fleisch darin rundum goldbraun anbraten. Speck, Zwiebeln, Knoblauch, Karotten und Sellerie dazugeben und anrösten. Mit dem Rotwein ablöschen, mit Fleischbrühe oder Wildfond angießen, die Wacholderbeeren hinzufügen und bei geringer Hitze ca. 75 Minuten schmoren lassen. Dabei immer wieder Rotwein und Brühe nachgießen. Champignons, Pfifferlinge und Steinpilze hinzugeben und noch 15 Minuten köcheln lassen. Mit Salz und Pfeffer abschmecken und die Preiselbeermarmelade sowie die Hälfte der Petersilie unterziehen.

3 Das Gulasch auf vorgewärmte Teller geben und mit der restlichen Petersilie garniert servieren.

Medaillons vom Reh mit Spargelspitzen

Für 6 Personen

Zutaten

24 weiße Spargelspitzen
24 grüne Spargelspitzen
1,2 kg küchenfertiges Filet vom Reh
1 EL gehackte glatte Petersilie
150 g warme Butter
Fleur de Sel
frisch gemahlener bunter Pfeffer7

1 Die Spargelspitzen waschen und – wenn nötig – etwas schälen. Das Fleisch waschen, trocken tupfen und in 12 gleich große Medaillons schneiden. Die Petersilie waschen, trocken tupfen und sehr fein hacken.

2 In einer großen Pfanne 3 EL Butter erhitzen und das Fleisch darin 12–15 Minuten rundum sanft medium oder durch braten. Herausnehmen und warm beiseitestellen.

3 Inzwischen in einer weiteren großen Pfanne 3 EL Butter erhitzen und die Spargelspitzen darin 10–12 Minuten garen, nach Belieben leicht bräunen lassen.

4 Die restliche Butter in einem Topf schmelzen. Je 2 Medaillons auf vorgewärmten Tellern mit den Spargelspitzen anrichten. Mit Fleur de Sel und Pfeffer würzen, mit Petersilie garnieren und die geschmolzene Butter getrennt dazu servieren.

Rehkeule „Försterin“

Für 6 Personen

Zutaten

1 kg kleine Kartoffeln (Bratlinge)
500 g Cherry-Tomaten
4 große rote Zwiebeln
150 g fetter Speck
½ Bund glatte Petersilie
2 EL gehackte Salbeiblätter
2 Lorbeerblätter
1,2 kg Rehkeule ohne Knochen
7 EL Butter
500 ml Fleischbrühe oder Wildfond
500 ml trockener Rotwein
Meersalz
frisch gemahlener schwarzer Pfeffer
200 g Sahne

1 Die Kartoffeln schälen, größere Kartoffeln quer halbieren. Die Tomaten waschen und abtropfen lassen. Die Zwiebeln abziehen und fein würfeln. Den Speck in kleine Würfel schneiden. Die Petersilie waschen, trocken tupfen und fein hacken. Die Salbeiblätter fein wiegen. Die Lorbeerblätter im Mörser zerstoßen. Das Fleisch waschen, trocken tupfen und kräftig mit Pfeffer und Salz einreiben.

2 Den Backofen auf 200 °C vorheizen. In einem großen Bräter den Speck auslassen, die Speckgrieben herausnehmen und beiseitestellen. Bei großer Hitze die Keule in dem Speckfett rundum goldbraun anbraten. Die Kartoffeln dazugeben und etwas Farbe nehmen lassen. Die Zwiebeln hinzufügen und etwas anrösten. Die Tomaten untermischen und mit der Hälfte des Rotweins ablöschen. Die Hälfte der Fleischbrühe oder des Wildfonds angießen. Petersilie, Salbei und Lorbeerblätter über das Fleisch streuen und den Braten mit Butterflocken besetzen. In den Backofen geben und ca. 60–70 Minuten backen. Bei Bedarf Rotwein und Fleischbrühe oder Wildfond nachgießen.

3 Den Braten herausnehmen und warm beiseitestellen. Kartoffeln, Zwiebeln und Tomaten aus dem Bräter nehmen und in einer Schüssel beiseitestellen. Den Bratensatz mit dem restlichen Wein und der Fleischbrühe oder Wildfond loskochen. Mit Salz und Pfeffer würzen und mit der Sahne einkochen. In einer Pfanne die Speckgrieben noch einmal erhitzen und über die Schüssel mit den Kartoffeln streuen.

4 Den Braten in Scheiben schneiden, dabei eventuell austretenden Fleischsaft in die Sauce mischen. Das Fleisch auf einer vorgewärmten Platte anrichten und zu den Kartoffeln und der Sauce servieren.

Rehrücken klassisch

1 Die Wacholderbeeren im Mörser zerstoßen. Die Thymianblätter fein wiegen. Die Orange waschen, die Schale abreiben. Alles mit dem Olivenöl vermischen. Das Fleisch waschen, trocken tupfen, mit der Gewürzmischung einreiben und über Nacht im Kühlschrank ziehen lassen.

2 Den Backofen auf 230 °C vorheizen. Den Speck fein würfeln und in einem Bräter auslassen. Das Fleisch dazugeben und von allen Seiten anbraten. In den Backofen geben und ca. 10 Minuten garen. Die Hitze auf 200 °C reduzieren und noch ca. 15 Minuten weiterbacken, bis das Fleisch gar ist. Dabei immer wieder mit dem Bratfett übergießen.

3 In der Zwischenzeit die Birnen waschen und halbieren. Das Kerngehäuse kugelförmig ausstechen. Die Zitrone auspressen. In einem Topf ¼ l Wasser, Rotwein, Zitronensaft, Zucker und Zimt aufkochen und die Birnen darin 5 Minuten blanchieren. Herausnehmen und beiseitestellen.

4 Das Fleisch aus dem Ofen nehmen, mit Salz und Pfeffer würzen und warm beiseitestellen. Mit Fleischbrühe oder Wildfond den Bratensatz loskochen. Den Fond auf die gewünschte Konsistenz einkochen und mit der Crème double binden. Mit Salz und Pfeffer abschmecken.

5 Den Rehrücken in Scheiben schneiden, eventuell austretenden Fleischsaft in die Sauce geben. Auf vorgewärmten Tellern anrichten und mit der Sauce überziehen. In jede Birnenhälfte 1 TL Preiselbeermarmelade füllen und die Birnen zu dem Fleisch auf die Teller geben. Sofort servieren.

Für 6 Personen

Zutaten

6 Wacholderbeeren
1 EL gehackte Thymianblättchen
1 unbehandelte Orange
3 EL Olivenöl
1,2 kg Filets vom Rehrücken ohne Knochen
60 g roher Rückenspeck
3 große Williams-Christ-Birnen
1 Zitrone
100 ml trockener Rotwein
100 g Zucker
½ Zimtstange
Meersalz
frisch gemahlener schwarzer Pfeffer
500 ml Fleischbrühe oder Wildfond
150 g Crème double
6 TL Preiselbeermarmelade

Das Wildschwein

Eines der wichtigsten Wildtiere unserer Heimat ist das Wildschwein *(Sus scrofa)*, das schon vor Jahrtausenden domestiziert wurde und von dem alle unsere Hausschweine abstammen. Sein ursprüngliches Verbreitungsgebiet umfasst weite Teile Europas und Asiens, zudem hat man es in Nord- und Südamerika, in Australien sowie auf zahlreichen Inseln der Welt eingebürgert. Allerdings wurde das Wildschwein in großen Teilen seines Verbreitungsgebietes im 18. und 19. Jahrhundert bereits ausgerottet und konnte sich diese Gebiete erst im 20. Jahrhundert wieder zurückerobern.

In der Jägersprache werden Wildschweine auch als Schwarzwild bezeichnet, die Eber heißen „Keiler“, die Säue „Bachen“ und die einjährigen Ferkel „Frischlinge“. Danach nennt man sie „Überläufer“, und zwar je nach Geschlecht „Überläuferkeiler“ oder „Überläuferbache“. Beeindruckend sind die Eckzähne des Keilers, das „Gewaff“. Kapitale Keiler bezeichnet man als „Hauptschwein“ oder „Basse“.

Wildschweine sind kräftige Tiere, die Keiler können bis zu 350 kg schwer werden, Bachen erreichen maximal 200 kg und Frischlinge wiegen bis zu 80 kg. Die „Schwarzkittel“ bevorzugen Lebensräume in dichten Waldgebieten, in denen es neben viel Deckung Wasserstellen und Schlammlöcher zum Suhlen gibt. Bei der Nahrungssuche kommen sie nachts aus den Wäldern heraus und durchstreifen die offenen Landschaften. Dabei wagen sie sich bis in die direkte Nähe menschlicher Siedlungen. Sie bilden Familienrotten aus Bachen mit Frischlingen und Überläufern oder reine Keilerrotten. Die Hauptschweine leben meist als Einzelgänger. Wildschweine sind Allesfresser und daher sehr anpassungsfähig. Durch den verstärkten Anbau von Mais als Futtermittel und Pflanze für die Energiegewinnung haben die Bestände der Wildschweine in den vergangenen Jahren stark zugenommen.

Schon seit Urzeiten werden Wildschweine gejagt. Jedes Jahr werden ca. 500.000 Tiere von den Jägern hierzulande erlegt.

In der Küche besonders begehrt ist das Fleisch von Frischlingen und Überläufern. Es eignet sich je nach Stück zum Kochen, Schmoren, Braten und Kurzbraten. Das Fleisch von geschlechtsreifen Keilern und Bachen ist nur bei außerhalb der Paarungszeit („Rauschzeit“) erlegten Tieren genießbar, ansonsten weist es einen unangenehm stechenden Geruch und Geschmack auf. Wie Hausschweine müssen auch Wildschweine auf Trichinen untersucht werden. Ihr Fleisch sollte wie das ihrer zahmen Verwandten immer vollständig durchgegart werden.

Wildschweinrücken mit Lebkuchensauce

Für 6 Personen

Zutaten

6 Wacholderbeeren
5 EL Olivenöl
2 TL körniger Senf
frisch gemahlener schwarzer Pfeffer
1,2 kg küchenfertiger Wildschweinrücken ohne Knochen und Schwarte
2 Schalotten
1 Knoblauchzehe
5 schwarze Pfefferkörner
1 Lorbeerblatt
1 TL gehackte Thymianblätter
1 TL gehackte Rosmarinblätter
1 TL gehackte Majoranblätter
500 ml trockener Rotwein
1 TL Sardellenpaste
2 EL Preiselbeermarmelade
4 EL geriebener Saucenlebkuchen
Meersalz
frisch gemahlener Piment

1 2 Wacholderbeeren im Mörser zerstoßen. Mit 1 EL Olivenöl, dem Senf und Pfeffer zu einer Gewürzpaste verarbeiten. Das Fleisch waschen, trocken tupfen, von allen Seiten mit der Gewürzmischung bestreichen und im Kühlschrank 4 Stunden ziehen lassen.

2 Den Backofen auf 180 °C vorheizen. Die Schalotten abziehen und fein reiben. Den Knoblauch abziehen und pressen. Die restlichen Wacholderbeeren, die Pfefferkörner und das Lorbeerblatt im Mörser zerstoßen. Die Thymian-, Rosmarin- und Majoranblätter fein wiegen.

3 In einem Bräter 4 EL Olivenöl erhitzen und das Fleisch rundum darin goldbraun anbraten. Schalotten, Knoblauch, Wacholderbeeren, Pfefferkörner, Lorbeerblatt, Thymian, Rosmarin und Majoran dazugeben und kurz anrösten. Mit dem Rotwein ablöschen und 60 Minuten im Backofen garen, dabei immer wieder mit dem Fond übergießen.

4 Das Fleisch herausnehmen und warm beiseitestellen. Sardellenpaste, Preiselbeermarmelade und Lebkuchen einrühren. Mit Salz und Piment abschmecken.

Wildschweinbraten mit Steinpilzen

Für 6 Personen

Zutaten

1,2 kg Wildschweinkeule ohne Knochen
5 EL Olivenöl
4 EL Butter
500 ml trockener Rotwein
Meersalz
frisch gemahlener schwarzer Pfeffer
2 Schalotten
500 g Steinpilze
150 g Crème fraîche

1 Den Backofen auf 180 °C vorheizen. Die Keule waschen, trocken tupfen, salzen und pfeffern, aufrollen und mit Küchengarn festbinden. In einem Bräter 2 EL Olivenöl und 2 EL Butter erhitzen und das Fleisch darin rundum anbraten. Mit dem Rotwein ablöschen, in den Backofen geben und ca. 80–90 Minuten garen lassen.

2 In der Zwischenzeit die Schalotten abziehen und fein würfeln sowie die Steinpilze putzen (nicht waschen!) und in Scheiben schneiden. In einer Pfanne 2 EL Butter erhitzen und die Schalotten darin glasig dünsten. Die Steinpilze dazugeben und einige Minuten gar braten. Mit Salz und Pfeffer würzen.

3 Die Keule aus dem Backofen nehmen und warm beiseitestellen. Die Sauce auf die Hälfte reduzieren und die Crème fraîche unterziehen. Noch einige Minuten sanft köcheln lassen. Immer wieder umrühren. Mit Salz und Pfeffer abschmecken.

Wildschwein exotisch

Für 6 Personen

Zutaten

100 g Rosinen
250 ml trockener Rotwein
12 reife Aprikosen
3 Schalotten
12 Safranfäden
1 Bund glatte Petersilie
1 Zitrone
2 unbehandelte Orangen
3 EL blanchierte Mandeln
1,2 kg küchenfertiges Gulasch vom Wildschwein
4 EL Butter
¼ TL gemahlener Kardamom
6 EL flüssiger Honig
4 EL Olivenöl
Meersalz
frisch gemahlener Nelkenpfeffer

1 Die Rosinen ca. 30 Minuten im Rotwein einweichen. Die Aprikosen vierteln und entkernen. Die Schalotten abziehen und fein würfeln. Die Safranfäden fein zerkrümeln. Die Petersilie mit Küchengarn zu einem Sträußchen binden. Die Zitrone auspressen. Die Schale von 1 Orange abreiben, dann auspressen. Die andere Orange schälen und in Spalten zerteilen. Die Mandeln in einer Pfanne ohne Öl anrösten und beiseitestellen. Das Fleisch waschen und trocken tupfen.

2 In einem großen Schmortopf die Butter erhitzen und die Aprikosen darin 2 Minuten dünsten. Mit dem Kardamom bestreuen. Den Honig dazugeben und die Aprikosen darin unter Wenden rundum karamellisieren. Mit dem Schaumlöffel herausnehmen und beiseitestellen.

3 Das Olivenöl in den Topf geben und die Schalotten darin 7–8 Minuten golden braten. Das Fleisch und den Safran dazugeben, salzen und pfeffern und rundum goldbraun anbraten. Die Rosinen und Petersilie hinzufügen, Zitronensaft und Rotwein einrühren. Aufkochen und zugedeckt 60–70 Minuten köcheln lassen, bis das Fleisch gar ist. Aprikosen, Orangenschale, Orangenspalten und Orangensaft hinzugeben und ohne Deckel 10 Minuten köcheln lassen.

4 Die Petersilie entfernen. Auf vorgewärmten Tellern anrichten und mit den Mandeln bestreut servieren.

Chilibällchen vom Wildschwein

Für 6 Personen

Zutaten

Für die Fleischbällchen:

2 grüne Chilischoten
1 TL gehackten Ingwer
2 Knoblauchzehen
2 EL gehackte Korianderblätter
2 EL gehackte glatte Petersilie
½ Zitrone
1,2 kg Hackfleisch vom Wildschwein
2 EL gemahlener Koriander
1 TL rote Chilipaste
Meersalz
1 TL gemahlene Kurkuma
1 TL Garam Masala

Für den Eintopf:

4 Schalotten
2 Knoblauchzehen
1 rote Paprika
1 gelbe Paprika
2 Karotten
6 große Kartoffeln
4 EL Olivenöl
400 g gehackte Tomaten aus der Dose, mit Saft
1 EL rotes Chilipulver
½ TL gemahlene Kurkuma
500 ml Gemüse- oder Fleischbrühe
½ Zitrone
2 EL gehackte Petersilie

1 Für die Fleischbällchen die Chilischoten waschen und sehr fein schneiden. Den Ingwer fein hacken. Den Knoblauch abziehen und pressen. Korianderblätter und Petersilie waschen, trocken tupfen und fein hacken. Eine halbe Zitrone auspressen. Alles mit den restlichen Zutaten in einer großen Schüssel vermengen. Den Teig 5 Minuten kneten, um alles sehr gut zu vermischen. Walnussgroße Fleischbällchen formen und auf einer Platte beiseitestellen.

2 Für den Eintopf die Schalotten und den Knoblauch abziehen und sehr fein würfeln. Die Paprika waschen, entkernen und in Stücke schneiden. Die Karotten und Kartoffeln schälen und würfeln. Das Olivenöl in einem Schmortopf erhitzen und die Zwiebeln ca. 7 Minuten weich und leicht golden dünsten. Tomaten, Chilipulver, Salz, Knoblauch und Kurkuma hinzufügen und bei geringer Hitze ca. 25 Minuten kochen, bis das Öl sich an der Oberfläche absetzt.

3 Paprika, Kartoffeln und die vorbereiteten Fleischbällchen dazugeben, die Brühe einrühren und zugedeckt 30 Minuten köcheln lassen. Gelegentlich umrühren. Inzwischen eine halbe Zitrone auspressen und die Petersilie waschen, trocken tupfen und fein hacken.

4 Den Zitronensaft einrühren, die Fleischbällchen mit dem Eintopf auf vorgewärmten Tellern anrichten und mit Petersilie garniert servieren.

Wildschwein mit Maronen

Für 6 Personen

Zutaten

500 g Maronen
2 Knoblauchzehen
2 Gemüsezwiebeln
3 Karotten
3 feste reife Tomaten
1 EL gehackte Thymianblätter
1 EL gehackte Majoranblätter
1 EL gehackte Rosmarinblätter
1,2 kg küchenfertiges Gulasch vom Wildschwein
4 EL Olivenöl
Meersalz
frisch gemahlener schwarzer Pfeffer
500 ml trockener Rotwein

1 Den Backofen auf 250 °C vorheizen. Die Maronen an der spitzen Seite kreuzweise einschneiden, kurz im Backofen anrösten, schälen und klein schneiden. Die Hitze auf 150 °C reduzieren. Knoblauch und Gemüsezwiebeln abziehen und fein würfeln. Die Karotten schälen und klein schneiden. Die Tomaten abwaschen und grob hacken. Die Thymian-, Majoran- und Rosmarinblätter fein wiegen. Das Fleisch waschen und trocken tupfen.

2 In einem feuerfesten Schmortopf das Olivenöl erhitzen und das Wildschweingulasch rundum braun anbraten. Knoblauch, Gemüsezwiebeln, Karotten und Tomaten hinzufügen und alles leicht anrösten. Salzen und pfeffern, mit dem Rotwein ablöschen, aufkochen lassen, Thymian, Majoran und Rosmarin dazugeben und im Backofen zugedeckt 60 Minuten backen.

3 Die Maronen einrühren und weitere 60 Minuten garen, bis das Fleisch sehr zart ist. Auf vorgewärmten Tellern anrichten und sofort servieren.

Deftige Wildschweinpfanne mit Rührei

Für 6 Personen

Zutaten

4 Schalotten
3 Knoblauchzehen
6 Kartoffeln
200 g durchwachsener Speck
3 EL gehackte glatte Petersilie
4 EL Olivenöl
1 kg Hackfleisch vom Wildschwein
Meersalz
frisch gemahlener schwarzer Pfeffer
1 TL Kräuter der Provence
9 große Eier

1 Schalotten und Knoblauch abziehen und fein hacken. Die Kartoffeln schälen und würfeln. Den Speck in kleine Würfel schneiden. Die Petersilie waschen, trocken tupfen und fein hacken.

2 In einer großen, tiefen Bratpfanne das Olivenöl erhitzen und den Speck darin auslassen. Die Zwiebeln und den Knoblauch dazugeben und 5 Minuten weich dünsten. Das Fleisch hinzufügen, 10 Minuten braun anbraten und mit Salz, Pfeffer und Kräutern der Provence würzen. Die Kartoffeln dazugeben und 20 Minuten zugedeckt sanft braten. Wenn die Kartoffeln beinahe gar sind, zwei Drittel der Petersilie und die Eier darüber geben und gut umrühren, um das Eigelb aufzubrechen. 5 Minuten weiterkochen, bis die Eier fest sind. Auf vorgewärmten Tellern anrichten, mit der restlichen Petersilie bestreuen und sofort servieren.

Eintopf vom Wildschwein mit Pfifferlingen

Für 6 Personen

Zutaten

3 weiße Zwiebeln
4 Knoblauchzehen
2 Karotten
2 Stangen Sellerie
500 g Pfifferlinge
1 EL gehackte Thymianblätter
1 EL gehackte Majoranblätter
6 Wacholderbeeren
1,2 kg küchenfertiges Gulasch vom Wildschwein
2–3 EL Weizenmehl
Meersalz
frisch gemahlener schwarzer Pfeffer
4 EL extra-natives Olivenöl
2 EL Tomatenmark
500 ml trockener Rotwein

1 Den Backofen auf 180 °C vorheizen. Zwiebeln und Knoblauch abziehen und fein würfeln. Karotten schälen, Sellerie waschen und putzen und beides klein schneiden. Die Pfifferlinge putzen (nicht waschen!) und eventuell halbieren oder vierteln. Thymian- und Majoranblätter fein wiegen. Die Wacholderbeeren in einem Mörser zerstoßen. Das Fleisch waschen und trocken tupfen. In einer flachen Schüssel Mehl, Salz und Pfeffer vermischen und das Fleisch darin wälzen, bis es gut paniert ist.

2 In einem großen Schmortopf das Olivenöl erhitzen und das Fleisch darin anbraten. Das Gemüse dazugeben und leicht anrösten. Mit Thymian, Majoran und Wacholderbeeren bestreuen. Das Tomatenmark unterrühren und weiter rösten, dann mit dem Rotwein ablöschen, salzen und pfeffern. Zugedeckt 90–120 Minuten backen, bis das Fleisch sehr zart ist.

3 Auf vorgewärmten Tellern anrichten und sofort servieren.

Pilztopf mit Wildschwein und Knödeln

Für 6 Personen

Zutaten

2 rote Zwiebeln
3 Karotten
6 Kräuterseitlinge
1,2 kg küchenfertiges Gulasch vom Wildschwein
2–3 EL Weizenmehl
Meersalz
frisch gemahlener schwarzer Pfeffer
4 EL Olivenöl
500 ml Fleischbrühe oder Wildfond
150 g Weizenmehl
60 g Backfett oder Rindertalg
1 EL gehackte krause Petersilie

1 Die Zwiebeln abziehen und grob hacken. Die Karotten schälen und in Stücke schneiden. Die Kräuterseitlinge putzen (nicht waschen!) und klein schneiden. Das Fleisch waschen, trocken tupfen, im Mehl wälzen und abschütteln. Großzügig salzen und pfeffern. Das Olivenöl in einem großen Schmortopf erhitzen und das Fleisch darin 8–10 Minuten rundum braun anbraten. Zwiebeln, Karotten und Kräuterseitlinge dazugeben und bei mittlerer Hitze 8–10 Minuten anrösten. Mit der Brühe oder dem Wildfond ablöschen und bei geringer Hitze 80 Minuten köcheln lassen.

2 Inzwischen das Mehl und das Fett mit 4–6 EL Wasser vermengen, sodass ein glatter Teig entsteht. Daraus 6 Knödel formen und in den Topf geben. Zugedeckt weitere 30–45 Minuten köcheln lassen, bis das Fleisch schön zart ist und die Knödel ihre Größe verdoppelt haben. Die Petersilie waschen, trocken tupfen und fein hacken.

3 Auf vorgewärmten Tellern anrichten, mit der Petersilie bestreuen und sofort servieren.

Pikantes Wildschweingulasch

Für 6 Personen

Zutaten

3 rote Zwiebeln
2 Knoblauchzehen
Meersalz
2 gelbe Paprikaschoten
1 rote Paprikaschote
1 grüne oder rote Chilischote
2 kleine Zucchini
2 Karotten
1 EL gehackte Majoranblätter
1,2 kg küchenfertiges Gulasch vom Wildschwein
frisch gemahlener schwarzer Pfeffer
4 EL Olivenöl oder Butterschmalz
2 EL edelsüßes Paprikapulver
400 ml heiße Gemüsebrühe
400 g gehackte Tomaten aus der Dose
1 EL Weizenmehl
100 ml trockener Rotwein
scharfes Paprikapulver (nach Belieben)

1 Die Zwiebeln abziehen und in dünne Scheiben schneiden. Den Knoblauch abziehen, in Scheiben schneiden und in Salz zerdrücken. Die Paprika waschen, entkernen und in Streifen schneiden. Die Chilischote waschen, entkernen und fein hacken. Die Zucchini waschen, die Karotten schälen und beides klein schneiden. Die Majoranblätter fein wiegen. Das Fleisch waschen und trocken tupfen.

2 Das Olivenöl oder Butterschmalz in einem großen Topf erhitzen und die Zwiebeln darin 5 Minuten weich dünsten. Das Fleisch dazugeben und ca. 8 Minuten rundum braun anbraten. Salzen und pfeffern und mit dem süßen Paprikapulver bestreuen. Ein paar Löffel von der heißen Brühe angießen und gut umrühren, bis das Fleisch mit dem Paprikapulver überzogen ist. Tomaten, Paprikaschoten, Chili, Zucchini, Karotten und die Hälfte des Majorans hinzugeben. Ca. 125 ml Brühe angießen und zugedeckt ca. 90 Minuten köcheln lassen, bis das Fleisch schön zart ist. Wenn der Eintopf zu trocken wird, etwas Brühe angießen.

3 Das Mehl mit 2 EL kaltem Wasser vermischen und in das Gulasch einrühren. Den Rotwein, den restlichen Majoran und den zerdrückten Knoblauch dazugeben und 10 Minuten köcheln lassen. Salzen, pfeffern und mit scharfem Paprikapulver abschmecken.

4 Auf vorgewärmten Tellern anrichten und sofort servieren.

Wildschweintopf mit Früchten

Für 6 Personen

Zutaten

1,2 kg küchenfertiges Gulasch vom Wildschwein
400 g Birnen (aus der Dose)
400 g Pfirsiche (aus der Dose)
500 g kleine Kartoffeln
150 ml Gemüsebrühe
Meersalz
frisch gemahlener schwarzer Pfeffer
350 ml trockener Rotwein

1 Den Backofen auf 190 °C vorheizen. Das Fleisch waschen und trocken tupfen. Birnen und Pfirsiche abgießen, die Flüssigkeit auffangen. Die Kartoffeln abbürsten. Das Gulasch in einen Schmortopf geben und mit Birnen, Pfirsichen und Kartoffeln bedecken. Mit der Gemüsebrühe beträufeln und leicht salzen und pfeffern. Den Fruchtsaft über die Speisen träufeln und 15 Minuten ziehen lassen. Alles gut vermischen, dann den Topf dicht verschließen und 60–90 Minuten backen, bis das Fleisch schön zart ist. Dabei gelegentlich etwas Wein angießen, wenn die Sauce zu trocken wird.

2 Auf vorgewärmten Tellern anrichten und heiß servieren.

Pikanter Eintopf vom Wildschwein

1 Die Senfkörner in einer Pfanne ohne Öl anrösten, bis sie springen. Senfkörner, Kreuzkümmel- und Koriandersamen, das Lorbeerblatt und die Wacholderbeeren in einem Mörser zerdrücken. Den Knoblauch abziehen und fein hacken. Das Mehl in einer flachen Schüssel salzen und pfeffern. Das Fleisch waschen, trocken tupfen, darin rundum wälzen und abschütteln.

2 Das Olivenöl in einem großen Topf erhitzen und das Fleisch darin 8–10 Minuten rundum braun anbraten. Herausnehmen und beiseitestellen, den Bratensaft im Topf lassen. Den Knoblauch in den Topf geben und eine halbe Minute dünsten. Senfkörner, Kreuzkümmel, Koriander, Lorbeerblatt und Wacholderbeeren dazugeben und 1–2 Minuten rösten, dann mit dem Sherry ablöschen und unter Umrühren einkochen lassen. Rotwein und Gemüsebrühe angießen und alles gut vermischen. Das Fleisch hinzufügen und zugedeckt bei geringer Hitze 60 Minuten köcheln lassen. Immer wieder umrühren.

3 Inzwischen den Lauch putzen und waschen, die Karotten schälen und beides klein schneiden. Die Kartoffeln abbürsten. Alles mit den Sultaninen hinzugeben, salzen und pfeffern und zugedeckt bei geringer Hitze ca. 60 Minuten köcheln lassen, bis Fleisch und Gemüse weich sind. Von der Zitrone die Schale abreiben.

4 Auf vorgewärmten Tellern anrichten und mit der Zitronenschale bestreut servieren.

Für 6 Personen

Zutaten

1 TL Senfkörner
1 TL Koriandersamen
1 TL Kreuzkümmelsamen
1 Lorbeerblatt
6 Wacholderbeeren
4 Knoblauchzehen
75 g Weizenmehl
Salz
frisch gemahlener weißer Pfeffer
1,2 kg küchenfertiges Gulasch vom Wildschwein
4 EL Olivenöl
100 ml süßer Sherry
250 ml trockener Rotwein
250 ml Gemüsebrühe
3 Stangen Lauch
3 Karotten
16 kleine Kartoffeln
100 g Sultaninen
1 unbehandelte Zitrone

Bohnentopf mit Wildschweinsalami

1 Schalotten und Knoblauch abziehen und fein würfeln. Die Karotten schälen und klein hobeln. Die Salami in ca. 2 cm große Stücke schneiden.

2 In einem Topf das Olivenöl erhitzen und die Zwiebel und den Knoblauch darin glasig dünsten. Die Wurst darin anbraten, dann die Karotten hinzufügen und anrösten. Mit Fleischbrühe oder Wildfond ablöschen. Tomaten und Oregano dazugeben und zugedeckt 20 Minuten köcheln lassen. Die Bohnen hinzufügen und weitere 10 Minuten garen.

3 Auf vorgewärmten Tellern anrichten und heiß servieren.

Für 6 Personen

Zutaten

3 Schalotten
2 Knoblauchzehen
2 Karotten
1 kg Wildschweinsalami
4 EL Olivenöl
1 l Fleischbrühe oder Wildfond
400 g gehackte Tomaten aus der Dose
1 TL getrockneter Oregano
500 g große weiße Bohnen aus dem Glas

Wildschweingulasch mit Obst und Gemüse

Für 6 Personen

Zutaten

¼ TL Safranfäden
4 Schalotten
3 Knoblauchzehen
2 Karotten
3 feste Birnen
1,2 kg küchenfertiges Gulasch vom Wildschwein
4 EL Olivenöl
Meersalz
frisch gemahlener schwarzer Pfeffer
1 EL Honig
150 g Rosinen
100 g getrocknete Aprikosen
3 getrocknete Datteln
1 Zitrone
3 Zimtstangen à 5 cm
1 EL gehackte Korianderblätter
120 g geröstete Mandelplättchen

1 Den Safran in einer Pfanne ohne Öl 2–3 Minuten spröde rösten. In einer Tasse zerbröseln, mit etwas heißem Wasser aufgießen und 10 Minuten ziehen lassen. Die Schalotten abziehen, 2 Schalotten raspeln, 2 Schalotten fein würfeln. Den Knoblauch abziehen und in dünne Scheiben schneiden. Die Karotten schälen und hobeln. Die Birnen waschen, vierteln, von den Kerngehäusen befreien und klein schneiden. Das Fleisch waschen und trocken tupfen.

2 Das Olivenöl in einem großen Schmortopf erhitzen und die geraspelten Schalotten mit Salz, Pfeffer, Knoblauch und Karotten darin 1 Minute andünsten. Das Fleisch dazugeben und ca. 3 Minuten umrühren, bis alles gut vermischt ist. Gehackte Zwiebeln, Safranmischung und Honig hinzufügen. Heißes Wasser angießen, bis das Fleisch bedeckt ist. Zugedeckt bei mittlerer Hitze 90 Minuten köcheln lassen. Dabei immer wieder umrühren und Wasser angießen, wenn das Gericht zu trocken wird.

3 In der Zwischenzeit Rosinen, Aprikosen und Datteln klein schneiden. Die Zitrone auspressen. Das Trockenobst mit dem Zitronensaft und heißem Wasser bedecken und 30 Minuten einweichen. Die Obstmischung mit den Birnen und den Zimtstangen an den Eintopf geben und zugedeckt weitere 30 Minuten köcheln lassen, bis das Fleisch sehr zart ist. Mit Salz und Pfeffer abschmecken und die Zimtstangen wieder entfernen. Den Koriander fein hacken.

4 Auf vorgewärmten Tellern anrichten und mit Mandeln und Koriander bestreut servieren.

Wildschweinbraten mit Rosmarin

1 Den Knoblauch abziehen, in dünne Scheiben schneiden und in Salz zerstoßen. Die Rosmarinblätter fein wiegen. Die Pfefferkörner und Wacholderbeeren in einem Mörser zerstoßen. Alles mit dem Senf und 2 EL Olivenöl zu einer Paste vermengen. Das Fleisch waschen, trocken tupfen, mit der Paste bestreichen und 30 Minuten ruhen lassen.

2 Den Backofen auf 180 °C vorheizen. Die Karotten schälen, die Champignons putzen (nicht waschen!) und beides in grobe Stücke schneiden. Die Tomaten waschen und in einer großen Schüssel mit den Karotten und Champignons vermengen, salzen, pfeffern und mit 4 EL Olivenöl beträufeln. Noch einmal gründlich vermischen, bis alles mit Öl überzogen ist.

3 Das Fleisch in einen großen Bräter geben und das Gemüse um das Fleisch herum anordnen. Ca. 90 Minuten im Backofen garen, bis das Fleisch zart und das Gemüse gar und knusprig ist. Während der Garzeit immer wieder mit Rotwein und dem Bratenfond übergießen. Das Gemüse gelegentlich mit einer Bratengabel bewegen, damit es nicht festbrennt. Den fertigen Braten und das Gemüse auf einer großen vorgewärmten Servierplatte anrichten und im Backofen warmhalten.

4 Den Bratenfond in einem Topf erhitzen. Die Speisestärke mit kaltem Wasser in einer Schüssel zu einer glatten Paste verrühren und die Sauce damit binden. Noch 2–3 Minuten köcheln lassen. In eine Saucière füllen und zu dem Braten und Gemüse reichen.

Für 6 Personen

Zutaten

4 Knoblauchzehen
Meersalz
3 EL gehackte Rosmarinblätter
10 schwarze Pfefferkörner
6 Wacholderbeeren
3 EL Dijon-Senf
6 EL Olivenöl
2 kg küchenfertige Wildschweinkeule mit Knochen
3 Karotten
500 g Champignons
500 g Cherry-Tomaten
frisch gemahlener schwarzer Pfeffer
1 EL Speisestärke
500 ml trockener Rotwein

Schmorbraten vom Wildschwein

Für 6 Personen

Zutaten

1 EL gehackte Thymianblätter
1 EL gehackte Majoranblätter
3 Knoblauchzehen
Meersalz
frisch gemahlener schwarzer Pfeffer
6 EL körniger Senf
1,2 kg küchenfertiges Rückenfilet vom Wildschwein
500 g kleine Kartoffeln (Bratlinge)
2 Karotten
3 rote Zwiebeln
4 EL Olivenöl
250 ml Wildfond
250 ml trockener Rotwein

1 Die Thymian- und Majoranblätter fein wiegen. Den Knoblauch abziehen, in feine Scheiben schneiden und in Salz zerstoßen. Alles mit Pfeffer und Senf zu einer Paste verarbeiten. Das Fleisch waschen, trocken tupfen, mit der Paste bestreichen und 24 Stunden zugedeckt im Kühlschrank ziehen lassen.

2 Die Kartoffeln schälen und eventuell halbieren. Die Karotten schälen und in dicke Scheiben schneiden. Die Zwiebeln abziehen und fein würfeln. In einem großen Schmortopf das Olivenöl erhitzen und das Fleisch darin rundum anbraten. Kartoffeln, Karotten und Zwiebeln dazugeben und kurz anrösten. Mit dem Wildfond ablöschen, den Rotwein und die restliche Beize untermischen und 90 Minuten zugedeckt köcheln lassen. Das Fleisch herausnehmen und 10 Minuten warm beiseitestellen.

3 Das Fleisch in Scheiben schneiden und auf einer vorgewärmten Platte anrichten. Das Gemüse mit der Sauce in einer Schüssel dazu servieren.

Eintopf mit Wurst und Grünkohl

Für 6 Personen

Zutaten

1,5 kg Grünkohl
3 Zwiebeln
6 große Kartoffeln
200 g durchwachsener Speck
4 EL Butterschmalz
1 l Gemüsebrühe
6 Räucherwürste vom Wildschwein
Meersalz
frisch gemahlener schwarzer Pfeffer

1 Den Grünkohl in keilförmige Spalten schneiden, äußere Blätter, Strünke und harte Blattrippen entfernen. Einen großen Topf mit Wasser zum Kochen bringen und den Grünkohl darin nach und nach je 2 Minuten blanchieren, dann kalt abschrecken und fein hacken. Die Zwiebeln abziehen und fein würfeln. Die Kartoffeln schälen und in Stücke schneiden. Den Speck in kleine Würfel schneiden.

2 In einem großen Topf das Butterschmalz erhitzen und den Speck darin auslassen. Die Zwiebeln dazugeben und glasig dünsten. Mit der Brühe ablöschen, den Grünkohl hinzufügen und zugedeckt 30 Minuten köcheln lassen. Die Kartoffeln dazugeben und weitere 15 Minuten kochen. Die Würste untermischen und noch einmal 15 Minuten mitkochen lassen, bis die Kartoffeln weich sind. Salzen, pfeffern und direkt aus dem Topf servieren.

Marinierter Braten vom Wildschweinrücken

1 Pfefferkörner, Wacholderbeeren und Lorbeerblätter in einem Mörser zerstoßen. Thymian-, Majoran- und Rosmarinblätter fein wiegen. Zwiebeln und Knoblauch abziehen, die Zwiebeln grob würfeln, den Knoblauch in Scheiben schneiden. Die Karotten schälen und klein schneiden. Alles in ein großes Gefäß geben und mit Rotwein und Rotweinessig angießen. Die Zitrone halbieren und von jeder Hälfte eine dünne Scheibe abschneiden. Zitronenscheiben mit der Gewürznelke in die Marinade geben. Das Fleisch waschen, trocken tupfen, in die Marinade legen und 24 Stunden kühl ziehen lassen, nach 12 Stunden einmal wenden.

2 Den Backofen auf 225 °C vorheizen. Das Olivenöl in einen Bräter geben und den Wildschweinrücken mit der Schwarte nach oben daraufsetzen. Die Schwarte rautenförmig einritzen und kräftig salzen und pfeffern. Das Gemüse aus der Marinade nehmen und dazulegen. In den Backofen schieben und 20 Minuten garen. Mit 250 ml Marinade ablöschen, die Hitze auf 190 °C reduzieren und weitere 50 Minuten garen. Dabei immer wieder mit Marinade und Fond übergießen.

3 Inzwischen die Äpfel schälen, von den Kerngehäusen befreien und klein würfeln. In einem großen Topf die Butter erhitzen und die Äpfel darin dünsten. Die Zitrone auspressen, den Saft zu den Äpfeln geben und alles mit Pfeffer würzen.

4 Den Braten herausnehmen und 20 Minuten warm beiseitestellen. Den Bratensatz mit der restlichen Marinade loskochen, den Fond pürieren oder durch ein Sieb streichen und leicht sämig einkochen. Den Calvados unterrühren und die Sauce mit der eiskalten Butter binden.

5 Das Fleisch aus dem Knochen lösen und die Schwarte abschneiden. Den Braten in Scheiben schneiden, auf vorgewärmten Tellern anrichten und mit der Sauce überzogen servieren.

Für 6 Personen

Zutaten

10 schwarze Pfefferkörner
6 Wacholderbeeren
2 Lorbeerblätter
1 EL gehackte Thymianblätter
1 EL gehackte Majoranblätter
1 EL gehackte Rosmarinblätter
3 rote Zwiebeln
2 Knoblauchzehen
2 Karotten
750 ml trockener Rotwein
125 ml Rotweinessig
1 Zitrone
1 Gewürznelke
2,4 kg küchenfertiger Wildschweinrücken mit Knochen und Schwarte
4 EL Olivenöl
Meersalz
frisch gemahlener schwarzer Pfeffer
3 EL Butter
1 kg Äpfel
8 cl Calvados
2 EL eiskalte Butter

Marinierte Keule vom Wildschwein

Für 6 Personen

Zutaten

10 schwarze Pfefferkörner
6 Wacholderbeeren
2 Lorbeerblätter
1 EL gehackte Thymianblätter
1 EL gehackte Majoranblätter
1 EL gehackte Rosmarinblätter
3 rote Zwiebeln
6 Knoblauchzehen
2 Karotten
750 ml trockener Rotwein
125 ml Rotweinessig
1 Zitrone
1 Gewürznelke
1,2 kg küchenfertige Keule vom Wildschwein, ohne Knochen
Meersalz
frisch gemahlener schwarzer Pfeffer
2 EL körniger Senf
4 EL Olivenöl
4 cl Weinbrand
100 ml Madeira
1 EL Speisestärke

1 Pfefferkörner, Wacholderbeeren und Lorbeerblätter in einem Mörser zerstoßen. Thymian-, Majoran- und Rosmarinblätter fein wiegen. Zwiebeln und 2 Knoblauchzehen abziehen, die Zwiebeln grob würfeln, den Knoblauch in Scheiben schneiden. Die Karotten schälen und klein schneiden. Alles in ein großes Gefäß geben und mit Rotwein und Rotweinessig angießen. Die Zitrone achteln und mit der Gewürznelke in die Marinade geben. Das Fleisch waschen, trocken tupfen, zusammenrollen, mit Küchenzwirn festbinden, in die Marinade legen und 24 Stunden kühl ziehen lassen, nach 12 Stunden einmal wenden.

2 Den Backofen auf 180–200 °C vorheizen. 4 Knoblauchzehen abziehen, in Scheiben schneiden und in Salz zerstoßen. Mit reichlich schwarzem Pfeffer und dem Senf vermischen und die Keule damit einreiben. In einem Bräter das Olivenöl erhitzen und die Keule darin rundum goldbraun anbraten. Zitrone und Gewürznelke aus der Marinade entfernen, das Gemüse herausnehmen, in den Bräter geben und leicht anrösten lassen. Mit einem Drittel der Marinade ablöschen, in den Backofen schieben und ca. 80–90 Minuten schmoren lassen. Dabei immer wieder mit Marinade und Fond begießen.

3 Den Braten herausnehmen und 20 Minuten warm beiseitestellen. Den Bratensatz mit der restlichen Marinade loskochen, den Fond pürieren oder durch ein Sieb streichen und leicht sämig einkochen. Weinbrand und Madeira unterrühren, die Speisestärke mit kaltem Wasser glattrühren und die Sauce damit binden. Noch 2–3 Minuten köcheln lassen.

4 Den Braten in Scheiben schneiden, auf vorgewärmten Tellern anrichten und mit der Sauce überzogen servieren.

Panierte Koteletts vom Wildschwein

Für 6 Personen

Zutaten

6–12 küchenfertige Koteletts vom Wildschwein (je nach Größe)
Meersalz
frisch gemahlener schwarzer Pfeffer
4 EL Butter
6–8 EL Paniermehl
6 EL Olivenöl
18 Cherry-Tomaten

1 Die Koteletts waschen, trocken tupfen und auf beiden Seiten salzen und pfeffern. In einer großen Pfanne die Butter zerlassen. Die Koteletts einmal von beiden Seiten darin wenden und beiseitestellen. 2 EL Öl in die Pfanne geben und erhitzen. Die Koteletts nacheinander in Paniermehl wenden, und von beiden Seiten gut durchbraten. Inzwischen die Tomaten waschen und abtropfen lassen. In einer zweiten Pfanne 4 EL Olivenöl erhitzen, die Tomaten darin rundherum anbraten und bei reduzierter Hitze weich dünsten.

2 Die Koteletts auf vorgewärmten Tellern anrichten und mit je 3 Tomaten garniert servieren.

Koteletts vom Wildschwein mit Champignons

Für 6 Personen

Zutaten

3 rote Zwiebeln
2 Knoblauchzehen
500 g kleine braune Champignons
2 EL gehackte glatte Petersilie
6 EL Olivenöl
250 ml trockener Rotwein
Meersalz
frisch gemahlener schwarzer Pfeffer
6–12 küchenfertige Koteletts vom Wildschwein (je nach Größe)

1 Zwiebeln und Knoblauch abziehen und fein würfeln. Die Champignons putzen (nicht waschen!) und eventuell halbieren. Die Petersilie waschen, trocken tupfen und sehr fein hacken.

2 In einem großen Schmortopf 3 EL Olivenöl erhitzen und die Zwiebeln und den Knoblauch darin andünsten. Die Champignons dazugeben und bei großer Hitze unter ständigem Umrühren anbraten. Mit dem Rotwein ablöschen und zugedeckt 15 Minuten köcheln lassen. Den Deckel abnehmen und weiter köcheln lassen, bis die Flüssigkeit verdampft ist. Mit Salz und Pfeffer würzen und die Hälfte der Petersilie unterheben.

3 Inzwischen das Fleisch waschen, trocken tupfen und von beiden Seiten salzen und pfeffern. In einer großen Pfanne 3 EL Olivenöl erhitzen und die Koteletts darin nacheinander von beiden Seiten gut durch braten. Zusammen mit den Champignons auf vorgewärmten Tellern anrichten und mit der restlichen Petersilie garniert servieren.

Wildschweinkeule auf Pfifferlingen

Für 6 Personen

Zutaten

6 Schalotten
2 Knoblauchzehen
2 Karotten
10 Pfefferkörner
10 Wacholderbeeren
2 Lorbeerblätter
1 EL gehackte Thymianblätter
1 EL gehackte Majoranblätter
Meersalz
750 ml trockener Rotwein
4 cl Weinbrand
1,5 kg küchenfertige Wildschweinkeule mit Knochen
5 EL Butterschmalz oder Olivenöl
500 g Pfifferlinge
frisch gemahlener schwarzer Pfeffer
200 g Sahne

1 4 Schalotten und den Knoblauch abziehen und grob würfeln. Die Karotten schälen und in Stücke schneiden. Pfefferkörner, Wacholderbeeren und Lorbeerblätter in einem Mörser zerstoßen. Thymian- und Majoranblätter fein wiegen. Alles mit 1 TL Salz, dem Rotwein und dem Weinbrand in eine große Schüssel geben und gut verrühren. Das Fleisch waschen, trocken tupfen, in die Schüssel geben und zugedeckt im Kühlschrank 2 Tage marinieren lassen. Die Keule gelegentlich umdrehen.

2 In einem großen Schmortopf 3 EL Butterschmalz oder Olivenöl erhitzen und die Keule rundherum goldbraun anbraten. Mit der Marinade ablöschen und zugedeckt ca. 90 Minuten schmoren lassen.

3 Inzwischen 2 Schalotten abziehen und fein würfeln. Die Pfifferlinge putzen (nicht waschen!). In einer Pfanne 2 EL Butterschmalz oder Olivenöl erhitzen und die Schalotten darin glasig dünsten. Die Pfifferlinge dazugeben und 10–15 Minuten gut durchbraten. Mit Salz und Pfeffer würzen und warm beiseitestellen.

4 Den Braten herausnehmen und ca. 10–15 Minuten ruhen lassen. Den Fond pürieren oder durch ein Sieb streichen und aufkochen lassen. Noch einmal mit Salz und Pfeffer abschmecken und mit der Sahne auf die gewünschte Konsistenz einkochen. Den Braten aufschneiden und den Fleischsaft in die Sauce geben.

5 Auf 6 vorgewärmten Tellern ein Bett aus Pfifferlingen anlegen, Bratenscheiben darauflegen und mit der Sauce überzogen servieren.

6 Weitere Beilagen zu diesem Gericht können zum Beispiel Kartoffelpüree und Kohl sein.

Gefüllter Braten vom Frischling

Für 6 Personen

Zutaten

1 EL gehackte Rosmarinblätter
1 EL gehackte Thymianblätter
1 EL gehackte Majoranblätter
10 Wacholderbeeren
10 schwarze Pfefferkörner
Meersalz
4 rote Zwiebeln
2 Karotten
1 Stange Lauch
150 g Backpflaumen
1 Apfel
2 EL Butter
1,5 kg küchenfertiger Keulenbraten vom Frischling ohne Knochen
4 EL Olivenöl
500 ml trockener Rotwein
100 ml Portwein
2 EL Tomatenmark
2 EL Johannisbeergelee
2 EL körniger Senf
frisch gemahlener schwarzer Pfeffer
2–3 EL Maisstärke

1 Rosmarin-, Thymian- und Majoranblätter fein wiegen. Wacholderbeeren und Pfefferkörner im Mörser zerstoßen und alles mit Salz zu einer Gewürzmischung verarbeiten. Die Zwiebeln abziehen und fein würfeln. Die Karotten waschen und in Stücke schneiden. Den Lauch putzen, waschen und in Ringe schneiden. Die Backpflaumen klein schneiden. Den Apfel waschen, schälen, vom Kerngehäuse befreien und würfeln.

2 Den Backofen auf 180 °C vorheizen. In einer Pfanne 2 EL Butter erhitzen und 2 Zwiebeln, den Apfel und die Backpflaumen darin andünsten. Mit einer kleinen Menge der Gewürzmischung bestreuen. Das Fleisch waschen, trocken tupfen und von innen mit der Hälfte der Gewürzmischung einreiben. Die Füllung in die Keule geben und mit Küchengarn fixieren. Die Keule von außen mit der restlichen Gewürzmischung einreiben.

3 In einem Bräter das Olivenöl erhitzen und den Braten darin rundum goldbraun anbraten. 2 Zwiebeln, die Karotten und den Lauch dazugeben und kurz anrösten. Das Tomatenmark hinzufügen und ebenfalls kurz mitrösten. Mit dem Rotwein ablöschen und den Portwein dazu gießen. Aufkochen lassen, zugedeckt in den Ofen geben und ca. 60 Minuten schmoren lassen.

4 Das Johannisbeergelee und den Senf verrühren. Den Braten herausnehmen, auf eine feuerfeste Platte legen, mit der Senfmischung bestreichen und weitere 10–15 Minuten überbacken. In der Zwischenzeit den Bratenfond pürieren oder durch ein Sieb streichen, mit Salz und Pfeffer abschmecken und aufkochen. Die Maisstärke mit kaltem Wasser glattrühren und die Sauce damit binden. 2–3 Minuten weiter köcheln lassen, dabei immer wieder umrühren.

5 Den Braten herausnehmen und 10 Minuten ruhen lassen. Eventuell austretenden Fleischsaft in die Sauce mischen. Den Braten in Scheiben schneiden und mit der Sauce auf vorgewärmten Tellern anrichten.

Medaillons vom Wildschwein mit Champignons

Für 6 Personen

Zutaten

1 Lorbeerblatt
6 Pfefferkörner
4 Wacholderbeeren
900 g küchenfertiger Wildschweinrücken ohne Knochen
Meersalz
3 Schalotten
400 g braune Champignons
2 EL gehackte glatte Petersilie
5 EL Olivenöl
frisch gemahlener schwarzer Pfeffer
150 ml trockener Rotwein
200 g Sahne
2 EL eiskalte Butter

1 Das Lorbeerblatt, die Pfefferkörner und die Wacholderbeeren in einem Mörser zerstoßen und vermischen. Das Fleisch waschen, trocken tupfen, in Medaillons schneiden, salzen und mit der Gewürzmischung einreiben. 2 Stunden kühl ziehen lassen. Die Schalotten abziehen und fein würfeln. Die Champignons putzen (nicht waschen!) und in feine Scheiben schneiden. Die Petersilie waschen, trocken tupfen und sehr fein hacken.

2 In einer großen Pfanne 3 EL Olivenöl erhitzen und die Medaillons von beiden Seiten je 3–5 Minuten braten, dann aus der Pfanne nehmen und warm beiseitestellen. Die Schalotten mit 2 EL Olivenöl in die Pfanne geben und glasig dünsten. Die Champignons dazugeben, salzen und pfeffern und bei großer Hitze braten, bis die austretende Flüssigkeit verdampft ist. Mit dem Rotwein ablöschen und weiter einkochen. Die Sahne angießen und nochmals etwas einkochen lassen. Die Sauce noch einmal mit Salz und Pfeffer abschmecken, die Hälfte der Petersilie unterziehen und mit der Butter binden.

Rouladen vom Wildschwein

Für 6 Personen

Zutaten

1–2 Karotten
1–2 Stangen Sellerie
150 g magerer Speck
6 Wacholderbeeren
6 küchenfertige Rouladenscheiben vom Wildschwein (à 200 g)
1–2 EL körniger Senf
4 EL Olivenöl
250 ml trockener Rotwein
500 ml Fleischbrühe oder Wildfond
1 EL gehackte Rosmarinblätter
1 EL gehackte Thymianblätter
3 Nelken
2 Lorbeerblätter
3 EL Preiselbeermarmelade
150 g Crème fraîche

1 Die Karotten schälen, den Sellerie putzen und beides in sehr feine Streifen schneiden. Den Speck ebenfalls in sehr feine Streifen schneiden. Die Wacholderbeeren im Mörser zerstoßen. Das Fleisch waschen, trocken tupfen, von beiden Seiten dünn mit Senf bestreichen, salzen, pfeffern und mit den Wacholderbeeren bestreuen. Mit den Speck-, Karotten- und Selleriestreifen belegen, zusammenrollen und mit Küchengarn festbinden.

2 In einem Bratentopf das Olivenöl erhitzen und die Rouladen darin von allen Seiten goldbraun anbraten. Mit Rotwein ablöschen und mit Fleischbrühe oder Wildfond auffüllen. Die Rosmarin- und Thymianblätter fein wiegen und mit den Nelken und den Lorbeerblättern dazugeben. Ca. 30 Minuten zugedeckt sanft schmoren lassen.

3 Die Rouladen herausnehmen, vom Garn befreien und warm beiseitestellen. Nelken und Lorbeerblätter aus der Sauce nehmen. Aufkochen, die Preiselbeermarmelade unterheben und bei großer Hitze unter ständigem Rühren auf die gewünschte Konsistenz reduzieren. Noch einmal mit Salz und Pfeffer abschmecken und mit der Crème fraîche binden.

Gefüllte Lende vom Wildschwein mit Pfifferlingen

Für 6 Personen

Zutaten

3 Schalotten
500 g Pfifferlinge
1 EL gehackte Majoranblätter
1 EL gehackte Thymianblätter
1 EL gehackte Rosmarinblätter
3 EL körniger Senf
3 EL Preiselbeermarmelade
3 EL flüssiger Honig
3 EL Balsamico
3 Lendenstücke vom Wildschwein à ca. 400 g
Meersalz
frisch gemahlener schwarzer Pfeffer
10–12 Scheiben Frühstücksspeck
150 g Roquefort oder anderer kräftiger Edelpilzkäse
3 EL Olivenöl
250 ml trockener Rotwein
250 ml Fleischbrühe oder Wildfond
150 g Crème fraîche

1 Die Schalotten abziehen und fein würfeln. Die Pfifferlinge putzen (nicht waschen!) und je nach Größe halbieren oder vierteln. Majoran-, Thymian- und Rosmarinblätter fein wiegen. Je die Hälfte der Kräuter mit dem Senf und der Preiselbeermarmelade vermischen. Die andere Hälfte mit dem Honig und dem Balsamico vermengen. Das Fleisch waschen und trocken tupfen. Jedes Lendenstück mit einem sehr scharfen Messer der Länge nach so aufschneiden, dass es an einer Seite noch 1 Zentimeter breit zusammenhängt. Aufgeklappt hinlegen, salzen, pfeffern und mit dem Kräutersenf bestreichen. Eine Seite mit einer Schicht Frühstücksspeck belegen, Käse darüber krümeln und mit einer weiteren Schicht Speck bedecken. Zuklappen, mit Küchengarn festbinden und von außen salzen und pfeffern.

2 Den Backofen auf 200 °C vorheizen. In einem Bräter 3 EL Olivenöl erhitzen und das Fleisch darin rundum anbraten. In den Backofen geben und ca. 15 Minuten garen. Mit der Honigmischung bestreichen und weitere 5–10 Minuten Farbe nehmen lassen.

3 Inzwischen in einer Pfanne 2 EL Olivenöl erhitzen und die Schalotten darin glasig dünsten. Die Pfifferlinge dazugeben und 10–15 Minuten kräftig durchbraten. Warm beiseitestellen.

4 Das Fleisch aus dem Bräter nehmen und warm beiseitestellen. Den Bratensatz mit dem Rotwein ablöschen und in einen Topf geben. Fleischbrühe oder Wildfond angießen und bei großer Hitze einkochen. Wenn die gewünschte Konsistenz erreicht ist, Crème fraîche dazugeben und noch kurz weiter einkochen. Mit Salz und Pfeffer abschmecken.

5 Die Lenden vom Küchengarn befreien und halbieren. Je ein Stück auf vorgewärmten Tellern mit den Pfifferlingen anrichten und mit der Sauce überzogen servieren.

Pastete vom Wildschwein

Für 6 Personen

Zutaten

4 Wacholderbeeren
4 Schalotten
1 TL gehackte Majoranblätter
300 g fetter Speck (Rückenspeck)
800 g küchenfertige Wildschweinkeule ohne Knochen
250 g küchenfertige Leber vom Wildschwein oder Schwein
6 cl Gin
150–200 ml Milch
1 altbackenes Brötchen
Meersalz
frisch gemahlener schwarzer Pfeffer
4 Tomaten
½ Bund krause Petersilienzweige

1 Die Wacholderbeeren in einem Mörser zerstoßen. Die Schalotten abziehen und fein würfeln. Die Majoranblätter fein wiegen. Vom Speck 20 sehr dünne Scheiben à 10 g abschneiden, den Rest fein würfeln. Das Fleisch und die Leber waschen, trocken tupfen und in kleine Würfel schneiden. Die Leber häuten und würfeln. Fleisch und Leber mit den Wacholderbeeren und dem Gin vermengen und zugedeckt im Kühlschrank 2 Stunden ziehen lassen. Die Milch zum Kochen bringen, über das Brötchen gießen und gut einweichen lassen. Ausdrücken und zusammen mit dem Majoran, den Schalotten, den Speckwürfeln, dem Fleisch und der Leber durch die feine Scheibe eines Fleischwolfs drehen. Die Masse gut mit Salz und Pfeffer würzen.

2 Den Backofen auf 180–200 °C vorheizen. Eine Pastetenform mit 14 Speckscheiben auslegen, die Fleischmassen darüber geben und glatt streichen. Die restlichen Speckscheiben darauf legen, die Form mit Alufolie abdecken und die Pastete 70–80 Minuten im Backofen garen lassen. In der Zwischenzeit die Tomaten waschen und achteln, die Petersilie waschen, trocken tupfen und grob hacken.

3 Herausnehmen, erkalten lassen, stürzen und in Scheiben schneiden. Die Pastete auf Tellern anrichten und mit Tomatenecken und Petersilie garniert servieren.

Gegrillte Koteletts vom Wildschwein

Für 6 Personen

Zutaten

6–12 küchenfertige Koteletts vom Wildschwein (je nach Größe)
frisch gemahlener schwarzer Pfeffer
6 EL Olivenöl
Meersalz
6 zarte Maiskolben
3 EL Butter

1 Das Fleisch waschen, trocken tupfen, von beiden Seiten kräftig pfeffern, in eine Schüssel geben, mit dem Olivenöl vermengen und 2 Stunden ziehen lassen.

2 Die Koteletts auf dem Holzkohlegrill von beiden Seiten direkt gut durch grillen, dann beiseitestellen und ruhen lassen. Inzwischen die Maiskolben rundherum schön knusprig grillen. Die Koteletts auf Teller geben, salzen, je einen Maiskolben dazulegen und mit Butter bestreichen.

Wildschweinrücken mit Feigen

Für 6 Personen

Zutaten

2 kg küchenfertiger Wildschweinrücken ohne Schwarte
1 EL gehackte Salbeiblätter
1 TL Wacholderbeeren
Meersalz
frisch gemahlener schwarzer Pfeffer
3 EL Butterschmalz oder Olivenöl
3 Schalotten
2 Karotten
1 kleine Stange Lauch
500 ml trockener Rotwein
250 ml Fleischbrühe oder Wildfond
200 g Sahne
3 EL Feigenmarmelade
2 EL Balsamico
50 g Pinienkerne

1 Den Wildschweinrücken waschen und trocken tupfen. Die Salbeiblätter fein wiegen und die Wacholderbeeren in einem Mörser zerstoßen. Das Fleisch salzen und pfeffern und mit Salbei und Wacholderbeeren einreiben. Die Schalotten abziehen und fein würfeln. Die Karotten schälen und klein schneiden. Den Lauch putzen, waschen und in Ringe schneiden.

2 Den Backofen auf 200–220 °C vorheizen. In einem Bräter das Butterschmalz oder Olivenöl erhitzen und den Wildschweinrücken von der Fleischseite her kräftig anbraten. Schalotten, Karotten und Lauch dazugeben und einige Minuten anrösten. Mit dem Rotwein ablöschen und mit Fleischbrühe oder Wildfond auffüllen. Zugedeckt im Backofen 80–90 Minuten schmoren lassen.

3 Nach dem Ende der Garzeit den Wildschweinrücken herausnehmen und für 15 Minuten im abgeschalteten Backofen ruhen lassen. Inzwischen den Fond pürieren oder durch ein Sieb streichen, in einen Topf umfüllen und aufkochen. Mit der Sahne auf die gewünschte Konsistenz einkochen, Feigenmarmelade und Balsamico unterziehen, noch einmal mit Salz und Pfeffer abschmecken und die Pinienkerne einrühren.

4 Das Fleisch des Wildschweinrückens auslösen, in Scheiben schneiden und auf vorgewärmten Tellern anrichten. Ausgetretenen Fleischsaft unter die Sauce rühren. Mit etwas Sauce überziehen und die restliche Sauce getrennt servieren.

Frischling vom Drehspieß

1 Zwiebeln und Knoblauch abziehen und fein würfeln. Wacholderbeeren, Pfefferkörner und Lorbeerblätter in einem Mörser zerstoßen. Rosmarin-, Thymian- und Majoranblätter fein wiegen. Die Petersilie waschen, trocken tupfen und fein hacken. In einem Topf 4 EL Olivenöl erhitzen und die Zwiebeln mit dem Knoblauch darin andünsten. Gewürze und Kräuter dazugeben und kurz anrösten. Mit Fleischbrühe oder Wildfond ablöschen und 1 TL Salz zufügen. Aufkochen lassen, beiseitestellen und abkühlen lassen. Den Frischling an Keulen und Schultern mit einem spitzen Messer mehrmals einstechen. Auf eine Frischhaltefolie geben, innen und außen mit der Hälfte der Marinade bestreichen, die Folie verschließen, sodass kein Sud verloren geht, und über Nacht kühl ziehen lassen.

2 Den Frischling noch einmal von außen salzen und pfeffern, auf einen Drehspieß stecken und gut fixieren. Die Vorderpfoten mit einem Draht eng an die Backen binden, die Hinterläufe nach hinten binden und den Bauch mit Draht zunähen. Ca. 60 Minuten über Holzkohle grillen, dann mit der restlichen Marinade bestreichen. Die gesamte Grillzeit variiert je nach Größe des Frischlings und Hitze der Glut und kann ca. 2–4 Stunden betragen. Wenn die Haut zu schnell bräunt, mit Olivenöl bestreichen und eventuell mit Alufolie abdecken. Der Frischling ist gar, wenn die Kerntemperatur – mit einem zuverlässigen Fleischthermometer gemessen – in der Keule 85 °C beträgt. Am Ende den Frischling mit Bier begießen.

Für 10–12 Personen

Zutaten

4 rote Zwiebeln
2 Knoblauchzehen
10 Wacholderbeeren
10 schwarze Pfefferkörner
2 Lorbeerblätter
1 EL gehackte Rosmarinblätter
1 EL gehackte Thymianblätter
1 EL gehackte Majoranblätter
½ Bund glatte Petersilie
Olivenöl
500 ml Fleischbrühe oder Wildfond
Meersalz
1 küchenfertiger Frischling (4–7 kg)
frisch gemahlener schwarzer Pfeffer
1 Flasche Bier (Pils, Lager oder Export)

Gebeizter Räucherschinken

Für 6 Personen

Zutaten

1 EL Koriandersamen
3–4 EL Senfkörner
1 EL schwarze Pfefferkörner
1 EL Pimentkörner
3–4 Lorbeerblätter
1 TL gehackte Estragonblätter
1 TL gehackte Rosmarinblätter
1 TL gehackte Thymianblätter
1 TL gehackte Majoranblätter
4 Schalotten
2 Knoblauchzehen
Meersalz
2 Karotten
¼ Sellerieknolle
2 l Buttermilch
75 g Pökelsalz
1,2 kg küchenfertiges Schinkenstück vom Wildschwein

1 Eine Pfanne erhitzen und darin die Koriandersamen rösten, dann in einem Mörser zerstoßen. Die Senfkörner rösten, bis sie anfangen zu hüpfen. Die Pfefferkörner in einem Mörser grob zerstoßen, die Pimentkörner andrücken. Die Lorbeerblätter grob zerteilen. Estragon-, Rosmarin-, Thymian- und Majoranblätter fein wiegen. Die Schalotten abziehen und fein würfeln. Den Knoblauch abziehen, in dünne Scheiben schneiden und in Salz zerstoßen. Karotten und Sellerie schälen und klein schneiden. Die Buttermilch in eine große Schüssel gießen, das Pökelsalz und alle anderen Zutaten hinzugeben und gut verrühren. Das Fleisch waschen, trocken tupfen, in die Schüssel geben und zugedeckt im Kühlschrank mindestens 3–4 Tage ziehen lassen.

2 Das Fleisch aus der Buttermilch-Beize nehmen, waschen, trocken tupfen und warm oder kalt räuchern. Wer selbst nicht über einen Räucherofen verfügt, sollte den Schinken seinem Metzger geben, der ihn in seiner Profi-Räucherkammer perfekt räuchern kann.

Große Roulade vom Wildschwein

Für 6 Personen

Zutaten

4 rote Zwiebeln
1,2 kg küchenfertige Roulade vom Wildschwein aus dem Rippenstück mit Bauchlappen
2–3 EL körniger Senf
Meersalz
frisch gemahlener schwarzer Pfeffer
200 g Frühstücksspeck in Scheiben
4 EL Butterschmalz oder Olivenöl
250 ml trockener Rotwein
250 ml Fleischbrühe oder Wildfond
200 g Sahne

1 Die Zwiebeln abziehen und fein würfeln. Das Fleisch ausbreiten, leicht klopfen, von beiden Seiten mit Senf bestreichen und mit Salz und Pfeffer würzen. Den Frühstücksspeck auf die Roulade legen und mit den Zwiebeln bestreuen. Die Roulade von der Längsseite her aufrollen und mit Küchengarn zusammenbinden.

2 In einem großen Schmortopf das Butterschmalz und Olivenöl erhitzen und die Roulade darin von allen Seiten kräftig goldbraun anbraten. Mit dem Rotwein ablöschen und ca. 90 Minuten zugedeckt sanft köcheln lassen. Dabei nach und nach die Fleischbrühe oder den Wildfond über das Fleisch gießen. Die Roulade herausnehmen und warm beiseitestellen. Den Fond aufkochen und mit der Sahne auf die gewünschte Konsistenz reduzieren. Noch einmal mit Salz und Pfeffer abschmecken.

3 Die Roulade vom Küchengarn befreien und in 12 Scheiben schneiden. Je 2 Scheiben auf vorgewärmten Tellern anrichten und mit der Sauce überzogen servieren.

Gekochter Nacken vom Wildschwein

Für 6 Personen

Zutaten

4 Zwiebeln
2 Karotten
½ Sellerieknolle
1 Stange Lauch
1 EL gehackte Liebstöckelblätter
1,8 kg küchenfertiger Wildschweinnacken mit Knochen
3 EL Olivenöl
1–2 Lorbeerblätter
10 schwarze Pfefferkörner
Meersalz
3 Äpfel
2 EL Butter
750 g Sauerkraut
frisch gemahlener schwarzer Pfeffer

1 3 Zwiebeln abziehen und grob würfeln. Karotten und Sellerie schälen und in Stücke schneiden. Den Lauch putzen, waschen und in Ringe schneiden. Die Liebstöckelblätter waschen, trocken tupfen und grob hacken. Das Fleisch waschen und trocken tupfen.

2 In einem großen Topf das Olivenöl erhitzen, Zwiebeln, Sellerie, Karotten und Lauch dazugeben und leicht anrösten. Liebstöckel, Lorbeerblätter und Pfefferkörner dazugeben und leicht mitrösten. Mit Wasser ablöschen, den Topf zu zwei Dritteln mit Wasser auffüllen und gut salzen. Aufkochen lassen, den Wildscheinnacken in den Topf geben und bei geringer Hitze zugedeckt ca. 90 Minuten köcheln lassen. Das Fleisch herausnehmen, vom Knochen lösen, in 6 dicke Scheiben schneiden und wieder in den Topf geben.

3 In der Zwischenzeit die verbliebene Zwiebel abziehen und sehr fein würfeln. 2 Äpfel schälen, von den Kerngehäusen befreien und klein schneiden. In einem Topf die Butter erhitzen und die Zwiebel und Äpfel darin andünsten. Das Sauerkraut dazugeben und einige Minuten mitdünsten. Mit 150 ml Wasser ablöschen und 15 Minuten zugedeckt köcheln lassen. Mit Salz und Pfeffer abschmecken. Den letzten Apfel in 12 Spalten schneiden und die Kerngehäuse entfernen.

4 Das Fleisch mit dem Sauerkraut auf vorgewärmten Tellern anrichten und mit je 2 Apfelspalten garniert servieren.

Roulade von Wildschwein mit Fleischfüllung

Für 6 Personen

Zutaten

4 Schalotten
2 Knoblauchzehen
6 Wacholderbeeren
2 Lorbeerblätter
1 EL gehackte Thymianblätter
1 EL gehackte Rosmarinblätter
1 EL gehackte Majoranblätter
400 g Gehacktes vom Wildschwein oder Schwein
Meersalz
frisch gemahlener schwarzer Pfeffer
2 Eier
1,2 kg küchenfertige Roulade vom Wildschwein aus dem Rippenstück mit Bauchlappen
2–3 EL körniger Senf
4 EL Butterschmalz oder Olivenöl
250 ml trockener Rotwein
400 ml Fleischbrühe oder Wildfond
2 EL Speisestärke

1 Schalotten und Knoblauch abziehen und fein würfeln. Die Wacholderbeeren und Lorbeerblätter in einem Mörser zerstoßen. Thymian-, Rosmarin- und Majoranblätter fein wiegen. Das Gehackte gut mit den Schalotten und dem Knoblauch sowie je der Hälfte der Wacholderbeeren, Lorbeerblätter und Kräuter verkneten und sorgfältig Salz, Pfeffer und die Eier einarbeiten. Das Fleisch ausbreiten, leicht klopfen, von beiden Seiten mit Senf bestreichen und mit Salz und Pfeffer würzen. Die Füllung auf dem Fleisch verteilen, die Roulade von der Längsseite her aufrollen und mit Küchengarn zusammenbinden.

2 In einem großen Schmortopf das Butterschmalz und Olivenöl erhitzen und die Roulade darin von allen Seiten kräftig goldbraun anbraten. Mit dem Rotwein ablöschen und ca. 90 Minuten zugedeckt sanft köcheln lassen. Dabei nach und nach die Fleischbrühe oder den Wildfond über das Fleisch gießen.

3 Die Roulade herausnehmen und warm beiseitestellen. Den Fond aufkochen und auf die gewünschte Konsistenz reduzieren. Noch einmal mit Salz und Pfeffer abschmecken. Die Speisestärke mit kaltem Wasser glattrühren und die Sauce damit binden. Noch 2–3 Minuten unter ständigem Umrühren köcheln lassen.

4 Die Roulade vom Küchengarn befreien und in 12 Scheiben schneiden. Je 2 Scheiben auf vorgewärmten Tellern anrichten und mit der Sauce überzogen servieren.

Wildschweinhaxen auf Spitzkohl

1 3 Zwiebeln abziehen und grob würfeln. Karotten und Sellerie schälen und in Stücke schneiden. Den Lauch putzen, waschen und in Ringe schneiden. Die Liebstöckelblätter waschen, trocken tupfen und grob hacken. Das Fleisch waschen und trocken tupfen.

2 In einem großen Bräter das Olivenöl erhitzen, Zwiebeln, Sellerie, Karotten und Lauch dazugeben und leicht anrösten. Liebstöckel, Lorbeerblätter und Pfefferkörner dazugeben und leicht mitrösten. Mit Wasser ablöschen, den Bräter zur Hälfte mit Wasser auffüllen und gut salzen. Aufkochen lassen, die Wildschweinhaxen in den Topf geben und bei geringer Hitze zugedeckt ca. 90 Minuten köcheln lassen. Die Haxen herausnehmen und warm beiseitestellen. Den Kochsud durch ein Sieb abgießen und ebenfalls beiseitestellen.

3 In der Zwischenzeit den Spitzkohl putzen, vom Strunk und unschönen Blättern befreien und sehr fein schneiden. Den Speck fein würfeln. In einem Topf 3 EL Butter erhitzen, den Speck darin auslassen und den Spitzkohl andünsten. Mit dem Rotwein ablöschen und den Spitzkohl zugedeckt 10 Minuten blanchieren. Den Rotwein bei geöffnetem Deckel verkochen lassen und den Spitzkohl mit Salz und Pfeffer würzen.

4 Die Haxen auf ein Blech geben und im Backofen unter dem Grill rundum knusprig bräunen. Inzwischen die letzte Zwiebel abziehen und fein würfeln. In einem Topf das Olivenöl erhitzen und die Zwiebel darin glasig andünsten. 500 ml Wildschweinsud und die Sahne angießen und bei großer Hitze einkochen lassen. Wenn die gewünschte Konsistenz erreicht ist, mit Salz und Pfeffer abschmecken. 1 EL Butter mit dem Mehl verkneten und die Sauce damit binden.

5 Auf vorgewärmte Teller ein Bett aus Spitzkohl geben, die Haxen darauf anrichten und mit der Sauce überzogen servieren.

Für 6 Personen

Zutaten

4 Zwiebeln
2 Karotten
½ Sellerieknolle
1 Stange Lauch
1 EL gehackte Liebstöckelblätter
6 küchenfertige Haxen vom Wildschwein
3 EL Olivenöl
1–2 Lorbeerblätter
10 schwarze Pfefferkörner
Meersalz
2–3 kleine Köpfe Spitzkohl
150 g durchwachsener Speck
4 EL Butter
250 ml trockener Rotwein
2 EL Olivenöl
200 g Sahne
1 EL Mehl

Würziger Braten vom Wildschweinrücken

Für 6 Personen

Zutaten

1 EL gehackte Salbeiblätter
1 EL gehackte Majoranblätter
1 TL gehackte Thymianblätter
2 Lorbeerblätter
1 TL schwarze Pfefferkörner
6 Wacholderbeeren
250 ml Orangensaft
500 ml trockener Rotwein
ca. 1,5 kg Wildschweinrücken, ausgelöst, aber mit Schwarte
Gewürznelken
Meersalz
3 EL Butterschmalz oder Olivenöl
frisch gemahlener schwarzer Pfeffer
2 EL eiskalte Butter

1 Salbei-, Majoran- und Thymianblätter fein wiegen. Lorbeerblätter, Pfefferkörner und Wacholderbeeren in einem Mörser zerstoßen. Alles in eine große Schüssel geben, mit Orangensaft und Rotwein aufgießen und gut vermischen. Das Fleisch waschen und trocken tupfen, die Fettseite rautenförmig einschneiden und an den Kreuzungspunkten der Schnitte mit Gewürznelken spicken. In die Marinade geben und 24 Stunden im Kühlschrank ziehen lassen.

2 Den Backofen auf 180–200 °C vorheizen. Das Fleisch trocken tupfen und salzen, die Fettseite mit Salz einreiben und die Gewürznelken entfernen. In einem Bräter das Butterschmalz oder Olivenöl erhitzen und das Fleisch darin rundum anbraten, vor allem die Fettseite. Mit der Marinade ablöschen und mit der Fettseite nach oben im Backofen 90–100 Minuten garen. Dabei ab und zu mit dem Fond begießen.

3 Wenn die Fettseite schön kross ist, das Fleisch herausnehmen und warm beiseitestellen. Den Fond eventuell etwas entfetten und in einen Topf geben. Aufkochen und auf die gewünschte Konsistenz reduzieren. Mit Salz und Pfeffer abschmecken und mit der Butter binden.

4 Das Fleisch in Scheiben schneiden, eventuell ausgetretenen Fleischsaft unter die Sauce heben. Auf vorgewärmten Tellern anrichten und mit etwas Sauce überzogen servieren. Die restliche Sauce separat dazu reichen.

Wildschweinragout

1 Die Pfefferkörner und Wacholderbeeren in einem Mörser zerstoßen. Das Fleisch waschen, trocken tupfen und mit den Pfefferkörnern, Wacholderbeeren und dem Gin vermengen. Zwiebeln und Knoblauch abziehen und würfeln. Karotten und Sellerie schälen und in Stücke schneiden. Den Rotwein in eine große Schüssel gießen. Das Gemüse und das Fleisch dazugeben und zugedeckt im Kühlschrank 24 Stunden ziehen lassen.

2 Das Fleisch aus der Marinade nehmen und abtropfen lassen. In einem Schmortopf das Butterschmalz oder Olivenöl erhitzen und das Fleisch darin rundum goldbraun anbraten. Das Gemüse aus der Marinade nehmen, abtropfen lassen, in den Topf geben und einige Minuten anrösten. Mit der Marinade ablöschen, aufkochen lassen und zugedeckt bei kleiner Hitze 50–60 Minuten köcheln lassen. Inzwischen die Petersilie waschen, trocken tupfen und sehr fein hacken.

3 Das Fleisch aus dem Topf nehmen und warm beiseitestellen. Den Fond pürieren oder durch ein Sieb streichen und wieder aufkochen lassen. Fleischbrühe oder Wildfond angießen und bei großer Hitze unter ständigem Rühren auf die gewünschte Konsistenz einkochen lassen. Mit Salz und Pfeffer abschmecken und das Fleisch sowie die Hälfte der Petersilie unterheben.

4 Das Wildschweinragout auf vorgewärmte Teller geben und mit der restlichen Petersilie garniert servieren.

Für 6 Personen

Zutaten

1 TL schwarze Pfefferkörner
6 Wacholderbeeren
4 cl Gin
1,2 kg küchenfertiges Gulasch vom Wildschwein
3 Zwiebeln
2 Knoblauchzehen
1–2 Karotten
¼ Knolle Sellerie
750 ml trockener Rotwein
4 EL Butterschmalz oder Olivenöl
250 ml Fleischbrühe oder Wildfond
2 EL gehackte glatte Petersilie
Meersalz
frisch gemahlener schwarzer Pfeffer

Wildschweinrücken mit Datteln

Für 6 Personen

Zutaten

3 Schalotten
2 Karotten
1 kleine Stange Lauch
1 EL gehackte Salbeiblätter
1 TL Wacholderbeeren
1,8 kg Wildschweinrücken mit Knochen, aber ohne Schwarte
Meersalz
frisch gemahlener schwarzer Pfeffer
2–3 EL Butterschmalz oder Olivenöl
250 ml trockener Rotwein
250 ml Gemüsebrühe oder Wildfond
200 g Sahne
4 EL Feigenmarmelade
Rotweinessig
12 getrocknete Datteln

1 Die Schalotten abziehen und fein würfeln. Die Karotten schälen und klein schneiden. Den Lauch putzen, waschen und in Ringe schneiden. Die Salbeiblätter fein wiegen. Die Wacholderbeeren in einem Mörser zerstoßen. Den Wildschweinrücken waschen, trocken tupfen und mit Salz, Pfeffer, Salbei und Wacholderbeeren einreiben.

2 Den Backofen auf 200 °C vorheizen. In einem Bräter das Butterschmalz oder Olivenöl erhitzen und den Wildschweinrücken darin rundum kräftig anbraten. Schalotten, Karotten und Lauch dazugeben und kurz anrösten. Mit dem Rotwein ablöschen und mit Gemüsebrühe oder Wildfond aufgießen. In den Backofen geben und zugedeckt ca. 80–90 Minuten schmoren lassen.

3 Den Wildschweinrücken herausnehmen und das Fleisch auslösen. Den Fond pürieren oder durch ein Sieb streichen, in einen Topf geben und aufkochen. Mit der Sahne etwas einkochen und die Feigenmarmelade unterziehen. Mit Salz, Pfeffer und Rotweinessig abschmecken. Die Datteln vierteln und entkernen. Das Fleisch in Scheiben schneiden, eventuell ausgetretenen Fleischsaft in die Sauce mischen.

4 Auf vorgewärmten Tellern einen Saucenspiegel anlegen, das Fleisch darauf anrichten, mit etwas Sauce überziehen und mit je 8 Dattelvierteln garniert servieren.

Wildschweinpfeffer

Für 6 Personen

Zutaten

3 rote Zwiebeln
4 Knoblauchzehen
1 Karotte
1 EL gehackte Thymianblätter
1 EL schwarze Pfefferkörner
2 Lorbeerblätter
1 Gewürznelke
Meersalz
750 ml kräftiger Rotwein
1,2 kg Gulasch vom Wildschwein
250 g reife Cherry-Tomaten
3–4 EL Olivenöl
2 EL gehackte glatte Petersilie
250 ml Fleischbrühe oder Wildfond
2 EL eiskalte Butter

1 Zwiebeln und Knoblauch abziehen und fein würfeln. Die Karotte schälen und klein schneiden. Die Thymianblätter fein wiegen. Die Pfefferkörner und Lorbeerblätter in einem Mörser zerstoßen. Alles mit einer Gewürznelke und Salz in eine große Schüssel geben und mit dem Rotwein auffüllen. Das Fleisch waschen, trocken tupfen, in 4 cm große Stücke schneiden, in die Schüssel geben und zugedeckt im Kühlschrank 2–3 Tage marinieren lassen.

2 Den Backofen auf 220 °C vorheizen. Das Fleisch aus der Marinade nehmen und abtropfen lassen. In einem feuerfesten Schmortopf das Olivenöl erhitzen und das Fleisch darin rundum scharf anbraten. Das Gemüse aus der Marinade nehmen, abtropfen lassen, zum Fleisch geben und kurz anrösten. Die Tomaten hinzufügen, kurz mit erhitzen und mit der Marinade ablöschen. In den Backofen geben und zugedeckt ca. 60 Minuten schmoren lassen. Inzwischen die Petersilie waschen, trocken tupfen und sehr fein hacken.

3 Das Fleisch aus dem Topf nehmen, den Fond pürieren oder durch ein Sieb streichen und aufkochen. Fleischbrühe oder Wildfond angießen, mit der eiskalten Butter binden und die Sauce auf die gewünschte Konsistenz einkochen. Mit Salz und Pfeffer abschmecken, die Hälfte der Petersilie unterziehen und das Fleisch wieder hinzugeben.

4 Das Wildschweinpfeffer auf vorgewärmten Tellern anrichten und mit der restlichen Petersilie garniert servieren.

Wildschweinrücken mit Steinpilzfüllung

Für 6 Personen

Zutaten

50 g getrocknete Steinpilze
3 Schalotten
3 Knoblauchzehen
3 EL gehackte Rosmarinblätter
6 EL Olivenöl
Meersalz
frisch gemahlener schwarzer Pfeffer
2 EL körniger Senf
2,4 kg küchenfertiger Wildschweinrücken mit Knochen und Schwarte
3 Frühlingszwiebeln
100 g getrocknete Tomaten in Öl
750 ml trockener Rotwein
400 ml Fleischbrühe oder Wildfond
2 EL Butter
3 EL Mehl

1 Die Steinpilze in eine Schüssel geben und mit lauwarmem Wasser bedeckt 1 Stunde einweichen lassen. Dann ausdrücken, Flüssigkeit auffangen und klein hacken. In der Zwischenzeit die Schalotten abziehen und fein würfeln, den Knoblauch abziehen und in dünne Scheiben schneiden. Die Rosmarinblätter fein wiegen.

2 In einer Pfanne 2 EL Olivenöl erhitzen und die Schalotten darin glasig dünsten. Die Steinpilze dazugeben und kräftig anbraten. Immer wieder mit dem Einweichwasser ablöschen, bis es aufgebraucht ist. Mit Salz und Pfeffer würzen und beiseitestellen.

3 Den Knoblauch in Salz zerstoßen und mit dem Senf, Pfeffer und Rosmarin zu einer Würzpaste verrühren. Das Fleisch waschen und trocken tupfen. Mit einem sehr scharfen Messer beidseitig entlang des Rückgrats einen tiefen Schnitt ansetzen und die Steinpilzmischung einfüllen. Die Fettschicht rautenförmig einschneiden und die Senfpaste darauf streichen, vor allem in die Einschnitte drücken. Den Rücken in Frischhaltefolie wickeln und über Nacht im Kühlschrank durchziehen lassen.

4 Den Backofen auf 220 °C vorheizen. Die Frühlingszwiebeln putzen, waschen und in Ringe schneiden. Die getrockneten Tomaten abtropfen lassen, das Öl auffangen und dann in kleine Würfel schneiden. Das Öl von den Tomaten in einen großen, flachen Bräter geben und den Wildschweinrücken darauflegen. Die Frühlingszwiebeln und Tomaten um das Fleisch herum verteilen. In den Ofen geben und 30 Minuten garen. Mit dem Rotwein ablöschen und weitere 45 Minuten garen, zwischendurch mit Bratenfond begießen.

5 Den Wildschweinrücken aus dem Bräter nehmen und im abgeschalteten Backofen ruhen lassen. Den Bratensatz mit Fleischbrühe oder Wildfond loskochen, in einen Topf gießen und aufkochen. Eventuell entfetten, auf die gewünschte Konsistenz einkochen und mit Salz und Pfeffer abschmecken. Die Butter mit dem Mehl verkneten und die Sauce unter ständigem Rühren damit binden.

6 Den Wildschweinrücken vom Knochen lösen, auf eine vorgewärmte Platte geben und aufschneiden. Mit etwas Sauce umgießen und die restliche Sauce getrennt servieren.

Pikante Rippchen vom Wildschwein

Für 6 Personen

Zutaten

1 EL schwarze Pfefferkörner
1 EL gehackte Majoranblätter
1 EL gehackte Rosmarinblätter
1 EL gehackte Thymianblätter
5 Knoblauchzehen
Meersalz
2 EL geriebene Zitronenschale
15 EL Olivenöl
3 kg küchenfertige Rippchen vom Wildschwein
400 g gehackte Tomaten aus der Dose
3 Schalotten
1–2 EL flüssiger Honig
1 EL Kräuter der Provence
1 EL Limettensaft
1 EL Sojasauce
Sambal Oelek

1 Die Pfefferkörner in einem Mörser zerstoßen. Majoran-, Rosmarin- und Thymianblätter fein wiegen. 3 Knoblauchzehen abziehen, in feine Scheiben schneiden und in Salz zerstoßen. Alles mit der Zitronenschale in 12 EL Olivenöl verrühren. Die Rippchen waschen, trocken tupfen, mit dem Gewürzöl bestreichen und zugedeckt im Kühlschrank 4 Stunden ziehen lassen.

2 Die Tomaten in eine Schüssel geben. 2 Knoblauchzehen abziehen, in dünne Scheiben schneiden, in Salz zerstoßen und unter die Tomaten rühren. Die Schalotten abziehen, sehr fein hacken und dazugeben. Honig, Kräuter der Provence, Limettensaft, Sojasauce und 3 EL Olivenöl einrühren und je nach Gusto mit Sambal Oelek würzen. Sehr gut durchmischen und zugedeckt im Kühlschrank ebenfalls 4 Stunden ziehen lassen.

3 Den Backofen auf 220 °C vorheizen und die Wildschweinrippchen je nach Dicke darin 20–30 Minuten garen. Die Sauce noch einmal durchrühren, gleichmäßig auf den Rippchen verteilen und weitere 5–10 Minuten backen.

Koteletts vom Frischling

Für 6 Personen

Zutaten

3 Schalotten
1 Karotte
1 Stange Sellerie
6 Wacholderbeeren
3 EL Butter
1 EL Tomatenmark
500 ml Rotwein
400 ml Fleischbrühe oder Wildfond
1 Lorbeerblatt
1 Gewürznelke
2 EL Preiselbeermarmelade
1 EL Sauerkirschmarmelade
200 g Sahne
Meersalz
frisch gemahlener schwarzer Pfeffer
12 küchenfertige Koteletts vom Frischling (à ca. 120 g)
2 EL Olivenöl

1 Die Schalotten abziehen und fein würfeln. Die Karotte schälen, den Sellerie waschen und putzen und beides in kleine Stücke schneiden. Die Wacholderbeeren in einem Mörser zerstoßen.

2 In einem Topf 1 EL Butter erhitzen und die Schalotten darin glasig dünsten. Karotte, Sellerie, Wacholderbeeren und Tomatenmark dazugeben und anrösten. Mit dem Rotwein ablöschen, mit Fleischbrühe oder Wildfond aufgießen und aufkochen. Das Lorbeerblatt, die Gewürznelke, die Preiselbeer- und die Sauerkirschmarmelade hinzufügen und zugedeckt 30 Minuten sanft köcheln lassen. Den Sud durch ein Küchensieb streichen, erneut aufkochen und mit der Sahne auf die Hälfte reduzieren, dabei immer wieder umrühren. Mit Salz und Pfeffer abschmecken und zugedeckt beiseitestellen.

3 Die Koteletts waschen, trocken tupfen, salzen und pfeffern. In einer Pfanne 2 EL Butter und das Olivenöl erhitzen und die Koteletts darin von beiden Seiten durchbraten. Die Sauce noch einmal gut umrühren.

Tokány vom Frischling

Für 6 Personen

Zutaten

4 rote Zwiebeln
2 Knoblauchzehen
200 g Räucherspeck
10 bunte Pfefferkörner
1 EL gehackte Thymianblätter
1,2 kg küchenfertiges Fleisch vom Frischling
4 EL Olivenöl
1–2 EL Tomatenmark
350 ml trockener Rotwein
Meersalz
2 EL gehackte glatte Petersilie
frisch gemahlener schwarzer Pfeffer
150 g Crème fraîche

1 Die Zwiebeln abziehen und in feine Ringe hobeln. Den Knoblauch abziehen und fein würfeln. Den Speck in kleine Würfel schneiden. Die Pfefferkörner in einem Mörser grob zerstoßen. Die Thymianblätter sehr fein wiegen. Das Fleisch in Stücke schneiden, waschen und trocken tupfen.

2 In einem Schmortopf das Olivenöl erhitzen und den Speck darin auslassen. Die Zwiebeln dazugeben und glasig dünsten. Das Fleisch hinzufügen und bei starker Hitze anbraten. Knoblauch, Pfeffer, Thymian und Tomatenmark zugeben und mit anrösten. Mit dem Rotwein ablöschen und zugedeckt bei geringer Hitze 90 Minuten schmoren lassen. Immer wieder umrühren. Eventuell von Zeit zu Zeit etwas Wasser angießen, wenn die Sauce zu trocken wird. Die Petersilie waschen, trocken tupfen und sehr fein hacken. Am Ende der Garzeit mit Salz und Pfeffer abschmecken und die Crème fraîche sowie die Hälfte der Petersilie unterziehen.

Gekochtes Wildschwein mit Gemüse

Für 6 Personen

Zutaten

3 Zwiebeln
2 Knoblauchzehen
2 Karotten
½ Sellerieknolle
1 Petersilienwurzel
1 Stange Lauch
10 schwarze Pfefferkörner
10 Wacholderbeeren
2 Lorbeerblätter
1,5 kg küchenfertiges Fleisch ohne Knochen aus der Schweinschulter oder Keule
4 EL Olivenöl
750 ml trockener Rotwein
Meersalz
1 l Fleischbrühe oder Wildfond
1 EL gehackte krause Petersilie
frisch gemahlener schwarzer Pfeffer

1 Zwiebeln abziehen und grob würfeln. Knoblauch abziehen und in Scheiben schneiden. Karotten, Sellerie und Petersilienwurzel schälen, Lauch putzen und waschen und alles in Stücke schneiden. Die Pfefferkörner, Wacholderbeeren und Lorbeerblätter in einem Mörser zerstoßen. Das Fleisch mit Küchengarn zusammenbinden.

2 In einem großen Topf das Olivenöl erhitzen und das Gemüse und die Gewürze darin anrösten. Mit dem Rotwein ablöschen und aufkochen lassen. Das Fleisch dazugeben und mit Fleischbrühe oder Wildfond auffüllen. Noch einmal aufkochen und dann zugedeckt bei mäßiger Hitze ca. 90 Minuten köcheln lassen.

3 Das Fleisch herausnehmen und warm beiseitestellen. Das Gemüse separat herausnehmen und ebenfalls warm stellen. Den Sud bei sehr großer Hitze auf die Hälfte einkochen lassen. Die Petersilie waschen, trocken tupfen und grob hacken. Das Fleisch von Küchengarn befreien, in Scheiben schneiden und mit dem Gemüse auf vorgewärmten Tellern anrichten. Salzen, pfeffern, mit etwas Sud begießen und mit Petersilie garniert servieren.

Wacholderbraten vom Wildschwein

Für 6 Personen

Zutaten

4 Schalotten
10 Wacholderbeeren
1 EL gehackte Majoranblätter
1,5 kg küchenfertiger Keulenbraten ohne Knochen vom Wildschwein
6 cl Gin
Meersalz
frisch gemahlener schwarzer Pfeffer
3–4 EL Butterschmalz oder Olivenöl
500 ml trockener Rotwein
200 g Sahne
2 EL eiskalte Butter

1 Die Schalotten abziehen und fein würfeln. Die Wacholderbeeren in einem Mörser zerstoßen. Die Majoranblätter fein wiegen. Das Fleisch waschen, trocken tupfen, rundum mit 3 cl Gin beträufeln und mit Wacholderbeeren, Majoran, Salz und Pfeffer einreiben. Den Braten aufrollen und mit Küchengarn zusammenbinden.

2 In einem Bräter das Butterschmalz oder Olivenöl erhitzen und den Braten darin rundum scharf goldbraun anbraten. Die Zwiebeln dazugeben, kurz anrösten und mit dem Rotwein ablöschen. Aufkochen lassen und zugedeckt bei geringer Hitze 120 Minuten schmoren lassen. Das Fleisch gelegentlich mit dem Fond begießen.

3 Den Braten herausnehmen, mit dem restlichen Gin beträufeln und warm beiseitestellen.

4 Den Fond durch ein Sieb streichen, aufkochen und mit der Sahne auf die gewünschte Konsistenz einkochen. Noch einmal mit Salz und Pfeffer abschmecken und mit der Butter binden.

5 Den Braten in Scheiben schneiden, eventuell austretenden Fleischsaft und überschüssigen Gin in die Sauce rühren. Das Fleisch auf einer vorgewärmten Platte anrichten, mit etwas Sauce überziehen und die restliche Sauce getrennt servieren.

Gegrillte Wildschweinkeule vom Frischling

Für 6 Personen

Zutaten

3 Knoblauchzehen
Meersalz
2 EL körniger Senf
frisch gemahlener schwarzer Pfeffer
1,2 kg küchenfertige Keule ohne Knochen vom Frischling
Olivenöl

1 Den Knoblauch abziehen, in dünne Scheiben schneiden und in Salz zerstoßen. Mit dem Senf und Pfeffer zu einer Gewürzpaste vermischen. Das Fleisch waschen, trocken tupfen und von innen mit der Hälfte der Gewürzpaste bestreichen. Die Keule einrollen und mit Draht umwickeln. Von außen mit der restlichen Gewürzpaste bestreichen.

2 Die Keule auf den Drehspieß stecken und über Holzkohle ca. 60 Minuten lang grillen. Wenn die Haut zu schnell bräunt, mit Öl bestreichen oder mit Alufolie abdecken.

3 Die Keule vom Spieß nehmen, vom Draht befreien und noch 10–15 Minuten ruhen lassen. In Scheiben schneiden und sofort servieren.

Wildschwein im Spinatbett

Für 6 Personen

Zutaten

6 Wacholderbeeren
10 schwarze Pfefferkörner
2 Lorbeerblätter
1 EL gehackte Majoranblätter
1 EL gehackte Thymianblätter
1 EL gehackte Rosmarinblätter
1,5 kg küchenfertiger Keulenbraten ohne Knochen vom Wildschwein
Meersalz
4 Schalotten
6 Knoblauchzehen
2 Karotten
750 ml trockener Rotwein
8 EL Olivenöl
150 g Champignons
2 EL Tomatenmark
1 kg Blattspinat
250 ml trockener Weißwein
frisch gemahlener schwarzer Pfeffer
Muskatnuss
200 g Sahne

1 Die Wacholderbeeren, die Pfefferkörner und die Lorbeerblätter in einem Mörser zerstoßen. Die Majoran-, Thymian- und Rosmarinblätter fein wiegen. Das Fleisch waschen, trocken tupfen und den Gewürzen, Kräutern und Salz einreiben. Den Braten aufrollen und mit Küchengarn zusammenbinden. Die Schalotten und 2 Knoblauchzehen abziehen und fein würfeln. Die Karotten schälen und in feine Stifte schneiden. Das Gemüse in eine große Schüssel geben und mit dem Rotwein aufgießen. Das Fleisch dazugeben und 24 Stunden zugedeckt im Kühlschrank marinieren lassen.

2 Das Fleisch und das Gemüse aus der Marinade nehmen und abtropfen lassen. Die Champignons putzen (nicht waschen!) und klein schneiden. In einem großen Schmortopf 4 EL Olivenöl erhitzen und den Braten darin rundum scharf goldbraun anbraten. Das Gemüse aus der Marinade, die Champignons und das Tomatenmark dazugeben, kurz anrösten und mit der Marinade ablöschen. Aufkochen lassen und zugedeckt bei geringer Hitze 90–120 Minuten schmoren lassen. Das Fleisch gelegentlich mit dem Fond begießen.

3 In der Zwischenzeit den Spinat verlesen, Stiele und Strünke wegwerfen und die Blätter waschen. 4 Knoblauchzehen schälen und pressen. In einem großen Topf 4 EL Olivenöl erhitzen und den Knoblauch darin anschwitzen, nicht bräunen! Den Spinat dazugeben und bei großer Hitze andünsten. Mit dem Weißwein ablöschen und zugedeckt kochen lassen, bis der Spinat völlig zusammengefallen ist. Gut salzen, pfeffern, mit Muskatnuss würzen und ohne Deckel einkochen, bis der Spinat leicht anröstet. Anschließend beiseitestellen.

4 Den Braten ebenfalls herausnehmen und warm beiseitestellen. Den Fond pürieren oder durch ein Sieb streichen, aufkochen und mit der Sahne auf die gewünschte Konsistenz einkochen. Noch einmal mit Salz und Pfeffer abschmecken.

5 Den Braten in Scheiben schneiden, eventuell austretenden Fleischsaft in die Sauce rühren. Auf vorgewärmten Tellern ein Spinatbett anlegen, das Fleisch anrichten und die Sauce getrennt dazu servieren.

Keulenbraten vom Wildschwein mit Schattenmorellen

Für 6 Personen

Zutaten

400 g Schattenmorellen
3 rote Zwiebeln
2 Karotten
6 Wacholderbeeren
2 Lorbeerblätter
1 EL gehackte Majoranblätter
1,5 kg küchenfertiger Keulenbraten ohne Knochen vom Wildschwein
3 Gewürznelken
6 cl Kirschwasser
Meersalz
frisch gemahlener schwarzer Pfeffer
3–4 EL Butterschmalz oder Olivenöl
500 ml trockener Rotwein
200 g Sahne

1 Die Schattenmorellen entkernen, 12 Kirschen halbieren und beiseite stellen, den Rest klein hacken. Die Zwiebeln abziehen und fein würfeln. Die Karotten waschen und in feine Stifte schneiden. Die Wacholderbeeren und die Lorbeerblätter in einem Mörser zerstoßen. Die Majoranblätter fein wiegen. Das Fleisch waschen, trocken tupfen, rundum mit 3 cl Kirschwasser beträufeln und mit Wacholderbeeren, Majoran, Salz und Pfeffer einreiben. Den Braten aufrollen und mit Küchengarn zusammenbinden.

2 In einem Bräter das Butterschmalz oder Olivenöl erhitzen und den Braten darin rundum scharf goldbraun anbraten. Die Zwiebeln, Karotten und Gewürznelken dazugeben, kurz anrösten und mit dem Rotwein ablöschen. Aufkochen lassen und zugedeckt bei geringer Hitze 120 Minuten schmoren lassen. Das Fleisch gelegentlich mit dem Fond begießen. 30 Minuten vor dem Ende der Garzeit die gehackten Schattenmorellen unterziehen.

3 Den Braten herausnehmen, mit dem restlichen Kirschwasser beträufeln und warm beiseitestellen. Den Fond pürieren oder durch ein Sieb streichen, aufkochen und mit der Sahne auf die gewünschte Konsistenz einkochen. Noch einmal mit Salz und Pfeffer abschmecken.

4 Den Braten in Scheiben schneiden, eventuell austretenden Fleischsaft und überschüssiges Kirschwasser in die Sauce rühren. Das Fleisch auf vorgewärmten Tellern anrichten, mit der Sauce überziehen und mit je 4 halben Schattenmorellen garniert servieren.

Keulenbraten vom Wildschwein auf Mangold

Für 6 Personen

Zutaten

6 Wacholderbeeren
10 schwarze Pfefferkörner
2 Lorbeerblätter
1 EL gehackte Majoranblätter
1 EL gehackte Thymianblätter
1 EL gehackte Rosmarinblätter
Meersalz
2 EL körniger Senf
4 cl Weinbrand
1,5 kg küchenfertiger Keulenbraten ohne Knochen vom Wildschwein
4 Schalotten
6 Knoblauchzehen
2 Karotten
¼ Sellerieknolle
2 EL Tomatenmark
8 EL Olivenöl
500 ml trockener Rotwein
1 kg Mangold
250 ml trockener Weißwein
frisch gemahlener schwarzer Pfeffer
Muskatnuss
150 g Crème double

1 Die Wacholderbeeren, die Pfefferkörner und die Lorbeerblätter in einem Mörser zerstoßen. Die Majoran-, Thymian- und Rosmarinblätter fein wiegen. Mit Salz, dem Senf und dem Weinbrand zu einer Beize vermischen. Das Fleisch waschen, trocken tupfen und mit der Beize bestreichen. Den Braten aufrollen, mit Küchengarn zusammenbinden und 24 Stunden zugedeckt im Kühlschrank marinieren lassen.

2 Die Schalotten und 2 Knoblauchzehen abziehen und fein würfeln. Die Karotten und den Sellerie schälen und klein schneiden. In einem großen Schmortopf 4 EL Olivenöl erhitzen und den Braten darin rundum scharf goldbraun anbraten. Das Gemüse und das Tomatenmark dazugeben, kurz anrösten und mit dem Rotwein ablöschen. Aufkochen lassen und zugedeckt bei geringer Hitze 90–120 Minuten schmoren lassen. Das Fleisch gelegentlich mit dem Fond begießen.

3 In der Zwischenzeit den Mangold putzen, Strünke wegwerfen, die Blätter von den Stielen schneiden und die Stiele in dünne Scheiben schneiden. 4 Knoblauchzehen schälen und pressen. In einem großen Topf 4 EL Olivenöl erhitzen und den Knoblauch darin anschwitzen, nicht bräunen! Die Mangoldstiele dazugeben und andünsten. Mit dem Weißwein ablöschen, die Blätter dazugeben und zugedeckt 20 Minuten köcheln lassen. Gut salzen, pfeffern, mit Muskatnuss würzen und ohne Deckel einkochen, bis der Mangold leicht anröstet. Anschließend beiseitestellen.

4 Den Braten herausnehmen und warm beiseitestellen. Den Fond pürieren oder durch ein Sieb streichen, aufkochen und mit der Crème double auf die gewünschte Konsistenz einkochen. Noch einmal mit Salz und Pfeffer abschmecken.

5 Den Braten in Scheiben schneiden, eventuell austretenden Fleischsaft in die Sauce rühren. Auf vorgewärmten Tellern ein Mangoldbett anlegen, das Fleisch darauf anrichten und mit der Sauce überzogen servieren.

Wildschweinbraten mediterran

Für 6 Personen

Zutaten

6 Wacholderbeeren
10 schwarze Pfefferkörner
2 Lorbeerblätter
1 EL gehackte Majoranblätter
1 EL gehackte Thymianblätter
1 EL gehackte Rosmarinblätter
4 Knoblauchzehen
Meersalz
500 ml trockener Rotwein
1,5 kg küchenfertiger Keulenbraten ohne Knochen vom Wildschwein
4 Schalotten
1,2 kg reife Tomaten
4 EL Butterschmalz oder Olivenöl
1 EL Kräuter der Provence
frisch gemahlener schwarzer Pfeffer
12 mit Sardellenpaste gefüllte grüne Oliven

1 Die Wacholderbeeren, die Pfefferkörner und die Lorbeerblätter in einem Mörser zerstoßen. Die Majoran-, Thymian- und Rosmarinblätter fein wiegen. Den Knoblauch abziehen, in feine Scheiben schneiden und in Salz zerstoßen. Alles in eine Schüssel geben und mit dem Rotwein aufgießen. Das Fleisch waschen, trocken tupfen, aufrollen, mit Küchengarn zusammenbinden, dazugeben und 24 Stunden zugedeckt im Kühlschrank marinieren lassen. Nach 12 Stunden den Braten einmal wenden.

2 Das Fleisch aus der Marinade nehmen und abtropfen lassen. Die Schalotten abziehen und fein würfeln. Einen Topf mit Wasser zum Kochen bringen. Die Tomaten jeweils einzeln darin kurz überbrühen, kalt abschrecken, häuten und klein hacken, die Stielansätze aussortieren. In einem großen Schmortopf das Butterschmalz oder Olivenöl erhitzen und den Braten darin rundum scharf goldbraun anbraten. Die Schalotten dazugeben und leicht anrösten. Mit der Marinade ablöschen, die Tomaten und Kräuter der Provence dazugeben und zugedeckt bei geringer Hitze 90–120 Minuten schmoren lassen. Das Fleisch gelegentlich mit dem Fond begießen.

3 Den Braten herausnehmen und warm beiseitestellen. Die Tomatensauce unter ständigem Rühren auf die gewünschte Konsistenz einkochen und noch einmal mit Salz und Pfeffer abschmecken.

4 Den Braten in Scheiben schneiden, eventuell austretenden Fleischsaft in die Sauce rühren. Auf einer vorgewärmten Platte anrichten, mit etwas Sauce überziehen, mit den Oliven garnieren und die restliche Sauce separat servieren.

Rücken vom Wildschwein mit Rosenkohl

Für 6 Personen

Zutaten

6 Wacholderbeeren
1 kg küchenfertiger Wildschweinrücken, ausgelöst und ohne Schwarte
frisch gemahlener schwarzer Pfeffer
Meersalz
3 weiße Zwiebeln
500 g Rosenkohl
150 g geräucherter Bauchspeck
4 EL Butter
500 ml Fleischbrühe oder Wildfond
200 g Sahne
Muskatnuss
2 EL eiskalte Butter

1 Die Wacholderbeeren in einem Mörser zerstoßen. Das Fleisch waschen, trocken tupfen, mit den Wacholderbeeren einreiben, salzen und pfeffern. Die Zwiebeln abziehen und fein würfeln. Den Rosenkohl waschen, putzen, verlesen und längs halbieren. Den Speck in kleine Würfel schneiden.

2 In einem flachen Bräter die Butter erhitzen und den Speck darin auslassen. Die Zwiebeln hinzufügen und glasig dünsten. Das Fleisch dazugeben und rundum kräftig anbraten. Den Rosenkohl in den Bräter geben und kurz anrösten. Mit etwas Fleischbrühe oder Wildfond ablöschen und zugedeckt bei mittlerer Hitze 15–20 Minuten garen. Bei Bedarf immer wieder etwas Fleischbrühe oder Wildfond angießen.

3 Den Wildschweinrücken herausnehmen und warm beiseitestellen. Den Rosenkohl mit Salz, Pfeffer und Muskatnuss würzen und ebenfalls warm beiseitestellen. Mit der restlichen Fleischbrühe oder dem Wildfond den Bratensatz loskochen und mit der Sahne auf die gewünschte Konsistenz einkochen. Mit Salz und Pfeffer abschmecken und mit der eiskalten Butter binden.

4 Das Fleisch in Scheiben schneiden, austretenden Fleischsaft unter die Sauce mischen. Mit dem Rosenkohl auf vorgewärmten Tellern anrichten und mit der Sauce überzogen servieren.

Wildschwein mit Tomaten

Für 6 Personen

Zutaten

1 EL gehackte Rosmarinblätter
1 EL gehackte Thymianblätter
1 EL gehackte Majoranblätter
10 schwarze Pfefferkörner
6 Wacholderbeeren
Meersalz
1,2 kg küchenfertiges Gulasch vom Wildschwein
3 rote Zwiebeln
4 Knoblauchzehen
2 Karotten
1 Stange Sellerie
750 ml trockener Rotwein
4 EL Olivenöl
1,2 kg gehackte Tomaten aus der Dose
2 EL gehackte glatte Petersilie
frisch gemahlener schwarzer Pfeffer

1 Die Rosmarin-, Thymian- und Majoranblätter fein wiegen. Die Pfefferkörner und Wacholderbeeren in einem Mörser zerstoßen. Alles mit Salz gut vermischen. Das Fleisch waschen, trocken tupfen, gut mit der Gewürzmischung vermengen und in eine Schüssel geben. Zwiebeln und Knoblauch abziehen und fein Würfeln. Die Karotten schälen, den Sellerie waschen und putzen und beides klein schneiden. Das Gemüse zu dem Fleisch geben, mit dem Rotwein aufgießen und 24 Stunden zugedeckt im Kühlschrank marinieren lassen.

2 Das Fleisch aus der Marinade nehmen und abtropfen lassen. Das Gemüse separat herausnehmen und ebenfalls abtropfen lassen. In einem großen Schmortopf das Olivenöl erhitzen und das Fleisch darin rundum kräftig anbraten. das Gemüse dazugeben und 10 Minuten anrösten. Mit der Marinade ablöschen, die gehackten Tomaten mit Saft hinzugeben und bei geringer Hitze zugedeckt ca. 120 Minuten schmoren lassen, gelegentlich umrühren. Die Petersilie waschen, trocken tupfen und sehr fein hacken. Mit Salz und Pfeffer abschmecken und die Hälfte der Petersilie untermischen.

Medaillons vom Wildschwein mit Spargelspitzen

Für 6 Personen

Zutaten

24 weiße Spargelspitzen
24 grüne Spargelspitzen
1,2 kg küchenfertiger Rücken vom Wildschwein, ausgelöst und ohne Schwarte
1 EL gehackte glatte Petersilie
150 g warme Butter
Fleur de Sel
frisch gemahlener bunter Pfeffer

1 Die Spargelspitzen waschen und – wenn nötig – etwas schälen. Das Fleisch waschen, trocken tupfen und in 12 gleich große Medaillons schneiden. Die Petersilie waschen, trocken tupfen und sehr fein hacken.

2 In einer großen Pfanne 3 EL Butter erhitzen und das Fleisch darin 12–15 Minuten rundum sanft nach Gusto medium oder durch braten. Herausnehmen und warm beiseitestellen.

3 Inzwischen in einer weiteren großen Pfanne 3 EL Butter erhitzen und die Spargelspitzen darin 10–12 Minuten garen, nach Belieben leicht bräunen lassen.

4 Die restliche Butter in einem Topf schmelzen. Je 2 Medaillons auf vorgewärmten Tellern mit den Spargelspitzen anrichten. Mit Fleur de Sel und Pfeffer würzen, mit Petersilie garnieren und die geschmolzene Butter getrennt dazu servieren.

Gebratener Wildschweinrücken mit Tomatensauce

1 Zwiebeln und Knoblauch abziehen und fein würfeln. Die Karotten schälen und in sehr feine Stifte schneiden. In einem Topf Wasser aufkochen, die Tomaten darin überbrühen, dann kalt abschrecken, häuten, von den Stielansätzen befreien und klein hacken. 3 EL Olivenöl in einem großen Topf erhitzen und die Zwiebeln und den Knoblauch darin glasig dünsten. Die Karotten dazugeben und leicht anrösten. Dabei immer wieder umrühren. Tomaten und Kräuter der Provence dazugeben und 30 Minuten zugedeckt köcheln lassen. Den Deckel abnehmen und weitere 15 Minuten leicht einkochen. Mit Salz, Pfeffer und Sojasauce würzen.

2 Den Backofen auf 220 °C vorheizen. Das Fleisch waschen und trocken tupfen. In einem flachen Bräter das Butterschmalz erhitzen und den Wildschweinrücken darin rundum scharf anbraten. In den Backofen geben und ca. 10 Minuten garen. Den Backofen abschalten und das Fleisch auf einer Platte darin noch 10 Minuten ruhen lassen. Den Bratensatz mit 100 ml Rotwein loskochen und in die Sauce mischen.

3 Das Fleisch aufschneiden, eventuell austretenden Fleischsaft unter die Sauce ziehen. Zusammen mit der Sauce auf vorgewärmten Tellern anrichten und sofort servieren.

Für 6 Personen

Zutaten

3 rote Zwiebeln
2 Knoblauchzehen
2 Karotten
750 g Fleischtomaten
3 EL Olivenöl
1 EL Kräuter der Provence
Meersalz
frisch gemahlener schwarzer Pfeffer
Sojasauce
1,2 kg küchenfertiger Rücken vom Wildschwein, ausgelöst und ohne Schwarte
3 EL Butterschmalz
100 ml trockener Rotwein

Gebratener Rücken vom Wildschwein mit Schokoladensauce

1 Die Schokolade klein hacken. Das Fleisch waschen, trocken tupfen, in 6 Stücke schneiden, salzen und pfeffern. In einer großen Pfanne das Butterschmalz erhitzen und das Fleisch darin scharf anbraten. Bei reduzierter Hitze ca. 10–12 Minuten weiterbraten, bis das Fleisch innen durch, aber noch schön saftig ist. Aus der Pfanne nehmen und warm beiseitestellen.

2 Den Bratensatz mit dem Rotwein ablöschen, einkochen lassen, mit dem Mehl binden und mit Fleischbrühe oder Wildfond aufgießen. Die Schokolade dazugeben und schmelzen lassen. Unter ständigem Rühren einkochen lassen, bis die Sauce die gewünschte sämige Konsistenz hat. Mit Salz und reichlich Pfeffer würzen.

3 Das Fleisch auf vorgewärmten Tellern anrichten und sofort mit der Sauce überzogen servieren.

Für 6 Personen

Zutaten

50 g Zartbitterschokolade
1,2 kg küchenfertiger Rücken vom Wildschwein, ausgelöst und ohne Schwarte
Meersalz
frisch gemahlener schwarzer Pfeffer
3 EL Butterschmalz
100 ml kräftiger Rotwein
1 TL Mehl
200 ml Fleischbrühe oder Wildfond

Wacholder-Koteletts vom Wildschwein

Für 6 Personen

Zutaten

6 Wacholderbeeren
12 küchenfertige Koteletts vom Wildschwein
Meersalz
frisch gemahlener schwarzer Pfeffer
4 EL Olivenöl
4 cl Gin
250 ml Fleischbrühe oder Wildfond
200 g Sahne

1 Den Backofen auf 180–200 °C vorheizen. Die Wacholderbeeren in einem Mörser zerstoßen. Die Wildschweinkoteletts waschen, trocken tupfen, mit Salz und Pfeffer würzen und mit den Wacholderbeeren einreiben. In einer großen Pfanne das Olivenöl erhitzen und die Koteletts nacheinander von beiden Seiten darin kurz anbraten. Auf ein Backblech geben und darauf im Backofen ca. 3–5 Minuten fertig garen. Warm beiseitestellen. Den Bratensatz in der Pfanne mit dem Gin ablöschen, mit Fleischbrühe oder Wildfond auffüllen und mit der Sahne auf die gewünschte Konsistenz einkochen lassen. Noch einmal mit Salz und Pfeffer abschmecken.

2 Je 2 Koteletts auf vorgewärmten Tellern anrichten und mit der Sauce überzogen servieren.

Wildschweinrücken vom Grill

Für 6 Personen

Zutaten

1,2 kg küchenfertiger Rücken vom Wildschwein ohne Knochen und Schwarte
3 EL körniger Senf
frisch gemahlener schwarzer Pfeffer
3 EL Olivenöl
1 kg grüner Spargel
Meersalz
6 EL flüssige Butter

1 Das Fleisch waschen, trocken tupfen, in 6 Scheiben schneiden und etwas platt drücken. Aus dem Senf, reichlich Pfeffer und dem Olivenöl eine Beize anrühren und das Fleisch damit bestreichen, 3–4 Stunden ziehen lassen.

2 Den Spargel am unteren Ende schälen, in 6 Portionen aufteilen und jede Portion in Alufolie verpacken. Auf dem Grill in ca. 20–30 Minuten gar grillen. Nach ca. 15 Minuten das Fleisch dazugeben und von beiden Seiten gar grillen.

3 Die Medaillons und den Spargel gemeinsam auf Tellern anrichten, mit Salz bestreuen und mit Butter übergießen.

RÖSLE
Molybdänstahl
geschmiedet

Gegrillte Wildschweinkeule vom Drehspieß

Für 6 Personen

Zutaten

3 Schalotten
2 Knoblauchzehen
6 Wacholderbeeren
10 schwarze Pfefferkörner
1 EL gehackte Thymianblätter
1 EL gehackte Rosmarinblätter
1 EL gehackte Majoranblätter
9 EL Olivenöl
500 ml trockener Rotwein
1,8 kg küchenfertige Wildschweinkeule mit Knochen
3 große Auberginen
3 EL Zitronensaft
Meersalz
frisch gemahlener schwarzer Pfeffer

1 Die Schalotten und den Knoblauch abziehen und grob hacken. Die Pfefferkörner und Wacholderbeeren in einem Mörser zerstoßen. Die Thymian-, Rosmarin- und Majoranblätter fein wiegen und alles mit 6 EL Olivenöl vermischen. Das Fleisch waschen, trocken tupfen und mit der Gewürzmischung bestreichen. In eine Schüssel geben, mit dem Rotwein auffüllen und 2 Tage zugedeckt im Kühlschrank marinieren lassen. Dabei gelegentlich wenden.

2 Das Fleisch abtropfen lassen, in einen Grillkorb geben und am Drehspieß befestigen. Ca. 100–120 Minuten über der Holzkohle grillen. Dabei zunächst nah an die Glut gehen, bis sich eine schöne Kruste gebildet hat, dann die Entfernung zur Holzkohle erhöhen. Wichtig: In regelmäßigen Abständen häufig mit der Marinade bestreichen. Das Fleisch nach dem Grillen noch 15 Minuten ruhen lassen.

3 In dieser Zeit die Auberginen waschen, trocken tupfen, vom Stielansatz befreien und längs halbieren. Die Schnittflächen mit dem Zitronensaft und dem restlichen Olivenöl beträufeln, kräftig pfeffern und salzen und einige Minuten auf dem Rost gar grillen.

4 Das Fleisch vom Knochen lösen, aufschneiden, auf Tellern anrichten, salzen und mit je einer halben Aubergine servieren.,

Marinierte Wildschweinkoteletts vom Grill

Für 6 Personen

Zutaten

2 Knoblauchzehen
1 EL Kräuter der Provence
3 EL Olivenöl
3 EL Dijon-Senf
frisch gemahlener schwarzer Pfeffer
6–12 küchenfertige Koteletts vom Wildschwein (je nach Größe)
Meersalz
6 zarte Maiskolben
3 EL Butter

1 Den Knoblauch abziehen, pressen und mit den Kräutern der Provence, dem Olivenöl, dem Dijon-Senf und reichlich Pfeffer zu einer Marinade verrühren. Das Fleisch waschen, trocken tupfen, dazugeben und 24 Stunden im Kühlschrank marinieren lassen. Die Koteletts auf dem Holzkohlegrill von beiden Seiten direkt gut durch grillen, dann beiseitestellen und ruhen lassen. Inzwischen die Maiskolben rundherum schön knusprig grillen. Die Koteletts auf Teller geben, salzen, je einen Maiskolben dazulegen und mit Butter bestreichen.

Gegrillte Frikadellen vom Wildschwein

1 Den Speck sehr fein würfeln. Schalotten und Knoblauch abziehen und sehr fein hacken. Mit dem Hackfleisch, den Kräutern der Provence, den Eiern, dem Paniermehl, Salz, Pfeffer und Cayennepfeffer gut zu einem Teig vermengen. Daraus 12 Frikadellen formen und auf dem Rost von beiden Seiten 8–10 Minuten gar grillen. Die Tomaten waschen, halbieren, salzen, pfeffern und zunächst auf den Schnittflächen, dann auf der Schale ca. 2–3 Minuten Farbe nehmen lassen.

2 Je zwei Frikadellen und 2 Tomatenhälften auf Tellern anrichten und sofort servieren.

Für 6 Personen

Zutaten

200 g fetter Speck
2 Schalotten
2 Knoblauchzehen
1 kg Hackfleisch vom Wildschwein
1 EL Kräuter der Provence
3 Eier
3 EL Paniermehl
Meersalz
frisch geriebener schwarzer Pfeffer
Cayennepfeffer
6 Fleischtomaten

Spareribs vom Wildschwein

1 Den Knoblauch abziehen und pressen, die Chilischoten in einem Mörser zerstoßen. Beides mit den Kräutern der Provence, dem Olivenöl und dem Honig zu einer Marinade verrühren. Das Fleisch waschen, trocken tupfen, in 6 Portionen zerteilen, mit der Marinade bestreichen und 24 Stunden im Kühlschrank marinieren lassen.

2 Die Kartoffeln waschen, bürsten, abtrocknen, einzeln in Alufolie wickeln und auf dem Grill oder in der Glut ca. 30 Minuten garen. Die Rippenbögen auf dem Holzkohlegrill bei mittlerer Hitze von beiden Seiten ca. 20–30 grillen, dann beiseitestellen und ruhen lassen. Die Spareribs auf Tellern anrichten. Die Kartoffeln aus der Folie wickeln, längs aufschneiden und mit den Schnittflächen nach oben dazugeben. Mit Salz bestreuen und mit Knoblauch- oder Kräuterbutter belegt servieren.

Für 6 Personen

Zutaten

2 Knoblauchzehen
3–6 kleine getrocknete Chilischoten (nach Geschmack)
1 EL Kräuter der Provence
100 ml Olivenöl
6 EL flüssiger Honig
2,5–3 kg küchenfertige Spareribs vom Wildschwein
Meersalz
6 große Kartoffeln
Meersalz
3 EL Knoblauch- oder Kräuterbutter

Das Gamswild

Die Gämse *(Rupicapra rupicapra)* ist eine der beiden in Europa lebenden Arten der Wildziegen und eng verwandt mit der Pyrenäen-Gämse. Sie ist ein kräftiges Tier, die männlichen Tiere („Böcke") können 50 kg schwer werden, die weiblichen Tiere („Geißen") bringen bis zu 40 kg auf die Waage, die Jungtiere („Kitze") erreichen 20 kg. Die größten Gämsen werden bis zu 130 cm lang und im Widerrist bis zu 80 cm hoch. Beide Geschlechter tragen bis zu 25 cm lange Hörner, die auch als „Krucken" bezeichnet werden. Im Querschnitt sind sie rund, sitzen senkrecht aufsteigend auf dem Kopf und sind an der Spitze hakenförmig rückwärts gebogen.

Heute findet man Gamswild im gesamten Alpenraum und in Teilen des Balkans und der Karpaten. Die größten Bestände leben in der Steiermark. Man geht davon aus, dass die alpinen Gebiete lediglich Rückzugsgebiete der Gämsen darstellen, in die die Tiere durch den Verlust anderer Lebensräume abgedrängt wurden. In längst vergangenen Zeiten lebten Gämsen wohl in allen Gebirgen Deutschlands und Frankreichs. In den letzten Jahrzehnten wurden Gämsen bei uns vielerorts in den Mittelgebirgen wieder eingebürgert.

Gämsen bevorzugen als Lebensräume die oberen Gebirgswälder, steigen vor allem im Sommer aber häufig bis weit ins Gebirge empor, während sie sich im Winter tiefer in die Wälder zurückziehen. Auf ihren Klettertouren geht die Gämse bis in die unzugänglichsten Gebiete des Hochgebirges und sucht dort zwischen den Felsen nach Grasplätzen. Auch wenn die Gämsen wahre Kletterkünstler sind, ist die Todesrate vor allem unter den unerfahrenen Jungtieren in diesem extremen Lebensraum hoch, vor allem durch Abstürze, aber auch durch Angriffe von Feinden wie etwa Adlern.

Seit der Steinzeit sind die Gämsen als Jagdwild bekannt und geschätzt. Da die Jagd auf Gämsen aufgrund ihrer Lebensweise heute meist im Hochgebirge stattfindet, gestaltet sie sich als überaus mühsam und gefährlich. Dementsprechend gering sind auch die Abschussquoten. So werden in Deutschland pro Jahr weniger als 5000 Tiere erlegt – fast ausschließlich in Bayern –, in Österreich ca. 20.000 und in der Schweiz ca. 13.000 Tiere pro Jahr. Wegen der niedrigen Abschusszahlen ist das Fleisch des Gamswildes vor allem im Verbreitungsgebiet der Tiere erhältlich.

In der Küche geschätzt wird das Fleisch von bis zu zweijährigen Tieren, das der älteren Exemplare ist oft sehr talgig und fett. Von der Schutzgemeinschaft Deutsches Wild wurde die Gämse zum Wildtier des Jahres 2012 gekürt.

Gämsenkeule mit Pilzen

Für 6 Personen

Zutaten

6 Schalotten
2 Knoblauchzehen
2 Karotten
10 Pfefferkörner
10 Wacholderbeeren
2 Lorbeerblätter
1 EL gehackte Thymianblätter
1 EL gehackte Majoranblätter
Meersalz
750 ml trockener Rotwein
4 cl Weinbrand
1,5 kg küchenfertige Gämsenkeule mit Knochen
5 EL Butterschmalz oder Olivenöl
500 g Pfifferlinge
frisch gemahlener schwarzer Pfeffer
200 g Sahne

1 4 Schalotten und den Knoblauch abziehen und grob würfeln. Die Karotten schälen und in Stücke schneiden. Pfefferkörner, Wacholderbeeren und Lorbeerblätter in einem Mörser zerstoßen. Thymian- und Majoranblätter fein wiegen. Alles mit 1 TL Salz, dem Rotwein und dem Weinbrand in eine große Schüssel geben und gut verrühren. Das Fleisch waschen, trocken tupfen, in die Schüssel geben und zugedeckt im Kühlschrank 2 Tage marinieren lassen. Die Keule gelegentlich umdrehen.

2 In einem großen Schmortopf 3 EL Butterschmalz oder Olivenöl erhitzen und die Keule rundherum goldbraun anbraten. Mit der Marinade ablöschen und zugedeckt ca. 90 Minuten schmoren lassen.

3 Inzwischen 2 Schalotten abziehen und fein würfeln. Die Pfifferlinge putzen (nicht waschen!). In einer Pfanne 2 EL Butterschmalz oder Olivenöl erhitzen und die Schalotten darin glasig dünsten. Die Pfifferlinge dazugeben und 10–15 Minuten gut durchbraten. Mit Salz und Pfeffer würzen und warm beiseitestellen.

4 Den Braten herausnehmen und ca. 10–15 Minuten ruhen lassen. Den Fond pürieren oder durch ein Sieb streichen und aufkochen lassen. Noch einmal mit Salz und Pfeffer abschmecken und mit der Sahne auf die gewünschte Konsistenz einkochen. Den Braten aufschneiden und den Fleischsaft in die Sauce geben.

5 Auf 6 vorgewärmten Tellern ein Bett aus Pfifferlingen anlegen, Bratenscheiben darauflegen und mit der Sauce überzogen servieren.

Ragout vom Gamswild

1 Die Pfefferkörner und Wacholderbeeren in einem Mörser zerstoßen. Das Fleisch waschen, trocken tupfen und mit den Pfefferkörnern, Wacholderbeeren und dem Gin vermengen. Zwiebeln und Knoblauch abziehen und würfeln. Karotten und Sellerie schälen und in Stücke schneiden. Den Rotwein in eine große Schüssel gießen. Das Gemüse und das Fleisch dazugeben und zugedeckt im Kühlschrank 24 Stunden ziehen lassen.

2 Das Fleisch aus der Marinade nehmen und abtropfen lassen. In einem Schmortopf das Butterschmalz oder Olivenöl erhitzen und das Fleisch darin rundum goldbraun anbraten. Das Gemüse aus der Marinade nehmen, abtropfen lassen, in den Topf geben und einige Minuten anrösten. Mit der Marinade ablöschen, aufkochen lassen und zugedeckt bei kleiner Hitze 50–60 Minuten köcheln lassen. Inzwischen die Petersilie waschen, trocken tupfen und sehr fein hacken.

3 Das Fleisch aus dem Topf nehmen und warm beiseitestellen. Den Fond pürieren oder durch ein Sieb passieren und wieder aufkochen lassen. Fleischbrühe oder Wildfond angießen und bei großer Hitze unter ständigem Rühren auf die gewünschte Konsistenz einkochen lassen. Mit Salz und Pfeffer abschmecken und das Fleisch sowie die Hälfte der Petersilie unterheben.

4 Das Ragout auf vorgewärmte Teller geben und mit der restlichen Petersilie garniert servieren.

Für 6 Personen

Zutaten

1 TL schwarze Pfefferkörner
6 Wacholderbeeren
4 cl Gin
1,2 kg küchenfertiges Gulasch vom Gamswild
3 Zwiebeln
2 Knoblauchzehen
1–2 Karotten
¼ Knolle Sellerie
750 ml trockener Rotwein
4 EL Butterschmalz oder Olivenöl
250 ml Fleischbrühe oder Wildfond
2 EL gehackte glatte Petersilie
Meersalz
frisch gemahlener schwarzer Pfeffer

Braten vom Gämsenrücken

Für 6 Personen

Zutaten

1 EL gehackte Rosmarinblätter
1 EL gehackte Majoranblätter
1 TL gehackte Thymianblätter
2 Lorbeerblätter
1 TL schwarze Pfefferkörner
6 Wacholderbeeren
250 ml Orangensaft
500 ml trockener Rotwein
ca. 1,5 kg Gämsenrücken, ausgelöst, ohne Fett
6 Gewürznelken
Meersalz
3 EL Butterschmalz oder Olivenöl
frisch gemahlener schwarzer Pfeffer
2 EL eiskalte Butter

1 Rosmarin-, Majoran- und Thymianblätter fein wiegen. Lorbeerblätter, Pfefferkörner und Wacholderbeeren in einem Mörser zerstoßen. Alles in eine große Schüssel geben und mit Orangensaft und Rotwein aufgießen und gut vermischen. Das Fleisch waschen, trocken tupfen und mit Gewürznelken spicken. In die Marinade geben und 24 Stunden im Kühlschrank ziehen lassen.

2 Den Backofen auf 180–200 °C vorheizen. Das Fleisch trocken tupfen und salzen, die Fettseite mit Salz einreiben, die Gewürznelken entfernen. In einem Bräter das Butterschmalz oder Olivenöl erhitzen und das Fleisch darin rundum anbraten. Mit der Marinade ablöschen und 90–100 Minuten im Backofen garen. Dabei ab und zu mit dem Fond begießen.

3 Das Fleisch herausnehmen und warm beiseitestellen. Den Fond eventuell etwas entfetten und in einen Topf geben. Aufkochen und auf die gewünschte Konsistenz reduzieren. Mit Salz und Pfeffer abschmecken und mit der Butter binden.

4 Das Fleisch in Scheiben schneiden, eventuell ausgetretenen Fleischsaft unter sie Sauce heben. Auf vorgewärmten Tellern anrichten und mit etwas Sauce überzogen servieren. Die restliche Sauce separat dazu reichen.

Tipp: Als Beilage eignet sich Rosenkohl besonders gut.

Gämsenbraten mit Knoblauch und Rosmarin

Für 6 Personen

Zutaten

4 Knoblauchzehen
Meersalz
3 EL gehackte Rosmarinblätter
10 schwarze Pfefferkörner
6 Wacholderbeeren
3 EL körniger Senf
6 EL Olivenöl
2 kg küchenfertige Gämsenkeule mit Knochen
3 Karotten
3 rote Zwiebeln
500 g Champignons
frisch gemahlener schwarzer Pfeffer
1 EL Speisestärke
500 ml trockener Rotwein

1 Den Knoblauch abziehen, in dünne Scheiben schneiden und in Salz zerstoßen. Die Rosmarinblätter fein wiegen. Die Pfefferkörner und Wacholderbeeren in einem Mörser zerstoßen. Alles mit dem Senf und 2 EL Olivenöl zu einer Paste vermengen. Das Fleisch waschen, trocken tupfen, mit der Paste bestreichen und 30 Minuten ruhen lassen.

2 Den Backofen auf 180 °C vorheizen. Die Karotten schälen und in Stücke schneiden. Die Zwiebeln abziehen und klein schneiden. Die Champignons putzen (nicht waschen!) und halbieren oder vierteln. Karotten, Zwiebeln und Champignons in einer großen Schüssel vermengen, salzen, pfeffern und mit 4 EL Olivenöl beträufeln. Noch einmal gründlich vermischen, bis alles mit Öl überzogen ist.

3 Das Fleisch in einen großen Bräter geben und das Gemüse um das Fleisch herum anordnen. Ca. 90 Minuten im Backofen garen, bis das Fleisch zart und das Gemüse gar und knusprig ist. Während der Garzeit immer wieder mit Rotwein und dem Bratenfond übergießen. Das Gemüse gelegentlich mit einer Bratengabel bewegen, damit es nicht festbrennt. Den fertigen Braten und das Gemüse auf einer großen vorgewärmten Servierplatte anrichten und im Backofen warmhalten.

4 Den Bratenfond in einem Topf erhitzen. Die Speisestärke mit kaltem Wasser in einer Schüssel zu einer glatten Paste verrühren und die Sauce damit binden. Noch 2–3 Minuten köcheln lassen. In eine Saucière füllen und zu dem Braten und Gemüse reichen.

Marinierte Keule vom Gamswild

1 Pfefferkörner, Wacholderbeeren und Lorbeerblätter in einem Mörser zerstoßen. Thymian-, Majoran- und Rosmarinblätter fein wiegen. Zwiebeln und 2 Knoblauchzehen abziehen, die Zwiebeln grob würfeln, den Knoblauch in Scheiben schneiden. Die Karotten schälen und klein schneiden. Alles in ein großes Gefäß geben und mit Rotwein und Rotweinessig angießen. Die Zitrone achteln und mit der Gewürznelke in die Marinade geben. Das Fleisch waschen, trocken tupfen, zusammenrollen, mit Küchenzwirn festbinden, in die Marinade legen und 24 Stunden kühl ziehen lassen, nach 12 Stunden einmal wenden.

2 Den Backofen auf 180–200 °C vorheizen. 4 Knoblauchzehen abziehen, in Scheiben schneiden und in Salz zerstoßen. Mit reichlich schwarzem Pfeffer und dem Senf vermischen und die Keule damit einreiben.

3 In einem Bräter das Olivenöl erhitzen und die Keule darin rundum goldbraun anbraten. Zitrone und Gewürznelke aus der Marinade entfernen, das Gemüse herausnehmen, in den Bräter geben und leicht anrösten lassen. Mit einem Drittel der Marinade ablöschen, in den Backofen schieben und ca. 80–90 Minuten schmoren lassen. Dabei immer wieder mit Marinade und Fond begießen. Den Braten herausnehmen und 20 Minuten warm beiseitestellen.

4 Den Bratensatz mit der restlichen Marinade loskochen, den Fond pürieren oder durch ein Sieb streichen und leicht sämig einkochen. Weinbrand und Madeira unterrühren, die Speisestärke mit kaltem Wasser glattrühren und die Sauce damit binden. Noch 2–3 Minuten köcheln lassen.

5 Den Braten in Scheiben schneiden, auf vorgewärmten Tellern anrichten und mit der Sauce überzogen servieren.

Für 6 Personen

Zutaten

10 schwarze Pfefferkörner
6 Wacholderbeeren
2 Lorbeerblätter
1 EL gehackte Thymianblätter
1 EL gehackte Majoranblätter
1 EL gehackte Rosmarinblätter
3 rote Zwiebeln
6 Knoblauchzehen
2 Karotten
750 ml trockener Rotwein
125 ml Rotweinessig
1 Zitrone
1 Gewürznelke
1,2 kg küchenfertige Keule vom Gamswild, ohne Knochen
Meersalz
frisch gemahlener schwarzer Pfeffer
2 EL körniger Senf
4 EL Olivenöl
4 cl Weinbrand
100 ml Madeira
1 EL Speisestärke

Marinierter Braten vom Gamsrücken

Für 6 Personen

Zutaten

10 schwarze Pfefferkörner
6 Wacholderbeeren
2 Lorbeerblätter
1 EL gehackte Thymianblätter
1 EL gehackte Majoranblätter
1 EL gehackte Rosmarinblätter
3 rote Zwiebeln
2 Knoblauchzehen
2 Karotten
750 ml trockener Rotwein
125 ml Rotweinessig
1 Zitrone
1 Gewürznelke
2 kg küchenfertiger Gamsrücken mit Knochen
4 EL Olivenöl
Meersalz
frisch gemahlener schwarzer Pfeffer
3 EL Butter
1 kg Äpfel
8 cl Calvados
2 EL eiskalte Butter

1 Pfefferkörner, Wacholderbeeren und Lorbeerblätter in einem Mörser zerstoßen. Thymian-, Majoran- und Rosmarinblätter fein wiegen. Zwiebeln und Knoblauch abziehen, die Zwiebeln grob würfeln, den Knoblauch in Scheiben schneiden. Die Karotten schälen und klein schneiden. Alles in ein großes Gefäß geben und mit Rotwein und Rotweinessig angießen. Die Zitrone halbieren und von jeder Hälfte eine dünne Scheibe abschneiden. Zitronenscheiben mit der Gewürznelke in die Marinade geben. Das Fleisch waschen, trocken tupfen, in die Marinade legen und 24 Stunden kühl ziehen lassen, nach 12 Stunden einmal wenden.

2 Den Backofen auf 225 °C vorheizen. Das Olivenöl in einen Bräter geben, den Gamsrücken daraufsetzen und salzen und pfeffern. Das Gemüse aus der Marinade nehmen und dazulegen. In den Backofen schieben und 20 Minuten garen. Mit 250 ml Marinade ablöschen, die Hitze auf 190 °C reduzieren und weitere 50 Minuten garen. Dabei immer wieder mit Marinade und Fond übergießen.

3 Inzwischen die Äpfel schälen, von den Kerngehäusen befreien und klein würfeln. In einem großen Topf die Butter erhitzen und die Äpfel darin dünsten. Die Zitrone auspressen, den Saft zu den Äpfeln geben und alles mit Pfeffer würzen.

4 Den Braten herausnehmen und 20 Minuten warm beiseitestellen. Den Bratensatz mit der restlichen Marinade loskochen, den Fond pürieren oder durch ein Sieb streichen und leicht sämig einkochen. Den Calvados unterrühren und die Sauce mit der eiskalten Butter binden.

5 Das Fleisch aus dem Knochen lösen, in Scheiben schneiden, auf vorgewärmten Tellern anrichten und mit der Sauce überzogen servieren.

Panierte Koteletts vom Gamswild

Für 6 Personen

Zutaten

12–18 küchenfertige Koteletts vom Gamswild (je nach Größe)
Meersalz
frisch gemahlener schwarzer Pfeffer
4 EL Butter
6–8 EL Paniermehl
6 EL Olivenöl
18 Cherry-Tomaten

1 Die Koteletts waschen, trocken tupfen und auf beiden Seiten salzen und pfeffern. In einer großen Pfanne die Butter zerlassen. Die Koteletts einmal von beiden Seiten darin wenden und beiseitestellen.

2 2 EL Öl in die Pfanne geben und erhitzen. Die Koteletts nacheinander in Paniermehl wenden, und von jeder Seite 2–5 Minuten goldbraun braten.

3 Inzwischen die Tomaten waschen und abtropfen lassen. In einer zweiten Pfanne 4 EL Olivenöl erhitzen, die Tomaten darin rundherum anbraten und bei reduzierter Hitze weich dünsten.

4 Die Koteletts auf vorgewärmten Tellern anrichten und mit je 3 Tomaten garniert servieren.

Gegrillte Koteletts vom Gamswild

Für 6 Personen

Zutaten

12–18 küchenfertige Koteletts vom Gamswild (je nach Größe)
frisch gemahlener schwarzer Pfeffer
6 EL Olivenöl
Meersalz
6 zarte Maiskolben
3 EL Butter

1 Das Fleisch waschen, trocken tupfen, von beiden Seiten kräftig pfeffern, in eine Schüssel geben, mit dem Olivenöl vermengen und 2 Stunden ziehen lassen.

2 Die Koteletts auf dem Holzkohlegrill von beiden Seiten ca. 2–5 Minuten direkt grillen, dann beiseitestellen und ruhen lassen. Inzwischen die Maiskolben rundherum schön knusprig grillen.

3 Die Koteletts auf Teller geben, salzen, je einen Maiskolben dazulegen und mit Butter bestreichen.

Koteletts vom Gamswild mit Pfifferlingen

Für 6 Personen

Zutaten

3 rote Zwiebeln
2 Knoblauchzehen
500 g Pfifferlinge
2 EL gehackte glatte Petersilie
6 EL Olivenöl
250 ml trockener Rotwein
Meersalz
frisch gemahlener schwarzer Pfeffer
12–18 küchenfertige Koteletts vom Gamswild (je nach Größe)

1 Zwiebeln und Knoblauch abziehen und fein würfeln. Die Pfifferlinge putzen (nicht waschen!) und eventuell halbieren. Die Petersilie waschen, trocken tupfen und sehr fein hacken.

2 In einem großen Schmortopf 3 EL Olivenöl erhitzen und die Zwiebeln und den Knoblauch darin andünsten. Die Pfifferlinge dazugeben und bei großer Hitze unter ständigem Umrühren anbraten. Mit dem Rotwein ablöschen und zugedeckt 15 Minuten köcheln lassen. Den Deckel abnehmen und weiter köcheln lassen, bis die Flüssigkeit verdampft ist. Mit Salz und Pfeffer würzen und die Hälfte der Petersilie unterheben.

3 Inzwischen das Fleisch waschen, trocken tupfen und von beiden Seiten salzen und pfeffern. In einer großen Pfanne 3 EL Olivenöl erhitzen und die Koteletts darin nacheinander von jeder Seite 2–5 Minuten braten. Zusammen mit den Pfifferlingen auf vorgewärmten Tellern anrichten und mit der restlichen Petersilie garniert servieren.

Gämsengulasch mit Maronen

Für 6 Personen

Zutaten

500 g Maronen
2 Knoblauchzehen
3 rote Zwiebeln
3 große Karotten
3 feste reife Tomaten
1 EL gehackte Rosmarinblätter
1,2 kg küchenfertiges Gulasch vom Gamswild
4 EL Olivenöl
Meersalz
frisch gemahlener schwarzer Pfeffer
500 ml trockener Rotwein
1 Lorbeerblatt

1 Den Backofen auf 250 °C vorheizen. Die Maronen an der spitzen Seite kreuzweise einschneiden, kurz im Backofen anrösten, schälen und klein schneiden. Die Hitze auf 150 °C reduzieren. Knoblauch und Zwiebeln abziehen und fein würfeln. Die Karotten schälen und klein schneiden. Die Tomaten abwaschen und grob hacken. Die Rosmarinblätter fein wiegen. Das Fleisch waschen und trocken tupfen.

2 In einem feuerfesten Schmortopf das Olivenöl erhitzen und das Fleisch rundum braun anbraten. Knoblauch, Zwiebeln, Karotten und Tomaten hinzufügen und alles leicht anrösten. Salzen und pfeffern, mit dem Rotwein ablöschen, aufkochen lassen, Rosmarin und Lorbeerblatt dazugeben und im Backofen zugedeckt 60 Minuten backen. Die Maronen einrühren und weitere 60 Minuten garen, bis das Fleisch sehr zart ist. Anschließend das Lorbeerblatt entfernen.

3 Auf vorgewärmten Tellern anrichten und sofort servieren.

Das Muffelwild

Das Mufflon *(Ovis ammon musimon)* ist die europäische Unterart des Wildschafs, das in insgesamt acht Unterarten über die Gebirgswelten ganz Eurasiens verbreitet ist, während zwei Unterarten ein Leben in den Steppen Zentralasiens bevorzugen. Mufflons – von den Jägern auch als „Muffel" bezeichnet – sind kraftvolle Tiere: Die Männchen („Widder") werden bis zu 50 kg schwer, die Weibchen („Schafe") bringen bis zu 40 kg auf die Waage und die Jungtiere („Lämmer") erreichen 20 kg. Sehr wahrscheinlich, wenn auch nicht vollständig sicher, ist das Mufflon die Wildform unseres vor ca. 10.000 Jahren domestizierten Hausschafs.

Mufflons leben in gebirgigen Landschaften. Hier bilden die Schafe mit ihren Lämmern kleine Familienrudel, während die Widder in kleinen Gruppen leben. Im Winter bilden sie dann gemischte Herden von bis zu 100 Tieren. Während der Brunft führen die Widder heftige Rangordnungskämpfe durch, bei denen sie mit Anlauf und großer Wucht mit den großen, gebogenen Hörnern auf ihren Köpfen aufeinanderprallen.

Heute findet man Mufflons in ihren ursprünglichen Verbreitungsgebieten im Kaukasus, in Anatolien, im nördlichen Irak und im nordwestlichen Iran, während sie auf der Krim, dem Balkan und in den Karpaten wahrscheinlich bereits um die Zeitenwende herum ausgerottet wurden. Bei den Mufflons auf den Mittelmeerinseln Elba, Zypern, Korsika und Sardinien ist nicht klar, ob es sich um ursprüngliche Wildschafe oder um verwilderte Nachkommen von Hausschafen handelt. In zahlreichen Gegenden Europas, so auch im Alpenraum und in einigen deutschen Mittelgebirgen, ist das Mufflon in jüngerer Zeit als Jagdwild eingebürgert worden. Diese Maßnahmen waren so erfolgreich, dass es heute bei uns mehr Mufflons gibt als in ihrer Heimat, wo die Tiere zudem stark unter der Wilderei zu leiden haben. Ein Grund für die erfolgreiche Ansiedlung von Mufflons in neuen Lebensräumen ist auch ihre große Standorttreue. Hat sich erst einmal eine Population gebildet, kann diese über viele Generationen bestehen, ohne abzuwandern. Während die Mufflons Kleinasiens viele natürliche Feinde wie Bären, Wölfe, Luchse und Adler haben, sind ihnen bei uns höchstens die Jäger auf der Spur.

Wenngleich das Mufflon zahlenmäßig eher zu den seltenen heimischen Wildarten gehört, ist ihr Fleisch in der Wildküche dennoch sehr begehrt, vor allem das der Jungtiere bis zu einem Alter von zwei Jahren. Das Fleisch älterer Tiere kann stark nach Schaf schmecken und wird deshalb in der Regel weniger geschätzt.

Braten vom Mufflonrücken

Für 6 Personen

Zutaten

10 schwarze Pfefferkörner
6 Wacholderbeeren
2 Lorbeerblätter
1 EL gehackte Thymianblätter
1 EL gehackte Majoranblätter
1 EL gehackte Rosmarinblätter
3 rote Zwiebeln
2 Knoblauchzehen
2 Karotten
750 ml trockener Rotwein
125 ml Rotweinessig
1 Zitrone
1 Gewürznelke
2,4 kg küchenfertiger Mufflonrücken mit Knochen und Schwarte
4 EL Olivenöl
Meersalz
frisch gemahlener schwarzer Pfeffer
3 EL Butter
1 kg Äpfel
8 cl Calvados
2 EL eiskalte Butter

1 Pfefferkörner, Wacholderbeeren und Lorbeerblätter in einem Mörser zerstoßen. Thymian-, Majoran- und Rosmarinblätter fein wiegen. Zwiebeln und Knoblauch abziehen, die Zwiebeln grob würfeln, den Knoblauch in Scheiben schneiden. Die Karotten schälen und klein schneiden. Alles in ein großes Gefäß geben und mit Rotwein und Rotweinessig angießen. Die Zitrone halbieren und von jeder Hälfte eine dünne Scheibe abschneiden. Zitronenscheiben mit der Gewürznelke in die Marinade geben. Das Fleisch waschen, trocken tupfen, in die Marinade legen und 24 Stunden kühl ziehen lassen, nach 12 Stunden einmal wenden.

2 Den Backofen auf 225 °C vorheizen. Das Olivenöl in einen Bräter geben und den Mufflonrücken mit der Schwarte nach oben daraufsetzen. Die Schwarte rautenförmig einritzen und kräftig salzen und pfeffern. Das Gemüse aus der Marinade nehmen und dazulegen. In den Backofen schieben und 20 Minuten garen. Mit 250 ml Marinade ablöschen, die Hitze auf 190 °C reduzieren und weitere 50 Minuten garen. Dabei immer wieder mit Marinade und Fond übergießen.

3 Inzwischen die Äpfel schälen, von den Kerngehäusen befreien und klein würfeln. In einem großen Topf die Butter erhitzen und die Äpfel darin dünsten. Die Zitrone auspressen, den Saft zu den Äpfeln geben und alles mit Pfeffer würzen.

4 Den Braten herausnehmen und 20 Minuten warm beiseitestellen. Den Bratensatz mit der restlichen Marinade loskochen, den Fond pürieren oder durch ein Sieb streichen und leicht sämig einkochen. Den Calvados unterrühren und die Sauce mit der eiskalten Butter binden.

5 Das Fleisch aus dem Knochen lösen und die Schwarte abschneiden. Den Braten in Scheiben schneiden, auf vorgewärmten Tellern anrichten und mit der Sauce überzogen servieren.

Marinierte Keule vom Mufflon

1 Pfefferkörner, Wacholderbeeren und Lorbeerblätter in einem Mörser zerstoßen. Thymian-, Majoran- und Rosmarinblätter fein wiegen. Zwiebeln und 2 Knoblauchzehen abziehen, die Zwiebeln grob würfeln, den Knoblauch in Scheiben schneiden. Die Karotten schälen und klein schneiden. Alles in ein großes Gefäß geben und mit Rotwein und Rotweinessig angießen. Die Zitrone achteln und mit der Gewürznelke in die Marinade geben. Das Fleisch waschen, trocken tupfen, zusammenrollen, mit Küchenzwirn festbinden, in die Marinade legen und 24 Stunden kühl ziehen lassen, nach 12 Stunden einmal wenden.

2 Den Backofen auf 180–200 °C vorheizen. 4 Knoblauchzehen abziehen, in Scheiben schneiden und in Salz zerstoßen. Mit reichlich schwarzem Pfeffer und dem Senf vermischen und die Keule damit einreiben.

3 In einem Bräter das Olivenöl erhitzen und die Keule darin rundum goldbraun anbraten. Zitrone und Gewürznelke aus der Marinade entfernen, das Gemüse herausnehmen, in den Bräter geben und leicht anrösten lassen. Mit einem Drittel der Marinade ablöschen, in den Backofen schieben und ca. 80–90 Minuten schmoren lassen. Dabei immer wieder mit Marinade und Fond begießen.

4 Den Braten herausnehmen und 20 Minuten warm beiseitestellen. Den Bratensatz mit der restlichen Marinade loskochen, den Fond pürieren oder durch ein Sieb streichen und leicht sämig einkochen. Weinbrand und Madeira unterrühren, die Speisestärke mit kaltem Wasser glattrühren und die Sauce damit binden. Noch 2–3 Minuten köcheln lassen.

5 Den Braten in Scheiben schneiden, auf vorgewärmten Tellern anrichten und mit der Sauce überzogen servieren.

Für 6 Personen

Zutaten

10 schwarze Pfefferkörner
6 Wacholderbeeren
2 Lorbeerblätter
1 EL gehackte Thymianblätter
1 EL gehackte Majoranblätter
1 EL gehackte Rosmarinblätter
3 rote Zwiebeln
6 Knoblauchzehen
2 Karotten
750 ml trockener Rotwein
125 ml Rotweinessig
1 Zitrone
1 Gewürznelke
1,2 kg küchenfertige Keule vom Mufflon, ohne Knochen
Meersalz
frisch gemahlener schwarzer Pfeffer
2 EL körniger Senf
4 EL Olivenöl
4 cl Weinbrand
100 ml Madeira
1 EL Speisestärke

Panierte Koteletts vom Mufflon

Für 6 Personen

Zutaten

6 küchenfertige Koteletts vom Mufflon
Meersalz
frisch gemahlener schwarzer Pfeffer
4 EL Butter
6–8 EL Paniermehl
6 EL Olivenöl
18 Cherry-Tomaten

1 Die Koteletts waschen, trocken tupfen und auf beiden Seiten salzen und pfeffern. In einer großen Pfanne die Butter zerlassen. Die Koteletts einmal von beiden Seiten darin wenden und beiseitestellen. 2 EL Öl in die Pfanne geben und erhitzen. Die Koteletts nacheinander in Paniermehl wenden, und von jeder Seite 3–5 Minuten goldbraun braten. Inzwischen die Tomaten waschen und abtropfen lassen. In einer zweiten Pfanne 4 EL Olivenöl erhitzen, die Tomaten darin rundherum anbraten und bei reduzierter Hitze weich dünsten.

Gegrillte Koteletts vom Mufflon

Für 6 Personen

Zutaten

6 küchenfertige Koteletts vom Mufflon
frisch gemahlener schwarzer Pfeffer
6 EL Olivenöl
Meersalz
6 zarte Maiskolben
3 EL Butter

1 Das Fleisch waschen, trocken tupfen, von beiden Seiten kräftig pfeffern, in eine Schüssel geben, mit dem Olivenöl vermengen und 2 Stunden ziehen lassen. Die Koteletts auf dem Holzkohlegrill von beiden Seiten ca. 5–7 Minuten direkt grillen, dann beiseitestellen und ruhen lassen. Inzwischen die Maiskolben rundherum schön knusprig grillen. Die Koteletts auf Teller geben, salzen, je einen Maiskolben dazulegen und mit Butter bestreichen.

Koteletts vom Mufflon mit Champignons

Für 6 Personen

Zutaten

3 rote Zwiebeln
2 Knoblauchzehen
500 g kleine braune Champignons
2 EL gehackte glatte Petersilie
6 EL Olivenöl
250 ml trockener Rotwein
Meersalz
frisch gemahlener schwarzer Pfeffer
6 küchenfertige Koteletts vom Mufflon

1 Zwiebeln und Knoblauch abziehen und fein würfeln. Die Champignons putzen (nicht waschen!) und eventuell halbieren. Die Petersilie waschen, trocken tupfen und sehr fein hacken. In einem großen Schmortopf 3 EL Olivenöl erhitzen und die Zwiebeln und den Knoblauch darin andünsten. Die Champignons dazugeben und bei großer Hitze unter ständigem Umrühren anbraten. Mit dem Rotwein ablöschen und zugedeckt 15 Minuten köcheln lassen. Den Deckel abnehmen und weiter köcheln lassen, bis die Flüssigkeit verdampft ist. Mit Salz und Pfeffer würzen und die Hälfte der Petersilie unterheben.

2 Inzwischen das Fleisch waschen, trocken tupfen und von beiden Seiten salzen und pfeffern. In einer großen Pfanne 3 EL Olivenöl erhitzen und die Koteletts darin nacheinander von jeder Seite 5 Minuten braten.

Mufflonkeule vom Drehspieß

1 Die Pfefferkörner und Wacholderbeeren in einem Mörser zerstoßen. Thymian-, Rosmarin-, Majoranblätter fein wiegen. Alles in einer großen Schüssel mit dem Senf, 6 EL Olivenöl und dem Rotwein vermischen. Das Fleisch waschen, trocken tupfen, in die Marinade geben und zugedeckt 48 Stunden im Kühlschrank ziehen lassen.

2 Den Speck in große Scheiben schneiden, die Mufflonkeule darin einwickeln, in einen Grillkorb geben und am Drehspieß befestigen. Ca. 100–120 Minuten über der Holzkohle grillen, das Fleisch nach dem Grillen noch 15 Minuten ruhen lassen.

3 In dieser Zeit die Kartoffeln bürsten und halbieren. Die Tomaten waschen und halbieren. Abwechselnd je 4 Kartoffel- und Tomatenhälften auf einen Spieß stecken und so insgesamt 6 Spieße herstellen. Salzen, pfeffern, mit 3 EL Olivenöl beträufeln und 2–3 Minuten von der Schnittseite und 1 Minute von der Hautseite auf dem Rost grillen.

4 Das Fleisch vom Speckmantel befreien, vom Knochen lösen, aufschneiden, salzen und mit je einem Grillspieß servieren.

Für 6 Personen

Zutaten

6 Wacholderbeeren
10 schwarze Pfefferkörner
1 EL gehackte Thymianblätter
1 EL gehackte Rosmarinblätter
1 EL gehackte Majoranblätter
3 EL körniger Senf
9 EL Olivenöl
500 ml trockener Rotwein
1,8 kg küchenfertige Mufflonkeule mit Knochen
400 g grüner Speck
12 kleine Kartoffeln (Bratlinge)
12 kleine Tomaten
Meersalz
frisch gemahlener schwarzer Pfeffer

Mufflongulasch mit Pfifferlingen

1 Rosmarin-, Thymian- und Majoranblätter sehr fein wiegen. Das Fleisch waschen, trocken tupfen, salzen, pfeffern und mit den Kräutern vermengen. Schalotten und Knoblauch abziehen und sehr klein würfeln. Die Karotten schälen und in feine Stifte schneiden. Den Sellerie putzen, waschen und in dünne Scheiben schneiden. Die Petersilie waschen, trocken tupfen und sehr fein hacken. Die Pfifferlinge putzen (nicht waschen!) und eventuell halbieren oder vierteln.

2 Den Backofen auf 180–200 °C vorheizen. Das Olivenöl in einem Bratentopf erhitzen und das Mufflongulasch unter Rühren von allen Seiten kräftig anbraten. Schalotten, Knoblauch, Karotten, Sellerie, die Hälfte der Petersilie und die Pfifferlinge dazugeben und anrösten. Das Tomatenmark unterrühren, mit Rotwein ablöschen und mit Gemüsebrühe oder Wildfond auffüllen. In den Backofen geben und zugedeckt 70–80 Minuten schmoren lassen.

3 Den Topf aus dem Backofen nehmen und auf den Herd stellen. Unter ständigem Rühren die Sahne unterziehen und das Gulasch noch einmal mit Salz und Pfeffer abschmecken.

Für 6 Personen

Zutaten

1 EL gehackte Rosmarinblätter
1 EL gehackte Thymianblätter
1 EL gehackte Majoranblätter
1,2 kg küchenfertiges Gulasch vom Mufflon
Meersalz
frisch gemahlener schwarzer Pfeffer
4 Schalotten
3 Knoblauchzehen
2 Karotten
1 Stange Sellerie
1 Bund glatte Petersilie
500 g Pfifferlinge
3 EL Olivenöl
3 EL Tomatenmark
500 ml trockener Rotwein
250 ml Gemüsebrühe oder Wildfond
200 g Sahne

Ragout vom Mufflon

Für 6 Personen

Zutaten

1 TL schwarze Pfefferkörner
6 Wacholderbeeren
6 cl Obstbrand
1,2 kg küchenfertiges Gulasch vom Mufflon
3 Zwiebeln
2 Karotten
¼ Knolle Sellerie
750 ml trockener Rotwein
4 EL Butterschmalz oder Olivenöl
2 EL gehackte glatte Petersilie
2 Äpfel
2 feste Birnen
250 ml Fleischbrühe oder Wildfond
Meersalz
frisch gemahlener schwarzer Pfeffer

1 Die Pfefferkörner und Wacholderbeeren in einem Mörser zerstoßen. Das Fleisch waschen, trocken tupfen und mit den Pfefferkörnern, Wacholderbeeren und dem Obstbrand vermengen. Die Zwiebeln abziehen und würfeln. Karotten und Sellerie schälen und in Stücke schneiden. Den Rotwein in eine große Schüssel gießen. Das Gemüse und das Fleisch dazugeben und zugedeckt im Kühlschrank 24 Stunden ziehen lassen.

2 Das Fleisch aus der Marinade nehmen und abtropfen lassen. In einem Schmortopf das Butterschmalz oder Olivenöl erhitzen und das Fleisch darin rundum goldbraun anbraten. Das Gemüse aus der Marinade nehmen, abtropfen lassen, in den Topf geben und einige Minuten anrösten. Mit der Marinade ablöschen, aufkochen lassen und zugedeckt bei kleiner Hitze 60–75 Minuten köcheln lassen.

3 Inzwischen die Petersilie waschen, trocken tupfen und sehr fein hacken. Das Fleisch aus dem Topf nehmen und warm beiseitestellen. Den Fond pürieren oder durch ein Sieb passieren und wieder aufkochen lassen. Die Äpfel und Birnen waschen, von den Kerngehäusen befreien, klein schneiden und in die Sauce geben. Fleischbrühe oder Wildfond angießen und bei großer Hitze unter ständigem Rühren auf die gewünschte Konsistenz einkochen lassen. Mit Salz und Pfeffer abschmecken und das Fleisch sowie die Hälfte der Petersilie unterheben.

4 Das Mufflonragout auf vorgewärmte Teller geben und mit der restlichen Petersilie garniert servieren.

Gegrillter Mufflonhals

Für 6 Personen

Zutaten

6 Wacholderbeeren
4 Knoblauchzehen
1 EL gehackte Majoranblätter
3 EL körniger Senf
6 EL Olivenöl
2–3 EL scharfe Chilisauce
1,5 kg küchenfertiger Hals vom Mufflon, vom Metzger ausgelöst
6 EL Butter
3 große Auberginen
3 EL Zitronensaft
Meersalz
frisch gemahlener schwarzer Pfeffer
6 zarte Maiskolben

1 Die Wacholderbeeren in einem Mörser zerstoßen. Die Knoblauchzehen abziehen und pressen. Die Majoranblätter fein wiegen. Alles mit dem Senf, 3 EL Olivenöl und der Chilisauce zu einer Beize verrühren. Das Fleisch waschen, trocken tupfen, von beiden Seiten mit der Beize bestreichen und zugedeckt im Kühlschrank 24 Stunden ziehen lassen.

2 Das Fleisch aufrollen und mit Küchengarn zunähen. Der Länge nach auf einen Drehspieß stecken, mit 3 EL Butter bestreichen und ca. 30–45 Minuten über Holzkohle grillen. Die Kerntemperatur mit dem Fleischthermometer prüfen, sie sollte 80 °C betragen. Das Fleisch vom Spieß nehmen und 30 Minuten in Folie eingeschlagen ruhen lassen.

3 Inzwischen die Auberginen waschen, trocken tupfen, vom Stielansatz befreien und längs halbieren. Die Schnittflächen mit dem Zitronensaft und 3 EL Olivenöl beträufeln, kräftig salzen und pfeffern und einige Minuten auf dem Rost gar grillen. Die Maiskolben rundherum schön knusprig grillen.

4 Den Mufflonhals in Scheiben schneiden und mit je einer halben Aubergine auf Tellern anrichten, je einen Maiskolben dazulegen und mit der restlichen Butter bestreichen.

Mufflonkeule mit Steinpilzsauce

Für 6 Personen

Zutaten

10 schwarze Pfefferkörner
6 Wacholderbeeren
2 Lorbeerblätter
1 EL gehackte Thymianblätter
1 EL gehackte Rosmarinblätter
1 EL gehackte Majoranblätter
750 ml trockener Rotwein
1,5 kg küchenfertige Mufflonkeule ohne Knochen
25 g getrocknete Steinpilze
3 Zwiebeln
150 g geräucherter Speck
4 EL Olivenöl
2 Schalotten
2 EL Butter
Meersalz
frisch gemahlener schwarzer Pfeffer
1 EL gehackte glatte Petersilie
3 EL Holundergelee
200 g Sahne

1 Pfefferkörner, Wacholderbeeren und Lorbeerblätter im Mörser zerstoßen. Die Thymian-, Rosmarin- und Majoranblätter fein wiegen. Alles in eine große Schüssel geben und den Rotwein angießen. Die Mufflonkeule waschen, trocken tupfen, dazugeben und 24 Stunden im Kühlschrank marinieren lassen. Nach 12 Stunden die Keule einmal wenden.

2 Den Backofen auf 180 °C vorheizen. Die Steinpilze in eine kleine Schüssel geben, mit lauwarmem Wasser bedecken und beiseitestellen. Die Zwiebeln abziehen und fein würfeln. Den Speck in kleine Würfel schneiden. Die Keule aus der Marinade nehmen, trocken tupfen, aufrollen und mit Küchengarn festbinden. In einem Bräter das Olivenöl erhitzen und den Speck darin glasig anschwitzen. Das Fleisch dazugeben und rundherum kräftig anbraten. Die Zwiebeln hinzugeben und bei reduzierter Hitze etwas anbräunen. Mit zwei Dritteln von der Marinade angießen und aufkochen. In den Backofen geben und zugedeckt ca. 80–90 Minuten schmoren lassen. Zwischendurch das Fleisch immer wieder mit dem Fond übergießen.

3 Inzwischen die Schalotten abziehen und sehr fein würfeln. In einer Pfanne 2 EL Butter erhitzen und die Schalotten darin glasig dünsten. Die Steinpilze ausdrücken, die Flüssigkeit auffangen. Die Pilze in die Pfanne geben und ca. 10–15 Minuten garen. Immer wieder mit der Einweichflüssigkeit ablöschen, bis diese fast völlig verdampft ist. Dabei darauf achten, dass kein Sand in die Pfanne gerät. Die Petersilie fein wiegen und unter die Pilze ziehen. Mit Salz und Pfeffer abschmecken.

4 Die Mufflonkeule aus dem Bräter nehmen und warm beiseitestellen. Den Fond in einen Topf geben und aufkochen. Die restliche Marinade angießen und bei starker Hitze auf die gewünschte Konsistenz einkochen lassen. Dabei unter ständigem Rühren das Holundergelee und die Sahne untermischen. Die Steinpilze unterheben und noch einmal mit Salz und Pfeffer abschmecken.

5 Die Mufflonkeule in Scheiben schneiden, eventuell austretenden Fleischsaft in die Sauce mischen. Auf einer vorgewärmten Platte anrichten und mit etwas Sauce überziehen. Die restliche Sauce separat servieren.

Der Feldhase

„Meister Lampe“, wie der Feldhase *(Lepus europaeus)* in der Fabel genannt wird, ist die einzige bei uns heimische Art aus der Gattung der Echten Hasen *(Lepus)*. Er ist weit verbreitet, man findet ihn in Spanien und Westeuropa ebenso wie in Mittel- und Osteuropa bis weit nach Zentralasien hinein. In Nord-Süd-Richtung erstreckt sich sein Verbreitungsgebiet von Dänemark bis zum Mittelmeer. Jäger haben den Feldhasen darüber hinaus in Nord- und Südamerika sowie in Australien eingebürgert.

Als Lebensräume bevorzugt der Feldhase abwechslungsreiche Landschaften mit Wäldern, Hecken, Gebüsch, Wiesen, Weiden und Feldern. Man trifft ihn typischerweise in der Region zwischen Waldrändern, landwirtschaftlichen Flächen und offenen Landschaften an. Dabei geht er auch bis in direkte Nähe menschlicher Ansiedlungen. Dabei ist er aber keineswegs in dem Maße ein Kulturfolger wie das Wildkaninchen. Im Vergleich mit diesem, mit dem er oft verwechselt wird, ist der Feldhase ein kräftiges Tier, das eine Länge von 80 cm und ein maximales Gewicht von 7 kg erreichen kann. Mit Höchstgeschwindigkeiten von ca. 70 km/h, die er auf der Flucht vor seinen Feinden erreicht, ist der Feldhase wohl unser schnellstes heimisches Säugetier. Aus vollem Lauf kann er dabei Sprünge von 2 m vollführen.

Der Feldhase ist ein reiner Pflanzenfresser, der sich von grünen Pflanzenteilen, Knollen, Wurzeln, Getreide und im Winter auch von der Rinde junger Bäume ernährt. Die überwiegend dämmerungs- und nachtaktiven Tiere verbringen den Tag ruhend in einer als „Sasse“ bezeichneten, flachen, meist gut gedeckten Mulde. Bei Gefahr drücken sie sich bewegungslos an den Boden und ergreifen erst im letzten Moment die Flucht. Außerhalb der Paarungszeit leben Feldhasen als Einzelgänger.

Ungeachtet ihres großen Verbreitungsgebietes sind Feldhasen trotzdem nirgends häufig. Man schätzt, dass in Deutschland ca. 4 Millionen Hasen leben. Sie haben viele Feinde und werden von Mardern, Füchsen, streunenden Hunden und Greifvögeln gejagt. Die größte Gefahr für die rückläufigen Bestände geht jedoch vom Straßenverkehr und von landwirtschaftlichen Maschinen aus.

Jäger teilen die Hasen in die meist größeren „Waldhasen“, die etwas leichteren „Feldhasen“ und die noch nicht ausgewachsenen „Dreiläufer“ ein.

In der Wildküche sind Hasen wegen ihres aromatischen und zarten Fleisches überaus geschätzt. Es eignet sich zum Braten und Schmoren gleich gut. Das Fleisch eines ganzen Hasen ergibt dabei ca. 4 Portionen.

Hasenpfeffer

Für 6 Personen

Zutaten

8 Schalotten
2 EL gehackte Rosmarinblätter
2 EL gehackte Thymianblätter
5 Wachholderbeeren
1–2 Gewürznelken
1 Lorbeerblatt
10 schwarze Pfefferkörner
Meersalz
750 ml trockener Rotwein
1 küchenfertiger Feldhase
200 g magerer Speck
200 g Preiselbeeren

1 3 Schalotten abziehen und fein würfeln. Rosmarin- und Thymianblätter fein wiegen. Die Wacholderbeeren zerstoßen. Schalotten, je die Hälfte Rosmarin und Thymian, Wacholderbeeren, Gewürznelken, Lorbeerblatt, Pfefferkörner und Salz in einer großen Schüssel gut vermischen. Mit dem Wein aufgießen. Den Hasen waschen, trocken tupfen und 24 Stunden in der Marinade zugedeckt kühl ziehen lassen.

2 Die restlichen Schalotten abziehen und fein würfeln. Den Hasen aus der Marinade nehmen und abtupfen. In einem Bräter den Speck auslassen und die Schalotten mit dem Rest Rosmarin und Majoran darin glasig dünsten. Den Hasen hinzugeben und rundum anbraten. Bei großer Hitze die Marinade angießen, aufkochen lassen und den Hasen darin zugedeckt 90 Minuten bei geringer Hitze köcheln lassen. Dabei nach und nach esslöffelweise die Preiselbeeren dazugeben.

3 Den Hasen herausnehmen, das Fleisch auslösen und klein schneiden. Die Flüssigkeit eventuell bei großer Hitze auf die gewünschte Konsistenz reduzieren. Das Fleisch wieder in die Sauce geben und den Hasenpfeffer sofort servieren.

Tipp: Hasenpfeffer lässt sich auch leicht mit Karotten, verschiedenen Pilzen und Knödeln zubereiten.

Hasenkeulen mit Feigensauce

Für 6 Personen

Zutaten

6 küchenfertige Hasenkeulen
frisch gemahlener schwarzer Pfeffer
3 EL Butterschmalz
2 Gewürznelken
2 Lorbeerblätter
100 ml Portwein
250 ml trockener Rotwein
400 ml Wildfond
Meersalz
3 EL Feigenmarmelade
40 g eiskalte Butter
6 reife Feigen

1 Das Fleisch waschen, trocken tupfen und reichlich pfeffern. In einem Bräter das Butterschmalz erhitzen und die Keulen darin rundum goldbraun anbraten. Gewürznelken und Lorbeerblätter dazugeben und leicht anrösten. Mit dem Portwein ablöschen, Rotwein und Wildfond angießen und zugedeckt sanft 45–60 Minuten schmoren lassen. Die Hasenkeulen herausnehmen, salzen und warm beiseitestellen.

2 Den Fond durch ein Sieb streichen, Gewürznelken und Lorbeerblätter entfernen und in einem Topf einkochen. Die Feigenmarmelade unterheben und mit der eiskalten Butter binden.

3 Die Feigen so vierteln, dass die Teile am Boden der Frucht noch zusammenhängen. Die Hasenkeulen auf 6 vorgewärmte Teller geben, mit der Sauce überziehen und mit je 1 aufgeklappten Feige garniert servieren.

Hasenkeule mit Orangensauce

Für 6 Personen

Zutaten

2 Karotten
4 Schalotten
1 Stange Sellerie
10 schwarze Pfefferkörner
5 Wacholderbeeren
1 TL Senfkörner
1 Lorbeerblatt
1½ EL Kräuter der Provence
4 EL abgeriebene Orangenschale
6 küchenfertige Hasenkeulen
Meersalz
frisch gemahlener schwarzer Pfeffer
4 EL Olivenöl
4 EL Tomatenmark
300 ml trockener Rotwein
300 ml Orangensaft
300 ml Gemüsebrühe oder Wildfond
200 g Sahne
2–3 cl Orangenlikör
1–2 EL Orangenmarmelade
1–2 EL Rotweinessig

1 Die Karotten schälen und in Stücke schneiden. Die Schalotten abziehen und grob würfeln. Den Sellerie putzen und in Stücke schneiden. Nacheinander die Pfefferkörner, die Wacholderbeeren und die Senfkörner in einem Mörser zerstoßen. Das Lorbeerblatt klein brechen. Pfefferkörner, Wacholderbeeren, Senfkörner und Lorbeerblatt gut mit den Kräutern der Provence und der Orangenschale vermischen. Die Hasenkeulen waschen, trocken tupfen und kräftig salzen, pfeffern und mit der Gewürzmischung einreiben.

2 Den Backofen auf 180–200 °C vorheizen. In einem Bräter das Olivenöl erhitzen und die Hasenkeulen darin rundum goldbraun anbraten. Karotten, Schalotten und Sellerie dazugeben und schön anrösten. Das Tomatenmark dazugeben und mit Wein, Orangensaft und Gemüsebrühe oder Wildfond ablöschen. Den Bräter in den Backofen geben und die Hasenkeulen 90–120 Minuten schmoren lassen bis das Fleisch gar ist.

3 Aus dem Ofen nehmen, die Hasenkeulen auf einer vorgewärmten Platte anrichten und warm beiseitestellen. Die Sauce pürieren oder durch ein Küchensieb streichen und in einem Topf erneut aufkochen. Die Sahne hinzugeben und die Sauce – wenn nötig – unter ständigem Rühren bis zur gewünschten Konsistenz einkochen. Nach Gusto mit Orangenlikör, Orangenmarmelade und Rotweinessig verfeinern und noch einmal mit Salz und Pfeffer abschmecken. Sofort zu den Keulen servieren.

Hasenragout mit Pfifferlingen und Linsen

Für 6 Personen

Zutaten

150 g Tellerlinsen
3 Karotten
6 Schalotten
1 Stange Sellerie
10 schwarze Pfefferkörner
5 Wacholderbeeren
1 EL gehackte Majoranblätter
1 EL gehackte Rosmarinblätter
1 EL gehackte Thymianblätter
6 küchenfertige Hasenkeulen
Meersalz
6 EL Olivenöl
4 EL Tomatenmark
4 EL Mehl
300 ml Gemüsebrühe oder Wildfond
400 ml trockener Rotwein
1 Lorbeerblatt
300 g Pfifferlinge
2 TL Kräuter der Provence
4 EL Preiselbeermarmelade
frisch gemahlener schwarzer Pfeffer

1 Die Tellerlinsen nach Packungsanleitung entweder mit oder ohne Einweichen in der vorgeschriebenen Zeit in Salzwasser gar kochen. Abgießen und beiseitestellen. In der Zwischenzeit die Karotten schälen und würfeln. 3 Schalotten abziehen und fein würfeln. Den Sellerie putzen und in Stücke schneiden. Die Pfefferkörner und die Wacholderbeeren in einem Mörser zerstoßen. Majoran-, Rosmarin- und Thymianblätter fein wiegen und mit den zerstoßenen Pfefferkörnern und Wacholderbeeren vermischen. Die Hasenkeulen waschen und trocken tupfen. Das Fleisch von den Knochen befreien und in fingerbreite, 4 cm lange Streifen schneiden. Mit der Pfeffermischung vermengen und salzen.

2 Den Backofen auf 180 °C vorheizen. In einem Bräter 3 EL Olivenöl erhitzen und das Fleisch darin goldbraun anbraten. Karotten, Schalotten und Sellerie hinzugeben und anrösten. Das Tomatenmark beigeben und das Mehl anstäuben. Gut umrühren und mit Gemüsebrühe oder Wildfond und 300 ml Rotwein ablöschen. Das Lorbeerblatt dazugeben und einmal aufkochen lassen. In den Backofen geben und 70–80 Minuten zugedeckt schmoren lassen, bis das Fleisch sehr zart ist.

3 In der Zwischenzeit die Pfifferlinge sorgfältig putzen (nicht waschen!). Je nach Größe die Pfifferlinge eventuell halbieren. Die verbliebenen 3 Schalotten abziehen und sehr fein würfeln. In einer Pfanne 3 EL Olivenöl erhitzen und die Schalotten darin glasig dünsten. Die Pfifferlinge hinzugeben und ca. 5 Minuten unter ständigem Rühren kräftig braten, bis die Flüssigkeit aus den Pilzen verdampft ist. Die Linsen unterheben, kurz anrösten und mit 100 ml Rotwein ablöschen. Die Kräuter der Provence und die Preiselbeermarmelade dazugeben und das Ganze eventuell so lange einkochen, bis die gewünschte Konsistenz erreicht ist.

4 Nach dem Ende der Garzeit den Bräter aus dem Backofen nehmen und die Pfifferling-Linsen-Mischung unterheben. Das Hasenragout noch einmal mit Salz und Pfeffer abschmecken, auf Tellern anrichten und sofort servieren.

Hasenrückenfilets in Orangensauce

Für 6 Personen

Zutaten

2 Schalotten
1 Orange
1–2 TL gehackte Majoranblätter
1–2 TL gehackte Thymianblätter
6 Hasenrückenfilets
Meersalz
frisch gemahlener schwarzer Pfeffer
3 EL Olivenöl
250 ml trockener Rotwein
3 EL bittere Orangenmarmelade mit Schalen
200 g Sahne

1 Die Schalotten abziehen und fein würfeln. Die Orange auspressen. Majoran- und Thymianblätter fein wiegen. Die Hasenrückenfilets sorgfältig waschen, trocken tupfen und rundum kräftig mit Majoran, Thymian, Salz und Pfeffer würzen.

2 In einer Pfanne das Olivenöl erhitzen und die Filets darin gar braten. Herausnehmen und warm beiseitestellen. Die Schalotte in der Pfanne glasig dünsten. Mit dem Rotwein ablöschen und bei starker Hitze aufkochen. Orangensaft und Orangenmarmelade unterrühren und auf die gewünschte Konsistenz einkochen. Unter ständigem Rühren bei reduzierter Hitze mit der Sahne binden. Die Sauce noch einmal mit Salz und Pfeffer abschmecken.

3 Die Hasenrückenfilets auf einer vorgewärmten Platte anrichten, mit der Sauce überziehen und sofort servieren.

Hasenkeulen mit sämiger Sauce

Für 6 Personen

Zutaten

3 Schalotten
2 Karotten
1 Stange Sellerie
6 Wacholderbeeren
1 TL Senfkörner
10 schwarze Pfefferkörner
1 Lorbeerblatt
Meersalz
2–3 EL abgeriebene Orangenschale
1½ EL Kräuter der Provence
6 küchenfertige Hasenkeulen
4 EL Olivenöl
3 EL Tomatenmark
250 ml Gemüsebrühe oder Wildfond
250 ml Rotwein
200 g Sahne
frisch gemahlener schwarzer Pfeffer

1 Die Schalotten abziehen und grob würfeln. Die Karotten schälen und in Stücke schneiden. Den Sellerie putzen und in Stücke schneiden. Nacheinander die Wacholderbeeren, die Senfkörner, die Pfefferkörner und das Lorbeerblatt im Mörser zerstoßen und mit Salz, Orangenschale und Kräutern der Provence vermischen. Die Hasenkeulen waschen, trocken tupfen und mit der Gewürzmischung einreiben.

2 Den Backofen auf 180 °C vorheizen. Das Olivenöl in einem Bräter erhitzen und die Hasenkeulen darin rundum goldbraun anbraten. Schalotten, Karotten und Sellerie dazugeben und anrösten. Das Tomatenmark einrühren, nach 1–2 Minuten mit Gemüsebrühe oder Wildfond und Rotwein ablöschen und aufkochen lassen. In den Backofen geben und zugedeckt ca. 90 Minuten schmoren lassen, bis die Keulen sehr zart sind.

3 Aus dem Backofen nehmen und die Hasenkeulen warm beiseitestellen. Die Sauce pürieren oder durch ein Küchensieb streichen. In einen Topf geben und unter ständigem Rühren mit der Sahne auf die gewünschte Konsistenz bringen. Noch einmal mit Salz und Pfeffer abschmecken und zu den Hasenkeulen reichen.

Hasenkeulen mit Steinpilzsauce

Für 6 Personen

Zutaten

15 g getrocknete Steinpilze
4 Schalotten
1 Karotte
250 g Cherry-Tomaten
6 Wacholderbeeren
Meersalz
frisch gemahlener schwarzer Pfeffer
6 küchenfertige Hasenkeulen
4 EL Olivenöl
1 EL Tomatenmark
500 ml trockener Rotwein
1 Lorbeerblatt
1–2 EL Johannisbeergelee
3–4 EL Butter
1 EL gehackter frischer Schnittlauch
1 EL gehackte glatte Petersilie

1 Die Steinpilze in eine kleine Schüssel geben, mit lauwarmem Wasser bedecken und beiseitestellen. 2 Schalotten abziehen und grob würfeln. Die Karotte schälen und in Stücke schneiden. Die Tomaten waschen und vierteln. Die Wacholderbeeren in einem Mörser zerstoßen und mit Salz und Pfeffer vermischen. Die Hasenkeulen waschen, trocken tupfen und mit der Gewürzmischung einreiben.

2 Den Backofen auf 220 °C vorheizen. In einem Bräter das Olivenöl erhitzen und die Hasenkeulen darin von allen Seiten goldbraun anbraten. Schalotten und Karotte hinzugeben und kurz anrösten. Die Tomaten und das Tomatenmark hinzugeben und mitbraten. Mit dem Rotwein ablöschen und aufkochen lassen. Das Lorbeerblatt und das Johannisbeergelee hinzugeben, gut verrühren und den Bräter in den Backofen stellen. Zugedeckt ca. 50–60 Minuten schmoren lassen, bis das Fleisch gar ist.

3 In der Zwischenzeit die beiden restlichen Schalotten abziehen und sehr fein würfeln. In einer Pfanne 2 EL Butter erhitzen und die Schalotten darin glasig dünsten. Die Steinpilze ausdrücken, die Flüssigkeit auffangen. Die Pilze in die Pfanne geben und ca. 10–15 Minuten garen. Immer wieder mit der Einweichflüssigkeit ablöschen, bis diese fast völlig verdampft ist. Dabei darauf achten, dass kein Sand in die Pfanne gerät. Schnittlauch und Petersilie fein wiegen und unter die Pilze ziehen. Mit Salz und Pfeffer abschmecken.

4 Den Bräter aus dem Ofen nehmen. Die Hasenkeulen herausnehmen und warm beiseitestellen. Die Sauce pürieren oder durch ein Sieb streichen. In einen Topf geben und eventuell bei großer Hitze auf die gewünschte Konsistenz reduzieren. Die Pilze hinzugeben, noch einmal mit Salz und Pfeffer abschmecken und mit der restlichen Butter binden.

5 Die Hasenkeulen auf einer vorgewärmten Platte anrichten und die Sauce getrennt dazu reichen.

Hasenrücken in Kräuterkruste

Für 6 Personen

Zutaten

1 EL gehackte Thymianblätter
1 EL gehackte Salbeiblätter
1 EL gehackte Rosmarinblätter
1 Bund glatte Petersilie
3 Knoblauchzehen
1 unbehandelte Zitrone
50 g Paniermehl
8 EL Olivenöl
50 g körniger Senf
3 küchenfertige Hasenrücken
Meersalz
frisch gemahlener schwarzer Pfeffer
3 Schalotten
6 Wacholderbeeren
250 ml trockener Rotwein
200 g Sahne

1 Thymian-, Salbei- und Rosmarinblätter fein wiegen. Die Petersilie waschen, trocken tupfen und sehr fein hacken. Knoblauch abziehen und pressen. Die Schale der Zitrone sorgfältig abreiben. Alles vermischen und mit dem Paniermehl, 2 EL Olivenöl und dem Senf zu einer Paste verarbeiten.

2 Den Backofen auf 220 °C vorheizen. Die Hasenrücken waschen, trocken tupfen und links und rechts entlang des Rückgrats am Knochen ca. 3 cm tief einschneiden. Mit Salz und Pfeffer würzen und mit dem Kräutersenf bestreichen. Mit 1–2 EL Olivenöl beträufeln. Die Hasenrücken auf ein mit 2 EL Olivenöl leicht gefettetes Backblech setzen und im Ofen 15–20 Minuten backen, bis das Fleisch gar ist. Im ausgeschalteten Backofen noch 5 Minuten ruhen lassen. Herausnehmen, das Fleisch vom Knochen lösen und in Scheiben schneiden. Warm beiseitestellen.

3 In der Zwischenzeit die Schalotten abziehen und fein würfeln. Die Wacholderbeeren im Mörser zerstoßen. 2 EL Olivenöl in einer Pfanne erhitzen und die Schalotten und Wacholderbeeren ca. 5 Minuten darin andünsten. Mit dem Wein ablöschen und bei großer Hitze auf die gewünschte Konsistenz einkochen. Die Sauce pürieren und unter ständigem Rühren mit der Sahne binden. Noch einmal mit Salz und Pfeffer abschmecken.

4 Die Hasenrücken auf einer vorgewärmten Platte anrichten und die Sauce getrennt dazu servieren.

Hasenkeulen in Rotweinmarinade

Für 6 Personen

Zutaten

2 Karotten
3 Frühlingszwiebeln
2–3 Knoblauchzehen
2 Schalotten
1 EL gehackte Thymianblätter
1 EL gehackte Rosmarinblätter
6 Wacholderbeeren
2 Nelken
1 Lorbeerblatt
10 schwarze Pfefferkörner
250 ml Portwein
500 ml trockener Rotwein
6 küchenfertige Hasenkeulen
4 EL Olivenöl
2 EL Tomatenmark
Meersalz
frisch gemahlener schwarzer Pfeffer
150 g Crème fraîche

1 Die Karotten schälen und in Stücke schneiden. Die Frühlingszwiebeln putzen und klein schneiden. Die Knoblauchzehen abziehen und in Scheiben schneiden. Die Schalotten abziehen und grob würfeln. Thymian- und Rosmarinblätter fein wiegen. Alles in eine große Schüssel füllen, Wacholderbeeren, Nelken, Lorbeerblatt und Pfefferkörner dazugeben und alles gut miteinander vermischen. Mit Portwein und Rotwein auffüllen. Die Hasenkeulen sorgfältig waschen, trocken tupfen und in die Marinade geben. Zugedeckt 3 Tage marinieren lassen.

2 Den Backofen auf 220 °C vorheizen. Die Hasenkeulen aus der Marinade nehmen und trocken tupfen. In einem Bräter das Olivenöl stark erhitzen und die Keulen rundum scharf goldbraun anbraten. Das Gemüse aus der Marinade nehmen, abtropfen lassen, mit dem Tomatenmark zu den Keulen geben und kurz anrösten. Mit der Marinade ablöschen, aufkochen lassen, in den Backofen geben und 20–30 Minuten zugedeckt schmoren lassen, bis das Fleisch gar ist.

3 Aus dem Backofen nehmen, die Keulen herausnehmen und vom Knochen lösen. Das Fleisch salzen, pfeffern und warm beiseitestellen. Nelken, Wacholderbeeren, Pfefferkörner und Lorbeerblatt aus der Sauce entfernen. Die Sauce pürieren oder durch ein Sieb streichen und in einem Topf erneut aufkochen. Unter ständigem Rühren mit der Crème fraîche binden. Noch einmal mit Salz und Pfeffer abschmecken.

4 Das Fleisch auf einer vorgewärmten Platte anrichten und mit etwas Sauce überzogen sofort servieren. Die restliche Sauce dazu reichen.

Salat mit Hasenrücken

Für 6 Personen

Zutaten

2 küchenfertige Hasenrücken, vom Metzger ausgelöst
Meersalz
frisch gemahlener schwarzer Pfeffer
6–7 EL Olivenöl
2 Schalotten
2 Karotten
250 g Cherry-Tomaten
1 EL gehackte glatte Petersilie
1 TL getrockneter Estragon
2–3 EL Haselnussöl
5 EL Balsamico
1 TL körniger Senf
1 Bund Rucola, ½ Kopf Frisee-Salat oder 200 g Feldsalat

1 Die Hasenrückenfilets waschen, trocken tupfen, salzen, pfeffern und in Medaillons schneiden. In einer Pfanne 4 EL Olivenöl erhitzen und die Medaillons darin gar braten. Warm beiseitestellen.

2 Die Schalotten abziehen und sehr fein würfeln. Die Karotten schälen und in feine Stifte schneiden. Die Tomaten waschen und vierteln. Die Petersilie waschen, trocken tupfen und sehr fein wiegen. Schalotten, Karotten, Tomaten, Petersilie und Estragon in eine Salatschüssel geben.

3 Aus 2–3 EL Olivenöl, dem Haselnussöl, dem Balsamico, dem Senf, Salz und Pfeffer eine Salatsauce rühren, in die Schüssel geben und alles gut miteinander vermischen. Den Salat putzen, klein schneiden, waschen und trocken tupfen. In die Salatschüssel geben und erneut alles gut durchmischen. Die Hasenmedaillons auf den Salat setzen, mit der Flüssigkeit aus der Pfanne überziehen und den Salat sofort servieren.

Hasenkeulen mit Pflaumensauce

Für 6 Personen

Zutaten

8 Wacholderbeeren
6 küchenfertige Hasenkeulen
Meersalz
frisch gemahlener schwarzer Pfeffer
6 cl Pflaumenbrand
3 EL Butterschmalz
3 Schalotten
2 Karotten
1 Selleriestange
100 g Pflaumenmus
250 ml Rotwein
250 ml Wildfond
400 g Pflaumen aus dem Glas mit Flüssigkeit
2 EL Speisestärke

1 Die Wacholderbeeren in einem Mörser zerstoßen. Die Hasenkeulen waschen, trocken tupfen, mit Wacholderbeeren, Salz und Pfeffer einreiben. In eine Schüssel geben, mit dem Pflaumenbrand beträufeln und 5 Stunden ziehen lassen.

2 Die Schalotten abziehen, die Karotten schälen und den Sellerie putzen, dann alles klein schneiden. In einem großen Bräter das Butterschmalz erhitzen und die abgetropften Keulen darin rundum anbraten. Das Gemüse und das Pflaumenmus dazugeben und anrösten. Mit dem Rotwein ablöschen und mit dem Wildfond und der Flüssigkeit aus dem Pflaumenglas auffüllen. Die abgetropften Pflaumen klein schneiden und hinzufügen. Ca. 60–70 Minuten zugedeckt schmoren lassen.

3 Die Keulen herausnehmen und warm beiseitestellen. Den Fond pürieren und aufkochen lassen. Die Speisestärke mit Wasser glatt rühren, in die Sauce geben und noch 2–3 Minuten köcheln lassen. Noch einmal mit Salz und Pfeffer abschmecken.

4 Die Keulen auf vorgewärmten Tellern anrichten und mit der Sauce überzogen servieren.

Feldhase mit Füllung

Für 6 Personen

Zutaten

3 Zwiebeln
2 Knoblauchzehen
8 Wacholderbeeren
2 Lorbeerblätter
2 EL gehackte Thymianblätter
3 Gewürznelken
1 l trockener Rotwein
1–2 küchenfertige Feldhasen ohne Knochen, vom Metzger ausgelöst
30 g getrocknete Steinpilze
3 Eier
750 g Hackfleisch vom Wildschwein oder Schwein
Meersalz
frisch gemahlener schwarzer Pfeffer
250 g grüner Speck
3 EL Butterschmalz
2 EL Schwarzkirschmarmelade
3 EL Mehl
2 EL Butter

1 2 Zwiebeln und den Knoblauch abziehen und fein hacken. Die Wacholderbeeren und Lorbeerblätter in einem Mörser zerstoßen. 1 EL Thymianblätter fein wiegen. Alles mit den Nelken und dem Rotwein zu einer Marinade verrühren. Die Hasen waschen, trocken tupfen, in die Marinade geben und 24 Stunden im Kühlschrank ziehen lassen.

2 Die Steinpilze in eine Schüssel geben, mit Wasser bedecken, 30 Minuten einweichen lassen, ausdrücken und klein schneiden, das Wasser auffangen. Die restliche Zwiebel abziehen und fein würfeln, den restlichen Thymian fein wiegen. Alles mit den Eiern, Salz, Pfeffer und dem Hackfleisch verkneten und die abgetropften Hasen mit der Masse füllen. Den Speck in dünne Scheiben schneiden, die Bauchseiten damit belegen und mit Küchengarn fixieren. Die Vorder- und Hinterläufe zusammenbinden.

3 Den Backofen auf 180 °C vorheizen. In einem großen Bräter das Butterschmalz erhitzen und die Hasen darin rundum anbraten. Mit der Marinade ablöschen und 120–150 Minuten backen, dabei immer wieder mit der Marinade übergießen. Nach der Hälfte der Garzeit die Hasen einmal wenden. Das Mehl mit der Butter verkneten und ins Tiefkühlfach stellen.

4 Die Hasen herausnehmen und warm beiseitestellen. Den Fond pürieren oder durch ein feines Sieb streichen, in einen Topf umfüllen und aufkochen lassen. Die Schwarzkirschmarmelade einrühren, die Mehlbutter zerkleinern, unter die Sauce ziehen und 8 Minuten kochen lassen. Mit Salz und Pfeffer abschmecken.

5 Die Hasen in Scheiben schneiden und auf einer vorgewärmten Platte anrichten. Die Sauce getrennt dazu servieren.

Hasenkeulen mit Schokoladensauce

Für 6 Personen

Zutaten

3 Pimentkörner
10 schwarze Pfefferkörner
5 Wacholderbeeren
500 ml trockener Rotwein
1 EL brauner Zucker
6 küchenfertige Hasenkeulen
2 rote Zwiebeln
1 Karotte
1 Petersilienwurzel
3 EL Butterschmalz
250 ml Gemüsebrühe
1 EL gehackte Thymianblätter
1 Lorbeerblatt
1 TL abgeriebene Orangenschale
1 TL abgeriebene Zitronenschale
Meersalz
frisch gemahlener schwarzer Pfeffer
50 g Zartbitter-Kuvertüre
3 EL kalte Butter

1 Die Pimentkörner, Pfefferkörner und Wacholderbeeren in einem Mörser zerstoßen. In einem Topf ohne Fett leicht anrösten, Rotwein und Zucker dazugeben und 5 Minuten köcheln lassen. Die Marinade abkühlen lassen, die Hasenkeulen waschen, trocken tupfen, hineingeben und zugedeckt im Kühlschrank 24 Stunden marinieren.

2 Die Zwiebeln abziehen und fein hacken, die Karotte und Petersilienwurzel schälen und klein schneiden. In einem Bräter das Butterschmalz erhitzen und die abgetropften Keulen darin rundum goldbraun anbraten. Das Gemüse dazugeben, kurz mitrösten, mit der Marinade ablöschen und mit Gemüsebrühe auffüllen. Thymianblätter fein wiegen und mit dem Lorbeerblatt, der Orangen- und Zitronenschale dazugeben, salzen und pfeffern und 60–70 Minuten sanft köcheln lassen. Die Keulen herausnehmen, salzen, pfeffern und warm beiseitestellen. Den Fond pürieren und aufkochen lassen. Die Butter und die Schokolade unterheben und noch 2–3 Minuten köcheln lassen. Dabei ständig umrühren.

3 Die Keulen auf vorgewärmten Tellern anrichten und mit der Sauce überzogen servieren.

Hasenfilet mit Preiselbeeren

Für 6 Personen

Zutaten

2 Schalotten
250 g Kräuterseitlinge
150 g durchwachsener Speck
2 EL gehackte glatte Petersilie
5 EL Olivenöl
Meersalz
frisch gemahlener schwarzer Pfeffer
1,2 kg ausgelöstes Hasenfilet aus dem Rücken
4 cl Gin
200 g Sahne
6 EL Preiselbeeren

1 Die Schalotten abziehen und fein hacken. Die Kräuterseitlinge putzen (nicht waschen!) und klein schneiden. Den Speck würfeln. Die Petersilie waschen, trocken tupfen und fein hacken. In einer großen Pfanne 2 EL Olivenöl erhitzen und den Speck darin auslassen. Die Schalotten dazugeben und glasig dünsten. Die Kräuterseitlinge zufügen und kräftig anbraten, bis alle Flüssigkeit verdampft ist. Salzen, pfeffern, die Hälfte der Petersilie unterziehen und warm beiseitestellen.

2 Das Fleisch waschen, trocken tupfen und einige Minuten kräftig anbraten. Herausnehmen, salzen, pfeffern und warm beiseitestellen. Den Bratensatz mit dem Gin und der Sahne ablöschen und cremig einkochen lassen. Das Fleisch wieder in die Pfanne zurückgeben und gar ziehen lassen, aber nicht mehr kochen.

3 Die Hasenfilets mit den Pilzen auf vorgewärmten Tellern anrichten, mit der Sauce überziehen, mit der restlichen Petersilie garnieren und mit je 1 EL Preiselbeeren servieren.

Marinierter Schmorhase

Für 6 Personen

Zutaten

2 Zwiebeln
3 Knoblauchzehen
1 Karotte
1 Stange Sellerie
1 EL gehackte Salbeiblätter
1 EL gehackte Rosmarinblätter
2 EL gehackte glatte Petersilie
1 Gewürznelke
1 Lorbeerblatt
5 EL Olivenöl
750 ml trockener Rotwein
100 ml Rotweinessig
2 küchenfertige Hasen, vom Metzger in Stücke zerlegt
2 EL Tomatenmark
Meersalz
frisch gemahlener schwarzer Pfeffer

1 Zwiebeln und Knoblauch abziehen, die Karotte schälen, den Sellerie putzen und alles sehr fein würfeln. Salbei- und Rosmarinblätter fein wiegen, 1 EL Petersilie waschen, trocken tupfen und fein hacken. In einem großen Topf 2 EL Olivenöl erhitzen und das Gemüse, die Kräuter, die Nelke und das Lorbeerblatt darin dünsten und leicht anrösten. Mit dem Wein und dem Essig ablöschen und erkalten lassen. Das Fleisch waschen, trocken tupfen, in die Marinade geben und 24 Stunden im Kühlschrank ziehen lassen.

2 In einem großen Bräter 3 EL Olivenöl erhitzen und das Fleisch darin rundum braun anbraten. Das Tomatenmark kurz mit anrösten. Mit der Marinade ablöschen und zugedeckt 60 Minuten sanft schmoren lassen. Inzwischen 1 EL Petersilie waschen, trocken tupfen und fein hacken.

3 Die Hasenteile salzen und pfeffern, auf einer vorgewärmten Platte anrichten, mit der Sauce überziehen und mit Petersilie bestreut servieren.

Schoko-Hase

Für 6 Personen

Zutaten

50 g Zartbitter-Kuvertüre
1,2 kg ausgelöstes küchenfertiges Hasenfilet aus dem Rücken
Meersalz
250 ml Wildfond
3 EL Butterschmalz
150 g Crème fraîche
frisch gemahlener schwarzer Pfeffer
abgeriebene Schale von 3 Orangen

1 Die Schokolade im Wasserbad schmelzen. Das Fleisch waschen, trocken tupfen und salzen. Das Butterschmalz in einer großen Pfanne erhitzen und das Fleisch darin einige Minuten kräftig rundum anbraten. Den Bratensatz mit dem Wildfond loskochen, die Crème fraîche einrühren und einkochen lassen. Die Orangenschale und Kuvertüre unterheben.

2 Die Filets auf 6 vorgewärmten Tellern anrichten, mit der Sauce überziehen, kräftig pfeffern und sofort servieren.

Hase in Buttermilch-Marinade

Für 6 Personen

Zutaten

6 küchenfertige Hasenkeulen
2–3 l Buttermilch
6 Wacholderbeeren
10 schwarze Pfefferkörner
Meersalz
6 EL weiche Butter
300 g Sahne
1½ TL Mehl

1 Die Hasenkeulen waschen, trocken tupfen und in eine große Schüssel geben. Mit Buttermilch bedecken und 24 Stunden im Kühlschrank ziehen lassen. Die alte Buttermilch durch frische ersetzen und noch einmal 24 Stunden marinieren.

2 Den Backofen auf 180 °C vorheizen. Die Wacholderbeeren und Pfefferkörner in einem Mörser zerstoßen und das Fleisch damit einreiben und salzen. Die Hasenkeulen mit der Butter bestreichen, in einen Bräter geben und ca. 45 Minuten backen, dabei immer wieder mit Fond begießen. Die Sahne mit dem Mehl verrühren, angießen und die Keulen darin 15 Minuten schmoren lassen.

3 Die Keulen auf vorgewärmten Tellern anrichten und mit der Sauce überzogen servieren.

Hasenfilets mit Weintrauben

Für 6 Personen

Zutaten

3 Knoblauchzehen
1 EL gehackte Thymianblätter
1 EL gehackte Rosmarinblätter
1 EL gehackte Majoranblätter
3 Wacholderbeeren
10 schwarze Pfefferkörner
1 TL Senfkörner
500 ml trockener Rotwein
1,2 kg ausgelöstes küchenfertiges Hasenfilet aus dem Rücken
3 EL Olivenöl oder Butterschmalz
Salz
frisch gemahlener schwarzer Pfeffer
6 cl Weinbrand
200 g Sahne
2 EL Dijon-Senf
2 EL Weingelee
15 kernlose Weintrauben

1 Den Knoblauch abziehen und pressen. Thymian-, Rosmarin- und Majoranblätter fein wiegen. Wacholderbeeren und Pfefferkörner in einem Mörser zerstoßen. Mit den Senfkörnern und dem Rotwein zu einer Marinade verrühren. Das Fleisch waschen, trocken tupfen, in die Marinade geben und 24 Stunden im Kühlschrank ziehen lassen.

2 9 Weintrauben waschen, trocken tupfen und vierteln. In einem großen Bratentopf das Olivenöl oder Butterschmalz erhitzen und die Filets darin rundum kräftig anbraten. Mit etwas Marinade ablöschen und bei kleinster Hitze ca. 40 Minuten garen, dabei immer wieder etwas Marinade angießen. Herausnehmen, in ein feuerfestes Gefäß geben, mit dem Weinbrand beträufeln, flambieren, salzen, pfeffern und warm beiseitestellen. Den Fond mit der Sahne einkochen, den Senf und das Weingelee unterheben und die Weintrauben dazugeben. Noch einmal mit Salz und Pfeffer abschmecken.

3 Die Filets auf 6 vorgewärmten Tellern anrichten, mit der Sauce überziehen und mit den restlichen Weintrauben garniert servieren.

Hase aus dem Römertopf

Für 6 Personen

Zutaten

3 rote Zwiebeln
3 Karotten
150 g geräucherter Speck
3 EL körniger Senf
4 cl Gin
3 EL Olivenöl
1,2 kg küchenfertiges, ausgelöstes Hasenfleisch (Keule oder Rücken)
250 ml trockener Rotwein
1 Zitrone
150 g saure Sahne
1 EL gehackte glatte Petersilie
Meersalz
frisch gemahlener schwarzer Pfeffer

1 Die Zwiebeln abziehen und sehr fein hacken. Die Karotten schälen und in feine Stifte schneiden. Den Speck fein würfeln. Alles mit dem Senf, Gin und Olivenöl zu einer Paste vermischen. Das Fleisch waschen, trocken tupfen, in mundgerechte Würfel schneiden, mit der Beize vermengen und 48 Stunden im Kühlschrank ziehen lassen.

2 Den Römertopf wässern und den Backofen auf 200 °C vorheizen. Das Fleisch mit der Beize in den Topf geben und mit Rotwein auffüllen. Zugedeckt ca. 90 Minuten im Ofen backen. Inzwischen die Zitrone auspressen. Die Petersilie waschen, trocken tupfen und fein hacken.

3 Das Fleisch herausnehmen, den Fond pürieren, in einen Topf geben und aufkochen. Zitronensaft und saure Sahne dazugeben und einkochen. Mit Salz und Pfeffer abschmecken.

4 Das Fleisch auf 6 vorgewärmte Teller verteilen, mit der Sauce überziehen und mit der Petersilie garniert servieren.

Hasenfilets mit Kirschsauce

Für 6 Personen

Zutaten

4 Schalotten
400 g Sauerkirschen aus dem Glas mit Flüssigkeit
1,2 küchenfertige Hasenfilets ohne Knochen
3 EL Olivenöl
Meersalz
frisch gemahlener schwarzer Pfeffer
150 ml trockener Rotwein
200 g Sahne
2 EL Schwarzkirschmarmelade

1 Die Schalotten abziehen und sehr fein würfeln. Die Sauerkirschen abgießen und klein schneiden, den Saft auffangen. In einer Pfanne das Olivenöl erhitzen und die Filets darin kräftig rundum anbraten. Herausnehmen, salzen, pfeffern und warm beiseitestellen.

2 Den Bratensatz mit dem Rotwein und dem Kirschsaft loskochen und mit der Sahne und der Schwarzkirschmarmelade auf die gewünschte Konsistenz einkochen. Salzen, pfeffern, die Sauerkirschen und die Filets dazugeben und einige Minuten ziehen lassen, aber nicht mehr kochen.

3 Die Filets auf 6 vorgewärmte Teller verteilen und mit der Sauce überzogen servieren.

Medaillons vom Feldhasen

1 Die Petersilie waschen, trocken tupfen und sehr fein hacken. Das Fleisch waschen, trocken tupfen und in dünne Scheiben schneiden. Das Butterschmalz in einer großen Pfanne erhitzen. Das Fleisch mit Salz, Pfeffer und einer Prise Muskat würzen und bei starker Hitze kurz durchbraten.

2 Die kleinen Hasenmedaillons auf einer vorgewärmten Servierplatte anrichten, mit etwas Balsamico-Creme überziehen, mit der Petersilie garnieren und servieren.

Für 6 Personen

Zutaten

1 EL gehackte krause Petersilie
600 g küchenfertiges Hasenfilet ohne Knochen
3 EL Butterschmalz
Meersalz
frisch gemahlener schwarzer Pfeffer
frisch geriebene Muskatnuss
3 EL Balsamico-Creme

Hasenkeulen in Holundersahne

1 Die Wacholderbeeren in einem Mörser zerstoßen. Thymian- und Majoranblätter fein wiegen. Alles mit reichlich Pfeffer vermengen. Das Fleisch waschen, trocken tupfen und mit der Würzmischung einreiben. Die Schalotten abziehen und fein würfeln. Das Butterschmalz in einem großen Schmortopf erhitzen und die Hasenkeulen darin rundum goldbraun anbraten. Die Schalotten dazugeben und 5 Minuten braten. Das Mehl darüber stäuben und kurz anrösten. Mit dem Rotwein ablöschen und mit den Lorbeerblättern zugedeckt ca. 45 Minuten sanft schmoren lassen.

2 Die Hasenkeulen herausnehmen, salzen und warm beiseitestellen. Den Bratfond pürieren oder durch ein Küchensieb streichen und mit der Sahne einkochen. Das Holundergelee unterrühren, die Lorbeerblätter entfernen und noch einmal mit Salz und Pfeffer abschmecken.

3 Die Hasenkeulen auf 6 vorgewärmte Teller verteilen und mit der Sauce überzogen servieren.

Für 6 Personen

Zutaten

6 Wacholderbeeren
1 EL gehackte Thymianblätter
1 EL gehackte Majoranblätter
frisch gemahlener schwarzer Pfeffer
6 küchenfertige Hasenkeulen
3 Schalotten
3 EL Butterschmalz
1 TL Mehl
2 Lorbeerblätter
500 ml trockener Rotwein
Meersalz
200 g Sahne
3 EL Holundergelee

Hasenfilets mit Steinpilzen

Für 6 Personen

Zutaten

6 Wacholderbeeren
10 schwarze Pfefferkörner
1 EL gehackte Thymianblätter
1 EL gehackte Rosmarinblätter
1 EL gehackte Majoranblätter
6 EL Olivenöl
1,2 kg küchenfertiges Filet ohne Knochen vom Hasenrücken
30 g getrocknete Steinpilze
3 Perlzwiebeln
1 EL gehackte glatte Petersilie
Meersalz
frisch gemahlener schwarzer Pfeffer
250 ml trockener Rotwein
2 EL Preiselbeermarmelade

1 Die Wacholderbeeren und Pfefferkörner in einem Mörser zerstoßen. Thymian-, Rosmarin- und Majoranblätter fein wiegen. Alles mit 3 EL Olivenöl verrühren. Das Fleisch waschen, trocken tupfen, mit dem Würzöl vermengen und 24 Stunden im Kühlschrank ziehen lassen.

2 Die Steinpilze in eine Schüssel geben, mit lauwarmem Wasser auffüllen und 30 Minuten einweichen lassen. Die Zwiebeln abziehen und fein würfeln. Die Petersilie waschen, trocken tupfen und fein hacken. In einer Pfanne 3 EL Olivenöl erhitzen und die Zwiebeln darin glasig dünsten. Die Pilze ausdrücken, das Wasser auffangen und zu den Zwiebeln geben. Kräftig anbraten, dabei immer wieder mit dem Pilzwasser ablöschen, bis dieses verbraucht und alle Flüssigkeit in der Pfanne verdunstet ist. Mit Salz und Pfeffer würzen und die Hälfte der Petersilie unterziehen.

3 In einer weiteren Pfanne die Hasenrückenfilets rundum ca. 7 Minuten anbraten, herausnehmen, salzen und warm beiseitestellen. Den Bratensatz mit dem Rotwein ablöschen, aufkochen lassen und mit der Sahne cremig einkochen. Die Preiselbeermarmelade und die Pilze unterziehen und noch einmal mit Salz und Pfeffer abschmecken.

Hasenfilets mit Lebkuchensauce

Für 6 Personen

Zutaten

2 Zwiebeln
100 g geräucherter Speck
250 g grüner Speck
1,2 kg küchenfertige Hasenfilets ohne Knochen aus dem Rücken
Meersalz
frisch gemahlener schwarzer Pfeffer
3 EL Butterschmalz
250 ml trockener Rotwein
250 ml Fleischbrühe oder Wildfond
2 EL Preiselbeermarmelade
5 EL geriebener Saucenlebkuchen
3 EL eisgekühlte Butter

1 Die Zwiebeln abziehen und fein würfeln. Den geräucherten Speck in kleine Würfel, den grünen Speck in dünne Scheiben schneiden. Das Fleisch waschen, trocken tupfen, salzen, pfeffern, in die Speckscheiben wickeln und mit Küchengarn fixieren.

2 In einem Bräter das Butterschmalz erhitzen und die Hasenfilets darin 10 Minuten von allen Seiten anbraten. Die Zwiebeln dazugeben und weitere 5 Minuten braten. Mit dem Rotwein ablöschen, Fleischbrühe oder Wildfond angießen und 30 Minuten zugedeckt schmoren lassen.

3 Die Hasenfilets herausnehmen und warm beiseitestellen. Den Fond pürieren und auf die Hälfte einkochen. Die Preiselbeermarmelade und den Lebkuchen unterrühren und mit der eiskalten Butter binden. Noch einige Minuten köcheln lassen.

4 Die Hasenfilets vom Speckmantel befreien, auf 6 vorgewärmte Teller verteilen und mit der Sauce überzogen servieren.

Gespickter Hasenrücken mit Früchten

1 Die Wacholderbeeren und Pfefferkörner in einem Mörser zerstoßen. Rosmarinblätter und Zitronenmelisse fein wiegen. Alles mit dem Senf und dem Mirabellenbrand zu einer Beize vermengen. Die Hasenrücken waschen, trocken tupfen, mit der Beize bestreichen und 4 Stunden ziehen lassen.

2 Den Backofen auf 200 °C vorheizen. Die Schalotten abziehen und fein hacken. In einem großen Bräter das Butterschmalz erhitzen und die Hasenrücken darin rundum anbraten. Die Schalotten dazugeben und kurz anrösten. Mit dem Rotwein ablöschen und ca. 30 Minuten im Backofen garen. Dabei gelegentlich mit dem Fond übergießen.

3 Inzwischen die Mirabellen entkernen und klein schneiden. In einem großen Topf den Sherry aufkochen und die Mirabellen darin einige Minuten dünsten. Die Hasenrücken herausnehmen, salzen und warm beiseitestellen. Den Fond zu den Mirabellen geben und mit der sauren Sahne kräftig einkochen. Mit Salz und Pfeffer abschmecken.

4 Die Hasenrücken auslösen, auf 6 vorgewärmten Tellern anrichten und die Sauce getrennt dazu servieren.

Für 6 Personen

Zutaten

6 Wacholderbeeren
10 schwarze Pfefferkörner
1 Lorbeerblatt
1 EL gehackte Rosmarinblätter
1 EL gehackte Zitronenmelisse
2–3 EL Dijon-Senf
6 cl Mirabellenbrand
2–3 küchenfertige Hasenrücken, vom Metzger mit Speck gespickt
3 Schalotten
3 EL Butterschmalz
500 ml trockener Rotwein
10 Mirabellen
250 ml süßer Sherry
Meersalz
200 g saure Sahne
frisch gemahlener weißer Pfeffer

Hasenbraten mit Birnen

1 Die Wacholderbeeren in einem Mörser zerstoßen. Das Fleisch waschen, trocken tupfen, pfeffern und mit den Wacholderbeeren einreiben. Das Mehl mit der Butter verkneten und eiskalt stellen. Die Birnen schälen, der Länge nach halbieren und von den Kerngehäusen befreien. In einer großen Pfanne 1 EL Butterschmalz erhitzen, die Birnen einige Minuten darin auf den Schnittseiten anbraten, mit dem Portwein ablöschen und ca. 5 Minuten zugedeckt sanft köcheln lassen. Herausnehmen und warm beiseitestellen. Die restliche Flüssigkeit auffangen.

2 Inzwischen die Zwiebeln abziehen und fein würfeln. In einer großen Pfanne 3 EL Butterschmalz erhitzen und das Fleisch darin 5 Minuten rundum anbraten. Die Zwiebeln dazugeben und weitere 5 Minuten braten. Das Fleisch herausnehmen, salzen und warm beiseitestellen. Den Bratensatz mit dem Weißwein ablöschen, mit Fleischbrühe oder Wildfond einkochen und mit der Mehlbutter binden. Den Birnensud dazugeben und noch einmal mit Salz, Pfeffer und Piment abschmecken. Das Fleisch in die Sauce geben und einige Minuten gar ziehen lassen.

Für 6 Personen

Zutaten

6 Wacholderbeeren
1,2 kg küchenfertiges Hasenfilet ohne Knochen
frisch gemahlener weißer Pfeffer
2 TL Mehl
1 TL Butter
3 reife Birnen
4 EL Butterschmalz
125 ml weißer Portwein
Meersalz
3 rote Zwiebeln
250 ml trockener Weißwein
250 ml Fleischbrühe oder Wildfond
frisch gemahlener Piment
6 TL Preiselbeermarmelade

Hasenkeulen mit Quittensauce

Für 6 Personen

Zutaten

5 Schalotten
250 g grüner Speck
6 küchenfertige Hasenkeulen
Meersalz
frisch gemahlener schwarzer Pfeffer
3 EL Butterschmalz
500 ml trockener Rotwein
400 ml Wildfond
1 Lorbeerblatt
4 Wacholderbeeren
1 Gewürznelke
5 schwarze Pfefferkörner
3 EL Quittengelee
1 EL Speisestärke

1 Die Schalotten abziehen und fein würfeln. Den Speck in dünne Scheiben schneiden. Die Hasenkeulen waschen, trocken tupfen, salzen, pfeffern, mit den Speckscheiben umwickeln und mit Küchengarn fixieren. In einem Bräter das Butterschmalz erhitzen und die Keulen darin 10 Minuten anbraten. Die Schalotten zufügen und noch 5 Minuten braten. Mit dem Rotwein ablöschen und den Wildfond angießen. Lorbeerblatt, Wacholderbeeren, Gewürznelke und Pfefferkörner hinzugeben und ca. 45 Minuten zugedeckt schmoren lassen.

2 Die Keulen herausnehmen und warm beiseitestellen. Den Fond durch ein Sieb streichen, Lorbeerblatt, Wacholderbeeren, Gewürznelke und Pfefferkörner entfernen. In einem Topf aufkochen lassen und auf die Hälfte reduzieren. Das Quittengelee unterrühren und noch einmal mit Salz und Pfeffer abschmecken. Die Speisestärke mit kaltem Wasser glattrühren und die Sauce damit binden. Noch 2–3 Minuten köcheln lassen.

Geschmorter Hase mit Äpfeln

Für 6 Personen

Zutaten

1 EL gehackte Thymianblätter
1 EL gehackte Rosmarinblätter
1 EL gehackte Majoranblätter
4 Wacholderbeeren
1 EL abgeriebene Orangenschale
6 cl Calvados
4 EL Olivenöl
frisch gemahlener schwarzer Pfeffer
2 küchenfertige Hasen, vom Metzger in Teile zerhackt
500 ml trockener Rotwein
250 ml Wildfond
Meersalz
3 Zwiebeln
6 säuerliche Äpfel
3 EL Butter
200 g Sahne
4 EL Preiselbeeren

1 Die Thymian-, Rosmarin- und Majoranblätter fein wiegen. Die Wacholderbeeren in einem Mörser zerstoßen. Alles mit Calvados, 1 EL Olivenöl, der Orangenschale und reichlich Pfeffer zu einer Beize verrühren. Die Hasenteile waschen, trocken tupfen, mit der Beize bestreichen und 1 Stunde ziehen lassen. In einem großen Bräter 3 EL Olivenöl erhitzen und die Hasenteile darin von allen Seiten anbraten. Mit dem Rotwein ablöschen, den Wildfond angießen und 60 Minuten zugedeckt schmoren lassen. Die Hasenteile herausnehmen, salzen und warm beiseitestellen.

2 Inzwischen die Zwiebeln schälen und fein würfeln. Die Äpfel waschen, mit Schale klein schneiden und die Kerngehäuse entfernen. In einem Topf die Butter erhitzen und die Zwiebeln darin glasig dünsten. Die Äpfel dazugeben und sanft weich dünsten. Beiseitestellen.

3 Den Bratenfond in einen Topf geben und mit der Sahne stark einkochen. Die Preiselbeeren und die Äpfel unterziehen und noch einmal mit Salz und Pfeffer abschmecken. Die Hasenteile auf einer vorgewärmten Platte anrichten und die Sauce getrennt dazu reichen.

Hasenrücken in Burgundersauce

1 Den Backofen auf 180 °C vorheizen. Die Butter mit dem Mehl verkneten und ins Eisfach stellen. Knoblauch und Schalotten abziehen und fein hacken. Thymianblätter fein wiegen. Die Hasenrücken salzen und pfeffern. In einem großen Bräter das Olivenöl erhitzen und die Hasenrücken darin rundum anbraten. Mit dem Rotwein ablöschen und mit dem Lorbeerblatt und den Wacholderbeeren zugedeckt im Backofen ca. 45 Minuten garen. Das Fleisch herausnehmen und warm beiseitestellen. Den Fond durch ein Sieb streichen, Lorbeerblatt und Wacholderbeeren entfernen. Die Sauce stark reduzieren und mit der Mehlbutter binden. Noch 3–4 Minuten köcheln lassen und mit Salz und Pfeffer abschmecken.

2 Das Fleisch auslösen, auf 6 vorgewärmte Teller verteilen und mit der Sauce überzogen servieren.

Für 6 Personen

Zutaten

1 EL Butter
1 EL Mehl
3 Knoblauchzehen
4 Schalotten
1 EL gehackte Thymianblätter
2 küchenfertige Hasenrücken, vom Metzger mit Speck gespickt
Meersalz
frisch gemahlener schwarzer Pfeffer
3 EL Olivenöl
1 l trockener Rotwein, Blauer Spätburgunder oder Pinot noir
1 Lorbeerblatt
6 Wacholderbeeren

Hasenfilets in Pfeffersauce

1 Zwiebeln und Knoblauch abziehen und fein hacken. Den Speck fein würfeln. Thymianblätter fein wiegen. Die Hasenfilets waschen, trocken tupfen und großzügig pfeffern. In einem Bräter das Öl erhitzen und den Speck auslassen. Das Fleisch darin kräftig anbraten. Zwiebeln, Knoblauch und Thymian dazugeben und kurz anrösten. Mit dem Rotwein ablöschen, Wacholderbeeren, Gewürznelken und Lorbeerblätter dazugeben und zugedeckt 30 Minuten leicht köcheln lassen. Das Fleisch herausnehmen, salzen und warm beiseitestellen.

2 Den Fond durch ein Sieb streichen, Wacholderbeeren, Gewürznelken und Lorbeerblätter entfernen. Mit der Sahne cremig einkochen, die Himbeermarmelade und die Pfefferkörner unterziehen.

3 Die Hasenfilets auf 6 Tellern anrichten und mit der Sauce überzogen servieren.

Für 6 Personen

Zutaten

3 rote Zwiebeln
2 Knoblauchzehen
200 g durchwachsener Speck
1 EL gehackte Thymianblätter
1,2 kg küchenfertige Hasenfilets ohne Knochen
frisch gemahlener schwarzer Pfeffer
3 EL Olivenöl
500 ml trockener Rotwein
Meersalz
5 Wacholderbeeren
2 Gewürznelken
2 Lorbeerblätter
200 g Sahne
4 EL Himbeermarmelade
2 EL eingelegte grüne Pfefferkörner

Das Wildkaninchen

Ein Verwandter des Feldhasen innerhalb der Familie der Hasen *(Leporidae)* ist das Wildkaninchen *(Oryctolagus cuniculus)*. Oft werden die beiden von Unkundigen miteinander verwechselt, wobei das Wildkaninchen durchweg wesentlich kleiner ist als der Feldhase. Seine Ohren („Löffel") werden nur 6–8 cm lang, die Hinterbeine sind im Vergleich eher kurz und es erreicht bei einer maximalen Länge von 50 cm ein Höchstgewicht von ca. 2 kg. Aufgrund ihrer unterschiedlichen Chromosomenzahl können sich Feldhasen und Wildkaninchen nicht kreuzen. Wildkaninchen sind die Wildform aller unserer Hauskaninchen, deren größte Züchtungen deutlich massiger sind als die Stammform.

Wildkaninchen leben gesellig in Gruppen von bis zu 100 Tieren in selbst gegrabenen Höhlensystemen an Waldrändern, in offenen Landschaften, auf Brachflächen, in Parklandschaften, bis in direkte Nähe menschlicher Ansiedlungen. Für die Anlage ihrer unterirdischen Bauwerke bevorzugen sie sandige, lockere Böden, weshalb sie besonders gerne von Menschen aufgeschüttete Erdwälle als Grundlage nutzen. Die Höhlensysteme können bis zu 3 m tief und 45 m lang werden. Kaninchen sind reine Pflanzenfresser, die den Tag in ihren Höhlen verbringen und erst mit Einbruch der Dämmerung aktiv werden. Bei Gefahr pfeifen sie laut und trommeln mit ihren Hinterläufen auf den Boden. Damit signalisieren sie ihren Artgenossen eine Gefahr und veranlassen sie zur Flucht in den Bau. Zu den natürlichen Feinden der Kaninchen zählen mit dem Wolf, dem Luchs, der Katze, dem Fuchs, Marder, Wiesel, Iltis und dem Hermelin sowie fast allen Greifvögeln und Eulen beinahe alle heimischen Raubtiere.

In der Antike gab es Wildkaninchen nur in Spanien und Nordafrika. Von hier wurden sie im Mittelalter in ganz Europa und im Zeitalter der Seefahrt und Entdeckungsreisen weltweit verbreitet. Heute findet man sie mit Ausnahme Italiens, des Balkans und Skandinaviens in ganz Europa und darüber hinaus in Australien und Neuseeland, wo sie zu einer wahren Plage geworden sind. Auch in einigen Teilen Südamerikas leben Wildkaninchen und schließlich besitzt fast jede noch so abgelegene Insel der Weltmeere eine Kaninchenpopulation.

Freunde des Wildbrets schätzen das helle, beinahe rosa gefärbte Fleisch des Wildkaninchens wegen seiner zarten Struktur und seines im Vergleich zum Hauskaninchen feineren Geschmacks. Es kann hervorragend gebraten und geschmort werden. Das Fleisch eines durchschnittlichen Wildkaninchens ergibt in der Küche 2 Portionen.

Wildkaninchenpfeffer

Für 6 Personen

Zutaten

3 weiße Zwiebeln
1 EL gehackte Rosmarinblätter
1 EL gehackte Thymianblätter
1 EL gehackte Majoranblätter
10 schwarze Pfefferkörner
1 Lorbeerblatt
Meersalz
750 ml trockener Weißwein
3 küchenfertige Kaninchen, vom Metzger in Keulen, Rücken und Vorderläufe zerteilt
200 g magerer Speck
200 g Preiselbeeren

1 1 Zwiebel abziehen und fein würfeln. Rosmarin-, Thymian- und Majoranblätter fein wiegen. Die Pfefferkörner und das Lorbeerblatt zerstoßen. Alles mit Salz in einer großen Schüssel gut vermischen. Mit dem Wein aufgießen. Die Kaninchenteile waschen, trocken tupfen und 24 Stunden in der Marinade zugedeckt kühl ziehen lassen.

2 Die restlichen Zwiebeln abziehen und fein würfeln. Die Kaninchenteile aus der Marinade nehmen und abtupfen. In einem Bräter den Speck auslassen und die Zwiebeln darin glasig dünsten. Das Fleisch hinzugeben und rundum anbraten. Bei großer Hitze die Marinade angießen, aufkochen lassen und die Kaninchenteile darin zugedeckt 60 Minuten bei geringer Hitze köcheln lassen. Dabei nach und nach esslöffelweise die Preiselbeeren dazugeben.

3 Die Kaninchenteile herausnehmen, das Fleisch auslösen und klein schneiden. Die Flüssigkeit eventuell bei großer Hitze auf die gewünschte Konsistenz reduzieren. Das Fleisch wieder in die Sauce geben und das Wildkaninchenpfeffer sofort servieren.

Kaninchen mit Orangensauce

Für 6 Personen

Zutaten

2 Karotten
4 Schalotten
10 schwarze Pfefferkörner
1 TL Senfkörner
1½ EL italienische Kräutermischung
4 EL abgeriebene Orangenschale
3 küchenfertige Kaninchen, vom Metzger in Keulen, Rücken und Vorderläufe zerteilt
Meersalz
frisch gemahlener schwarzer Pfeffer
4 EL Olivenöl
4 EL Tomatenmark
500 ml trockener Weißwein
300 ml Orangensaft
200 g Sahne
2–3 cl Orangenlikör
1–2 EL Orangenmarmelade

1 Die Karotten schälen und in Stücke schneiden. Die Schalotten abziehen und grob würfeln. Nacheinander die Pfefferkörner und die Senfkörner in einem Mörser zerstoßen. Die Pfefferkörner und Senfkörner gut mit den italienischen Kräutern und der Orangenschale vermischen. Die Kaninchenteile waschen, trocken tupfen und kräftig salzen, pfeffern und mit der Gewürzmischung einreiben.

2 Den Backofen auf 180–200 °C vorheizen. In einem Bräter das Olivenöl erhitzen und das Fleisch darin rundum goldbraun anbraten. Karotten und Schalotten dazugeben und kurz anrösten. Das Tomatenmark dazugeben und mit Wein und Orangensaft ablöschen. Den Bräter in den Backofen geben und die Kaninchenteile 60 Minuten schmoren lassen, bis das Fleisch gar ist.

3 Die Kaninchenteile auf einer vorgewärmten Platte anrichten und warm beiseitestellen. Die Sauce pürieren oder durch ein Küchensieb streichen, in einem Topf erneut aufkochen. Die Sahne hinzugeben und die Sauce sämig einkochen. Mit Orangenlikör und Orangenmarmelade verfeinern und noch einmal mit Salz und Pfeffer abschmecken. .

Kaninchenragout mit Kräuterseitlingen und Linsen

1 Die Tellerlinsen nach Packungsanleitung entweder mit oder ohne Einweichen in der vorgeschriebenen Zeit in Salzwasser gar kochen. Abgießen und beiseitestellen. In der Zwischenzeit die Karotten schälen und würfeln. 2 Zwiebeln abziehen und fein würfeln. Die Pfefferkörner in einem Mörser zerstoßen. Majoran- und Thymianblätter fein wiegen und mit den zerstoßenen Pfefferkörnern und dem Estragon vermischen. Die Kaninchenkeulen waschen und trocken tupfen. Das Fleisch von den Knochen befreien und in fingerbreite, 4 cm lange Streifen schneiden. Mit der Pfeffermischung vermengen und salzen.

2 Den Backofen auf 180 °C vorheizen. In einem Bräter 3 EL Olivenöl erhitzen und das Fleisch darin goldbraun anbraten. Karotten und Zwiebeln hinzugeben und anrösten. Das Tomatenmark beigeben, gut umrühren und mit dem Weißwein ablöschen. In den Backofen geben und 50–60 Minuten zugedeckt schmoren lassen, bis das Fleisch sehr zart ist.

3 In der Zwischenzeit die Kräuterseitlinge sorgfältig putzen (nicht waschen!) und klein schneiden. Die verbliebene Zwiebel abziehen und sehr fein würfeln. In einer Pfanne 3 EL Olivenöl erhitzen und die Zwiebel darin glasig dünsten. Die Kräuterseitlinge hinzugeben und unter ständigem Rühren kräftig braten, bis die Flüssigkeit aus den Pilzen verdampft ist. Die Linsen unterheben, kurz anrösten und Preiselbeermarmelade dazugeben.

4 Nach dem Ende der Garzeit den Bräter aus dem Backofen nehmen und die Pilz-Linsen-Mischung unterheben. Das Kaninchenragout noch einmal mit Salz und Pfeffer abschmecken, auf Tellern anrichten und sofort servieren.

Für 6 Personen

Zutaten

150 g Tellerlinsen
3 Karotten
3 rote Zwiebeln
10 schwarze Pfefferkörner
1 EL gehackte Majoranblätter
1 EL gehackte Thymianblätter
1 TL Estragon
12 küchenfertige Kaninchenkeulen
Meersalz
6 EL Olivenöl
4 EL Tomatenmark
500 ml trockener Weißwein
6 Kräuterseitlinge
4 EL Preiselbeermarmelade
frisch gemahlener schwarzer Pfeffer

Kaninchenrücken in Feigensauce

Für 6 Personen

Zutaten

1 Zwiebel
1 EL gehackte Majoranblätter
1 EL gehackte Thymianblätter
6 Kaninchenrücken
Meersalz
frisch gemahlener schwarzer Pfeffer
3 EL Olivenöl
250 ml trockener Weißwein
3 EL Feigenmarmelade
200 g Sahne
6 reife Feigen

1 Die Zwiebel abziehen und fein würfeln. Majoran- und Thymianblätter fein wiegen. Die Kaninchenrücken sorgfältig waschen, trocken tupfen und rundum kräftig mit Majoran, Thymian, Salz und Pfeffer würzen.

2 In einer Pfanne das Olivenöl erhitzen und die Rücken darin rundum gar braten. Das Fleisch vom Knochen lösen und warm beiseitestellen. Die Schalotte in der Pfanne glasig dünsten. Mit dem Weißwein ablöschen und bei starker Hitze aufkochen. Feigenmarmelade unterrühren und auf die gewünschte Konsistenz einkochen. Unter ständigem Rühren bei reduzierter Hitze mit der Sahne binden. Die Sauce noch einmal mit Salz und Pfeffer abschmecken. Die Feigen von oben vierteln, aber nicht ganz durchschneiden, sodass die Stücke am Boden noch zusammenhängen.

3 Die Kaninchenrücken mit je 1 geviertelten Feige auf vorgewärmten Tellern anrichten, mit der Sauce überziehen und sofort servieren.

Kaninchen in cremiger Sauce

Für 6 Personen

Zutaten

2 rote Zwiebeln
2 Karotten
1 TL Senfkörner
10 schwarze Pfefferkörner
1 EL gehackte Salbeiblätter
Meersalz
2–3 EL abgeriebene Orangenschale
12 küchenfertige Kaninchenkeulen
4 EL Olivenöl
3 EL Tomatenmark
250 ml Gemüsebrühe oder Wildfond
250 ml Weißwein
200 g Sahne
frisch gemahlener schwarzer Pfeffer

1 Die Zwiebeln abziehen und grob würfeln. Die Karotten schälen und in Stücke schneiden. Die Senfkörner in einer Pfanne ohne Öl rösten, bis sie hüpfen, dann mit den Pfefferkörnern in einem Mörser zerstoßen. Die Salbeiblätter fein wiegen und mit den Senfkörnern, Pfefferkörnern, und Orangenschale vermischen. Die Kaninchenkeulen waschen, trocken tupfen und mit der Gewürzmischung einreiben.

2 Den Backofen auf 180 °C vorheizen. Das Olivenöl in einem Bräter erhitzen und das Fleisch darin rundum goldbraun anbraten. Zwiebeln und Karotten dazugeben und anrösten. Das Tomatenmark einrühren, nach 1–2 Minuten mit Gemüsebrühe oder Wildfond und Weißwein ablöschen und aufkochen lassen. In den Backofen geben und zugedeckt ca. 60 Minuten schmoren lassen.

3 Aus dem Backofen nehmen und das Fleisch warm beiseitestellen. Die Sauce pürieren oder durch ein Küchensieb streichen. In einen Topf geben und unter ständigem Rühren mit der Sahne auf die gewünschte Konsistenz bringen. Noch einmal mit Salz und Pfeffer abschmecken und zu den Kaninchenkeulen reichen.

Kaninchen mit Steinpilzen

Für 6 Personen

Zutaten

15 g getrocknete Steinpilze
2 Zwiebeln
1 Karotte
250 g Cherry-Tomaten
12 küchenfertige Kaninchenkeulen
Meersalz
frisch gemahlener schwarzer Pfeffer
4 EL Olivenöl
1 EL Tomatenmark
500 ml trockener Weißwein
1–2 EL Holundergelee
3–4 EL kalte Butter
1 EL gehackte glatte Petersilie

1 Die Steinpilze in eine kleine Schüssel geben, mit lauwarmem Wasser bedecken und beiseitestellen. 1 Zwiebel abziehen und grob würfeln. Die Karotte schälen und in Stücke schneiden. Die Tomaten waschen und vierteln. Die Keulen waschen, trocken tupfen, salzen und pfeffern und mit der Gewürzmischung einreiben.

2 Den Backofen auf 220 °C vorheizen. In einem Bräter das Olivenöl erhitzen und das Fleisch darin von allen Seiten goldbraun anbraten. Zwiebel und Karotte hinzugeben und kurz anrösten. Die Tomaten und das Tomatenmark hinzugeben und mitbraten. Mit dem Weißwein ablöschen und aufkochen lassen. Das Holundergelee hinzugeben, gut verrühren und den Bräter in den Backofen stellen. Zugedeckt ca. 50–60 Minuten schmoren lassen, bis das Fleisch gar ist.

3 In der Zwischenzeit die restliche Zwiebel abziehen und sehr fein würfeln. In einer Pfanne 2 EL Butter erhitzen und die Zwiebel darin glasig dünsten. Die Steinpilze ausdrücken, die Flüssigkeit auffangen. Die Pilze in die Pfanne geben und ca. 10–15 Minuten garen. Immer wieder mit der Einweichflüssigkeit ablöschen, bis diese fast völlig verdampft ist. Dabei darauf achten, dass kein Sand in die Pfanne gerät. Die Petersilie fein wiegen und unter die Pilze ziehen. Mit Salz und Pfeffer abschmecken.

4 Den Bräter aus dem Ofen nehmen. Die Kaninchenkeulen herausnehmen und warm beiseitestellen. Die Sauce pürieren oder durch ein Sieb streichen. In einen Topf geben und eventuell bei großer Hitze auf die gewünschte Konsistenz reduzieren. Die Pilze hinzugeben, noch einmal mit Salz und Pfeffer abschmecken und mit der restlichen Butter binden.

5 Die Keulen auf einer vorgewärmten Platte anrichten und die Sauce dazu reichen.

Kaninchen in Kräuterkruste

Für 6 Personen

Zutaten

1 EL gehackte Majoranblätter
1 EL gehackte Salbeiblätter
1 EL gehackte Rosmarinblätter
1 EL gehackte Thymianblätter
2 Knoblauchzehen
frisch gemahlener schwarzer Pfeffer
50 g Paniermehl
6 EL Olivenöl
50 g Dijon-Senf
6 küchenfertige Kaninchenrücken
Meersalz
3 Schalotten
250 ml trockener Weißwein
200 g Sahne

1 Majoran-, Salbei-, Rosmarin- und Thymianblätter sehr fein wiegen. Knoblauch abziehen und pressen. Alles vermischen und mit reichlich Pfeffer, dem Paniermehl, 2 EL Olivenöl und dem Senf zu einer Paste verarbeiten. Das Fleisch waschen, trocken tupfen, mit der Paste bestreichen und 24 Stunden zugedeckt im Kühlschrank ziehen lassen.

2 Den Backofen auf 220 °C vorheizen. Die Kaninchenrücken auf ein mit 2 EL Olivenöl leicht gefettetes Backblech setzen und im Ofen 15–20 Minuten backen, bis das Fleisch gar ist. Im ausgeschalteten Backofen noch 5 Minuten ruhen lassen. Herausnehmen, das Fleisch vom Knochen lösen, salzen und warm beiseitestellen.

3 In der Zwischenzeit die Schalotten abziehen und fein würfeln. 2 EL Olivenöl in einer Pfanne erhitzen und die Schalotten ca. 5 Minuten darin andünsten. Mit dem Wein ablöschen und bei großer Hitze auf die gewünschte Konsistenz einkochen. Die Sauce pürieren und unter ständigem Rühren mit der Sahne binden. Noch einmal mit Salz und Pfeffer abschmecken.

Salat mit Kaninchenfleisch

Für 6 Personen

Zutaten

600 g küchenfertiges Kaninchenfleisch ohne Knochen
Meersalz
frisch gemahlener schwarzer Pfeffer
6–7 EL Olivenöl
1 rote Zwiebel
3 Karotten
1 EL gehackte glatte Petersilie
1 TL getrockneter Estragon
2–3 EL Haselnussöl
5 EL Balsamico
1 TL Dijon-Senf
1 Kopf Frisee-Salat
1 TL rote Pfefferkörner
100 g gehobelter Parmesan

1 Das Kaninchenfleisch waschen, trocken tupfen und in dünne Scheiben schneiden. In einer Pfanne 4 EL Olivenöl erhitzen und das Fleisch darin gar braten. Salzen, pfeffern und warm beiseitestellen.

2 Die Zwiebel abziehen und sehr fein würfeln. Die Karotten schälen und in feine Stifte schneiden. Die Petersilie waschen, trocken tupfen und sehr fein wiegen. Zwiebel, Karotten, Petersilie und Estragon in eine Salatschüssel geben.

3 Aus 2–3 EL Olivenöl, dem Haselnussöl, dem Balsamico, dem Senf, Salz und Pfeffer eine Salatsauce rühren, in die Schüssel geben und alles gut miteinander vermischen. Den Frisee-Salat putzen, klein schneiden, waschen und trocken schleudern. Mit den roten Pfefferkörnern in die Salatschüssel geben und erneut alles gut durchmischen. Die Parmesanstücke darüber streuen, das Kaninchenfleisch auf den Salat setzen, mit der Flüssigkeit aus der Pfanne überziehen und den Salat sofort servieren.

Kaninchentopf mit Früchten

Für 6 Personen

Zutaten

2,5 kg küchenfertige Kaninchenteile
500 g Äpfel
500 g Birnen
3 Schalotten
2 EL gehackte Korianderblätter
125 ml Gemüsebrühe
Meersalz
frisch gemahlener schwarzer Pfeffer
500 ml trockener Weißwein

1 Den Backofen auf 190 °C vorheizen. Die Äpfel und Birnen waschen, trocken tupfen und in Stücke schneiden. Die Kerngehäuse entfernen. Die Schalotten abziehen und fein würfeln. Den Koriander fein hacken.

2 Die Kaninchenteile waschen, trocken tupfen, in einen Schmortopf geben und mit Äpfeln, Birnen, Schalotten und Koriander bedecken. Mit der Gemüsebrühe beträufeln und leicht salzen und pfeffern. Den Weißwein darüber träufeln und 15 Minuten ziehen lassen.

3 Alles gut vermischen, dann den Topf dicht verschließen und 1 Stunde backen, bis das Fleisch schön zart ist. Dabei gelegentlich etwas Wasser angießen, wenn die Sauce zu trocken wird.

Mariniertes Wildkaninchen

Für 6 Personen

Zutaten

2 Karotten
3 Frühlingszwiebeln
2 Knoblauchzehen
1 Zwiebel
1 EL gehackte Thymianblätter
1 EL gehackte Rosmarinblätter
1 EL gehackte Majoranblätter
frisch gemahlener schwarzer Pfeffer
250 ml trockener Sherry (Fino)
500 ml trockener Weißwein
12 küchenfertige Kaninchenkeulen
4 EL Olivenöl
2 EL Tomatenmark
Meersalz
150 g Crème fraîche
2 EL eiskalte Butter

1 Die Karotten schälen und in Stücke schneiden. Die Frühlingszwiebeln putzen und klein schneiden. Die Knoblauchzehen abziehen und in Scheiben schneiden. Die Zwiebel abziehen und grob würfeln. Thymian-, Rosmarin- und Majoranblätter fein wiegen. Alles in eine große Schüssel füllen, kräftig pfeffern und gut miteinander vermischen. Mit Sherry und Weißwein auffüllen. Die Kaninchenkeulen sorgfältig waschen, trocken tupfen und in die Marinade geben. Zugedeckt 2 Tage marinieren lassen.

2 Den Backofen auf 200 °C vorheizen. Die Kaninchenkeulen aus der Marinade nehmen und trocken tupfen. In einem Bräter das Olivenöl erhitzen und die Keulen rundum scharf goldbraun anbraten. Das Gemüse aus der Marinade nehmen, abtropfen lassen, mit dem Tomatenmark zu den Keulen geben und kurz anrösten. Mit der Marinade ablöschen, aufkochen lassen, in den Backofen geben und 20–30 Minuten zugedeckt schmoren lassen, bis das Fleisch gar ist.

3 Aus dem Backofen nehmen, die Keulen herausnehmen und vom Knochen lösen. Das Fleisch salzen, pfeffern und warm beiseitestellen. Die Sauce pürieren oder durch ein Sieb streichen und in einem Topf erneut aufkochen. Unter ständigem Rühren mit der Crème fraîche einkochen. Noch einmal mit Salz und Pfeffer abschmecken und mit der eiskalten Butter binden.

Kaninchen mit Zimt

Für 6 Personen

Zutaten

100 g Rosinen
12 feste reife Aprikosen
2 Zimtstangen à 5 cm
2 weiße Zwiebeln
12 Safranfäden
1 Bund frischer Koriander
1 Zitrone
1 unbehandelte Orange
3 EL Pinienkerne
2,5 kg küchenfertige Kaninchenteile
4 EL Butter
¼ TL gemahlener Kardamom
6 EL flüssiger Honig
4 EL Olivenöl
Meersalz
frisch gemahlener Nelkenpfeffer
250 ml trockener Weißwein

1 Die Rosinen ca. 30 Minuten in warmem Wasser einweichen. Die Aprikosen waschen, vierteln und von den Kernen befreien. Die Zimtstangen längs halbieren. Die Zwiebeln abziehen und fein würfeln. Die Safranfäden fein zerkrümeln. Den Koriander mit Küchengarn zu einem Sträußchen binden. Die Zitrone auspressen. Die Schale der Orange abreiben, dann auspressen. Die Pinienkerne in einer Pfanne ohne Öl anrösten und beiseitestellen. Das Fleisch waschen und trocken tupfen.

2 In einem großen Schmortopf die Butter erhitzen und die Aprikosen darin 2 Minuten dünsten. Mit dem Kardamom bestreuen. Den Honig dazugeben und die Aprikosen darin unter Wenden rundum karamellisieren. Mit dem Schaumlöffel herausnehmen und beiseitestellen.

3 Das Olivenöl in den Topf geben und die Zwiebeln darin 7–8 Minuten golden braten. Das Fleisch und den Safran dazugeben, salzen und pfeffern und rundum goldbraun anbraten. Zimt, Rosinen und Koriander hinzufügen, Zitronensaft und Weißwein einrühren. Aufkochen und zugedeckt 50–60 Minuten köcheln lassen, bis das Fleisch gar ist. Aprikosen, Orangenschale und Orangensaft hinzugeben und ohne Deckel 10 Minuten köcheln lassen. Koriander und Zimtstangen entfernen.

4 Auf vorgewärmten Tellern anrichten und mit den Pinienkernen bestreut servieren.

Kaninchen mit Lauch und Kartoffeln

Für 6 Personen

Zutaten

4 große Lauchstangen
2 Knoblauchzehen
12 Kartoffeln
12 küchenfertige Kaninchenkeulen
4 EL Olivenöl
Meersalz
frisch gemahlener schwarzer Pfeffer
4 EL Weizenmehl
500 ml trockener Weißwein
500 ml Gemüsebrühe
2 Lorbeerblätter
8 Safranfäden
1 EL gehackte glatte Petersilie

1 Das Weiße der Lauchstangen in dünne Ringe schneiden, waschen und trocken tupfen. Den Knoblauch abziehen und fein hacken. Die Kartoffeln schälen. 6 Kartoffeln in dünne Scheiben hobeln, 6 Kartoffeln mundgerecht würfeln. Die Kaninchenkeulen waschen und trocken tupfen.

2 Den Backofen auf 180 °C vorheizen. Das Öl in einem feuerfesten Schmortopf bei mittlerer Temperatur erhitzen und die Kaninchenkeulen darin 10 Minuten rundum anbraten. Aus dem Topf nehmen, salzen, pfeffern und warm beiseitestellen. In dem Topf die Lauchringe ca. 5 Minuten weich dünsten. Den Knoblauch dazugeben und weitere 1–2 Minuten anbraten. Das Mehl hinzufügen und ca. 5 Minuten unter Rühren golden anschwitzen. Mit dem Wein ablöschen und ca. 4 Minuten einkochen lassen. Die Brühe einrühren, Lorbeerblätter, Safran, Karotten und Kartoffeln hinzugeben. Aufkochen und 10 Minuten köcheln lassen. Die Keulen mit dem Bratensaft beifügen und gut in das Gemüse und die Sauce einbetten.

3 Den Topf zudecken und in den Backofen stellen. Ca. 30 Minuten garen, bis das Fleisch schön zart und das Gemüse gar ist. Die Lorbeerblätter entfernen. Die Petersilie waschen, trocken tupfen und fein hacken.

4 Auf vorgewärmten Tellern anrichten, mit Petersilie garnieren und heiß servieren.

Maronen-Kaninchen

Für 6 Personen

Zutaten

500 g Maronen
2 Knoblauchzehen
2 rote Zwiebeln
2 große Karotten
2 Fleischtomaten
1 EL gehackte Rosmarinblätter
1 EL gehackte Thymianblätter
1 EL gehackte Majoranblätter
10 schwarze Pfefferkörner
4 EL Olivenöl
12 küchenfertige Kaninchenkeulen
Meersalz
400 g Frühstücksspeck in Scheiben
500 ml trockener Rotwein
1 Lorbeerblatt

1 Den Backofen auf 250 °C vorheizen. Die Maronen an der spitzen Seite kreuzweise einschneiden, kurz im Backofen anrösten, schälen und klein schneiden. Die Hitze auf 150 °C reduzieren. Knoblauch und Zwiebeln abziehen und fein würfeln. Die Karotten schälen, die Tomaten waschen und beides klein schneiden. Rosmarin-, Thymian- und Majoranblätter fein wiegen. Die Pfefferkörner in einem Mörser zerstoßen. Die Kaninchenkeulen waschen, trocken tupfen, mit den Kräutern, dem Pfeffer und etwas Salz einreiben, einzeln mit Frühstücksspeck umwickeln und mit Küchengarn fixieren.

2 In einem feuerfesten Schmortopf bei mittlerer Temperatur das Öl erhitzen und die Keulen 5–8 Minuten rundum braun anbraten. Knoblauch, Zwiebeln, Karotten, Tomaten und Maronen hinzufügen. Mit dem Rotwein ablöschen, aufkochen lassen, das Lorbeerblatt dazugeben und im Backofen zugedeckt ca. 60 Minuten backen. Anschließend das Lorbeerblatt entfernen.

Kaninchen mit Gemüse

Für 6 Personen

Zutaten

2 Zwiebeln
3 Knoblauchzehen
2 Karotten
2 Stangen Sellerie
500 g Pfifferlinge
6 große Kartoffeln
1 Kopf Brokkoli
1 EL gehackte Thymianblätter
1 EL gehackte Rosmarinblätter
1 EL gehackte Majoranblätter
6 küchenfertige Kaninchenrücken, vom Metzger vom Knochen gelöst
frisch gemahlener schwarzer Pfeffer
4 EL Olivenöl
500 ml Weißwein
250 ml Gemüsebrühe
Meersalz

1 Zwiebeln und Knoblauch abziehen und fein würfeln. Die Karotten schälen, den Sellerie waschen und putzen, beides klein schneiden. Die Pfifferlinge putzen (nicht waschen!) und halbieren oder vierteln. Die Kartoffeln schälen und klein schneiden. Den Brokkoli in Röschen zerteilen. Thymian-, Rosmarin- und Majoranblätter fein wiegen. Das Fleisch in Stücke schneiden und rundum kräftig pfeffern.

2 Den Backofen auf 180 °C vorheizen. Das Öl in einem großen Schmortopf erhitzen und das Fleisch darin rundum braun anbraten. Das Gemüse und die Kräuter dazugeben, gut vermischen und leicht anrösten. Mit dem Wein ablöschen und mit Gemüsebrühe auffüllen. In den Backofen geben und ca. 90 Minuten backen, bis das Fleisch sehr zart ist. Mit Salz und Pfeffer abschmecken.

3 Auf vorgewärmten Tellern anrichten und heiß servieren.

Ungarischer Kaninchentopf

Für 6 Personen

Zutaten

2 Knoblauchzehen
1 große Zwiebel
1 große rote Paprikaschote
1 große grüne Paprikaschote
1 große gelbe Paprikaschote
2 EL gehackte glatte Petersilie
2,5 kg küchenfertige Kaninchenteile
Meersalz
frisch gemahlener schwarzer Pfeffer
4 EL Olivenöl
250 g Frühstücksspeck in Scheiben
500 ml trockener Weißwein
400 g gehackte Tomaten aus der Dose
Paprikapulver rosenscharf

1 Knoblauch und Zwiebel abziehen und fein hacken. Die Paprikaschoten waschen, entkernen und klein schneiden. Die Petersilie waschen, trocken tupfen und fein hacken. Die Kaninchenteile waschen, trocken tupfen, salzen und pfeffern.

2 2 EL Öl in einem großen Kochtopf erhitzen und die Kaninchenteile darin 8–10 Minuten rundum braun anbraten. Aus dem Topf nehmen und warm beiseitestellen. Das restliche Öl erhitzen und den Frühstücksspeck mit dem Knoblauch und der Zwiebel darin ca. 5 Minuten anbraten, bis die Zwiebel weich ist. Paprika hinzugeben und weitere 5 Minuten dünsten.

3 Den Wein angießen, aufkochen lassen, die Tomaten dazugeben und zugedeckt 15 Minuten kochen lassen. Das Fleisch hinzufügen und ca. 40 Minuten köcheln lassen, bis das Fleisch schön zart ist. Die Petersilie unterziehen und mit Paprikapulver, Salz und Pfeffer abschmecken.

Pikante Kaninchenkeulen

Für 6 Personen

Zutaten

3 Zwiebeln
2 Knoblauchzehen
Meersalz
1 grüne Paprikaschote
2 rote Paprikaschoten
1 rote Chilischote
1 EL gehackte Majoranblätter
12 küchenfertige Kaninchenkeulen
frisch gemahlener schwarzer Pfeffer
4 EL Olivenöl oder Butterschmalz
2 EL edelsüßes Paprikapulver
2 EL scharfes Paprikapulver
400 ml heiße Gemüsebrühe
400 g gehackte Tomaten aus der Dose
1 EL Weizenmehl
100 ml trockener Rotwein
Cayennepfeffer

1 Die Zwiebeln abziehen und in dünne Scheiben schneiden. Den Knoblauch abziehen, in Scheiben schneiden und in Salz zerdrücken. Die Paprika waschen, entkernen und in Streifen schneiden. Die Chilischote waschen, entkernen und fein hacken. Die Majoranblätter fein wiegen. Das Fleisch waschen und trocken tupfen.

2 Das Olivenöl oder Butterschmalz in einem großen Topf erhitzen und die Zwiebeln darin weich dünsten. Das Fleisch dazugeben und rundum braun anbraten. Salzen, pfeffern und mit dem süßen und scharfen Paprikapulver bestreuen. Ein paar Löffel von der heißen Brühe angießen und gut umrühren, bis das Fleisch mit dem Paprikapulver überzogen ist. Tomaten, Paprikaschoten, die Hälfte des Majorans und den Chili hinzugeben. Mit 125 ml Brühe ablöschen und zugedeckt ca. 90 Minuten köcheln lassen, bis das Fleisch schön zart ist. Wenn der Eintopf zu trocken wird, etwas Brühe angießen.

3 Mehl mit 2 EL kaltem Wasser vermischen. Den Rotwein, den restlichen Majoran und den Knoblauch dazugeben und 10 Minuten köcheln. Mit Salz, Pfeffer und Cayennepfeffer abschmecken.

Süßes Kaninchen mit Sultaninen

Für 6 Personen

Zutaten

100 g Sultaninen
100 ml Madeira
4 Knoblauchzehen
3 rote Zwiebeln
3 Karotten
1 Petersilienwurzel
1 TL Kreuzkümmelsamen
1 TL Koriandersamen
frisch gemahlener bunter Pfeffer
12 küchenfertige Kaninchenfilets aus dem Rücken
4 EL Olivenöl
1 TL Zimtpulver
1 Lorbeerblatt
500 ml trockener Weißwein
Meersalz
2 EL sehr fein abgeriebene Zitronenschale

1 Die Sultaninen in einer Schüssel 1 Stunde in dem Madeira ziehen lassen. Knoblauch und Zwiebeln abziehen und fein hacken. Karotten und Petersilienwurzel schälen und klein schneiden. Die Kreuzkümmel- und Koriandersamen in einem Mörser zerstoßen. Das Fleisch waschen, trocken tupfen und mit Pfeffer einreiben.

2 Das Öl in einem großen Topf erhitzen und das Fleisch darin 8–10 Minuten rundum braun anbraten. Herausnehmen und warm beiseitestellen, den Bratensaft im Topf lassen.

3 Den Knoblauch und die Zwiebeln in den Topf geben und glasig dünsten. Karotten und Petersilienwurzel untermischen und leicht anrösten. Kreuzkümmel, Koriander, Zimt und Lorbeerblatt dazugeben und 1–2 Minuten rösten, dann den Madeira mit den Sultaninen angießen und unter Umrühren einkochen lassen. Den Weißwein angießen und alles gut vermischen. Die Kaninchenfilets hinzufügen und zugedeckt bei geringer Hitze ca. 60 Minuten schmoren lassen. Das Lorbeerblatt entfernen und noch einmal mit Salz und Pfeffer abschmecken.

4 Je zwei Kaninchenfilets auf vorgewärmten Tellern anrichten, Gemüse mit Sauce dazugeben und mit der Zitronenschale bestreut servieren.

Kaninchen mit Bohnen in Tomatensauce

Für 6 Personen

Zutaten

4 Knoblauchzehen
3 EL gehackte Salbeiblätter
800 g große weiße Bohnen aus dem Glas
4 EL Olivenöl
1 kg Fleisch vom Wildkaninchen ohne Knochen
Meersalz
frisch gemahlener schwarzer Pfeffer
800 g gehackte Tomaten aus der Dose

1 Den Knoblauch abziehen und pressen. Den Salbei fein wiegen. Die Bohnen in einem Sieb abtropfen lassen und abspülen. Das Fleisch waschen, trocken tupfen, in mundgerechte Stücke schneiden, salzen, pfeffern und mit dem Knoblauch und dem Salbei vermengen.

2 Das Öl in einem großen Topf erhitzen und das Kaninchenfleisch darin rundum goldbraun anbraten. Die Tomaten dazugeben und alles ca. 45 Minuten zugedeckt sanft schmoren lassen. Die Bohnen hinzugeben und weitere 15 Minuten köcheln lassen.

3 Auf vorgewärmten Tellern anrichten und sofort servieren.

Exotischer Kaninchentopf

1 Den Safran in einer Pfanne ohne Öl 2–3 Minuten spröde rösten. In einer Tasse zerbröseln, mit etwas heißem Wasser aufgießen und 10 Minuten ziehen lassen. Die Pinienkerne in einer Pfanne ohne Öl rösten. Den Ingwer schälen und fein reiben. Die Schalotten abziehen, 1 Schalotte raspeln, 2 Schalotten fein würfeln. Den Knoblauch abziehen und in dünne Scheiben schneiden. Das Fleisch waschen und trocken tupfen.

2 Das Olivenöl in einem großen Schmortopf erhitzen und die Kaninchenkeulen darin rundum goldbraun anbraten. Den Ingwer mit Salz, Pfeffer, Knoblauch und der geraspelten Zwiebel dazugeben. Gut umrühren, bis alles vermischt ist, und noch einige Minuten anrösten. Gehackte Zwiebeln, Safranmischung und Honig hinzufügen. Heißes Wasser angießen, bis das Fleisch bedeckt ist. Zugedeckt bei mittlerer Hitze 30 Minuten köcheln lassen.

3 In der Zwischenzeit die Rosinen, den Pfirsich und die Datteln klein schneiden. Die Zitrone auspressen. Das Obst mit dem Zitronensaft und heißem Wasser bedecken und 30 Minuten ziehen lassen. Die Obstmischung mit den Zimtstangen an den Eintopf geben und zugedeckt weitere 30 Minuten köcheln lassen, bis das Fleisch sehr zart ist. Mit Salz und Pfeffer abschmecken und die Zimtstangen wieder entfernen. Die Petersilie waschen, trocken tupfen und fein hacken.

4 Je 2 Kaninchenkeulen auf vorgewärmten Tellern mit der Sauce anrichten und mit Pinienkernen und Petersilie garniert servieren.

Für 6 Personen

Zutaten

¼ TL Safranfäden
120 g Pinienkerne
3 cm frischer Ingwer
3 Schalotten
2 Knoblauchzehen
12 Kaninchenkeulen
4 EL Olivenöl
Meersalz
frisch gemahlener schwarzer Pfeffer
1 EL Honig
150 g Rosinen
1 fester Pfirsich
2 getrocknete Datteln
1 Zitrone
3 Zimtstangen à 5 cm
1 EL gehackte glatte Petersilie

Kaninchenfilets mit Waldpilzen

Für 6 Personen

Zutaten

10 Pfefferkörner
3 EL gehackte Salbeiblätter
3 EL Dijon-Senf
12 küchenfertige Kaninchenfilets aus dem Rücken
4 Schalotten
250 g braune Champignons
250 g Pfifferlinge
250 g Steinpilze
250 g durchwachsener Speck
2 EL gehackte glatte Petersilie
6 EL Olivenöl
Meersalz
frisch gemahlener schwarzer Pfeffer
250 ml trockener Rotwein
200 g Sahne
3 EL Holundergelee

1 Die Pfefferkörner in einem Mörser zerstoßen, den Salbei sehr fein wiegen. Beides mit dem Senf zu einer Paste verrühren. Die Kaninchenfilets waschen, trocken tupfen, mit dem Senf bestreichen und zugedeckt im Kühlschrank 24 Stunden ziehen lassen.

2 Die Schalotten abziehen und fein würfeln. Die Pilze putzen (nicht waschen!) und in Stücke schneiden. Den Speck in kleine Würfel schneiden. Die Petersilie waschen, trocken tupfen und sehr fein hacken.

3 In einem Topf 3 EL Olivenöl erhitzen und den Speck darin auslassen. Die Schalotten dazugeben und glasig dünsten. Die Pilze hinzufügen und bei starker Hitze anbraten. Mit dem Rotwein ablöschen, salzen und pfeffern und einkochen lassen, bis die Flüssigkeit verdampft ist. Die Sahne angießen und einkochen lassen. Das Holundergelee und die Hälfte der Petersilie unterziehen.

4 Inzwischen in einer Pfanne 3 EL Olivenöl erhitzen und die Kaninchenfilets darin rundum 5–8 Minuten braten. Herausnehmen, salzen und pfeffern.

Kaninchen mit Knoblauch und Rosmarin

Für 6 Personen

Zutaten

4 Knoblauchzehen
Meersalz
10 Pfefferkörner
3 EL gehackte Rosmarinblätter
8 EL Olivenöl
12 Kaninchenkeulen
3 rote Zwiebeln
1 kg kleine Kartoffeln (Bratlinge)
3 Karotten
500 g Cherry-Tomaten
frisch gemahlener schwarzer Pfeffer

1 Den Knoblauch abziehen, in feine Scheiben schneiden und in Salz zerstoßen. Die Pfefferkörner in einem Mörser zerstoßen. Den Rosmarin fein wiegen und mit dem Knoblauch, dem Pfeffer und 2 EL Öl zu einer Paste verarbeiten. Die Kaninchenkeulen waschen, trocken tupfen, mit der Paste bestreichen und 4 Stunden zugedeckt im Kühlschrank ziehen lassen.

2 Den Backofen auf 180 °C vorheizen. Die Zwiebeln abziehen und fein würfeln. Die Kartoffeln schälen und eventuell halbieren. Die Karotten schälen und in Stifte schneiden. Die Tomaten waschen. Alles in einer Schüssel mit 3 EL Olivenöl vermengen und mit Salz und Pfeffer würzen. 3 EL Öl in einem Bräter erhitzen und die Kaninchenkeulen darin rundum anbraten. Zwiebeln, Kartoffeln, Karotten und Tomaten dazugeben und anrösten. In den Backofen geben und ca. 60–70 Minuten garen, bis das Fleisch zart und das Gemüse gar und knusprig ist.

Provenzalisches Kaninchen

Für 6 Personen

Zutaten

3 küchenfertige Kaninchen
2–3 Knoblauchzehen
Meersalz
frisch gemahlener schwarzer Pfeffer
1½ TL Kräuter der Provence
3–4 EL Olivenöl
1–1½ l trockener Rotwein
3 Schalotten
3 Karotten
1 großer Knollensellerie
1 große Lauchstange
1–2 Lorbeerblätter
Wacholderbeeren
1 TL Pimentkörner
1 TL Pfefferkörner
1 Dose gehackte Tomaten

1 Die Kaninchen in Teile zerlegen, gut abwaschen und trocken tupfen. Die Knoblauchzehen schälen, fein hacken und die Kaninchenteile damit einreiben. Kräftig salzen, pfeffern und mit den Kräutern der Provence würzen.

2 Den Backofen auf 180–200 °C vorheizen. Das Olivenöl in einem Bräter erhitzen und das Fleisch darin rundherum goldbraun anbraten. Mit dem Rotwein ablöschen und im verschlossenen Bräter 45 Minuten schmoren lassen.

3 Inzwischen die Schalotten und die Karotten schälen, den Sellerie und den Lauch putzen. Das Gemüse grob würfeln und mit dem Lorbeer, den Wacholderbeeren, den Pimentkörnern und den Pfefferkörnern in den Bräter geben. Weitere 30 Minuten schmoren lassen.

4 Die gehackten Tomaten mit dem Saft unter die Sauce mischen und noch einmal 10–15 Minuten weitergaren. Nach Ende der Garzeit den Lorbeer entfernen, das Kaninchen noch einmal abschmecken und dann fein angerichtet servieren.

Kaninchenkeulen mit Pfifferlingssauce

Für 6 Personen

Zutaten

12 küchenfertige Kaninchenkeulen
1½ TL Wacholderbeeren
Meersalz
frisch gemahlener schwarzer Pfeffer
1½ TL Korianderpulver
1½ EL Rosmarin
1 Stück Knollensellerie
2 Karotten
2 Schalotten
2–3 EL Olivenöl
2–3 EL Tomatenmark
5–6 EL Mehl
500 ml trockener Rotwein
500 ml Gemüsebrühe oder Wildfond
2–3 Lorbeerblätter
300 g frische Pfifferlinge
6 Scheiben Frühstücksspeck

1 Die Kaninchenkeulen sorgfältig waschen und trocken tupfen. Die Wacholderbeeren zerdrücken. Das Fleisch salzen, pfeffern und kräftig mit Korianderpulver, den Wacholderbeeren und Rosmarin würzen. Den Sellerie, die Karotten und die Schalotten schälen und fein würfeln.

2 Den Backofen auf 180–220 °C vorheizen. Die Kaninchenkeulen im Olivenöl golden anbraten. Die Gemüsewürfel dazugeben und mitbraten. Das Tomatenmark einrühren und das Fleisch mit Mehl bestäuben. Mit dem Rotwein und der Gemüsebrühe ablöschen und kurz aufkochen lassen. Die Lorbeerblätter hinzufügen und das Ganze im Backofen 75–90 Minuten schmoren.

3 Die Kaninchenkeulen herausnehmen und warm beiseitestellen. Die Sauce pürieren und noch einmal erhitzen.

4 Die Pfifferlinge sorgfältig putzen und klein schneiden. In die kochende Sauce geben und 6–8 Minuten stark kochen. Inzwischen den Frühstücksspeck kross anbraten. Die Kaninchenkeulen mit je einer Scheibe Frühstücksspeck belegt servieren.

Spanische Reispfanne mit Kaninchen

Für 6 Personen

Zutaten

600 g Kaninchenfleisch ohne Knochen
2 Schalotten
2–3 Knoblauchzehen
3–4 EL Olivenöl
250 ml trockener Weißwein
500–750 ml Gemüsebrühe
1 Portion Safranpulver
500 g Reis
Meersalz
frisch gemahlener schwarzer Pfeffer
1 Prise Cayennepfeffer
150 g Erbsen aus der Dose
1–2 EL gehackte glatte Petersilie
150 g Cherry-Tomaten

1 Das Kaninchenfleisch in feine Würfel oder Streifen schneiden. Die Schalotten schälen und fein würfeln. Die Knoblauchzehen schälen und klein schneiden.

2 Das Olivenöl in einer großen gusseisernen Pfanne erhitzen. Das Kaninchenfleisch darin kräftig anbraten. Schalotten- und Knoblauchwürfel dazugeben und 4–5 Minuten weich dünsten. Mit dem Wein und 500 ml Gemüsebrühe ablöschen. Aufkochen lassen, den Safran hinzugeben und den Reis gut unterrühren. Zugedeckt köcheln lassen, bis der Reis die Flüssigkeit aufgesaugt hat und bissfest gegart ist. Bei Bedarf noch etwas Brühe dazugeben. Salzen, pfeffern und nach Geschmack mit Cayennepfeffer würzen. Die Erbsen unterrühren. Die Petersilie fein wiegen. Die Cherry-Tomaten waschen und halbieren.

4 Die Reispfanne mit den Tomatenhälften dekorieren und mit der Petersilie garniert servieren.

Kaninchen in Sahnesauce

Für 6 Personen

Zutaten

3 küchenfertige Kaninchen
Meersalz
2 Schalotten
1 Karotte
150 g Champignons
2–3 EL Olivenöl
250 ml trockener Weißwein
500 ml Fleischbrühe
5 schwarze Pfefferkörner
200 g Sahne

1 Die Kaninchen in Stücke zerteilen, sorgfältig abwaschen, trocken tupfen und salzen. Die Schalotten und die Karotte schälen und klein schneiden. Die Champignons putzen (nicht waschen!) und vierteln.

2 Das Olivenöl in einem Bratentopf erhitzen und die Kaninchenteile darin rundum goldbraun anbraten. Das Gemüse hinzugeben und 4–5 Minuten dünsten. Mit dem Weißwein und der Fleischbrühe ablöschen. Erneut aufkochen, die Pfefferkörner hinzugeben und bei geringer Hitze zugedeckt ca. 1 Stunde köcheln lassen, bis das Fleisch weich ist. Die Kaninchenteile herausnehmen und warm beiseitestellen.

3 Die Pfefferkörner entfernen, die Sauce pürieren oder durch ein Küchensieb streichen. Erneut aufkochen und bei starker Hitze unter ständigem Rühren etwas reduzieren. Wenn die gewünschte Konsistenz erreicht ist, die Sahne dazugeben und 2–3 Minuten kochen lassen. Dabei ständig umrühren. Vom Herd nehmen und die Sauce noch einmal mit Salz und Pfeffer abschmecken. Die Kaninchenteile in die Sauce geben und heiß werden lassen. Sofort servieren.

Kräuter-Kaninchen mit Béchamelsauce

Für 6 Personen

Zutaten

12 Kaninchenkeulen
2 Schalotten
1–2 Lorbeerblätter
1 TL gehackte Thymianblätter
1 TL gehackte Rosmarinblätter
1 TL gehackter Schnittlauch
1 TL gehackte Salbeiblätter
1 TL gehackte glatte Petersilie
½ TL getrockneter Estragon
2–3 EL Olivenöl
Meersalz
frisch gemahlener schwarzer Pfeffer
2 EL Butter
2 EL Mehl

1 Die Kaninchenkeulen sorgfältig abwaschen, trocken tupfen und salzen. Die Schalotten schälen und grob würfeln. Thymian-, Rosmarin-, Salbeiblätter, Schnittlauch und Petersilie fein wiegen. Das Olivenöl in einem großen Topf erhitzen und die Kaninchenkeulen darin rundum goldbraun anbraten. Mit gut 2 l Wasser ablöschen und aufkochen. Die Schalotten und alle Kräuter hinzugeben und zugedeckt ca. 75 Minuten kochen, bis sich das Fleisch von den Knochen löst.

2 In einem Saucentopf die Butter schmelzen und das Mehl hineinrühren. Leicht golden andünsten, dabei ständig umrühren. Nach und nach so viel von dem Kräutersud hinzugeben, bis eine glatte Sauce von gewünschter Konsistenz entstanden ist. Mit Salz und Pfeffer abschmecken. Die Kaninchenkeulen mit der Sauce überzogen servieren.

Kaninchenkeulen mit Gemüsesauce

Für 6 Personen

Zutaten

12 küchenfertige Kaninchenkeulen
Meersalz
frisch gemahlener schwarzer Pfeffer
3 Karotten
3 Stangen Sellerie
3 große Zwiebeln
2 Schalotten
4 Knoblauchzehen
3 Zweige Rosmarin
2–3 EL Olivenöl
2–3 EL Balsamico
350 ml Fleischbrühe
200 g Sahne

1 Die Kaninchenkeulen sorgfältig abwaschen und trocken tupfen. Das Fleisch mit Salz und Pfeffer würzen. Die Karotten schälen, den Sellerie putzen und beides in Stücke schneiden. Die Zwiebeln und Schalotten abziehen und grob würfeln. Die Knoblauchzehen abziehen und pressen. Die Rosmarinnadeln von den Zweigen zupfen und fein wiegen.

2 Das Olivenöl in einem Bräter erhitzen und die Kaninchenkeulen darin rundum goldbraun anbraten. Zwiebeln, Schalotten, Knoblauch und Rosmarin dazugeben und kurz mitbraten. Mit dem Balsamico und der Hälfte der Brühe ablöschen. Karotten und Sellerie hinzugeben, aufkochen und dann zugedeckt bei geringer Hitze ca. 20 Minuten schmoren lassen, bis die Keulen gar sind. Dabei immer wieder mit Brühe ablöschen. Die garen Kaninchenkeulen herausnehmen und warm beiseitestellen. Den Fond pürieren oder durch ein Sieb streichen, zur gewünschten Konsistenz reduzieren und unter ständigem Rühren mit der Sahne binden. Die Sauce mit Salz und Pfeffer abschmecken, über die Kaninchenkeulen geben und sofort servieren.

Mariniertes Kräuter-Kaninchen

Für 6 Personen

Zutaten

2–3 Schalotten
2 Knoblauchzehen
1–2 Karotten
1–2 Stangen Sellerie
8 EL Olivenöl
2–3 Nelken
1–2 Lorbeerblätter
6 Zweige frisches Basilikum
1 Bund glatte Petersilie
6 Zweige frischer Oregano
6 Zweige frischer Rosmarin
12 Zweige frischer Thymian
3 Zweige frischer Salbei
500 ml trockener Rotwein
6 EL Rotweinessig
3 küchenfertige Kaninchen
Meersalz
frisch gemahlener schwarzer Pfeffer
250 ml Fleischbrühe
1½ EL Butter
1 ½ EL Marsala oder süßer Sherry
3 EL Pinienkerne

1 Die Schalotten schälen und fein hacken, den Knoblauch schälen und pressen, die Karotten schälen und in dünne Scheiben schneiden, den Sellerie putzen und in kleine Stücke schneiden.

2 In einer großen Pfanne 5 EL Öl erhitzen und die Schalotten darin glasig dünsten. Knoblauch, Karotten, Sellerie, Lorbeerblätter, Nelken sowie die Hälfte der gesamten Kräuter hinzugeben und einige Minuten weiter dünsten. Mit dem Rotwein und dem Rotweinessig ablöschen, aufkochen lassen und zugedeckt 30 Minuten sanft köcheln lassen. Vom Herd nehmen, auskühlen lassen und abseihen. Das Fleisch in Ragoutstücke zerteilen und in eine Schüssel geben. Die Marinade über das Fleisch geben und zugedeckt 24 Stunden ziehen lassen. Dabei gelegentlich umrühren.

3 Am nächsten Tag das Fleisch auf Küchenpapier trocken tupfen. In einer großen Pfanne 3 EL Öl erhitzen und das Kaninchenfleisch darin portionsweise rundherum goldbraun anbraten. Das Fleisch salzen und pfeffern und mit den restlichen Kräutern bei geringer Hitze in der Pfanne einige Minuten weiterbraten. Mit der Marinade ablöschen und zugedeckt bei geringer Hitze ca. 60 Minuten köcheln lassen. Dabei immer wieder etwas von der Marinade angießen. Die gegarten Kaninchenstücke auf einer vorgewärmten Platte anrichten und warm beiseitestellen.

4 Den Bratenfond bei großer Hitze einkochen, dann den Bratensatz mit der Fleischbrühe loskochen. Die Butter dazugeben und die Sauce unter ständigem Rühren damit binden. Den Marsala oder Sherry und die Pinienkerne unterziehen und die Sauce nochmals aufkochen. Über das Fleisch geben und sofort servieren.

Kaninchenrouladen aus der Keule

Für 6 Personen

Zutaten

1 Bund glatte Petersilie
1 Bund Schnittlauch
3 Zweige Kerbel
3 Zweige Thymian
2 altbackene Brötchen
125 ml Milch
2 Eier
2–3 Schalotten
1 Frühlingszwiebel
12 Kaninchenkeulen
Meersalz
frisch gemahlener schwarzer Pfeffer
12 Scheiben italienischen Schinken (Prosciutto)
6 EL Olivenöl
250 ml trockener Weißwein
2–3 EL Butter

1 Petersilie und Schnittlauch fein hacken. Die Blätter von den Kerbel- und Thymianzweigen abzupfen und fein wiegen. Die Milch zum Kochen bringen. Die Brötchen in hauchfeine Scheiben schneiden und mit der heißen Milch übergießen. Abkühlen lassen und dann mit den Kräutern und den Eiern vermengen. Die Schalotten abziehen, die Frühlingszwiebel putzen, alles fein hacken. 2 EL Olivenöl in einer großen Pfanne erhitzen und die Schalotten und Frühlingszwiebel darin glasig dünsten. Herausnehmen, abkühlen lassen und mit der Brötchenmasse verkneten.

2 Die Kaninchenkeulen vorsichtig von den Knochen befreien, das Fleisch platt drücken. Mit Salz und Pfeffer würzen. Auf jede Fleischscheibe zwei Scheiben Schinken sowie einen Löffel Füllung geben und sorgfältig zusammenrollen.

3 Das restliche Olivenöl in einem Bratentopf erhitzen und die Kaninchenrouladen darin rundum goldbraun anbraten. Nach 10 Minuten mit dem Weißwein ablöschen. Aufkochen und zugedeckt weitere 10–20 Minuten sanft köcheln lassen. Wenn die Rouladen gar sind, herausnehmen, auf einer vorgewärmten Platte anrichten und warm beiseitestellen.

4 Den Bratenfond etwas einkochen und mit der Butter zur gewünschten Konsistenz binden. Die Sauce noch einmal mit Salz und Pfeffer abschmecken, über die Kaninchenrouladen geben und sofort servieren.

Kaninchenrouladen mit Bärlauch-Füllung

1 Schalotten abziehen und fein würfeln. Bärlauch und Petersilie fein hacken. Thymianblättchen von den Zweigen abstreifen und fein wiegen. Die Schale der Zitrone abreiben.

2 2 EL Olivenöl in einer Pfanne erhitzen und die Schalotten darin glasig dünsten. Bärlauch, Petersilie und Thymian dazugeben. Mit der Gemüsebrühe ablöschen und bei großer Hitze einkochen. Die abgeriebene Zitronenschale unterrühren. Vom Herd nehmen und abkühlen lassen. Das Eigelb untermischen und die Masse mit so viel Semmelbröseln vermengen, dass eine glatte, feste Paste entsteht.

3 Den Backofen auf 180 °C vorheizen. Das Fleisch der Kaninchenrücken plattieren, pfeffern und salzen. Die Füllung gleichmäßig auf den Fleischscheiben verteilen. Die Rouladen aufrollen und mit Küchengarn zusammenbinden. Das restliche Öl in einem Bräter erhitzen und die Kaninchenrouladen darin gleichmäßig von allen Seiten anbraten. In den Backofen geben und ca. 20 Minuten zu Ende garen.

4 Herausnehmen, auf einer vorgewärmten Platte anrichten und warm beiseitestellen. Den Bratensatz mit dem Weißwein loskochen, bei starker Hitze auf die gewünschte Konsistenz reduzieren und unter ständigem Rühren mit der Sahne binden. Noch einmal mit Salz und Pfeffer abschmecken, über die Rouladen geben und sofort servieren.

Für 6 Personen

Zutaten

4 Schalotten
100 g Bärlauch
1 Bund glatte Petersilie
1–2 Zweige frischer Thymian
1 unbehandelte Zitrone
4 EL Olivenöl
250 ml Gemüsebrühe
3 Eigelb
6–8 EL Semmelbrösel
6 küchenfertige Kaninchenrücken, vom Metzger vom Knochen gelöst
250 ml trockener Weißwein
200 g Sahne
fisch gemahlener schwarzer Pfeffer
Meersalz

Rucolasalat mit Kaninchenfleisch

Für 6 Personen

Zutaten

2 küchenfertige Kaninchenrücken, vom Metzger vom Knochen gelöst
4 Schalotten
1 Zweig Thymian
1 Bund glatte Petersilie
Olivenöl
Meersalz
frisch gemahlener schwarzer Pfeffer
125 g Rucola
2–3 Karotten
250 g Cherry-Tomaten
½ TL getrockneter Estragon
Rotweinessig

1 Das Kaninchenfleisch in fingerbreite, 4–5 Zentimeter lange Streifen schneiden. 2 Schalotten abziehen und fein würfeln. Die Thymianblätter von den Zweigen zupfen und fein wiegen. Die Petersilie waschen, trocken tupfen und fein hacken. In einer großen Pfanne 2–3 EL Olivenöl erhitzen und die Schalotten darin glasig dünsten. Das Fleisch, drei Viertel von der Petersilie und den Thymian hinzugeben. Ca. 15–20 Minuten kräftig braten, bis das Fleisch gar ist. Salzen, pfeffern, vom Herd nehmen und abkühlen lassen.

2 In der Zwischenzeit den Rucola verlesen und waschen. Die restlichen Schalotten abziehen, sehr fein würfeln und in eine Salatschüssel geben. Die Karotten schälen, in sehr feine Stifte schneiden und zu den Schalotten geben. Die Tomaten waschen, vierteln und ebenfalls hinzugeben. Salzen, pfeffern und den Estragon untermischen. Aus Olivenöl und Rotweinessig eine Salatsauce herstellen und über das Gemüse geben. Alles gut vermischen. Den Rucola und das abgekühlte Fleisch hinzufügen, noch einmal kräftig durchmischen und sofort servieren.

Kaninchenfrikassee

Für 6 Personen

Zutaten

6 küchenfertige Kaninchenrücken, vom Metzger vom Knochen gelöst
2 Karotten
2 kleine Zucchini
250 g Champignons
1 Knoblauchzehe
3 Schalotten
1 Zweig frischer Estragon
½ Bund glatte Petersilie
4 EL Olivenöl
500 ml trockener Weißwein
1 EL Butter
1 EL Mehl
200 g Sahne
3 Eigelb
Meersalz
frisch gemahlener schwarzer Pfeffer

1 Das Kaninchenfleisch in kleine Stücke schneiden. Die Karotten schälen und in feine Stifte schneiden. Die Zucchini waschen und in kleine Stifte schneiden. Die Champignons putzen (nicht waschen!) und klein schneiden. Knoblauch und Schalotten abziehen und fein hacken. Die Estragonblätter von den Zweigen zupfen. Die Petersilie waschen, trocken tupfen und fein hacken.

2 In einer Pfanne 2 EL Olivenöl erhitzen und das Fleisch darin rundherum kurz goldbraun anbraten. Salzen, pfeffern und warm beiseitestellen. In derselben Pfanne in dem restlichen Öl die Karotten, Champignons, Schalotten und den Knoblauch ca. 5 Minuten kräftig anbraten. Die Zucchini und das Fleisch dazugeben und solange weiterbraten, bis die Flüssigkeit verdampft ist. Den Estragon dazugeben, mit dem Weißwein ablöschen und weitere 10–15 Minuten zugedeckt köcheln lassen, bis das Fleisch gar ist. Inzwischen die Butter mit dem Mehl zu Mehlbutter verkneten. Die Sahne hinzufügen, aufkochen und unter ständigem Rühren mit der Mehlbutter binden. Die Pfanne vom Herd nehmen und das Eigelb unterziehen. Die Petersilie einrühren, salzen und pfeffern und sofort servieren.

Kaninchenfilets auf Champignonragout

1 Die Champignons sorgfältig putzen (nicht waschen!) und klein schneiden. Die Tomaten waschen und vierteln. Die Zucchini waschen und in kleine Stifte schneiden. Die Bohnen kurz in Salzwasser blanchieren und in Stücke schneiden. Die Schalotten abziehen und fein hacken. Den Knoblauch abziehen und pressen. Thymian-, Basilikum- und Salbeiblätter fein hacken.

2 In einer großen Pfanne 2 EL Olivenöl erhitzen und die Schalotten darin anschwitzen. Zucchini und Knoblauch hinzufügen und rundum schön golden anbraten. Herausnehmen und beiseitestellen.

3 Bei starker Hitze die Champignons anbraten. 1 EL Thymian dazugeben und weiterbraten, bis die Flüssigkeit verdampft ist. Bohnen und Zucchini hinzufügen und mit dem Weißwein ablöschen. Bei starker Hitze unter ständigem Rühren die Crème double unterziehen und ca. 3 Minuten auf die gewünschte Konsistenz reduzieren lassen. Die Tomaten dazugeben, das Basilikum unterziehen und nach Gusto mit Salz und Pfeffer abschmecken.

4 Das restliche Olivenöl erhitzen und die Kaninchenfilets darin von allen Seiten goldbraun anbraten. Mit Salz und Pfeffer würzen, den restlichem Thymian und den Salbei hinzugeben und die Filets bei schwacher Hitze braten, bis sie gar sind.

5 Die Filets auf dem Pilzragout anrichten und sofort servieren.

Für 6 Personen

Zutaten

750 g braune Champignons
25 Cherry-Tomaten
3 kleine Zucchini
500 g breite grüne Bohnen
3 Schalotten
2–3 Knoblauchzehen
2 EL gehackte Thymianblätter
3 EL gehackte Basilikumblätter
12 Salbeiblätter
4 EL Olivenöl
150 ml trockener Weißwein
100 g Crème double
1,2 kg küchenfertige Kaninchenfilets ohne Sehnen und Häute
Meersalz
frisch gemahlener schwarzer Pfeffer

Kaninchenrouladen mit eingelegtem Gemüse

Für 6 Personen

Zutaten

250g Champignons
1 rote Paprikaschote
1 gelbe Paprikaschote
2 Zucchini
5 Knoblauchzehen
4 Zweige Rosmarin
4 Zweige Thymian
½ Zitrone
ca. 300 ml Olivenöl
Meersalz
frisch gemahlener schwarzer Pfeffer
15 schwarze Pfefferkörner
6 küchenfertige Kaninchenrücken, vom Metzger vom Knochen gelöst
300 g Mozzarella
12 Scheiben italienischer Schinken (Prosciutto)
4 Zweige Basilikum

1 Die Champignons sorgfältig putzen (nicht waschen!) und je nach Größe halbieren oder vierteln. Die Paprikaschoten waschen, entkernen und in fingerbreite, 4–5 Zentimeter lange Streifen schneiden. Die Zucchini waschen und in Stifte schneiden. Die Knoblauchzehen abziehen und in Scheiben schneiden. Von je 2 Zweigen Rosmarin und Thymian die Blätter abzupfen und fein wiegen. Die halbe Zitrone auspressen.

2 In einer großen Pfanne 2 EL Olivenöl erhitzen und die Champignons darin scharf anbraten. Paprika und Zucchini hinzugeben und kurz mitbraten. 4 Knoblauchzehen, Thymian und Rosmarin zugeben und braten, bis die Flüssigkeit verdampft ist. Mit Salz und Pfeffer würzen. In ein Gefäß geben und mit 250 ml Olivenöl und dem Zitronensaft übergießen. Die Pfefferkörner dazugeben und alles gut vermischen. Abkühlen lassen und dann im Kühlschrank 24 Stunden marinieren.

3 Am nächsten Tag die ausgelösten Kaninchenrücken platt klopfen und mit der Innenseite nach oben ausbreiten. Kräftig salzen und pfeffern. Den Mozzarella in dünne Scheiben schneiden. Die Fleischscheiben mit je einer Scheibe Schinken und einer Scheibe Mozzarella belegen und mit Basilikumblättern bestreuen. Zu Rouladen zusammenrollen und mit Küchengarn festbinden.

4 Den Backofen auf 170 °C vorheizen. Inzwischen die restlichen 2 EL Olivenöl in einem Bräter erhitzen und die Rouladen darin rundum goldbraun anbraten. Die restlichen Rosmarin- und Thymianzweige sowie die restliche Knoblauchzehe dazugeben und mitbraten. In den Ofen geben und ca. 10 Minuten backen, bis die Rouladen ganz gar sind. Herausnehmen und in Folie einwickeln.

5 Die Rouladen können warm oder kalt serviert werden. Dazu in 1 Zentimeter dicke Scheiben aufschneiden und mit dem eingelegten Gemüse anrichten.

Kaninchenkeulen mit Aprikosenfüllung

Für 6 Personen

Zutaten

ca. 10 getrocknete Aprikosen
250 ml halbtrockener Sherry
1 altbackenes Brötchen
5 Schalotten
4 EL Olivenöl
2–3 Eier
Meersalz
frisch gemahlener schwarzer Pfeffer
12 küchenfertige Kaninchenkeulen
1 Lorbeerblatt
200 g Sahne

1 Die Aprikosen ca. 1 Stunde in dem Sherry ziehen lassen. 6 Aprikosen klein schneiden. Das Brötchen zu Semmelbröseln zerreiben. 3 Schalotten abziehen und fein würfeln. Die Schalotten in 2 EL Olivenöl glasig dünsten. Die klein geschnittenen Aprikosen hinzugeben und kurz weiter dünsten. Aus der Pfanne in eine Schüssel geben und mit den Semmelbröseln und den Eiern zu einer Masse vermischen. Salzen und pfeffern.

2 Die Kaninchenkeulen waschen, trocken tupfen und von den Knochen befreien. Die Füllung hineingeben. Die restlichen Schalotten abziehen und fein würfeln. Die Keulen salzen und pfeffern und in einer Pfanne mit dem restlichen Öl rundum schön goldbraun anbraten. Die Schalotten hinzugeben und kurz mitbraten. Mit dem Sherry ablöschen, die restlichen Aprikosen und das Lorbeerblatt dazugeben und aufkochen. Bei geringer Hitze zugedeckt 45 Minuten schmoren lassen. Die Keulen herausnehmen und auf einer vorgewärmten Platte angerichtet warm beiseitestellen. Die Sauce noch einmal aufkochen, mit Sahne verfeinern und unter ständigem Rühren einkochen. Mit Salz und Pfeffer abschmecken, über die Kaninchenkeulen geben und sofort servieren.

Kräuterrouladen im Speckmantel

Für 6 Personen

Zutaten

6 Schalotten
3 Knoblauchzehen
3 EL gehackte Thymianblätter
1 Bund glatte Petersilie
4 EL Olivenöl
12 Kaninchenkeulen, vom Metzger entbeint
Meersalz
frisch gemahlener schwarzer Pfeffer
ca. 15–20 Scheiben Räucherspeck (sehr dünn)
250 ml trockener Weißwein
1–2 EL Butter

1 Schalotten und Knoblauch abziehen und fein würfeln. Thymianblätter fein wiegen. Die Petersilie waschen, trocken tupfen und fein hacken. In einer Pfanne 2 EL Olivenöl erhitzen und die Schalotten und den Knoblauch darin schön goldbraun anbraten. Die Pfanne vom Herd nehmen und Thymian und Petersilie untermischen. Das Fleisch der Kaninchenkeulen platt klopfen. Nach Gusto salzen und pfeffern und dann mit der Kräutermasse bestreichen. Zusammenrollen und mit Speckscheiben umwickeln.

2 Den Backofen auf 180 °C vorheizen. Inzwischen in einem Bräter das restliche Olivenöl erhitzen und die Rouladen rundum goldbraun anbraten. 15–20 Minuten im Ofen backen, 5 Minuten vor Ende der Backzeit mit dem Weißwein ablöschen. Die Rouladen herausnehmen und auf einer vorgewärmten Platte warm beiseitestellen. Den Fond bei starker Hitze auf die gewünschte Konsistenz einkochen, noch einmal mit Salz und Pfeffer abschmecken und mit der Butter binden. Die Sauce über die Rouladen geben und sofort servieren.

Gefüllter Kaninchenrücken

Für 6 Personen

Zutaten

1,2 l Gemüsebrühe oder Wildfond
6 küchenfertige Kaninchenrücken, vom Metzger vom Knochen gelöst, die Knochen klein gehackt
Meersalz
frisch gemahlener schwarzer Pfeffer
5 Schalotten
1 Bund glatte Petersilie
1 EL Schnittlauch
300 g Gehacktes vom Schwein
3 EL Crème fraîche
2–3 Karotten
5 Zweige Thymian
2–3 EL Olivenöl
1–2 TL Mehl
1–2 EL mittelscharfer Senf
2 EL Tomatenmark
250 ml Portwein
1–2 EL Butter

1 In einem großen Topf 1 Liter Gemüsebrühe oder Wildfond zum Kochen bringen. In der Zwischenzeit die Kaninchenrücken mit der Innenseite nach oben auf die Arbeitsplatte legen, platt klopfen und mit Salz und Pfeffer würzen.

2 3 Schalotten abziehen und fein würfeln. Petersilie und Schnittlauch waschen, trocken tupfen und fein hacken. Das Gehackte vom Schwein mit den Schalotten, drei Viertel von der Petersilie, dem Schnittlauch und der Crème fraîche vermengen und die Masse nach Gusto salzen und pfeffern. Die Füllung auf das Kaninchenfleisch geben und gleichmäßig verstreichen. Die Bauchlappen des Kaninchenfleischs nach innen über die Füllung klappen und jedes Fleischstück in eine saubere Serviette aus Stoff wickeln. Mit Küchengarn fest zubinden, in die kochende Brühe geben und 20 Minuten sanft darin köcheln lassen.

3 Inzwischen die restlichen Schalotten abziehen und fein würfeln. Die Karotten schälen und fein würfeln. Die Thymianblätter von den Zweigen zupfen. Das Olivenöl in einer großen Pfanne erhitzen und die zerhackten Knochen mit den Schalotten darin anrösten. Das Mehl anstäuben und den Senf, das Tomatenmark, die Karotten, die restliche Petersilie und den Thymian unterrühren. Mit dem Portwein und der restlichen Brühe ablöschen und die Flüssigkeit ca. 15–20 Minuten bei großer Hitze bis zur gewünschten Konsistenz reduzieren. Dabei immer wieder umrühren. Die Sauce durch ein Sieb streichen, noch einmal mit Salz und Pfeffer abschmecken und mit der Butter binden.

4 Die gefüllten Kaninchenrücken aus der Brühe nehmen, vorsichtig aus den Servietten auswickeln und in Stücke aufschneiden. Auf einer vorgewärmten Platte anrichten, mit der Sauce überziehen und sofort servieren.

Auflauf vom Wildkaninchenragout

Für 6 Personen

Zutaten

6 küchenfertige Kaninchenrücken, vom Metzger vom Knochen gelöst
5 EL Olivenöl
5 Schalotten
250 g Pfifferlinge oder Champignons
1 rote Chilischote
¼ Bund glatte Petersilie
500 ml trockener Rotwein
4 EL Tomatenmark
4 EL Senf
150 g Preiselbeeren
4 EL Semmelbrösel
3 EL Crème fraîche
3 Eigelb
Meersalz
frisch gemahlener schwarzer Pfeffer
1 EL Butter
Zimt
Cayennepfeffer

1 Das Fleisch in kleine Würfel schneiden. 2 EL Olivenöl in einer großen Pfanne erhitzen und das Kaninchenfleisch darin rundum goldbraun anbraten. Herausnehmen und beiseitestellen.

2 3 Schalotten abziehen und fein würfeln. Die Pilze sorgfältig putzen (nicht waschen!). Die Chilischote entkernen und in feine Streifen schneiden. Die Petersilie waschen, trocken tupfen und fein hacken.

3 2 EL Olivenöl in der Pfanne erhitzen und die Pilze, die Schalotten und die Chilistreifen darin kräftig anbraten. Wenn die Flüssigkeit verdampft ist, mit 250 ml Rotwein ablöschen. Aufkochen lassen, Tomatenmark, Senf und 100 g Preiselbeeren einrühren und bis zur gewünschten Konsistenz einkochen lassen. Petersilie, Crème fraîche, Semmelbrösel und Eigelb hinzufügen und alles gut vermischen. Nach Geschmack mit Salz und Pfeffer würzen.

4 Den Backofen auf 180 °C vorheizen. Die Pfanne vom Herd nehmen und den Inhalt in eine große Schüssel umfüllen. Das Kaninchenfleisch hinzugeben und alles gut miteinander vermischen. Die Mischung in eine mit der Butter gefettete große Auflaufform füllen. In den Backofen geben und ca. 25–30 Minuten backen, bis das Fleisch völlig gar ist.

5 In der Zwischenzeit die restlichen 2 Schalotten abziehen und fein würfeln. 1 EL Olivenöl in einem Saucentopf erhitzen und die Schalotten darin glasig dünsten. Mit den restlichen 250 ml Rotwein ablöschen und aufkochen. Die übrigen 50 g Preiselbeeren einrühren und kräftig einkochen lassen. Die Sauce kurz pürieren und mit Salz, Pfeffer, Zimt und Cayennepfeffer abschmecken.

6 Den Auflauf aus dem Ofen nehmen, in Portionen geteilt auf Tellern anrichten und sofort mit der Sauce überzogen servieren.

Kräuterkeulen im Speckmantel

Für 6 Personen

Zutaten

4 Schalotten
4 Knoblauchzehen
2 EL gehackte Thymianblätter
4 EL Olivenöl
Meersalz
frisch gemahlener schwarzer Pfeffer
12 Kaninchenkeulen
250 g Frühstücksspeck
6 Zweige Thymian
3 Lorbeerblätter
200 ml trockener Weißwein
300 g getrocknete Tomaten
3 Zweige Rosmarin

1 Die Schalotten und den Knoblauch abziehen und sehr fein würfeln. Die Thymianblätter fein wiegen. In einer Pfanne 2 EL Olivenöl erhitzen und je die Hälfte der Schalotten und des Knoblauchs darin glasig dünsten. 1 EL Thymian unterrühren, mit Salz und Pfeffer würzen, vom Herd nehmen und beiseitestellen.

2 Vorsichtig die Kaninchenkeulen von den Knochen befreien. Die Schalotten-Knoblauch-Masse in die entstandenen Hohlräume der Keulen füllen. Den restlichen Knoblauch und Thymian mit Salz und Pfeffer mischen und die Kaninchenkeulen darin wenden. Die Speckscheiben ausbreiten. Die Kaninchenstücke mit je einem Zweig Thymian und einem halben Lorbeerblatt in den Frühstücksspeck einrollen und mit Küchenzwirn festbinden.

3 Den Backofen auf 180 °C vorheizen. In einem Bräter 2 EL Olivenöl erhitzen und die Kaninchenkeulen darin rundum goldbraun anbraten. Die restlichen Schalotten hinzugeben, mit der Hälfte des Weißweins ablöschen, den Bräter in den Ofen geben und die Keulen rund 15 Minuten schmoren lassen. Inzwischen die getrockneten Tomaten klein schneiden und dazugeben. Weitere 15 Minuten schmoren lassen, bis die Keulen gar sind.

4 In der Zwischenzeit die Rosmarinblätter von den Zweigen zupfen und sehr fein wiegen. Den Bräter aus dem Ofen nehmen und die Keulen auf einer vorgewärmten Platte warm beiseitestellen.

5 Den Bratensatz mit dem restlichen Weißwein loskochen. Den Rosmarin hinzufügen und die Sauce bei starker Hitze bis zur gewünschten Konsistenz einkochen. Dann die Sauce kurz pürieren und noch einmal mit Salz und Pfeffer abschmecken. Die angerichteten Keulen damit überziehen und sofort servieren.

Gespickter Kaninchenrücken

Für 6 Personen

Zutaten

6 küchenfertige Kaninchenrücken mit Knochen
150 g fetter Speck
Meersalz
frisch gemahlener schwarzer Pfeffer
150 g Butter
2 EL Olivenöl
200 g Sahne
200 ml trockener Weißwein

1 Jeden Kaninchenrücken in zwei Portionsstücke teilen. Das Fleisch waschen und abtrocknen. Den Speck in dünne Stifte schneiden und das Fleisch in regelmäßigen Abständen damit spicken, dann salzen und pfeffern. In einem kleinen Topf die Butter schmelzen.

2 Den Backofen auf 180–200 °C vorheizen. Die Kaninchenstücke mit dem Olivenöl in einen Bräter füllen und mit Butter bepinseln. In den Backofen geben und 40–60 Minuten backen, bis das Fleisch gar ist. Dabei immer wieder mit Butter begießen.

3 Aus dem Ofen nehmen, die Kaninchenteile auf einer Platte anrichten und warm beiseitestellen. Den Bratensatz mit Weißwein loskochen und bei starker Hitze reduzieren. Die Sauce mit der Sahne binden, mit Salz und Pfeffer abschmecken und zu den Kaninchenrücken reichen.

Kaninchen in Biersauce

Für 6 Personen

Zutaten

6 Schalotten
3 EL gehackte Thymianblätter
20 Cherry-Tomaten
3 küchenfertige Kaninchen, vom Metzger in Keulen, Rücken und Vorderläufe zerteilt
Meersalz
frisch gemahlener schwarzer Pfeffer
4–5 EL Olivenöl
300 ml Weizenbier
600 ml Gemüsebrühe oder Wildfond
200 g Sahne

1 Die Schalotten abziehen und fein würfeln. Die Thymianblätter fein wiegen. Die Tomaten waschen und vierteln.

2 Die Kaninchenteile waschen, trocken tupfen, salzen und pfeffern. In einem großen Bräter das Olivenöl erhitzen und die Kaninchenteile darin rundum goldbraun anbraten. An den Rand schieben, die Schalotten in die Mitte dazugeben und leicht glasig dünsten. Nach und nach das Weizenbier angießen und immer wieder vollständig verdampfen lassen. 300 ml Gemüsebrühe oder Wildfond und die Hälfte des Thymians dazugeben. Aufkochen lassen und die Tomaten hinzufügen. 90 Minuten zugedeckt sanft schmoren lassen, dabei die Kaninchenteile gelegentlich wenden. Nach und nach die restliche Brühe angießen.

3 Die Kaninchenteile aus dem Bräter nehmen, auf einer vorgewärmten Platte anrichten und warm beiseitestellen. Den restlichen Thymian in die Sauce geben. Die Sauce aufkochen, eventuell auf die gewünschte Konsistenz einkochen lassen und unter ständigem Rühren mit der Sahne binden. Noch einmal mit Salz und Pfeffer abschmecken und zu den Kaninchenteilen reichen.

Kaninchenbraten

Für 6 Personen

Zutaten

3 küchenfertige Kaninchen
Meersalz
frisch gemahlener schwarzer Pfeffer
4 Knoblauchzehen
3 Zweige Salbei
2 Zweige Rosmarin
6 EL Olivenöl
800 ml Gemüsebrühe oder Wildfond
125 ml trockener Weißwein
200 g Sahne

1 Den Backofen auf 200 °C vorheizen. Die Kaninchen in je 8 Stücke zerteilen. Das Fleisch waschen, trocken tupfen, salzen und pfeffern. Den Knoblauch abziehen und fein würfeln. Salbei- und Rosmarinblätter von den Zweigen zupfen und fein wiegen.

2 Die Kaninchenteile in einen großen Bräter geben, mit dem Knoblauch, dem Salbei und dem Rosmarin bestreuen und mit dem Olivenöl beträufeln. In den Backofen geben und 75–90 Minuten braten, bis das Fleisch gar ist. Dabei regelmäßig mit der Brühe oder dem Fond übergießen.

3 Die Kaninchenteile herausnehmen und auf einer vorgewärmten Platte anrichten. Warm beiseitestellen. Den Bratensatz mit Weißwein loskochen und auf die gewünschte Konsistenz reduzieren. Unter ständigem Rühren die Sahne hinzugeben und aufkochen lassen. Die Sauce noch einmal mit Salz und Pfeffer abschmecken und zu den Kaninchenteilen reichen.

Geschmortes Kaninchen mit Gemüse

Für 6 Personen

Zutaten

5–6 Karotten
1 Knolle Sellerie
10 Schalotten
8 Knoblauchzehen
500 g Cherry-Tomaten
3 EL gehackte glatte Petersilie
3 EL gehackte Thymianblätter
3 EL gehackte Rosmarinblätter
3 EL gehackte Salbeiblätter
3 küchenfertige Kaninchen, vom Metzger in je 8 Teile zerteilt
Meersalz
frisch gemahlener schwarzer Pfeffer
10 EL Olivenöl
250 ml trockener Weißwein

1 Karotten und Sellerie schälen und in große Stifte schneiden. Schalotten und Knoblauch abziehen und fein würfeln. Die Tomaten waschen und vierteln. Petersilie, Thymian-, Rosmarin- und Salbeiblätter fein wiegen.

2 Den Backofen auf 220 °C vorheizen. Die Kaninchenteile waschen, trocken tupfen, salzen, pfeffern und in einen großen Bräter geben. Karotten, Sellerie, Schalotten, Knoblauch, Tomaten, Petersilie, Thymian, Rosmarin und Salbei vermischen, dabei salzen und pfeffern. Die Mischung zu den Kaninchenteilen in den Bräter geben. Mit dem Olivenöl beträufeln und den Weißwein angießen. In den Backofen geben und ca. 75 Minuten backen, bis das Fleisch gar ist. Dabei immer wieder mit dem entstehenden Fond übergießen.

3 Die Kaninchenteile herausnehmen und auf einer Platte angerichtet sofort servieren. Das Gemüse getrennt dazu reichen.

Kaninchenfilets mit Fenchel

Für 6 Personen

Zutaten

10 Pfefferkörner
3 EL gehackte Salbeiblätter
3 EL Dijon-Senf
12 küchenfertige Kaninchenfilets aus dem Rücken
3 Fenchelknollen
3 EL Butter
Meersalz
frisch gemahlener schwarzer Pfeffer
200 g Sahne
100 g frisch geriebener Parmesan
3 EL Olivenöl

1 Die Pfefferkörner in einem Mörser zerstoßen, die Salbeiblätter sehr fein wiegen. Beides mit dem Senf zu einer Paste verrühren. Die Kaninchenfilets waschen, trocken tupfen, mit dem Senf bestreichen und zugedeckt im Kühlschrank 24 Stunden ziehen lassen.

2 Den Fenchel waschen, von den grünen Stängeln befreien und die Knollen längs teilen. In einem großen Topf Salzwasser zum Kochen bringen und die Fenchelknollen darin 5 Minuten blanchieren. Herausnehmen und abtropfen lassen. In einer großen Pfanne die Butter erhitzen und die Fenchelknollen mit der Schnittseite nach unten darin dünsten und leicht bräunen. Salzen, pfeffern, die Sahne angießen und 20 Minuten sanft köcheln lassen. Den Parmesankäse darüber streuen und weitere 10 Minuten garen lassen.

3 Inzwischen in einer Pfanne das Olivenöl erhitzen und die Kaninchenfilets darin rundum 5–8 Minuten braten. Herausnehmen, salzen und pfeffern.

4 Je 2 Kaninchenfilets auf vorgewärmten Tellern mit einer halben Fenchelknolle anrichten und mit der Käsesahne überzogen servieren.

Kaninchen im Gemüsebett

Für 6 Personen

Zutaten

3 küchenfertige Kaninchen
3–4 EL Olivenöl
3–4 Schalotten
5–6 Tomaten
1 Bund glatte Petersilie
1–2 EL Koriander (nach Geschmack)
500 ml trockener Rotwein
Meersalz
frisch gemahlener schwarzer Pfeffer

1 Die Kaninchen in 12 Stücke zerteilen. Das Öl in einer großen Pfanne erhitzen und die Kaninchenteile darin rundum goldbraun anbraten. Das Fleisch herausnehmen und beiseitestellen.

2 Die Schalotten schälen und in feine Scheiben schneiden. Die Tomaten kurz in kochendes Wasser geben, dann kalt abschrecken, häuten und vierteln. Petersilie waschen und trocken tupfen.

3 Schalotten und Tomaten mit der Petersilie in der Pfanne mit dem Kaninchenfett ca. 5 Minuten weich dünsten. Die Kaninchenteile auf das Gemüsebett legen und eventuell nach Geschmack mit Koriander würzen. Mit dem Rotwein ablöschen und zugedeckt ca. 90 Minuten sanft schmoren lassen. Vor dem Servieren das Fleisch noch mit Salz und Pfeffer würzen.

Wildkaninchen im Spinatbett

Für 6 Personen

Zutaten

10 Pfefferkörner
3 EL gehackte Salbeiblätter
3 EL Dijon-Senf
12 küchenfertige Kaninchenfilets aus dem Rücken
9 EL Olivenöl
6 Knoblauchzehen
1 kg Blattspinat
250 ml trockener Weißwein
Meersalz
frisch gemahlener schwarzer Pfeffer
300 g Feta-Käse vom Schaf

1 Die Pfefferkörner in einem Mörser zerstoßen, die Salbeiblätter sehr fein wiegen. Beides mit dem Senf zu einer Paste verrühren. Die Kaninchenfilets waschen, trocken tupfen, mit dem Senf bestreichen und zugedeckt im Kühlschrank 24 Stunden ziehen lassen.

2 In einem Topf 6 EL Olivenöl schwach erhitzen. Den Knoblauch abziehen, direkt in den Topf pressen und 10 Minuten sanft anschwitzen. In der Zwischenzeit den Spinat putzen, verlesen und waschen. Bei starker Hitze in den Topf geben und zugedeckt kurz zusammenfallen lassen. Mit dem Weißwein ablöschen, salzen, pfeffern und zugedeckt 20 Minuten sanft köcheln lassen. Inzwischen den Schafskäse würfeln. Den Deckel abnehmen und bei starker Hitze und ständigem Rühren einkochen lassen, bis die gesamte Flüssigkeit verdunstet ist. Leicht anrösten, die Käsewürfel einrühren und vom Herd nehmen.

3 Inzwischen in einer Pfanne 3 EL Olivenöl erhitzen und die Kaninchenfilets darin rundum 5–8 Minuten braten. Herausnehmen, salzen und pfeffern.

4 Auf vorgewärmten Tellern ein Spinatbett anlegen und je 2 Kaninchenfilets darauf anrichten.

Wildkaninchen mit Knoblauch

Für 6 Personen

Zutaten

3 küchenfertige Wildkaninchen, vom Metzger in möglichst kleine Stücke zerlegt
Meersalz
frisch gemahlener schwarzer Pfeffer
500 ml Olivenöl
15 Knoblauchzehen
500 ml trockener Weißwein

1 Den Backofen auf 200 °C vorheizen. Die Kaninchenteile waschen, trocken tupfen, salzen und pfeffern.

2 In einer großen Pfanne Olivenöl erhitzen und die Kaninchenteile nach und nach in 300 ml Öl goldbraun braten und dann in einen großen Bräter geben. Den Knoblauch abziehen, in dünne Scheiben schneiden und in dem restlichen Olivenöl bei geringer Hitze leicht anschwitzen. Über die Kaninchenteile geben, den Wein angießen und alles gut vermischen. In den Backofen geben und 15–20 Minuten garen. Aus dem Bräter nehmen, abtropfen lassen und auf einer vorgewärmten Platte anrichten.

Wildkaninchen mit Füllung

Für 6 Personen

Zutaten

10 schwarze Pfefferkörner
1 EL gehackte Thymianblätter
1 EL gehackte Rosmarinblätter
1 EL gehackte Majoranblätter
6 EL Olivenöl
3 küchenfertige Wildkaninchen ohne Knochen, vom Metzger ausgelöst
4 Schalotten
2 Knoblauchzehen
3 Eier
Meersalz
frisch gemahlener schwarzer Pfeffer
1 kg Hackfleisch vom Wildschwein oder Schwein
3 rote Zwiebeln
2 Karotten
250 g Champignons
250 ml Gemüsebrühe
200 g Sahne

1 Die Pfefferkörner in einem Mörser zerstoßen. Thymian-, Rosmarin- und Majoranblätter fein wiegen. Den Pfeffer und die Hälfte der Kräuter mit 3 EL Olivenöl vermischen. Die Kaninchen waschen, trocken tupfen und mit dem Gewürzöl bestreichen.

2 Für die Füllung die Schalotten abziehen und fein würfeln. Den Knoblauch abziehen und pressen. Mit den Eiern, Salz, Pfeffer, den restlichen Kräutern und dem Hackfleisch zu einer gleichmäßigen Masse verkneten. In die Bauchhöhlen der Kaninchen füllen und mit Küchengarn zunähen.

3 Den Backofen auf 180 °C vorheizen. Die Schalotten abziehen, die Karotten schälen, die Champignons putzen (nicht waschen!) und alles klein schneiden. In einem großen Bräter 3 EL Olivenöl erhitzen und die Kaninchen darin rundum anbraten. Das Gemüse dazugeben und kurz mitrösten. Mit der Gemüsebrühe ablöschen, in den Backofen geben und 1 Stunde garen. Dabei gelegentlich mit dem Fond übergießen.

4 Herausnehmen und die Kaninchen warm beiseitestellen. Den Fond pürieren oder durch ein Sieb streichen und mit der Sahne auf die gewünschte Konsistenz einkochen. Noch einmal mit Salz und Pfeffer abschmecken.

5 Die Kaninchen in Scheiben schneiden und auf einer vorgewärmten Platte anrichten. Die Sauce getrennt dazu servieren.

Wildkaninchen vom Drehspieß

1 Die Pfefferkörner in einem Mörser zerstoßen. Thymian-, Rosmarin- und Majoranblätter fein wiegen. Alles mit Senf und 6 EL Olivenöl vermischen. Die Kaninchen waschen, trocken tupfen, innen und außen mit der Gewürzmischung bestreichen und 24 Stunden im Kühlschrank ziehen lassen.

2 Den Speck in sehr dünne Scheiben schneiden, die Kaninchen darin einwickeln und am Drehspieß befestigen. Je nach Hitze ca. 30–45 Minuten über der Holzkohle grillen, den Garvorgang kontrollieren. Das Fleisch nach dem Grillen noch 15 Minuten ruhen lassen.

3 In dieser Zeit die Kartoffeln bürsten und halbieren. Die Tomaten waschen und halbieren. Abwechselnd je 4 Kartoffel- und Tomatenhälften auf einen Spieß stecken und so insgesamt 6 Spieße herstellen. Salzen, pfeffern, mit 3 EL Olivenöl beträufeln und 2–3 Minuten von der Schnittseite und 1 Minute von der Hautseite auf dem Rost grillen.

4 Die Kaninchen vom Speckmantel befreien, in Teile zerschneiden, auf Tellern anrichten, salzen und mit je einem Grillspieß servieren.

Für 6 Personen

Zutaten

10 schwarze Pfefferkörner
1 EL gehackte Thymianblätter
1 EL gehackte Rosmarinblätter
1 EL gehackte Majoranblätter
3 EL körniger Senf
9 EL Olivenöl
3 küchenfertige Wildkaninchen
400 g grüner Speck
12 kleine Kartoffeln (Bratlinge)
12 kleine Tomaten
Meersalz
frisch gemahlener schwarzer Pfeffer

Gegrillte Kaninchenkeulen

1 Den Knoblauch abziehen und pressen, Thymian- und Rosmarinblätter fein wiegen und die Pfefferkörner in einem Mörser zerstoßen. Alles mit 3 EL Olivenöl und dem Senf zu einer Marinade verrühren. Das Fleisch waschen, trocken tupfen, dazugeben und 24 Stunden im Kühlschrank marinieren lassen.

2 Die Keulen auf dem Holzkohlegrill von beiden Seiten gut durch grillen, dann beiseitestellen und ruhen lassen.

3 Inzwischen die Cherry-Tomaten waschen und zu je 4 Tomaten auf einen Spieß stecken, salzen, pfeffern und mit 3 EL Olivenöl beträufeln. Am Rande des Rosts grillen, bis die ersten Tomaten aufplatzen.

4 Die Kaninchenkeulen auf Teller geben, je einen Tomatenspieß dazulegen und sofort servieren.

Für 6 Personen

Zutaten

2 Knoblauchzehen
1 EL gehackte Thymianblätter
1 EL gehackte Rosmarinblätter
10 schwarze Pfefferkörner
6 EL Olivenöl
3 EL Dijon- Senf
12 küchenfertige Keulen vom Wildkaninchen
24 Cherry-Tomaten
Meersalz
frisch gemahlener schwarzer Pfeffer

Die Wildente

Die Bezeichnung „Wildente“ ist heute unspezifisch und kann auf alle wildlebenden Entenarten angewandt werden. Bis vor ca. 100 Jahren wurde damit allerdings im allgemeinen Sprachgebrauch die wildlebende Stockente *(Anas platyrhynchos)* bezeichnet, die größte und am häufigsten vorkommende Schwimmente Europas. Die Bezeichnung der Stockente ist vor allem vor dem Hintergrund zu sehen, dass sie gleichzeitig auch die Wildform der vor über 2.000 Jahren domestizierten Hausente darstellt. In der Wildküche wird als Wildente bis heute fast ausschließlich Stockente serviert.

Männliche Stockenten („Erpel“) erkennt man an ihrem grün glänzenden Kopf und dem gelben Schnabel mit schwarzer Spitze. Die kastanienbraune Brust kontrastiert mit den hellgrauen Flanken und Flügeln. Am Rücken und Bürzel sind die Federn schwarz gefärbt, am Schwanz weiß. Die Flügel weisen an ihrer Oberseite ein blaues Band auf, auch beim Weibchen. Ansonsten trägt das Weibchen eine bräunliche Tarnzeichnung, der Oberschnabel ist zudem bei ihm dunkel.

Die Stockente ist in großen Teilen Europas ganzjährig weit verbreitet, lediglich in Nord- und Osteuropa ist sie nur ein Sommergast. In ihrem Verbreitungsgebiet ist sie vielerorts häufig. Sie ist sehr anpassungsfähig und kommt fast überall vor, wo es Gewässer gibt. Stockenten schwimmen auf Seen, Teichen, Tümpeln, Bergseen, Flüssen, Bächen und sie halten sich auch auf kleinen Wald- und Wiesengräben auf. In großer Zahl findet man sie auch auf innerstädtischen Teichen, Gräben und sonstigen Gewässern.

Die Stockente ernährt sich in der Regel von Pflanzenteilen und Wirbellosen, insbesondere von Schnecken, Insektenlarven und Krebstieren. Darüber hinaus verschmäht die größte unserer heimischen Schwimmenten aber auch kleine Wirbeltiere wie Fische und Mäuse nicht. Stockenten fliegen fast senkrecht auf, ihr Flug ist mit 110 km/h recht schnell, die Flugbahn verläuft gerade. Die natürlichen Feinde der Stockente sind Füchse, Katzen, Marder und ihre Verwandten, Waschbären, Wanderratten und zahlreiche Greifvögel. Da die Enten während der Brutzeit häufiger den Beutegreifern zum Opfer fallen, finden sich in vielen Beständen mehr Erpel als Enten. In der Wildnis können Enten 10 bis 15 Jahre alt werden.

In der Wildküche werden Wildenten ganz oder zerteilt zubereitet. Darüber hinaus werden oftmals nur die Brüste oder die Keulen verwendet. Ihr feines, im Vergleich zur Hausente mageres Fleisch eignet sich zum Kurzbraten, Braten und Schmoren. Eine Wildente bringt bis zu 1,2 kg auf die Waage und ergibt 2 Portionen, eine Entenbrust oder -keule 1 Portion. Beim Genuss muss in jedem Fall auf eventuell noch im Fleisch vorhandene Schrotkügelchen geachtet werden.

Wildente mit Birnen und Zimt

Für 6 Personen

Zutaten

50 g Sultaninen
4 feste reife Birnen
2 rote Zwiebeln
8 Safranfäden
2 TL gehackter frischer Ingwer
2 Zimtstangen à 5 cm
1 Bund frischer Koriander
1 Zitrone
2 EL blanchierte Mandeln
6 küchenfertige Wildentenbrüste ohne Fettschicht
5 EL Butter
¼ TL gemahlener Kardamom
6 EL Honig
3 EL Olivenöl
Meersalz
frisch gemahlener schwarzer Pfeffer
4 Streifen Orangenschale
6 Orangenscheiben
2 EL Orangenblütenwasser oder frischer Orangensaft

1 Die Sultaninen in eine Schüssel geben und 15 Minuten in lauwarmem Wasser einweichen. Die Birnen waschen, vierteln und von den Kerngehäusen befreien. Die Zwiebeln abziehen und fein hacken. Den Safran zerbröckeln, den Ingwer hacken, die Zimtstangen halbieren. Den Koriander mit Küchengarn zu einem festen Bund zusammenbinden. Die Zitrone auspressen. Die Mandeln in einer Pfanne ohne Fett leicht anrösten.

2 Die Butter bei mittlerer Hitze schmelzen. Die Birnen darin 2 Minuten dünsten. Mit dem Kardamom bestreuen. Den Honig dazugeben und die Birnen darin unter Wenden rundum karamellisieren. Mit dem Schaumlöffel herausnehmen und beiseitestellen. Das Öl in den Bräter geben und die Zwiebeln darin bei geringer Hitze 7–8 Minuten golden braten. Entenbrüste, Safran und Ingwer dazugeben, salzen und pfeffern und das Fleisch bei mittlerer Hitze 2–3 Minuten rundum anbraten. Zimtstangen, Rosinen und Koriander hinzufügen, Zitronensaft und Wasser einrühren. Aufkochen und zugedeckt 20–25 Minuten köcheln lassen, bis das Entenfleisch gar ist. Birnen, Orangenschale, Orangenscheiben und Orangenblütenwasser oder Orangensaft hinzugeben und ohne Deckel 10 Minuten köcheln lassen. Koriander und Zimtstangen entfernen. Auf vorgewärmten Tellern anrichten und mit Mandeln bestreut servieren.

Entenkeulen mit Rosinensauce

Für 6 Personen

Zutaten

150 g Rosinen
10 cl Weinbrand
4 Schalotten
1 EL gehackte Rosmarinblätter
1 EL gehackte Thymianblätter
12 küchenfertige Wildentenkeulen
frisch gemahlener schwarzer Pfeffer
3 EL Öl
250 ml trockener Rotwein
250 ml Hühnerbrühe
Meersalz
frisch gemahlener Piment
2 EL Balsamico
2 TL Speisestärke

1 Die Rosinen in einem Schälchen 60 Minuten in dem Weinbrand einweichen. Die Schalotten abziehen und würfeln. Rosmarin- und Thymianblätter fein wiegen. Die Entenkeulen waschen, trocken tupfen und mit Rosmarin, Thymian und Pfeffer einreiben. In einem großen Bräter das Öl erhitzen und die Entenkeulen darin rundum goldbraun anbraten. Die Schalotten dazugeben und kurz anrösten. Mit dem Rotwein ablöschen und die Hühnerbrühe angießen. Zugedeckt 60 Minuten sanft schmoren lassen.

2 Die Entenkeulen herausnehmen, salzen und warm beiseitestellen. Die Sauce aufkochen und die Rosinen mit dem Weinbrand dazugeben. Auf die gewünschte Konsistenz einkochen und mit Salz, Pfeffer, Piment und Balsamico abschmecken. Die Speisestärke mit kaltem Wasser glatt rühren und die Sauce damit binden. Noch 2–3 Minuten sanft köcheln lassen.

Eintopf mit Wildente

1 Die Aprikosen waschen, entsteinen und klein schneiden. Die Kartoffeln abbürsten, die Karotten schälen und klein schneiden. Die Zwiebeln abziehen und würfeln. Die Korianderblätter fein wiegen. Das Fleisch waschen, trocken tupfen, salzen und pfeffern.

2 Den Backofen auf 190 °C vorheizen. Die Ententeile in einen großen Schmortopf geben und mit Aprikosen, Kartoffeln, Karotten, Zwiebeln und Koriander bedecken. Mit der Gemüsebrühe und dem Wein gleichmäßig beträufeln, leicht salzen und pfeffern und 15 Minuten ziehen lassen. Alles gut vermischen, dann den Topf dicht verschließen und 1 Stunde backen, bis das Fleisch schön zart ist. Auf 6 vorgewärmte Teller verteilen und heiß servieren.

Für 6 Personen

Zutaten

400 g Aprikosen
500 g kleine Kartoffeln
3 Karotten
3 Zwiebeln
2 EL gehackte Korianderblätter
3 küchenfertige Wildenten, vom Metzger in Teile zerschnitten
Meersalz
frisch gemahlener schwarzer Pfeffer
250 ml Gemüsebrühe
350 ml trockener Rotwein

Ententopf mit Lauch und Kartoffeln

1 Das Weiße der Lauchstangen waschen, putzen und in dünne Ringe schneiden. Den Knoblauch abziehen und fein hacken. Die Karotten und Kartoffeln schälen und waschen, die Karotten in dünne Scheiben schneiden, die Kartoffeln in mundgerechte Würfel. Die Petersilie waschen, trocken tupfen und fein hacken. Das Fleisch waschen, trocken tupfen, salzen und pfeffern.

2 Den Backofen auf 180 °C vorheizen. Das Öl in einem Bräter bei mittlerer Temperatur erhitzen. Die Entenkeulen nach und nach 10 Minuten rundum anbraten. Aus dem Bräter nehmen und beiseitestellen. Die Lauchringe ca. 5 Minuten weich dünsten. Den Knoblauch dazugeben und weitere 1–2 Minuten anbraten. Das Mehl hinzufügen und ca. 5 Minuten unter Rühren golden anschwitzen. Mit dem Wein ablöschen und ca. 4 Minuten einkochen lassen. Die Brühe einrühren, Lorbeerblätter, Safran, Karotten und Kartoffeln hinzugeben. Aufkochen und 10 Minuten köcheln lassen.

3 Die Entenkeulen mit dem Bratensaft beifügen und gut in das Gemüse und die Sauce einbetten. Den Topf zudecken und in den Backofen stellen. Ca. 30 Minuten backen, bis des Entenfleisch schön zart und das Gemüse gar ist. Die Lorbeerblätter entfernen. Je 2 Entenkeulen mit Gemüse und Sauce auf vorgewärmten Tellern anrichten und mit der Petersilie garniert servieren.

Für 6 Personen

Zutaten

4 große Lauchstangen
2 Knoblauchzehen
4 große Karotten
4 große Kartoffeln
2 EL gehackte glatte Petersilie
4 EL Olivenöl
12 küchenfertige Wildentenkeulen
Meersalz
frisch gemahlener schwarzer Pfeffer
4 EL Weizenmehl
125 ml trockener Weißwein
750 ml Hühnerbrühe
2 Lorbeerblätter
8 Safranfäden

Enten-Kohlwickel

Für 6 Personen

Zutaten

Meersalz
12 Blätter Wirsingkohl
750 g reife Tomaten
2 kleine Zwiebeln
1 kg küchenfertige Wildentenbrust
100 g Frühstücksspeck
120 g frisch geriebener Parmesan
2 Eier
75 g frische weiche Semmelbrösel
1 Prise Muskatnuss
frisch gemahlener schwarzer Pfeffer
10 EL Olivenöl
200 ml trockener Weißwein
150 ml Hühnerbrühe
200 g Sahne

1 In einem Topf Salzwasser zum Kochen bringen. Die Kohlblätter hineingeben, 5 Minuten blanchieren, gut abtropfen lassen und mit einem Küchentuch abtrocknen. Die Tomaten an der Basis kreuzweise einschneiden, 1 Minute in das kochende Wasser geben, eiskalt abschrecken, häuten und klein hacken. Die Zwiebeln abziehen und fein würfeln. Die Entenbrüste waschen, trocken tupfen und sehr fein hacken. Den Frühstücksspeck klein schneiden.

2 Den Backofen auf 200 °C vorheizen. In einer großen Schüssel Entenfleisch, Speck, Parmesan, Eier, Semmelbrösel, Muskatnuss, Salz und Pfeffer gut vermischen. Die Kohlblätter auf einer trockenen Arbeitsplatte so zu einem Rechteck auslegen, dass sich die Blätter überlappen und keine Lücke zwischen ihnen verbleibt. Die Entenmischung in die Mitte der Blätter geben und zu einem Laib formen. Die Kohlblätter um den Laib wickeln, ohne dass sie einreißen. Den Wickel mit Küchenzwirn rundum festbinden.

3 Den Wickel vorsichtig in einen Bräter legen. Zwiebeln, Tomaten und Olivenöl vermischen und über den Kohlwickel geben. 75 Minuten backen, dabei gelegentlich mit Wein und Brühe begießen. Den Kohlwickel herausnehmen und warm beiseitestellen.

4 Den Fond in einem Topf mit der Sahne einkochen und mit Salz und Pfeffer abschmecken. Den Kohlwickel in Scheiben schneiden, auf 6 vorgewärmten Tellern anrichten und mit der Sauce überzogen servieren.

Marokkanische Wildentenbrust

Für 6 Personen

Zutaten

¼ TL Safranfäden
3 cm frischer Ingwer
3 rote Zwiebeln
3 Knoblauchzehen
100 g getrocknete Aprikosen
2 getrocknete Feigen
Saft von 1 Zitrone
1 EL gehackte Korianderblätter
6 küchenfertige Wildentenbrüste ohne Fettschicht
5 EL Olivenöl
3 EL Butter
Meersalz
frisch gemahlener weißer Pfeffer
½ TL gemahlene Kurkuma
1 EL Honig
150 g Rosinen
3 Zimtstangen à 5 cm
120 g geröstete Mandelplättchen

1 In einer Pfanne ohne Fett bei sehr geringer Hitze den Safran 2–3 Minuten spröde rösten. In einer Tasse zerbröseln, mit ca. 3 EL kochendem Wasser aufgießen und 10 Minuten ziehen lassen. Den Ingwer schälen und fein reiben. Die Zwiebeln abziehen, 1 fein raspeln und 2 grob hacken. Den Knoblauch abziehen und fein würfeln. Die Aprikosen und Feigen klein schneiden. Die Zitrone auspressen und die Korianderblätter fein hacken. Das Fleisch waschen, trocken tupfen und in 2 cm große Würfel schneiden.

2 Das Öl in einem großen Schmortopf bei mittlerer Temperatur erhitzen. Ingwer, 1 TL Salz, ½ TL weißen Pfeffer, Kurkuma, die geraspelte Zwiebel und den Knoblauch darin eine halbe Minute andünsten. Das Fleisch dazugeben und ca. 3 Minuten umrühren, bis es sich gut mit den Gewürzen vermischt hat. Die gehackten Zwiebeln, Safranmischung und den Honig hinzufügen. Wasser angießen, bis das Fleisch bedeckt ist. Zugedeckt bei mittlerer Hitze 60 Minuten köcheln lassen. Immer wieder umrühren und Wasser angießen, wenn das Gericht zu trocken wird.

3 Inzwischen die Rosinen, Aprikosen und Feigen in einer Kelle von der Kochflüssigkeit, dem Zitronensaft und eventuell etwas zusätzlichem heißen Wasser ca. 30 Minuten einweichen. Die entnommene Flüssigkeit im Eintopf bei Bedarf mit Wasser ausgleichen. Die Obstmischung und die Zimtstangen an den Eintopf geben. Zugedeckt weitere 30 Minuten köcheln lassen, bis das Fleisch sehr zart ist. Salzen und pfeffern und die Zimtstangen entfernen.

4 Auf vorgewärmten Tellern anrichten und mit Mandeln und Koriander bestreut servieren.

Wildentenbraten auf mediterrane Art

Für 6 Personen

Zutaten

2 EL gehackte Rosmarinblätter
1 EL gehackte Thymianblätter
1 EL gehackte Majoranblätter
4 Knoblauchzehen
2 Gemüsezwiebeln
1 kg Kartoffeln
1 Speiserübe
1 Pastinake
4 Karotten
200 g Frühstücksspeck
3 küchenfertige Wildenten ohne Innereien
6 EL Olivenöl
Meersalz
frisch gemahlener schwarzer Pfeffer
350 ml trockener Rotwein
1 EL Speisestärke

1 Den Backofen auf 180 °C vorheizen. Rosmarin-, Thymian- und Majoranblätter fein wiegen. Den Knoblauch abziehen und fein hacken. Die Gemüsezwiebeln abziehen und klein schneiden. Die Kartoffeln, Rübe, Pastinake und Karotten schälen und klein schneiden. Den Speck in kleine Streifen schneiden. Die Enten waschen, trocken tupfen, innen salzen und pfeffern. Die Gemüsezwiebel mit dem Knoblauch, der Hälfte des Rosmarins und dem Speck vermischen und die Enten damit füllen. Von außen mit 3 EL Olivenöl beträufeln und mit dem restlichen Rosmarin, Thymian und Majoran, Salz und Pfeffer einreiben.

2 Mit der Fettseite nach unten in einen großen Bräter setzen. Die Kartoffeln, Rübe, Pastinake und Karotten in einer großen Schüssel vermengen und mit dem restlichen Öl beträufeln. Salzen, pfeffern und noch einmal gründlich vermischen, bis alles mit Öl überzogen ist. Das Gemüse um das Fleisch herum in den Bräter geben. Ca. 60 Minuten garen, bis das Fleisch zart und das Gemüse gar und knusprig ist. Während der Kochzeit das Ganze zwei- bis dreimal mit dem Bratensaft übergießen. Das Gemüse gelegentlich mit einer Bratengabel bewegen, damit es nicht am Topfrand festbrennt.

3 Die Enten und das Gemüse herausnehmen und getrennt warm beiseitestellen. Den Bratensatz mit dem Rotwein loskochen und auf die Hälfte reduzieren. Die Speisestärke mit kaltem Wasser in einer Schüssel zu einer glatten Paste verrühren und in den Topf geben. Köcheln lassen, bis die Sauce eindickt und mit Salz und Pfeffer abschmecken.

4 Die Enten auf einer vorgewärmten Platte anrichten und bei Tisch tranchieren. Das Gemüse in eine Schüssel geben. Die Sauce getrennt dazu servieren.

Brustfilet von der Wildente mit Rosinen

1 Die Rosinen klein schneiden, in eine Schüssel geben, mit dem Weinbrand bedecken und einige Stunden einweichen lassen. Die Schalotten abziehen und fein würfeln. Die Entenbrüste waschen, trocken tupfen und mit Salz und Pfeffer würzen. In einer Pfanne das Butterschmalz oder Olivenöl erhitzen und die Filets von beiden Seiten ca. 8–10 Minuten braten. Aus der Pfanne nehmen, in Alufolie wickeln und warm beiseitestellen.

2 Eventuell überschüssiges Fett aus der Pfanne abgießen, die Schalotten in die Pfanne geben und glasig andünsten. Die Rosinen dazugeben, kurz mitdünsten und mit dem Weinbrand und dem Rotwein ablöschen. Die Sahne angießen und die Flüssigkeit auf die gewünschte Konsistenz einkochen. Die Sauce mit Balsamico, Salz und Pfeffer abschmecken.

3 Die Entenbrüste aufschneiden, auf vorgewärmten Tellern anrichten und mit etwas Sauce überzogen servieren. Die restliche Sauce separat dazu reichen.

Für 6 Personen

Zutaten

2 EL Rosinen
4 cl Weinbrand
3 Schalotten
6 küchenfertige Brustfilets von der Wildente ohne Haut und Fettschicht
Meersalz
frisch gemahlener schwarzer Pfeffer
4 EL Butterschmalz oder Olivenöl
250 ml trockener Rotwein
200 g Sahne
1 EL Balsamico

Gebratene Entenbrust

1 Die Zwiebeln abziehen und fein würfeln. Die Entenbrüste waschen, trocken tupfen und mit Salz und Pfeffer würzen. In einer Pfanne das Butterschmalz oder Olivenöl erhitzen und die Filets von beiden Seiten ca. 8–10 Minuten braten. Das Fleisch herausnehmen, in Alufolie wickeln und warm beiseitestellen.

2 Die Zwiebelwürfel in die Pfanne geben und ca. 5 Minuten anbraten. Den Bratensatz mit Rotwein und Orangensaft ablöschen, die Brühe angießen und den Fond auf die gewünschte Konsistenz einkochen. Butter und Mehl verkneten und die Sauce mit der Mehlbutter binden. Noch einmal mit Salz und Pfeffer abschmecken.

3 Die Entenbrüste aufschneiden, auf vorgewärmten Tellern anrichten und mit etwas Sauce überzogen servieren. Die restliche Sauce separat dazu reichen.

Für 6 Personen

Zutaten

3 weiße Zwiebeln
6 küchenfertige Brustfilets von der Wildente ohne Haut und Fettschicht
Meersalz
frisch gemahlener schwarzer Pfeffer
4 EL Butterschmalz oder Olivenöl
125 ml trockener Rotwein
125 ml Orangensaft
250 ml Gemüsebrühe
1 EL Butter
2 EL Mehl

Entenbrust mit Preiselbeeren

Für 6 Personen

Zutaten

10 Pfefferkörner
6 Wacholderbeeren
6 küchenfertige Brustfilets von der Wildente ohne Haut und Fettschicht
Meersalz
1 TL Kräuter der Provence
4 EL Butterschmalz oder Olivenöl
250 ml trockener Rotwein
250 ml Gemüsebrühe
150 g Crème fraîche
150 g Preiselbeermarmelade
frisch gemahlener schwarzer Pfeffer

1 Die Pfefferkörner und Wacholderbeeren in einem Mörser zerstoßen. Das Fleisch waschen, trocken tupfen, salzen und mit den Pfefferkörnern, Wacholderbeeren und Kräutern der Provence einreiben.

2 In einer Pfanne das Butterschmalz oder Olivenöl erhitzen und die Filets von beiden Seiten ca. 8–10 Minuten braten. Die Filets herausnehmen, in Alufolie wickeln und warm beiseitestellen.

3 Den Bratensatz mit dem Rotwein ablöschen, die Brühe angießen und den Fond etwas einkochen. Die Crème fraîche unterheben und die Preiselbeermarmelade einrühren. Die Sauce unter ständigem Rühren auf die gewünschte Konsistenz einkochen. Noch einmal mit Salz und Pfeffer abschmecken.

4 Die Entenbrüste aufschneiden, auf vorgewärmten Tellern anrichten und mit etwas Sauce überzogen servieren. Die restliche Sauce separat dazu reichen.

Entenbrust auf Salat

Für 6 Personen

Zutaten

3 küchenfertige Brustfilets von der Wildente ohne Haut und Fettschicht
Meersalz
frisch gemahlener schwarzer Pfeffer
4 Schalotten
1 Zweig Thymian
1 Bund glatte Petersilie
8–10 EL Olivenöl
125 g Rucola
2–3 Karotten
250 g Cherry-Tomaten
250 g braune Champignons
½ TL getrockneter Estragon
3–4 EL Rotweinessig

1 Die Entenbrüste waschen, trocken tupfen, salzen, pfeffern und in dünne Scheiben schneiden. 2 Schalotten abziehen und fein würfeln. Die Thymianblätter von den Zweigen zupfen und fein wiegen. Die Petersilie waschen, trocken tupfen und fein hacken. In einer großen Pfanne 4 EL Olivenöl erhitzen und die Schalotten darin glasig dünsten. Das Fleisch, drei Viertel von der Petersilie und dem Thymian hinzugeben. Ca. 15–20 Minuten kräftig braten, bis das Fleisch gar ist. Vom Herd nehmen und abkühlen lassen.

2 In der Zwischenzeit den Rucola verlesen und waschen. Die restlichen Schalotten abziehen, sehr fein würfeln und in eine Salatschüssel geben. Die Karotten schälen, in sehr feine Stifte schneiden und zu den Schalotten geben. Die Tomaten waschen, vierteln und ebenfalls hinzugeben. Die Champignons putzen (nicht waschen!), in dünne Scheiben schneiden und zu den anderen Zutaten geben. Salzen, pfeffern und den Estragon untermischen. Aus dem restlichen Olivenöl und Rotweinessig eine Salatsauce herstellen und über das Gemüse geben. Alles gut vermischen. Den Rucola und das abgekühlte Fleisch hinzufügen, noch einmal kräftig durchmischen und sofort servieren.

Entenbraten mit Pfefferkruste

Für 6 Personen

Zutaten

15 schwarze Pfefferkörner
3 Knoblauchzehen
6 EL Honig
6 EL Rotweinessig
3 große Zwiebeln
3 küchenfertige Wildenten, ohne Innereien
Meersalz
frisch gemahlener schwarzer Pfeffer
4 Schalotten
500 ml trockener Rotwein
3 EL Olivenöl
200 g Sahne

1 Den Backofen auf 180 °C vorheizen. Die Pfefferkörner in einem Mörser zerstoßen, den Knoblauch abziehen und pressen. Beides mit dem Honig und dem Essig zu einer Marinade verarbeiten. Die Zwiebeln abziehen und grob würfeln. Die Enten waschen, trocken tupfen und innen wie außen salzen und pfeffern. Mit den Zwiebelwürfeln füllen und die Beine mit Küchengarn zusammenbinden. Auf einem tiefen Backblech in den Backofen geben und 50–60 Minuten garen. Dabei in den ersten 40 Minuten immer wieder mit der Marinade bestreichen. In den letzten 10–20 Minuten eine schöne Kruste entstehen lassen.

2 In der Zwischenzeit die Schalotten abziehen und fein würfeln. Die Enten aus dem Backofen nehmen und warm beiseitestellen. Den Bratensatz mit dem Rotwein loskochen. In einer Pfanne das Olivenöl erhitzen und die Schalotten darin glasig dünsten. Mit dem Rotwein ablöschen und mit der Sahne auf die gewünschte Konsistenz einkochen. Mit Salz und Pfeffer abschmecken.

Entenbraten mit Aprikosen

Für 6 Personen

Zutaten

15 schwarze Pfefferkörner
3 küchenfertige Wildenten, ohne Innereien
12 EL Olivenöl
Meersalz
150 g getrocknete Aprikosen
150 g gehackte Walnüsse
250 ml trockener Weißwein
250 ml Orangensaft
3 Schalotten
200 g Sahne
frisch gemahlener schwarzer Pfeffer

1 Den Backofen auf 250 °C vorheizen. Die Pfefferkörner in einem Mörser zerstoßen. Die Enten waschen, trocken tupfen und innen salzen und pfeffern. Von außen jede Ente mit 3 EL Olivenöl, Salz und den Pfefferkörnern einreiben. Die Aprikosen klein schneiden und mit den Walnüssen vermengen. Jede Ente mit einem Viertel davon füllen und die Beine mit Küchengarn zusammenbinden. Auf einem tiefen Backblech in den Backofen geben und 15 Minuten garen. Die Hitze auf 180 °C reduzieren, den Weißwein und den Orangensaft angießen und weitere 50–60 Minuten garen. Dabei in den ersten 40 Minuten immer wieder mit dem Fond bestreichen. In den letzten 10–20 Minuten die Haut knusprig werden lassen.

2 In der Zwischenzeit die Schalotten abziehen und fein würfeln. Die Enten aus dem Backofen nehmen und warm beiseitestellen. In einer Pfanne 3 EL Olivenöl erhitzen und die Schalotten darin glasig dünsten. Mit dem Entenfond ablöschen und mit der Sahne auf die gewünschte Konsistenz einkochen. Mit Salz und Pfeffer abschmecken und die restlichen Aprikosen und Walnüsse unterheben.

Entenbraten mit Speck

Für 6 Personen

Zutaten

3 große Zwiebeln
3 küchenfertige Wildenten, ohne Innereien
Meersalz
frisch gemahlener schwarzer Pfeffer
200 g Frühstücksspeck
4 Schalotten
250 ml trockener Rotwein
200 g Sahne

1 Den Backofen auf 180 °C vorheizen. Die Zwiebeln abziehen und grob würfeln. Die Enten waschen, trocken tupfen und innen wie außen kräftig salzen und pfeffern. Mit den Zwiebelwürfeln füllen und die Beine mit Küchengarn zusammenbinden. Auf ein tiefes Backblech legen und die Enten mit den Speckscheiben belegen. In den Backofen geben und 60 Minuten garen. Nach 40 Minuten die Speckscheiben entfernen und die Haut bei 250 °C knusprig backen.

2 In der Zwischenzeit die Schalotten abziehen und fein würfeln. Die Enten aus dem Backofen nehmen und warm beiseitestellen. Den Bratensatz mit dem Rotwein loskochen. In einer Pfanne das Olivenöl erhitzen und die Schalotten darin glasig dünsten. Mit dem Rotwein ablöschen und mit der Sahne auf die gewünschte Konsistenz einkochen. Mit Salz und Pfeffer abschmecken.

Entenbraten aus dem Römertopf

Für 6 Personen

Zutaten

3 große rote Zwiebeln
250 g Schweinemett
Meersalz
frisch gemahlener schwarzer Pfeffer
1 EL Kräuter der Provence
3 küchenfertige Wildenten, ohne Innereien
400 g Frühstücksspeck
250 ml Gemüsebrühe
250 ml trockener Rotwein
200 g Sahne

1 Die Zwiebeln abziehen und fein würfeln. Das Schweinemett mit Salz und Pfeffer würzen und mit den Zwiebeln und den Kräutern der Provence vermengen. Die Enten waschen, trocken tupfen, innen und außen salzen und pfeffern und mit dem Mett füllen. Die Beine mit Küchengarn zusammenbinden und die Füllöffnung verschließen. Einen großen Römertopf gut wässern.

2 Den Backofen auf 200–220 °C vorheizen. Den Römertopf mit Speckscheiben auslegen. Die Enten daraufsetzen und mit den restlichen Speckscheiben belegen. Die Gemüsebrühe dazugeben und die Enten zugedeckt im Backofen ca. 90–120 Minuten garen. 15 Minuten vor dem Ende der Garzeit den Deckel vom Römertopf nehmen und die Enten bräunen lassen.

3 Die Enten herausnehmen und warm beiseitestellen. Den Fond in einen Topf gießen und mit dem Rotwein und der Sahne einkochen lassen. Mit Salz und Pfeffer würzen und separat zu den Enten reichen.

Brustfilet von der Wildente mit Walnuss-Sauce

Für 6 Personen

Zutaten

10 Pfefferkörner
1 EL gehackte Thymianblätter
1 EL gehackte Rosmarinblätter
250 ml trockener Weißwein
250 ml Orangensaft
6 küchenfertige Entenbrüste, mit Fettschicht
Meersalz
4 Schalotten
100 g gemahlene Walnüsse
frisch gemahlener schwarzer Pfeffer

1 Die Pfefferkörner in einem Mörser zerstoßen, Thymian- und Rosmarinblätter fein wiegen. Alles in eine große Schüssel geben und mit dem Weißwein und Orangensaft auffüllen. Die Entenbrüste auf der Fettseite rautenförmig einschneiden, mit Salz einreiben, in die Marinade geben und 24 Stunden im Kühlschrank marinieren lassen.

2 Den Backofen auf 180 °C vorheizen. Die Entenbrüste abtropfen lassen und in einer großen Pfanne ohne Öl auf der Fettseite 10 Minuten bei geringer Hitze anbraten. Wenden, die Fleischseite etwas anbraten und dann in einem Bräter im Backofen ca. 10–15 Minuten fertig garen. Herausnehmen und warm beiseitestellen.

3 In der Zwischenzeit die Schalotten abziehen, sehr fein würfeln und in dem Entenfett in der Pfanne andünsten. Den Bratensatz im Bräter mit der Marinade loskochen und damit die Schalotten ablöschen. Nach und nach gemahlene Walnüsse dazugeben, bis die gewünschte Konsistenz erreicht ist. Die Sauce mit Salz und Pfeffer abschmecken.

Entenbrust mit Holundercreme

Für 6 Personen

Zutaten

10 Pfefferkörner
1 EL gehackte Thymianblätter
1 EL gehackte Rosmarinblätter
250 ml trockener Rotwein
250 ml Orangensaft
6 küchenfertige Entenbrüste, mit Fettschicht
Meersalz
4 Schalotten
200 g Sahne
4–5 EL Holundergelee
frisch gemahlener schwarzer Pfeffer

1 Die Pfefferkörner in einem Mörser zerstoßen, Thymian- und Rosmarinblätter fein wiegen. Alles in eine große Schüssel geben und mit dem Rotwein und Orangensaft auffüllen. Die Entenbrüste auf der Fettseite rautenförmig einschneiden, mit Salz einreiben, in die Marinade geben und 24 Stunden im Kühlschrank marinieren lassen.

2 Die Entenbrüste abtropfen lassen und in einer großen Pfanne ohne Öl auf der Fettseite 10 Minuten bei geringer Hitze anbraten. Die Hitze erhöhen und die Fettschicht noch 5 Minuten knusprig anrösten. Wenden und auf der Fleischseite ca. 10 Minuten fertig garen. Herausnehmen und warm beiseitestellen.

3 In der Zwischenzeit die Schalotten abziehen, sehr fein würfeln und in der Pfanne andünsten. Mit der Marinade ablöschen, die Sahne dazugeben und einkochen, bis die gewünschte Konsistenz erreicht ist. Das Holundergelee unterziehen und die Sauce mit Salz und Pfeffer abschmecken.

Gebratene Ente mit Maronenfüllung

Für 6 Personen

Zutaten

15 schwarze Pfefferkörner
3 küchenfertige Wildenten, ohne Innereien
12 EL Olivenöl
Meersalz
150 g Maronen
100 ml Milch
150 g durchwachsener Speck
500 ml trockener Rotwein
3 Schalotten
200 g Sahne
frisch gemahlener schwarzer Pfeffer

1 Den Backofen auf 250 °C vorheizen. Die Pfefferkörner in einem Mörser zerstoßen. Die Enten waschen, trocken tupfen und innen salzen und pfeffern. Von außen jede Ente mit 3 EL Olivenöl, Salz und den Pfefferkörnern einreiben. Die Maronen an der spitzen Seite kreuzweise einschneiden, kurz im Backofen anrösten, schälen und klein schneiden. In einem Topf die Milch erhitzen und die Maronen 10 Minuten darin kochen. Den Speck klein schneiden und mit den abgetropften Maronen vermengen. Gut mit Salz und Pfeffer würzen, jede Enten mit einem Viertel davon füllen und die Beine mit Küchengarn zusammenbinden. Auf einem tiefen Backblech in den Backofen geben und 15 Minuten garen. Die Hitze auf 180 °C reduzieren, den Rotwein angießen und weitere 50–60 Minuten garen. Dabei in den ersten 40 Minuten immer wieder mit dem Fond bestreichen. In den letzten 10–20 Minuten die Haut knusprig werden lassen.

2 In der Zwischenzeit die Schalotten abziehen und fein würfeln. Die Enten aus dem Backofen nehmen und warm beiseitestellen. In einer Pfanne 3 EL Olivenöl erhitzen und die Schalotten darin glasig dünsten. Mit dem Entenfond ablöschen und mit der Sahne auf die gewünschte Konsistenz einkochen. Mit Salz und Pfeffer abschmecken und die restlichen Maronen mit Speck unterheben.

3 Die Enten auf vorgewärmten Platten anrichten und die Sauce getrennt dazu servieren.

Entenbraten mit Schattenmorellen

1 Die Schattenmorellen entkernen, 12 Kirschen halbieren, den Rest klein hacken und alles in eine Schüssel geben. Mit dem Rotwein und der Hälfte des Kirschwassers aufgießen und über Nacht ziehen lassen.

2 Den Backofen auf 200 °C vorheizen. Die Pfefferkörner in einem Mörser zerstoßen, die Zwiebeln abziehen und grob würfeln. Die Enten waschen, trocken tupfen und innen salzen und pfeffern. Mit den Zwiebelwürfeln füllen und die Beine mit Küchengarn zusammenbinden. Von außen jede Ente mit 3 EL Olivenöl beträufeln und mit Salz und Pfefferkörnern einreiben. Die Schattenmorellen aus dem Rotwein nehmen und gut abtropfen lassen.

3 Die Enten auf einem tiefen Backblech in den Backofen geben und 60 Minuten garen. Dabei in den ersten 30 Minuten immer wieder mit Rotwein begießen. Den restlichen Rotwein angießen, die gehackten Schattenmorellen dazugeben und in den letzten 10–20 Minuten eine schöne Kruste entstehen lassen.

4 In der Zwischenzeit die Schalotten abziehen und fein würfeln. In einer Pfanne das restliche Olivenöl erhitzen und die Schalotten darin glasig dünsten. Die Enten aus dem Backofen nehmen, mit dem restlichen Kirschwasser beträufeln und warm beiseitestellen. Den Fond pürieren oder durch ein Sieb streichen, zu den Schalotten geben, aufkochen und mit der Sahne auf die gewünschte Konsistenz einkochen. Noch einmal mit Salz und Pfeffer abschmecken.

5 Die Enten mit den halbierten Schattenmorellen auf einer vorgewärmten Platte anrichten und die Sauce getrennt dazu servieren.

Für 6 Personen

Zutaten

400 g Schattenmorellen
500 ml trockener Rotwein
6 cl Kirschwasser
15 schwarze Pfefferkörner
12 EL Olivenöl
3 große Zwiebeln
3 küchenfertige Wildenten, ohne Innereien
Meersalz
frisch gemahlener schwarzer Pfeffer
4 Schalotten
200 g Sahne

Gebratene Ente mit Pfifferlingen

Für 6 Personen

Zutaten

15 schwarze Pfefferkörner
3 küchenfertige Wildenten, ohne Innereien
12 EL Olivenöl
Meersalz
500 ml trockener Weißwein
3 Schalotten
500 g Pfifferlinge
200 g Sahne
frisch gemahlener schwarzer Pfeffer

1 Den Backofen auf 250 °C vorheizen. Die Pfefferkörner in einem Mörser zerstoßen. Die Enten waschen, trocken tupfen und innen salzen und pfeffern. Von außen jede Ente mit 3 EL Olivenöl, Salz und den Pfefferkörnern einreiben. Auf einem tiefen Backblech in den Backofen geben und 15 Minuten garen. Die Hitze auf 180 °C reduzieren, den Weißwein angießen und weitere 50–60 Minuten garen. Dabei in den ersten 40 Minuten immer wieder mit dem Fond bestreichen. In den letzten 10–20 Minuten die Haut knusprig werden lassen.

2 In der Zwischenzeit die Schalotten abziehen und fein würfeln. Die Pfifferlinge putzen (nicht waschen!), verlesen und klein schneiden. Die Enten aus dem Backofen nehmen und warm beiseitestellen. In einer Pfanne 3 EL Olivenöl erhitzen und die Schalotten darin glasig dünsten. Die Pfifferlinge dazugeben und braten, bis alle Flüssigkeit verdunstet ist. Mit dem Entenfond ablöschen, mit der Sahne auf die gewünschte Konsistenz einkochen und mit Salz und Pfeffer abschmecken.

Entenbraten mit Preiselbeeren

Für 6 Personen

Zutaten

15 schwarze Pfefferkörner
6 EL Honig
6 EL körniger Senf
3 rote Zwiebeln
3 küchenfertige Wildenten, ohne Innereien
Meersalz
frisch gemahlener schwarzer Pfeffer
4 Schalotten
500 ml trockener Rotwein
3 EL Olivenöl
200 g Sahne
4 EL Preiselbeermarmelade

1 Den Backofen auf 180 °C vorheizen. Die Pfefferkörner in einem Mörser zerstoßen und mit dem Honig und dem Senf zu einer Gewürzpaste verarbeiten. Die Zwiebeln abziehen und grob würfeln. Die Enten waschen, trocken tupfen und innen wie außen salzen und pfeffern. Mit Würzpaste bestreichen, mit den Zwiebelwürfeln füllen und die Beine mit Küchengarn zusammenbinden. Auf einem tiefen Backblech in den Backofen geben und 50–60 Minuten garen. Dabei in den ersten 40 Minuten immer wieder mit der Paste bestreichen. In den letzten 10–20 Minuten eine schöne Kruste entstehen lassen. Wenn die Ente zu schnell bräunt, mit Alufolie abdecken oder mit Rotwein beträufeln.

2 In der Zwischenzeit die Schalotten abziehen und fein würfeln. Die Enten aus dem Backofen nehmen und warm beiseitestellen. Den Bratensatz mit dem Rotwein loskochen. In einer Pfanne das Olivenöl erhitzen und die Schalotten darin glasig dünsten. Mit dem Rotwein ablöschen und mit der Sahne auf die gewünschte Konsistenz einkochen. Die Preiselbeermarmelade unterziehen und mit Salz und Pfeffer abschmecken.

Entenbraten mit Steinpilzen

Für 6 Personen

Zutaten

15 schwarze Pfefferkörner
1 EL gehackte Thymianblätter
1 EL gehackte Rosmarinblätter
3 küchenfertige Wildenten, ohne Innereien
12 EL Olivenöl
Meersalz
500 ml trockener Rotwein
3 Schalotten
500 g Steinpilze
2 EL eiskalte Butter
frisch gemahlener schwarzer Pfeffer

1 Den Backofen auf 220 °C vorheizen. Die Pfefferkörner in einem Mörser zerstoßen. Thymian- und Rosmarinblätter fein wiegen. Die Enten waschen, trocken tupfen und innen salzen und pfeffern. Von außen jede Ente mit 3 EL Olivenöl, Salz, Pfefferkörnern, Thymian und Rosmarin einreiben. Auf einem tiefen Backblech in den Backofen geben und 15 Minuten garen. Die Hitze auf 180 °C reduzieren, den Rotwein angießen und weitere 50–60 Minuten garen. Dabei in den ersten 40 Minuten immer wieder mit dem Fond bestreichen. In den letzten 10–20 Minuten die Haut knusprig werden lassen.

2 In der Zwischenzeit die Schalotten abziehen und fein würfeln. Die Steinpilze putzen (nicht waschen!), verlesen und klein schneiden. Die Enten aus dem Backofen nehmen und warm beiseitestellen. In einer Pfanne 3 EL Olivenöl erhitzen und die Schalotten darin glasig dünsten. Die Steinpilze dazugeben und braten, bis alle Flüssigkeit verdunstet ist. Mit dem Entenfond ablöschen, auf die gewünschte Konsistenz einkochen, mit der eiskalten Butter binden und mit Salz und Pfeffer abschmecken.

Gebratene Ente mit Champignons

Für 6 Personen

Zutaten

2 EL Butter
3 EL Mehl
15 schwarze Pfefferkörner
1 EL gehackte Thymianblätter
1 EL gehackte Rosmarinblätter
3 küchenfertige Wildenten, ohne Innereien
12 EL Olivenöl
Meersalz
500 ml trockener Rotwein
3 Schalotten
500 g kleine braune Champignons
frisch gemahlener schwarzer Pfeffer

1 Die Butter mit dem Mehl verkneten und kalt stellen. Den Backofen auf 200 °C vorheizen. Die Pfefferkörner in einem Mörser zerstoßen. Thymian- und Rosmarinblätter fein wiegen. Die Enten waschen, trocken tupfen und innen salzen und pfeffern. Von außen jede Ente mit 3 EL Olivenöl, Salz, Pfefferkörnern, Thymian und Rosmarin einreiben. Auf einem tiefen Backblech in den Backofen geben und 15 Minuten garen. Den Rotwein angießen und weitere 50–60 Minuten garen. Dabei in den ersten 40 Minuten immer wieder mit dem Fond bestreichen. In den letzten 10–20 Minuten die Haut knusprig werden lassen.

2 In der Zwischenzeit die Schalotten abziehen und fein würfeln. Die Champignons putzen (nicht waschen!) und in feine Scheiben schneiden. Die Enten aus dem Backofen nehmen und warm beiseitestellen. In einer Pfanne 3 EL Olivenöl erhitzen und die Schalotten darin glasig dünsten. Die Champignons dazugeben und braten, bis alle Flüssigkeit verdunstet ist. Mit dem Entenfond ablöschen, auf die gewünschte Konsistenz einkochen, mit Salz und Pfeffer abschmecken und mit der Mehlbutter binden.

Zitronen-Ente

Für 6 Personen

Zutaten

4 unbehandelte Zitronen
15 schwarze Pfefferkörner
1 EL gehackte Thymianblätter
1 EL gehackte Rosmarinblätter
3 küchenfertige Wildenten, ohne Innereien
12 EL Olivenöl
Meersalz
250 ml trockener Weißwein
3 Schalotten
1 EL Speisestärke
frisch gemahlener schwarzer Pfeffer

1 3 unbehandelte Zitronen anstechen, in einen kleinen Topf geben, mit Wasser auffüllen, aufkochen und 15 Minuten kochen lassen. Das Kochwasser nicht wegschütten. Den Backofen auf 250 °C vorheizen.

2 Die Pfefferkörner in einem Mörser zerstoßen. Thymian- und Rosmarinblätter fein wiegen. Die Enten waschen, trocken tupfen und innen salzen und pfeffern. Von außen jede Ente mit 3 EL Olivenöl, Salz und den Pfefferkörnern einreiben. Jede Ente mit einer gekochten Zitrone füllen und die Beine mit Küchengarn festbinden.

3 Auf einem tiefen Backblech in den Backofen geben und 15 Minuten garen. Die Hitze auf 180 °C reduzieren, den Weißwein und das Kochwasser von den Zitronen angießen und weitere 50–60 Minuten garen. Dabei in den ersten 40 Minuten immer wieder mit dem Fond bestreichen. In den letzten 10–20 Minuten die Haut knusprig werden lassen.

4 In der Zwischenzeit die Schalotten abziehen und fein würfeln. Von der letzten Zitrone die Schale abreiben und den Saft auspressen. Die Enten aus dem Backofen nehmen und warm beiseitestellen.

5 In einer Pfanne 3 EL Olivenöl erhitzen und die Schalotten darin glasig dünsten. Die Zitronenschale dazugeben und kurz anbraten. Mit dem Zitronensaft ablöschen, den Entenfond angießen und auf die gewünschte Konsistenz einkochen. Die Speisestärke mit kaltem Wasser glattrühren und die Sauce damit binden. Noch 2–3 Minuten köcheln lassen und mit Salz und Pfeffer abschmecken.

6 Die Enten auf vorgewärmten Platten anrichten und die Sauce getrennt dazu servieren.

Gegrillte Wildentenkeulen

Für 6 Personen

Zutaten

2 Knoblauchzehen
Meersalz
6 Wacholderbeeren
10 schwarze Pfefferkörner
3 EL Dijon-Senf
6 cl Gin
6 EL Olivenöl
5 EL Honig
12 küchenfertige Wildentenkeulen
3 große Auberginen
3 EL Zitronensaft
frisch gemahlener schwarzer Pfeffer
6 zarte Maiskolben
3 EL Butter

1 Den Knoblauch abziehen, in dünne Scheiben schneiden und in Salz zerstoßen. Wacholderbeeren und Pfefferkörner in einem Mörser zerstoßen. Alles in einer großen Schüssel mit dem Senf, Gin, 3 EL Olivenöl und Honig zu einer Beize verrühren. Das Fleisch waschen, trocken tupfen, gut mit der Beize vermengen und zugedeckt 24 Stunden im Kühlschrank marinieren lassen.

2 Auf den Grill geben und ca. 15–20 Minuten von allen Seiten grillen. Herunternehmen und warm beiseitestellen. Inzwischen die Auberginen waschen, trocken tupfen, vom Stielansatz befreien und längs halbieren. Die Schnittflächen mit dem Zitronensaft und 3 EL Olivenöl beträufeln, kräftig salzen und pfeffern und einige Minuten auf dem Rost gar grillen. Die Maiskolben rundherum schön knusprig grillen.

3 Je 2 Entenkeulen mit je einer halben Aubergine auf Tellern anrichten, je einen Maiskolben dazulegen und mit der Butter bestreichen.

Grillente vom Drehspieß

Für 6 Personen

Zutaten

2 EL gehackte Rosmarinblätter
2 EL gehackte Thymianblätter
2 EL gehackte Majoranblätter
1 großes Bund Rosmarinzweige
1 großes Bund Thymianzweige
3 küchenfertige Wildenten ohne Innereien
Meersalz
frisch gemahlener schwarzer Pfeffer
250 g flüssige Butter
12 kleine Kartoffeln (Bratlinge)
12 kleine Tomaten
3 EL Olivenöl

1 Rosmarin-, Thymian- und Majoranblätter fein wiegen und gut vermischen. Aus den Rosmarin- und Thymianzweigen 3 gemischte Sträußchen herstellen. Die Enten waschen, trocken tupfen und innen und außen kräftig salzen und pfeffern. Jede Ente mit einem Kräutersträußchen füllen und die Öffnungen wegen der Hitze nicht mit Küchenzwirn, sondern mit Rouladennadeln aus Metall verschließen. Die Beine ebenfalls mit solchen Rouladennadeln am Körper fixieren. Die Enten sorgfältig zentriert auf einen Drehspieß stecken und fixieren. Über der Holzkohle ca. 45–60 Minuten rundum grillen, dabei immer wieder mit der flüssigen Butter bestreichen. Nach ca. 30 Minuten mit den gehackten Kräutern bestreuen und zum Schluss die Haut knusprig werden lassen. Vom Grill nehmen und 20 Minuten ruhen lassen.

2 In dieser Zeit die Kartoffeln bürsten und halbieren. Die Tomaten waschen und halbieren. Abwechselnd je 4 Kartoffel- und Tomatenhälften auf einen Spieß stecken und so insgesamt 6 Spieße herstellen. Salzen, pfeffern, mit dem Olivenöl beträufeln und 2–3 Minuten von der Schnittseite und 1 Minute von der Hautseite auf dem Rost grillen.

3 Die Enten halbieren, auf Tellern anrichten und servieren.

Wildente auf dem Krautbett

Für 6 Personen

Zutaten

2 Zwiebeln
2 Karotten
1 Stange Lauch
500 g braune Champignons
250 g durchwachsener Speck
6 küchenfertige Wildentenbrüste
Meersalz
frisch gemahlener schwarzer Pfeffer
4 EL Butterschmalz
500 ml trockener Weißwein
2 TL Speisestärke
1 kg Sauerkraut
6 Wacholderbeeren
2 Lorbeerblätter

1 Die Zwiebeln abziehen und klein hacken. Die Karotten schälen, den Lauch waschen und putzen und beides klein schneiden. Die Champignons putzen (nicht waschen!) und in dünne Scheiben schneiden. Den Speck fein würfeln. Die Entenbrüste waschen, trocken tupfen, salzen und pfeffern.

2 Den Backofen auf 180 °C vorheizen. In einem großen Bräter 2 EL Butterschmalz erhitzen. Die Entenbrüste auf der Fettseite kreuzweise einschneiden und mit der Fettseite nach unten in den Bräter geben. Das Fett ausbraten, dann kurz von der anderen Seite anbraten. Zwiebeln, Karotten, Lauch und Champignons dazugeben und anrösten. Mit dem Weißwein ablöschen, in den Backofen geben und 60 Minuten zugedeckt schmoren lassen.

3 Die Speisestärke mit kaltem Wasser glatt rühren. Die Entenbrüste herausnehmen und warm beiseitestellen. Den Fond pürieren, aufkochen und mit der Speisestärke binden. Noch 2–3 Minuten sanft köcheln lassen. Noch einmal mit Salz und Pfeffer abschmecken.

4 In der Zwischenzeit die Speckwürfel in einem großen Schmortopf in 2 EL Butterschmalz auslassen und das Sauerkraut mit den Wacholderbeeren und den Lorbeerblättern darin ca. 20 Minuten schmoren und leicht bräunen lassen. Gelegentlich etwas Wasser angießen. Mit Salz und Pfeffer würzen, anschließend die Lorbeerblätter entfernen.

5 Auf 6 vorgewärmten Tellern ein Krautbett anlegen, je 1 Entenbrust darauf anrichten und mit der Sauce überzogen servieren.

Gegrillte Entenbrüste

Für 6 Personen

Zutaten

10 bunte Pfefferkörner
3 EL körniger Senf
6 EL Olivenöl
1 EL abgeriebene Orangenschale
1 EL abgeriebene Zitronenschale
6 küchenfertige Wildentenbrüste
500 g weißer Spargel
500 g grüner Spargel
6 EL flüssige Butter
Meersalz

1 Die Pfefferkörner in einem Mörser zerstoßen und mit dem Senf, dem Olivenöl und der Orangen- und Zitronenschale zu einer Beize verrühren. Das Fleisch waschen und trocken tupfen. Die Fettseite kreuzweise ca. 2 mm tief einschneiden, die Entenbrüste gut mit der Beize vermengen und zugedeckt 24 Stunden im Kühlschrank marinieren lassen.

2 Den Spargel schälen, farblich gemischt in 6 Portionen aufteilen und jede Portion in Alufolie verpacken. Auf dem Grill in ca. 20–30 Minuten gar grillen. Das Fleisch auf den Grill geben und ca. 15–20 Minuten von beiden Seiten grillen. Auf ein schönes Branding achten. Herunternehmen und warm beiseitestellen.

3 Den Spargel auspacken, auf 6 Tellern anrichten und mit der Butter überziehen. Das Fleisch dazugeben, alles salzen und sofort servieren.

Entenbrust mit Honigsauce

Für 6 Personen

Zutaten

1 EL gehackte Thymianblätter
1 EL gehackte Rosmarinblätter
1 Zitrone
6 küchenfertige Wildentenbrüste
Meersalz
frisch gemahlener schwarzer Pfeffer
250 ml trockener Weißwein
100 ml halbtrockener Sherry, z. B. Amontillado
250 ml Hühnerbrühe
3 EL Honig
2 EL eiskalte Butter

1 Thymian- und Rosmarinblätter fein wiegen. Die Zitrone auspressen. Die Entenbrüste waschen, trocken tupfen, salzen und pfeffern, die Fettseite kreuzweise leicht einschneiden. In einem großen Bräter die Entenbrüste auf der Hautseite ohne zusätzliches Fett 6–8 Minuten langsam kross braten, umdrehen und weitere 2 Minuten braten. Herausnehmen und warm stellen.

2 Thymian und Rosmarin in den Bräter geben und ganz kurz anrösten. Sofort mit dem Weißwein ablöschen und den Sherry und die Hühnerbrühe angießen. Bei starker Hitze auf die Hälfte reduzieren. Den Honig und den Zitronensaft einrühren, noch einmal mit Salz und Pfeffer abschmecken und mit der eiskalten Butter binden.

3 Die Entenbrüste in Scheiben schneiden, je 1 Entenbrust auf einem vorgewärmten Teller anrichten und mit der Sauce überzogen servieren.

Entenkeulen mit Lebkuchensauce

Für 6 Personen

Zutaten

500 g Pflaumen
12 küchenfertige Wildentenkeulen
Meersalz
frisch gemahlener schwarzer Pfeffer
1 TL getrockneter Estragon
3 EL Olivenöl
500 ml trockener Rotwein
2 EL geriebener Saucenlebkuchen

1 Den Backofen auf 180 °C vorheizen. Die Pflaumen waschen, entsteinen und klein schneiden. Die Entenkeulen waschen, trocken tupfen und mit Salz, Pfeffer und Estragon einreiben. In einem Bräter das Olivenöl erhitzen und die Keulen darin rundum anbraten. Mit dem Rotwein ablöschen, die Pflaumen dazugeben und zugedeckt im Backofen ca. 45 Minuten sanft schmoren. Die Keulen herausnehmen und warm stellen. Den Fond pürieren und in einem Topf einkochen. Mit Salz und Pfeffer abschmecken und mit dem Lebkuchen binden.

2 Auf 6 Tellern je 2 Entenkeulen anrichten und mit der Sauce überzogen servieren.

Wildentenbrust in Burgundersauce

Für 6 Personen

Zutaten

1 EL gehackte Thymianblätter
1 EL gehackte Rosmarinblätter
1 EL gehackte Majoranblätter
3 rote Zwiebeln
2 Knoblauchzehen
2 Karotten
250 g Champignons
250 g durchwachsener Speck
6 küchenfertige Wildentenbrüste
Meersalz
frisch gemahlener schwarzer Pfeffer
1 l trockener Rotwein, z. B. Blauer Spätburgunder oder Pinot noir
200 g Sahne

1 Den Backofen auf 180 °C vorheizen. Thymian-, Rosmarin- und Majoranblätter fein wiegen. Zwiebeln und Knoblauch abziehen und fein würfeln. Die Karotten schälen, die Champignons putzen (nicht waschen!) und beides klein schneiden. Den Speck in kleine Würfel schneiden. Die Wildentenbrüste waschen, trocken tupfen, salzen und pfeffern. Die Fettseite kreuzweise leicht einschneiden.

2 In einem großen Bräter den Speck sanft auslassen. Die Entenbrüste mit der Fettseite nach unten dazugeben und 5–7 Minuten das Fett ausbraten. Umdrehen, mit dem Rotwein ablöschen, Kräuter und Gemüse hinzugeben, zugedeckt in den Backofen geben und ca. 45–60 Minuten sanft schmoren lassen. Herausnehmen und warm beiseitestellen. Den Fond pürieren und in einem Topf mit der Sahne cremig einkochen lassen. Dabei ständig umrühren.

3 Die Entenbrüste in Scheiben schneiden, je 1 Entenbrust auf einem vorgewärmten Teller anrichten und mit der Sauce überzogen servieren.

Wildente mit Orangensauce

1 Den Backofen auf 200 °C vorheizen. Die Enten waschen, trocken tupfen und innen kräftig salzen und pfeffern. Aus den Kräutern 3 gemischte Sträußchen herstellen. Die Schalen der Orangen abreiben und das Fruchtfleisch klein schneiden. Die Enten mit den Kräutersträußchen und Orangenstückchen füllen, mit Küchengarn zubinden, von außen mit Olivenöl beträufeln, salzen, pfeffern und mit der Brustseite nach unten auf ein tiefes Backblech geben. 2 Tassen Wasser dazugeben und 30 Minuten im Backofen backen. Die Temperatur auf 180 °C reduzieren, die Enten wenden und weitere 60 Minuten backen. Dabei immer wieder mit dem Bratfond übergießen. Zum Schluss die Haut schön bräunen lassen.

2 Die Enten herausnehmen und warm beiseitestellen. Den Fond mit Orangenlikör und Portwein loskochen und in einen Topf füllen. Mit dem Orangensaft aufkochen und mit der Sahne cremig reduzieren lassen. Noch einmal mit Salz und Pfeffer abschmecken.

3 Die Enten auf einer vorgewärmten Platte anrichten und bei Tisch tranchieren. Die Sauce getrennt dazu servieren.

Für 6 Personen

Zutaten

3 küchenfertige Wildenten ohne Innereien
Meersalz
frisch gemahlener schwarzer Pfeffer
1 großes Bund Thymian
1 großes Bund Rosmarin
3 unbehandelte Orangen
6 EL Olivenöl
6 cl Orangenlikör
200 ml Portwein
500 ml Orangensaft
200 g Sahne

Cassoulet mit Wildente

1 Zwiebeln und Knoblauch abziehen und fein würfeln. Die Karotten schälen und klein schneiden. Rosmarin- und Thymianblätter fein wiegen. Den Speck würfeln. Das Fleisch waschen, trocken tupfen, in 2 cm große Stücke schneiden und mit Pfeffer und den Kräutern vermengen. Das Olivenöl in einem großen Schmortopf erhitzen und das Fleisch darin rundum goldbraun anbraten. Zwiebeln, Knoblauch und Karotten dazugeben und anrösten. Mit dem Rotwein ablöschen, die Tomaten mit Saft dazugeben und gut umrühren. Die Lorbeerblätter dazugeben und kräftig salzen und pfeffern. Zugedeckt bei geringer Hitze 120 Minuten schmoren lassen. Die Bohnen abtropfen lassen, hinzufügen, gut vermischen und kurz erhitzen. Anschließend die Lorbeerblätter entfernen. Auf vorgewärmten Tellern heiß servieren.

Für 6 Personen

Zutaten

3 große rote Zwiebeln
3 Knoblauchzehen
3 Karotten
1 EL gehackte Rosmarinblätter
1 EL gehackte Thymianblätter
250 g durchwachsener Speck
6 küchenfertige Brustfilets von der Wildente ohne Fettschicht
frisch gemahlener schwarzer Pfeffer
3 EL Olivenöl
250 ml trockener Rotwein
800 g gehackte Tomaten aus der Dose
2 Lorbeerblätter
Meersalz
1 kg große weiße Bohnen aus dem Glas

Wildente auf chinesische Art

Für 6 Personen

Zutaten

4 Karotten
250 g Zuckerschoten
1 Bund Frühlingszwiebeln
6 küchenfertige Wildentenbrüste
frisch gemahlener schwarzer Pfeffer
3 EL Erdnussöl
250 g frische Sojasprossen
200 g Erdnusskerne
Meersalz
frisch gemahlener Szechuanpfeffer
3 EL Sojasauce

1 Die Karotten schälen und fein in Streifen hobeln. Die Zuckerschoten längs halbieren. Die Frühlingszwiebeln waschen, putzen und in Stücke schneiden. Einen Wok leicht erhitzen. Die Entenbrüste pfeffern, nach und nach mit der Hautseite in den Wok legen und bei geringer Hitze 5 Minuten das Fett auslassen. Herausnehmen und in dünne Streifen schneiden. Den Wok mit dem Erdnussöl stark erhitzen, die Karotten, Zuckerschoten, Frühlingszwiebeln, Sojasprossen und Erdnusskerne hinzugeben und 2 Minuten braten. Die Entenstreifen hineingeben und noch 3 Minuten weiterbraten. Mit Salz und Szechuanpfeffer abschmecken und mit der Sojasauce ablöschen. In einer vorgewärmten Schale servieren.

Wildentenkeulen mit scharfer Sauce

Für 6 Personen

Zutaten

2 EL gehackte Thymianblätter
3 Pimentkörner
3 Knoblauchzehen
3 Zwiebeln
2–5 scharfe Chilischoten, je nach Geschmack
12 küchenfertige Wildentenkeulen
3 EL Olivenöl
250 ml trockener Rotwein
1,2 kg gehackte Tomaten aus der Dose
2 Lorbeerblätter
2 Gewürznelken
1 TL gemahlener Kreuzkümmel
Meersalz
2 EL eiskalte Butter

1 Die Thymianblätter fein wiegen, die Pimentkörner in einem Mörser zerstoßen. Knoblauch und Zwiebeln abziehen und fein würfeln. Die Chilischoten sehr klein hacken. Wer es noch schärfer haben will, behält die Kerne bei, ansonsten entfernen. Das Fleisch waschen und trocken tupfen.

2 In einem großen Schmortopf das Olivenöl erhitzen und die Keulen darin rundum goldbraun anbraten. Herausnehmen und warm beiseitestellen. Thymian, Piment, Knoblauch, Zwiebeln und Chili in den Topf geben und kurz anrösten. Mit dem Rotwein ablöschen und kurz aufkochen lassen. Die Tomaten mit Saft, die Lorbeerblätter, Gewürznelken und den Kreuzkümmel dazugeben, gut umrühren. Die Entenkeulen wieder hinzufügen und zugedeckt 60 Minuten schmoren lassen.

3 Die Entenkeulen herausnehmen und warm beiseitestellen. Den Fond durch ein Sieb streichen, in einem Topf auf die gewünschte Konsistenz einkochen, mit Salz abschmecken und mit der eiskalten Butter binden. Die Entenkeulen auf 6 Teller verteilen und die Sauce getrennt dazu servieren.

Gefüllte Wildente vom Grill

Für 6 Personen

Zutaten

3 küchenfertige Wildenten ohne Innereien
6 cl Pflaumenbrand
500 g Trockenpflaumen ohne Steine
100 ml Portwein
3 EL gehackte Rosmarinblätter
3 EL gehackte Thymianblätter
3 EL gehackte Majoranblätter
Meersalz
frisch gemahlener schwarzer Pfeffer
250 g flüssige Butter
2 Zwiebeln
3 EL Olivenöl
1 EL Tomatenmark
500 ml Hühnerbrühe

1 Die Wildenten waschen, trocken tupfen, von außen mit dem Pflaumenbrand einreiben und 24 Stunden im Kühlschrank ziehen lassen. Die Trockenpflaumen 5 Stunden in dem Portwein einweichen, dann klein schneiden.

2 Rosmarin-, Thymian- und Majoranblätter fein wiegen und gut vermischen. Die Pflaumen ausdrücken, den Portwein auffangen. Die Hälfte der Kräuter mit den Pflaumen vermischen. Jede Ente von innen und außen pfeffern und salzen und mit der Pflaumenmasse füllen. Die Öffnungen wegen der Hitze nicht mit Küchengarn, sondern mit Rouladennadeln aus Metall verschließen. Die Beine ebenfalls mit Rouladennadeln am Körper fixieren. Die Enten sorgfältig zentriert auf einen Drehspieß stecken und fixieren.

3 Über der Holzkohle ca. 60–75 Minuten rundum grillen, dabei immer wieder mit der flüssigen Butter bestreichen. Nach ca. 30 Minuten mit den restlichen Kräutern bestreuen und zum Schluss die Haut knusprig werden lassen. Vom Grill nehmen, die Füllung herausnehmen und die Enten 20 Minuten ruhen lassen. Die Füllung pürieren.

4 Inzwischen die Zwiebeln abziehen und fein würfeln. In einer Pfanne das Olivenöl erhitzen und die Zwiebeln darin glasig dünsten. Das Tomatenmark dazugeben und anrösten. Mit der Hühnerbrühe ablöschen, die Pflaumenmasse dazugeben und cremig einkochen lassen.

5 Die Enten halbieren, auf Tellern anrichten und die Sauce separat dazu servieren.

Entenbrust im Kräutermantel

Für 6 Personen

Zutaten

1 EL gehackte glatte Petersilie
1 Bund Schnittlauch
1 EL gehackte Thymianblätter
3 Eier
3 EL Milch
1 EL Mehl
Meersalz
frisch gemahlener schwarzer Pfeffer
3 Schalotten
250 g kleine braune Champignons
Mehl zum Wenden
10 EL Olivenöl
6 küchenfertige Wildentenbrüste ohne Fettschicht
200 g Sahne

1 Die Petersilie waschen, trocken tupfen und sehr fein hacken. Den Schnittlauch und die Thymianblätter fein wiegen. Alles mit den Eiern, der Milch, dem Mehl, Salz und Pfeffer zu einem Teig verarbeiten. Die Schalotten abziehen und klein schneiden. Die Champignons putzen (nicht waschen!) und in feine Scheiben schneiden. In einer großen Pfanne 7 EL Olivenöl erhitzen. Die Entenbrüste in fingerbreite Scheiben schneiden, nach und nach erst in Mehl, dann im Teig wenden und in dem Öl goldbraun braten. Herausnehmen und warm beiseitestellen.

2 In einer weiteren Pfanne 3 EL Olivenöl erhitzen und die Schalotten darin glasig dünsten. Die Champignons dazugeben und braten, bis alle Flüssigkeit verdampft ist. Die Sahne angießen und cremig einkochen lassen. Mit Salz und Pfeffer abschmecken.

3 Die Entenbrustscheiben auf 6 Teller verteilen und mit den Sahne-Champignons angerichtet servieren.

Gebratene Wildente mit Rotweinsauce

Für 6 Personen

Zutaten

3 küchenfertige Wildenten ohne Innereien
Meersalz
frisch gemahlener schwarzer Pfeffer
3 Gemüsezwiebeln
3 Knoblauchzehen
1 EL gehackte Thymianblätter
1 EL gehackte Rosmarinblätter
3 EL Olivenöl
2 EL Tomatenmark
750 ml trockener Rotwein
200 g Sahne

1 Den Backofen auf 200 °C vorheizen. Die Enten waschen, trocken tupfen und innen kräftig salzen und pfeffern. Die Gemüsezwiebeln abziehen, grob hacken und die Enten damit füllen. Mit Küchengarn zubinden, von außen mit Olivenöl beträufeln, salzen, pfeffern und mit der Brustseite nach unten auf ein tiefes Backblech geben. 2 Tassen Wasser dazugeben und 30 Minuten im Backofen garen. Die Temperatur auf 180 °C reduzieren, die Enten wenden und weitere 60 Minuten backen. Dabei immer wieder mit dem Bratfond übergießen. Zum Schluss die Haut schön bräunen lassen. Inzwischen den Knoblauch abziehen und fein würfeln. Thymian- und Rosmarinblätter fein wiegen.

2 Die Enten herausnehmen und warm beiseitestellen. Die Füllung herausnehmen und pürieren. In einer Pfanne das restliche Olivenöl erhitzen und den Knoblauch darin glasig schwitzen. Thymian, Rosmarin und Tomatenmark dazugeben und leicht anrösten. Mit dem Rotwein ablöschen, aufkochen lassen und die pürierten Zwiebeln einrühren. Mit der Sahne cremig einkochen und mit Salz und Pfeffer abschmecken.

3 Die Enten auf einer vorgewärmten Platte anrichten und bei Tisch tranchieren. Die Sauce getrennt dazu servieren.

Andalusische Wildente

1 Den Backofen auf 250 °C vorheizen. Zwiebeln und Knoblauch abziehen und fein hacken. Die Karotten schälen und klein schneiden. Die Orangen heiß abbürsten und in Scheiben schneiden. Die Chilischoten zerbröseln. Die Enten waschen, trocken tupfen, innen und außen salzen und pfeffern und mit dem Olivenöl beträufeln. Einen großen Bräter erhitzen, die Enten einzeln hineingeben und rundum anbraten. Alle Enten in den Bräter legen, Zwiebeln, Knoblauch und Karotten zugeben und kurz mitbraten. Mit dem Mehl bestäuben und das Lorbeerblatt, die Chilischoten und die Orangenscheiben hinzufügen.

2 20 Minuten im Backofen garen, dann den Weißwein angießen. Die Temperatur auf 180 °C reduzieren und die Enten weitere 60 Minuten garen. Inzwischen die Oliven in Scheiben schneiden. Die Enten dem Bräter entnehmen und warm beiseitestellen.

3 Das Lorbeerblatt und die Orangenscheiben aus dem Bräter nehmen. Den Fond pürieren, in einen Topf umfüllen und mit der Sahne cremig einkochen. Mit Salz und Pfeffer abschmecken. Die Oliven einstreuen und die Sauce mit der eiskalten Butter binden.

4 Die Enten auf einer vorgewärmten Platte anrichten und bei Tisch tranchieren. Die Sauce getrennt dazu servieren.

Für 6 Personen

Zutaten

2 große Zwiebeln
4 Knoblauchzehen
2 Karotten
2–3 unbehandelte Orangen
3 kleine getrocknete Chilischoten
250 g grüne Oliven ohne Steine
3 küchenfertige Wildenten ohne Innereien
Meersalz
frisch gemahlener schwarzer Pfeffer
6 EL Olivenöl
2 EL Mehl
1 Lorbeerblatt
500 ml trockener Weißwein
200 g Sahne
2 EL eiskalte Butter

Entenbrust mit rosa Pfeffer

1 Den Backofen auf 180 °C vorheizen. Die Zwiebeln abziehen und fein würfeln. Die Datteln vom Stein befreien und klein schneiden. Die Entenbrüste kräftig mit Pfeffer einreiben. In einem flachen Bräter 3 EL Olivenöl erhitzen und die Entenbrüste darin von beiden Seiten kräftig anbraten, dann in den Backofen geben und ca. 15 Minuten weitergaren.

2 Inzwischen in einer Pfanne 3 EL Olivenöl erhitzen und die Zwiebeln mit den Pfefferkörnern darin dünsten. Den Honig dazugeben, karamellisieren lassen, die Datteln zufügen und mit der Geflügelbrühe ablöschen.

3 Die Entenbrüste herausnehmen, salzen und warm beiseitestellen. Den Bratensatz mit dem Orangensaft loskochen und zu der Sauce geben. Die Sahne angießen, die Sauce cremig einkochen und mit Salz und Pfeffer abschmecken.

Für 6 Personen

Zutaten

4 Perlzwiebeln
12 getrocknete Datteln
6 küchenfertige Wildentenbrüste ohne Fettschicht
frisch gemahlener schwarzer Pfeffer
6 EL Olivenöl
1 EL rosa Pfefferkörner
3 EL Honig
250 ml Hühnerbrühe
Meersalz
200 g Sahne
150 ml Orangensaft

Der Fasan

Der zur Familie der Hühnervögel *(Galliformes)* zählende Fasan *(Phasianus colchicus)* weist einen starken Geschlechtsdimorphismus auf, das heißt der Hahn und die Henne sehen verschieden aus. Der prachtvoll gefärbte Hahn trägt ein blaugrün leuchtendes Kopfgefieder, das durch ein weißes Halsband vom restlichen Körper abgesetzt ist. Am Hinterkopf kann er sein Gefieder in zwei Büscheln haubenartig aufrichten. Das Auffälligste sind die blutroten großen Hautlappen („Rosen") rund um die gelben Augen. Der Schnabel ist hellgrau bis gelblich und leicht nach unten gebogen. Kupferfarben glänzt der Körper, der Hals ist dunkel geschuppt, Bauch und Rücken sind dunkel getüpfelt. Der lange Schwanz macht fast die Hälfte der Körperlänge aus. Die verhältnismäßig kleinen Flügel tragen eine hellere Färbung. Die Henne ist eintönig bräunlich im Tarnkleid. Kurze, kräftige und federlose Beine tragen den Körper.

Der Fasan besitzt ein riesiges ursprüngliches Verbreitungsgebiet. Es reicht vom Schwarzen Meer und Kaukasus östlich über Zentralasien bis hin nach Südsibirien und weiter südlich über China bis nach Südasien. Allerdings ist dieses große Gebiet stark zergliedert in einzelne Lebensräume, in denen verschiedene Unterarten des Fasans leben, die sich – vor allem bei den prachtvollen bunten Männchen – auch äußerlich unterscheiden können. In den ursprünglichen Verbreitungsgebieten wurden Fasane wahrscheinlich schon lange in Gefangenschaft gezüchtet. Von hier aus wurden sie in vielen Teilen der Welt verbreitet, sodass es Fasane heute in fast ganz Europa, in weiten Teilen Nordamerikas, an der Westküste Südamerikas (Chile), im Südosten Australiens und auf Neuseeland gibt. So hat der Mensch den Fasan als Jagdwild fast weltweit verbreitet. Damit ist er der einzige Hühnervogel, dessen Ansiedlung außerhalb seines ursprünglichen Verbreitungsgebietes dauerhaft gelungen ist – auch wenn die Bestände immer wieder durch Auswilderung von Zuchtvögeln gestützt werden müssen, um nicht zusammenzubrechen und zu erlöschen. Die Fasanerien der Welt befriedigen die Nachfrage nach den schönen Hühner-vögeln durch Nachzucht.

Bei der Jagd auf Fasane werden in der Regel überwiegend Hähne erlegt. In der Wildküche werden sie ganz oder in Teilen gebraten oder geschmort. Dabei muss das magere Fleisch vor dem Austrocknen bewahrt werden. Fasane wiegen bis zu 1,3 kg, ein ganzer Vogel ergibt dabei 2 Portionen. Beim Verzehr sollte man auf eventuell noch im Fleisch vorhandene Schrotkügelchen achten.

Gebratene Fasanenbrust im Krautbett

Für 6 Personen

Zutaten

50 g fetter Speck
3 Schalotten
1 EL Butterschmalz
750 g Sauerkraut
2 Lorbeerblätter
4 Wacholderbeeren
500 ml Schaumwein „brut"
6 küchenfertige Brustfilets vom Fasan
frisch gemahlener schwarzer Pfeffer
400 g Frühstücksspeck in Scheiben
4 EL Olivenöl
150 g Crème double
Meersalz

1 Den Speck in Würfel schneiden, die Schalotten abziehen und fein würfeln. In einem Topf das Butterschmalz erhitzen und die Speckwürfel darin auslassen. Die Schalotten dazugeben und glasig andünsten. Sauerkraut, Lorbeerblätter und Wacholderbeeren hinzufügen und kräftig anrösten, dabei ständig umrühren. Mit dem Schaumwein ablöschen und 20 Minuten köcheln lassen.

2 In der Zwischenzeit die Fasanenbrüste waschen, trocken tupfen, leicht pfeffern und in den Frühstücksspeck einwickeln. In einer großen Pfanne das Olivenöl erhitzen und die Fasanenbrüste von jeder Seite ca. 8–12 Minuten braten. Herausnehmen und in Alufolie eingewickelt warm beiseitestellen.

3 Das Sauerkraut salzen, pfeffern, herausnehmen, in einem Küchensieb abtropfen lassen und gut ausdrücken, dabei die Flüssigkeit auffangen. Mit der Flüssigkeit den Bratensatz in der Pfanne loskochen, die Crème double angießen und die Sauce auf die gewünschte Konsistenz einkochen.

Gebratener Fasan mit Rosinen

Für 6 Personen

Zutaten

2 EL Rosinen
4 cl Weinbrand
3 Schalotten
6 küchenfertige Brustfilets vom Fasan
Meersalz
frisch gemahlener schwarzer Pfeffer
400 g Frühstücksspeck in Scheiben
4 EL Butterschmalz oder Olivenöl
250 ml trockener Rotwein
200 g Sahne
1 EL Balsamico

1 Die Rosinen klein schneiden, in eine Schüssel geben, mit dem Weinbrand bedecken und einige Stunden einweichen lassen. Die Schalotten abziehen und fein würfeln. Die Fasanenbrüste waschen, trocken tupfen, mit Salz und Pfeffer würzen und in den Frühstücksspeck einwickeln. In einer Pfanne das Butterschmalz oder Olivenöl erhitzen und die Filets von jeder Seite ca. 8–12 Minuten braten. Aus der Pfanne nehmen, in Alufolie wickeln und warm beiseitestellen.

2 Die Schalotten in die Pfanne geben und glasig andünsten. Die Rosinen dazugeben, kurz mitdünsten und mit dem Weinbrand und dem Rotwein ablöschen. Die Sahne angießen und die Flüssigkeit auf die gewünschte Konsistenz einkochen. Die Sauce mit Balsamico, Salz und Pfeffer abschmecken.

3 Die Fasanenbrüste auf vorgewärmten Tellern anrichten und die Sauce getrennt dazu servieren.

Preiselbeer-Fasan

Für 6 Personen

Zutaten

10 Pfefferkörner
3 Wacholderbeeren
6 küchenfertige Brustfilets vom Fasan
Meersalz
1 TL Kräuter der Provence
4 EL Butterschmalz oder Olivenöl
250 ml trockener Rotwein
250 ml Gemüsebrühe
150 g Crème fraîche
150 g Preiselbeermarmelade
frisch gemahlener schwarzer Pfeffer

1 Die Pfefferkörner und Wacholderbeeren in einem Mörser zerstoßen. Das Fleisch waschen, trocken tupfen, salzen und mit den Pfefferkörnern, Wacholderbeeren und Kräutern der Provence einreiben.

2 In einer Pfanne das Butterschmalz oder Olivenöl erhitzen und die Filets von jeder Seite ca. 8–12 Minuten braten. Die Filets herausnehmen, in Alufolie wickeln und warm beiseitestellen.

3 Den Bratensatz mit dem Rotwein ablöschen, die Brühe angießen und den Fond etwas einkochen. Die Crème fraîche unterheben und die Preiselbeermarmelade einrühren. Die Sauce unter ständigem Rühren auf die gewünschte Konsistenz einkochen. Noch einmal mit Salz und Pfeffer abschmecken.

4 Die Fasanenbrüste auf vorgewärmten Tellern anrichten und mit der Sauce überzogen servieren.

Maronen-Fasan

Für 6 Personen

Zutaten

3 küchenfertige Fasane, ohne Innereien
Meersalz
frisch gemahlener schwarzer Pfeffer
400 g Frühstücksspeck
150 g Maronen
100 ml Milch
150 g durchwachsener Speck
500 ml trockener Rotwein
3 EL Butter
3 Schalotten
200 g Sahne

1 Den Backofen auf 180 °C vorheizen. Die Fasane waschen, trocken tupfen und von innen und außen salzen und pfeffern. Die Maronen an der spitzen Seite kreuzweise einschneiden, kurz im Backofen anrösten, schälen und klein schneiden. In einem Topf die Milch erhitzen und die Maronen 10 Minuten darin kochen. Den Speck klein schneiden, mit den abgetropften Maronen vermengen und die Masse gut mit Salz und Pfeffer würzen. Die Fasane auf ein tiefes Backblech geben, jeden Fasan mit einem Viertel der Füllmasse füllen, mit dem Frühstücksspeck belegen, in den Backofen geben und 40–50 Minuten garen. Den Speck abnehmen und die Fasane noch 10 Minuten knusprig werden lassen.

2 In der Zwischenzeit die Schalotten abziehen und fein würfeln. Die Fasane aus dem Backofen nehmen und warm beiseitestellen. Mit dem Rotwein den Bratensatz loskochen. In einer Pfanne die Butter erhitzen und die Schalotten darin glasig dünsten. Mit dem Bratenfond ablöschen und mit der Sahne auf die gewünschte Konsistenz einkochen. Mit Salz und Pfeffer abschmecken und die restlichen Maronen mit dem Speck unterheben.

3 Die Fasane mit dem Frühstücksspeck auf vorgewärmten Platten anrichten und die Sauce getrennt dazu servieren.

Gebratene Fasanenbrust auf Tellerlinsen

Für 6 Personen

Zutaten

100 g fetter Speck
3 rote Zwiebeln
2 Karotten
1 EL gehackte Thymianblätter
2 EL gehackte glatte Petersilie
5 EL Butterschmalz
2 Lorbeerblätter
300 g Tellerlinsen
750 ml Gemüsebrühe
6 küchenfertige Brustfilets vom Fasan
Meersalz
frisch gemahlener schwarzer Pfeffer
250 ml trockener Weißwein
2 EL Tomatenmark
150 g Crème fraîche

1 Den Speck in Würfel schneiden, die Zwiebeln abziehen und fein würfeln. Die Karotten schälen und in feine Stifte schneiden. Die Thymianblätter fein wiegen. Die Petersilie waschen, trocken tupfen und sehr fein hacken.

2 In einem Topf 1 EL Butterschmalz erhitzen und die Speckwürfel darin auslassen. Die Zwiebeln dazugeben und glasig andünsten. Karotten, Lorbeerblätter und Linsen hinzufügen und kräftig anrösten, dabei ständig umrühren. Mit der Gemüsebrühe ablöschen und die Linsen nach Packungsvorschrift gar kochen. Salzen, pfeffern und das Tomatenmark und die Hälfte der Petersilie unterziehen.

3 In der Zwischenzeit die Fasanenbrüste waschen, trocken tupfen, salzen und pfeffern. In einer großen Pfanne das restliche Butterschmalz erhitzen und die Fasanenbrüste von jeder Seite ca. 8–12 Minuten goldbraun braten. Herausnehmen und in Alufolie eingewickelt warm beiseitestellen.

4 Mit dem Weißwein und eventuell überschüssiger Linsenflüssigkeit den Bratensatz in der Pfanne loskochen, die Crème fraîche angießen und die Sauce auf die gewünschte Konsistenz einkochen.

5 Auf vorgewärmten Tellern ein Linsenbett anlegen, je eine Fasanenbrust darauf legen und mit der Sauce überzogen und der restlichen Petersilie garniert servieren.

Salat mit feinem Fasan

Für 6 Personen

Zutaten

6 küchenfertige Brustfilets vom Fasan
Meersalz
frisch gemahlener schwarzer Pfeffer
6 EL Balsamico-Creme
3 EL Estragon-Senf
2 Schalotten
1 Zweig Thymian
1 Bund glatte Petersilie
4 EL Olivenöl
1 Kopf Frisee-Salat
2–3 Karotten
1 Bund Radieschen
1 Bund Frühlingszwiebeln
250 g braune Champignons
½ TL getrockneter Estragon
4–6 EL Haselnussöl
Rotweinessig

1 Die Fasanenbrüste waschen, trocken tupfen und in dünne Scheiben schneiden. Aus Salz, Pfeffer, der Balsamico-Creme und dem Senf eine Paste herstellen und das Fleisch damit bestreichen. Kühl und zugedeckt 3 Stunden marinieren lassen.

2 Schalotten abziehen und fein würfeln. Die Thymianblätter von den Zweigen zupfen und fein wiegen. Die Petersilie waschen, trocken tupfen und fein hacken. In einer großen Pfanne das Olivenöl erhitzen und die Schalotten darin glasig dünsten. Das Fleisch und drei Viertel von der Petersilie und dem Thymian hinzugeben. Ca. 8–12 Minuten kräftig braten, bis das Fleisch gar ist. Vom Herd nehmen und abkühlen lassen.

3 In der Zwischenzeit den Frisee-Salat verlesen und waschen. Die Karotten schälen, in sehr feine Stifte schneiden und in eine Salatschüssel geben. Die Radieschen und Frühlingszwiebeln putzen, waschen, in feine Scheiben schneiden und ebenfalls hinzugeben. Die Champignons putzen (nicht waschen!), in dünne Scheiben schneiden und zu den anderen Zutaten geben. Salzen, pfeffern und den Estragon untermischen. Aus dem Haselnussöl und dem Rotweinessig eine Salatsauce herstellen und über das Gemüse geben. Alles gut vermischen. Den Frisee-Salat und das abgekühlte Fleisch hinzufügen, noch einmal kräftig durchmischen und sofort servieren.

Gebratener Fasan mit Aprikosenfüllung

1 Den Backofen auf 180 °C vorheizen. Die Fasane waschen, trocken tupfen und von innen und außen salzen und pfeffern. Die Aprikosen klein schneiden und mit den Walnüssen vermengen. Jeden Fasan mit einem Viertel davon füllen. Auf ein tiefes Backblech geben, mit dem Frühstücksspeck belegen, den Weißwein und den Orangensaft angießen und die Fasane 40–50 Minuten im Backofen garen. Den Speck abnehmen und die Fasane noch 10 Minuten bräunen lassen.

2 In der Zwischenzeit die Schalotten abziehen und fein würfeln. Die Fasane aus dem Backofen nehmen und warm beiseitestellen. In einer Pfanne das Olivenöl erhitzen und die Schalotten darin glasig dünsten. Mit dem Fasanenfond ablöschen und mit der Sahne auf die gewünschte Konsistenz einkochen. Mit Salz und Pfeffer abschmecken und die restlichen Aprikosen und Walnüsse unterheben.

3 Die Fasane mit dem Frühstücksspeck auf vorgewärmten Platten anrichten und die Sauce getrennt dazu servieren.

Für 6 Personen

Zutaten

3 küchenfertige Fasane, ohne Innereien
Meersalz
frisch gemahlener schwarzer Pfeffer
400 g Frühstücksspeck in Scheiben
150 g getrocknete Aprikosen
150 g gehackte Walnüsse
250 ml trockener Weißwein
250 ml Orangensaft
3 Schalotten
3 EL Olivenöl
200 g Sahne

Gebratene Fasanenbrust mit Holundersahne

1 Die Pfefferkörner in einem Mörser zerstoßen, Thymian- und Rosmarinblätter fein wiegen. Alles in eine große Schüssel geben und mit dem Rotwein und Orangensaft auffüllen. Die Fasanenbrüste in die Marinade geben und 24 Stunden im Kühlschrank marinieren lassen.

2 Die Fasanenbrüste abtropfen lassen, in einer großen Pfanne das Butterschmalz erhitzen und das Fleisch darin auf jeder Seite 8–12 Minuten braten. Herausnehmen, salzen und in Folie gewickelt warm beiseitestellen.

3 In der Zwischenzeit die Schalotten abziehen, sehr fein würfeln und in der Pfanne andünsten. Mit der Marinade ablöschen, die Sahne dazugeben und einkochen, bis die gewünschte Konsistenz erreicht ist. Das Holundergelee unterziehen und die Sauce mit Salz und Pfeffer abschmecken.

4 Die Fasanenbrüste auf vorgewärmte Teller geben und mit der Sauce überzogen servieren.

Für 6 Personen

Zutaten

10 Pfefferkörner
1 EL gehackte Thymianblätter
1 EL gehackte Rosmarinblätter
250 ml trockener Rotwein
250 ml Orangensaft
6 küchenfertige Brustfilets vom Fasan
3 EL Butterschmalz
Meersalz
4 Schalotten
200 g Sahne
4–5 EL Holundergelee
frisch gemahlener schwarzer Pfeffer

Fasanenbraten mit Pfifferlingssauce

Für 6 Personen

Zutaten

15 schwarze Pfefferkörner
3 küchenfertige Fasane, ohne Innereien
3 EL Olivenöl
Meersalz
frisch gemahlener schwarzer Pfeffer
400 g Frühstücksspeck in Scheiben
500 ml trockener Weißwein
3 Schalotten
3 EL Butterschmalz
500 g Pfifferlinge
200 g Sahne

1 Den Backofen auf 180 °C vorheizen. Die Pfefferkörner in einem Mörser zerstoßen. Die Fasane waschen, trocken tupfen und von innen salzen und pfeffern. Von außen jeden Fasan mit 1 EL Olivenöl, Salz und den Pfefferkörnern einreiben. Auf ein tiefes Backblech geben, mit dem Frühstücksspeck belegen, den Weißwein angießen und die Fasane 40–50 Minuten im Backofen garen. Den Speck abnehmen und die Fasane noch 10 Minuten knusprig werden lassen.

2 In der Zwischenzeit die Schalotten abziehen und fein würfeln. Die Pfifferlinge putzen (nicht waschen!), verlesen und klein schneiden. Die Fasane aus dem Backofen nehmen und warm beiseitestellen. In einer Pfanne 3 EL Butterschmalz erhitzen und die Schalotten darin glasig dünsten. Die Pfifferlinge dazugeben und braten, bis alle Flüssigkeit verdunstet ist.

3 Die Fasane aus dem Backofen nehmen und warm beiseitestellen. Die Pfifferlinge mit dem Fasanenfond ablöschen, mit der Sahne auf die gewünschte Konsistenz einkochen und mit Salz und Pfeffer abschmecken.

Fasan mit Jägersauce

Für 6 Personen

Zutaten

2 EL Butter
3 EL Mehl
1 EL gehackte Thymianblätter
1 EL gehackte Rosmarinblätter
3 küchenfertige Fasane, ohne Innereien
Meersalz
frisch gemahlener schwarzer Pfeffer
400 g Frühstücksspeck in Scheiben
500 ml trockener Rotwein
3 Schalotten
500 g kleine braune Champignons
3 EL Olivenöl

1 Die Butter mit dem Mehl verkneten und kalt stellen.

2 Den Backofen auf 180 °C vorheizen. Thymian- und Rosmarinblätter fein wiegen. Die Fasane waschen, trocken tupfen und von innen und außen salzen und pfeffern. Auf ein tiefes Backblech geben, mit Thymian und Rosmarin bestreuen und mit dem Frühstücksspeck belegen. Den Rotwein zu den Fasanen gießen. In den Backofen geben und die Fasane 40–50 Minuten garen. Den Speck abnehmen und die Fasane noch 10 Minuten bräunen lassen.

3 In der Zwischenzeit die Schalotten abziehen und fein würfeln. Die Champignons putzen (nicht waschen!) und in feine Scheiben schneiden. Die Fasane aus dem Backofen nehmen und warm beiseitestellen. In einer Pfanne das Olivenöl erhitzen und die Schalotten darin glasig dünsten. Die Champignons dazugeben und braten, bis alle Flüssigkeit verdunstet ist. Mit dem Fasanenfond ablöschen, auf die gewünschte Konsistenz einkochen, mit Salz und Pfeffer abschmecken und mit der Mehlbutter binden.

Geschmorter Fasan

1 Schalotten und Knoblauch abziehen und würfeln. Die Karotten schälen und klein schneiden. Den Sellerie waschen, putzen und in Stücke schneiden. Thymian-, und Rosmarinblätter fein wiegen. Lorbeerblätter und Wacholderbeeren in einem Mörser zerstoßen. Alles in eine große Schüssel geben und mit dem Weißwein, Weißweinessig und 9 EL Olivenöl zu einer Marinade verrühren. Die Fasane waschen und trocken tupfen. Jeden Fasan in 4–6 Stücke zerteilen, in die Marinade geben und zugedeckt über Nacht im Kühlschrak ziehen lassen.

2 Den Backofen auf 250 °C vorheizen. In einem Bräter 3 EL Olivenöl erhitzen. Die Fasanenstücke abtrocknen, salzen und pfeffern, leicht mit Mehl bestäuben und rundum goldbraun anbraten. Das Gemüse aus der Marinade nehmen, abtropfen lassen, zu den Fasanen geben und kurz anrösten. Mit der Marinade ablöschen und kurz aufkochen lassen. Zugedeckt in den Backofen geben und 10 Minuten bei 250 °C garen, dann die Temperatur auf 120 °C reduzieren und ca. 120 Minuten schmoren lassen.

3 Die Fasanentücke herausnehmen und warm beiseitestellen. Den Fond pürieren oder durch ein Sieb streichen und in einen Topf geben. Mit der Sahne auf die gewünschte Konsistenz einkochen. Noch einmal mit Salz und Pfeffer abschmecken.

4 Die Fasane auf einer vorgewärmten Platte anrichten und mit etwas Sauce überzogen servieren. Die restliche Sauce getrennt dazu servieren.

Für 6 Personen

Zutaten

4 Schalotten
1 Knoblauchzehe
2 Karotten
2 Stangen Sellerie
1 EL gehackte Thymianblätter
1 EL gehackte Rosmarinblätter
2 Lorbeerblätter
4 Wacholderbeeren
250 ml trockener Weißwein
100 ml Weißweinessig
12 EL Olivenöl
3 küchenfertige Fasane, ohne Innereien
Meersalz
frisch gemahlener schwarzer Pfeffer
1–2 EL Mehl
200 g Sahne

Fasan mit Schattenmorellen

Für 6 Personen

Zutaten

400 g Schattenmorellen
500 ml trockener Rotwein
6 cl Kirschwasser
3 große Zwiebeln
3 küchenfertige Fasane, ohne Innereien
Meersalz
frisch gemahlener schwarzer Pfeffer
400 g Frühstücksspeck in Scheiben
4 Schalotten
3 EL Olivenöl
200 g Sahne

1 Die Schattenmorellen entkernen, 12 Kirschen halbieren, den Rest klein hacken und alles in eine Schüssel geben. Mit dem Rotwein und der Hälfte des Kirschwassers aufgießen und über Nacht ziehen lassen.

2 Den Backofen auf 180 °C vorheizen. Die Zwiebeln abziehen und grob würfeln. Die Fasane waschen, trocken tupfen und von innen und außen salzen und pfeffern. Auf ein tiefes Backblech geben, mit den Zwiebelwürfeln füllen und mit dem Frühstücksspeck belegen. Die Schattenmorellen aus dem Rotwein nehmen und gut abtropfen lassen, den Rotwein zu den Fasanen gießen. In den Backofen geben und die Fasane 40–50 Minuten garen. Den Speck abnehmen und die Fasane noch 10 Minuten bräunen lassen.

3 Die Schalotten abziehen, fein würfeln und in Olivenöl glasig dünsten. Die Fasane aus dem Backofen nehmen, mit dem restlichen Kirschwasser beträufeln und warm beiseitestellen. Den Fond pürieren oder durch ein Sieb streichen, zu den Schalotten geben, aufkochen und mit der Sahne auf die gewünschte Konsistenz einkochen. Noch einmal mit Salz und Pfeffer abschmecken.

4 Die Fasane mit dem Frühstücksspeck und den halbierten Schattenmorellen servieren.

Gebratener Fasan mit frischen Steinpilzen

Für 6 Personen

Zutaten

15 schwarze Pfefferkörner
1 EL gehackte Thymianblätter
1 EL gehackte Rosmarinblätter
3 küchenfertige Fasane, ohne Innereien
Meersalz
frisch gemahlener schwarzer Pfeffer
6 EL Olivenöl
400 g Frühstücksspeck in Scheiben
500 ml trockener Rotwein
3 Schalotten
500 g Steinpilze
2 EL eiskalte Butter

1 Den Backofen auf 180 °C vorheizen. Die Pfefferkörner in einem Mörser zerstoßen. Thymian- und Rosmarinblätter fein wiegen. Die Fasane waschen, trocken tupfen und von innen salzen und pfeffern. Von außen jeden Fasan mit 1 EL Olivenöl, Salz, Pfefferkörnern, Thymian und Rosmarin einreiben. Auf ein tiefes Backblech geben, mit dem Frühstücksspeck belegen, den Rotwein angießen und 40–50 Minuten im Backofen garen. Den Speck abnehmen und die Fasane noch 10 Minuten knusprig werden lassen.

2 In der Zwischenzeit die Schalotten abziehen und fein würfeln. Die Steinpilze putzen (nicht waschen!), verlesen und klein schneiden. Die Fasane aus dem Backofen nehmen und warm beiseitestellen. In einer Pfanne 3 EL Olivenöl erhitzen und die Schalotten darin glasig dünsten. Die Steinpilze dazugeben und braten, bis alle Flüssigkeit verdunstet ist. Mit dem Fasanenfond ablöschen, auf die gewünschte Konsistenz einkochen, mit der eiskalten Butter binden und mit Salz und Pfeffer abschmecken.

Fasanenbrust im Spinatbett

1 Die Wacholderbeeren, die Pfefferkörner und die Lorbeerblätter in einem Mörser zerstoßen. Die Majoran-, Thymian- und Rosmarinblätter fein wiegen. Das Fleisch waschen, trocken tupfen, mit Gewürzen, Kräutern und Salz einreiben, in eine große Schüssel geben und mit dem Rotwein aufgießen. 24 Stunden zugedeckt im Kühlschrank marinieren lassen.

2 Den Spinat verlesen, Stiele und Strünke wegwerfen, die Blätter waschen. Den Knoblauch abziehen und pressen. In einem großen Topf das Olivenöl erhitzen und den Knoblauch darin anschwitzen, nicht bräunen! Den Spinat dazugeben und bei großer Hitze andünsten. Mit dem Weißwein ablöschen und zugedeckt kochen lassen, bis der Spinat völlig zusammengefallen ist. Gut salzen, pfeffern, mit Muskatnuss würzen und ohne Deckel einkochen, bis der Spinat leicht anröstet. Die Pinienkerne untermischen und beiseitestellen.

3 Das Fleisch aus der Marinade nehmen und abtropfen lassen. In einer Pfanne das Butterschmalz erhitzen und die Fasanenbrüste darin auf jeder Seite ca. 8–12 Minuten braten. Herausnehmen und in Alufolie verpackt warm beiseitestellen. Den Bratensatz mit der Marinade ablöschen, aufkochen lassen, die Sahne dazugeben und auf die gewünschte Konsistenz einkochen. Noch einmal mit Salz und Pfeffer abschmecken.

4 Auf vorgewärmten Tellern ein Spinatbett anlegen, die Fasanenbrüste darauf anrichten und mit der Sauce überzogen servieren.

Für 6 Personen

Zutaten

6 Wacholderbeeren
10 schwarze Pfefferkörner
2 Lorbeerblätter
1 EL gehackte Majoranblätter
1 EL gehackte Thymianblätter
1 EL gehackte Rosmarinblätter
6 küchenfertige Brustfilets vom Fasan
Meersalz
500 ml trockener Rotwein
2 Knoblauchzehen
1 kg Blattspinat
4 EL Olivenöl
250 ml trockener Weißwein
frisch gemahlener schwarzer Pfeffer
Muskatnuss
100 g Pinienkerne
4 EL Butterschmalz
200 g Sahne

Gebratene Brust vom Fasan auf Mangold

Für 6 Personen

Zutaten

6 Wacholderbeeren
10 schwarze Pfefferkörner
2 Lorbeerblätter
1 EL gehackte Majoranblätter
1 EL gehackte Thymianblätter
1 EL gehackte Rosmarinblätter
Meersalz
2 EL körniger Senf
4 cl Weinbrand
6 küchenfertige Brustfilets vom Fasan
1 kg Mangold
2 Knoblauchzehen
4 EL Olivenöl
750 ml trockener Weißwein
frisch gemahlener schwarzer Pfeffer
Muskatnuss
3 EL Butterschmalz
150 g Crème double

1 Die Wacholderbeeren, die Pfefferkörner und die Lorbeerblätter in einem Mörser zerstoßen. Die Majoran-, Thymian- und Rosmarinblätter fein wiegen. Mit Salz, dem Senf und dem Weinbrand zu einer Beize vermischen. Das Fleisch waschen, trocken tupfen, mit der Beize bestreichen und 24 Stunden zugedeckt im Kühlschrank marinieren lassen.

2 In der Zwischenzeit den Mangold putzen, Strünke wegwerfen, die Blätter von den Stielen schneiden und die Stiele in dünne Scheiben schneiden. Den Knoblauch abziehen und pressen.

3 In einem großen Topf das Olivenöl erhitzen und den Knoblauch darin anschwitzen, nicht bräunen! Die Mangoldstiele dazugeben und andünsten. Mit 250 ml Weißwein ablöschen, die Blätter hinzugeben und zugedeckt 20 Minuten köcheln lassen. Gut salzen, pfeffern, mit Muskatnuss würzen und ohne Deckel einkochen, bis der Mangold leicht anröstet. Beiseitestellen.

4 In einer Pfanne das Butterschmalz erhitzen und die Fasanenbrüste darin auf jeder Seite ca. 8–12 Minuten braten. Herausnehmen und in Alufolie verpackt warm beiseitestellen. Den Bratensatz mit dem restlichen Weißwein ablöschen, aufkochen lassen, die Crème double und eventuell überschüssige Beize dazugeben und auf die gewünschte Konsistenz einkochen. Noch einmal mit Salz und Pfeffer abschmecken.

5 Auf vorgewärmten Tellern ein Mangoldbett anlegen, die Fasanenbrüste darauf anrichten und mit der Sauce überzogen servieren.

Fasanenbrust mit Champignon-Pfefferkruste

Für 6 Personen

Zutaten

600 g kleine braune Champignons
4 Schalotten
1 Bund glatte Petersilie
2 EL Olivenöl
12 Pfefferkörner
6 küchenfertige Brustfilets vom Fasan
Meersalz
frisch gemahlener schwarzer Pfeffer
2 EL Butterschmalz
125 ml Geflügelbrühe
200 g Sahne

1 Die Champignons putzen (nicht waschen!), die eine Hälfte fein würfeln, die andere in dünne Scheiben schneiden. Die Schalotten abziehen und fein würfeln. Die Petersilie waschen, trocken tupfen und fein hacken.

2 In einer Pfanne das Olivenöl erhitzen und 2 Schalotten darin glasig dünsten. Die Champignonwürfel dazugeben und kräftig braten, bis die gesamte Flüssigkeit verdampft ist. Salzen, pfeffern, ein Drittel der Petersilie untermischen und beiseitestellen.

3 Den Backofen auf 180 °C vorheizen. Die Pfefferkörner in einem Mörser zerstoßen. Die Fasanenbrüste waschen, trocken tupfen und mit dem Pfeffer einreiben. Das Butterschmalz in einem Bräter erhitzen und das Fleisch von jeder Seite 3–5 Minuten anbraten. Die gewürfelten Champignons auf den Fasanenbrüsten verteilen und im Backofen 10–15 Minuten überbacken.

4 Inzwischen die restlichen Schalotten in der Pfanne glasig dünsten, die Champignonscheiben hinzufügen und kräftig braten, bis die Flüssigkeit verdampft ist. Mit der Geflügelbrühe ablöschen und mit der Sahne auf die gewünschte Konsistenz einkochen. Ein weiteres Drittel der Petersilie unterziehen.

5 Die Fasanenbrüste aus dem Ofen nehmen und sofort mit den Sahne-Champignons auf Tellern anrichten. Mit der restlichen Petersilie garniert servieren.

Fasan mit Calvados-Creme

Für 6 Personen

Zutaten

1 EL gehackte Thymianblätter
3 küchenfertige Fasane, ohne Innereien
Meersalz
frisch gemahlener schwarzer Pfeffer
3 große rote Zwiebeln
150 g durchwachsener Speck
3 EL Butter
2–3 säuerliche Äpfel
6 cl Calvados
750 ml Cidre
200 g Sahne

1 Die Thymianblätter fein wiegen. Die Fasane waschen und trocken tupfen. Jeden Fasan in 4–6 Stücke zerteilen und diese rundum salzen, pfeffern und mit dem Thymian einreiben. Die Zwiebeln abziehen und fein würfeln. Den Speck in kleine Würfel schneiden. In einem großen Bräter die Butter erhitzen und den Speck darin auslassen. Die Zwiebeln dazugeben und glasig dünsten. Die Fasanenstücke zufügen und 10–15 Minuten rundum anbräunen. Inzwischen die Äpfel schälen, von den Kerngehäusen befreien und in Stücke schneiden. Mit dem Calvados ablöschen und den Cidre angießen. Die Äpfel darüber streuen und zugedeckt ca. 60 Minuten schmoren lassen.

2 Das Fleisch aus dem Bräter nehmen und warm beiseitestellen. Den Fond pürieren oder durch ein Küchensieb streichen und mit der Sahne auf die gewünschte Konsistenz einkochen.

3 Die Fasanenstücke auf vorgewärmten Platten anrichten und die Sauce separat dazu reichen.

Gefüllter Fasan aus dem Römertopf

Für 6 Personen

Zutaten

1 TL gehackte Thymianblätter
1 TL gehackte Rosmarinblätter
3 Schalotten
250 g Schweinemett
Meersalz
frisch gemahlener schwarzer Pfeffer
3 küchenfertige Fasane, ohne Innereien
400 g Frühstücksspeck
250 ml Gemüsebrühe
250 ml trockener Weißwein
200 g Sahne

1 Thymian- und Rosmarinblätter fein wiegen. Die Schalotten abziehen und fein würfeln. Das Schweinemett mit Salz und Pfeffer würzen und mit Schalotten, Thymian und Rosmarin vermengen. Die Fasane waschen, trocken tupfen, innen und außen salzen und pfeffern, mit dem Mett füllen und die Füllöffnung verschließen. Einen großen Römertopf gut wässern.

2 Den Backofen auf 200 °C vorheizen. Den Römertopf mit Speckscheiben auslegen. Die Fasane darauf setzen und mit den restlichen Speckscheiben belegen. Die Gemüsebrühe dazugeben und die Fasane zugedeckt im Backofen ca. 90–120 Minuten garen. 15 Minuten vor dem Ende der Garzeit den Deckel vom Römertopf nehmen und die Fasane bräunen lassen.

3 Die Vögel herausnehmen und warm beiseitestellen. Den Fond in einen Topf gießen und mit dem Weißwein und der Sahne einkochen lassen. Mit Salz und Pfeffer würzen und separat zu den Fasanen reichen.

Fasan auf italienische Art

Für 6 Personen

Zutaten

1 TL gehackte Thymianblätter
1 TL gehackte Rosmarinblätter
3 Gemüsezwiebeln
Meersalz
frisch gemahlener schwarzer Pfeffer
3 küchenfertige Fasane, ohne Innereien
800 g gehackte Tomaten aus der Dose
300 g Frühstücksspeck
250 ml trockener Weißwein

1 Thymian- und Rosmarinblätter fein wiegen. Die Zwiebeln abziehen, fein würfeln und mit dem Thymian und Rosmarin vermengen. Die Fasane waschen, trocken tupfen, innen und außen salzen und pfeffern und mit den Zwiebeln füllen, die Füllöffnung verschließen. Einen großen Römertopf gut wässern.

2 Den Backofen auf 200 °C vorheizen. Die Tomaten salzen, pfeffern und in den Römertopf geben. Die Fasane darauf setzen und mit den Speckscheiben belegen. Zugedeckt im Backofen ca. 90–120 Minuten garen. 15 Minuten vor dem Ende der Garzeit den Deckel vom Römertopf nehmen und die Fasane bräunen lassen.

3 Die Vögel herausnehmen und warm beiseitestellen. Den Fond in einen Topf gießen und mit dem Weißwein einkochen lassen. Noch einmal mit Salz und Pfeffer abschmecken und separat zu den Fasanen reichen.

Gefüllter Fasan mit Johannisbeercreme

Für 6 Personen

Zutaten

1 TL gehackte Thymianblätter
1 TL gehackte Rosmarinblätter
3 Schalotten
250 g Kalbsleber
4 EL Johannisbeergelee
Meersalz
frisch gemahlener schwarzer Pfeffer
3 küchenfertige Fasane, ohne Innereien
400 g Frühstücksspeck
500 ml trockener Weißwein
200 g Sahne

1 Den Backofen auf 180°C vorheizen. Thymian- und Rosmarinblätter fein wiegen. Die Schalotten abziehen und fein würfeln. Die Kalbsleber in sehr kleine Würfel schneiden, mit Salz und Pfeffer würzen und mit Schalotten, Thymian, Rosmarin und 2 EL Johannisbeergelee vermengen. Die Fasane waschen, trocken tupfen, innen und außen salzen und pfeffern und mit der Masse füllen. Die Füllöffnung verschließen. Auf ein tiefes Backblech geben, mit dem Frühstücksspeck belegen und den Weißwein angießen. In den Backofen geben und die Fasane 40–50 Minuten garen. Den Speck abnehmen und die Fasane noch 10 Minuten bräunen lassen.

2 Die Fasane aus dem Backofen nehmen und warm beiseitestellen. Den Fasanenfond mit der Sahne auf die gewünschte Konsistenz einkochen, das restliche Johannisbeergelee unterziehen und mit Salz und Pfeffer abschmecken.

3 Die Fasane mit dem Frühstücksspeck auf vorgewärmten Platten anrichten und die Sauce getrennt dazu servieren.

Gebratene Fasanenbrust mit Salbei

1 Die Salbei- und Rosmarinblätter fein wiegen. Den Knoblauch abziehen, in dünne Scheiben schneiden oder pressen und mit den Kräutern und Pfeffer vermengen. Das Fleisch waschen, trocken tupfen, von beiden Seiten mit der Paste bestreichen und in Speckscheiben einwickeln.

2 In einer großen Pfanne das Olivenöl erhitzen und die Fasanenbrüste von beiden Seiten je 8–12 Minuten braten. Herausnehmen und in Alufolie eingewickelt warm beiseitestellen. Den Bratenfond mit dem Rotwein loskochen, die Crème double einrühren und kurz einkochen. Mit Salz und Pfeffer würzen.

3 Die Fasanenbrüste auf vorgewärmten Tellern anrichten und mit der Sauce überzogen servieren.

Für 6 Personen

Zutaten

1 EL gehackte Salbeiblätter
1 EL gehackte Rosmarinblätter
3 Knoblauchzehen
frisch gemahlener schwarzer Pfeffer
6 küchenfertige Brustfilets vom Fasan
400 g Frühstücksspeck
4 EL Olivenöl
250 ml trockener Rotwein
150 g Crème double
Meersalz

Fasanenbrust in Granatapfelsahne

1 Den Senf mit Essig und Pfeffer vermischen. Die Fasanenbrüste waschen, trocken tupfen, mit der Beize bestreichen und 3 Stunden im Kühlschrank ziehen lassen. Die Sahne steif schlagen und kalt stellen. Die Granatäpfel auspressen. In einem Bräter das Butterschmalz erhitzen und die Fasanenbrüste von jeder Seite 3–5 Minuten anbraten. Mit dem Rotwein ablöschen und sanft 15–20 Minuten schmoren lassen. Herausnehmen, leicht salzen und in Alufolie verpackt warm beiseitestellen. Den Fond stark einkochen und mit Salz und Pfeffer würzen. Die Speisestärke mit Wasser glatt rühren und die Sauce damit binden. Unter ständigem Rühren noch 2–3 Minuten weiter köcheln lassen, dabei vorsichtig den Granatapfelsaft und die Schlagsahne unterheben.

2 Die Fasanenbrüste auf vorgewärmten Tellern anrichten und mit der Sauce überzogen servieren.

Für 6 Personen

Zutaten

2 EL körniger Senf
1 EL Balsamico
frisch gemahlener schwarzer Pfeffer
6 küchenfertige Brustfilets vom Fasan
200 ml Schlagsahne
3 Granatäpfel
4 EL Butterschmalz
500 ml trockener Rotwein
Meersalz
1 EL Speisestärke

Geschmorter Fasan à la Toskana

Für 6 Personen

Zutaten

100 g große schwarze Oliven, entsteint
100 g große grüne Oliven, entsteint
1 EL gehackte Thymianblätter
1 EL gehackte Rosmarinblätter
1 EL gehackte Salbeiblätter
3 Knoblauchzehen
3 küchenfertige Fasane, ohne Innereien
Meersalz
frisch gemahlener schwarzer Pfeffer
150 g durchwachsener Speck
4 EL Olivenöl
500 ml trockener Weißwein
150 g Crème fraîche
2 EL eiskalte Butter

1 Die Oliven klein schneiden. Thymian-, Rosmarin- und Salbeiblätter fein wiegen. Den Knoblauch abziehen und fein hacken. Die Fasane waschen und trocken tupfen. Jeden Fasan in 4–6 Stücke zerteilen und diese rundum salzen, pfeffern und mit Thymian, Rosmarin, Salbei und Knoblauch einreiben. Den Speck in kleine Würfel schneiden.

2 In einem großen Bräter das Olivenöl erhitzen und den Speck darin auslassen. Die Fasanenstücke zufügen und 10–15 Minuten rundum anbräunen. Mit dem Weißwein ablöschen, die gehackten Oliven darüber streuen und zugedeckt ca. 60 Minuten schmoren lassen.

3 Das Fleisch aus dem Bräter nehmen und warm beiseitestellen. Einen Teil der Oliven aus dem Fond nehmen und beiseitestellen. Den Fond pürieren oder durch ein Küchensieb streichen, mit der Crème fraîche auf die gewünschte Konsistenz einkochen, noch einmal mit Salz und Pfeffer abschmecken und mit der Butter binden.

4 Die Fasanenstücke auf vorgewärmten Platten anrichten, mit den Oliven garnieren und die Sauce getrennt dazu servieren.

Gebratener Fasan mit Granatapfelsauce

Für 6 Personen

Zutaten

1 EL gehackte Thymianblätter
1 EL gehackte Rosmarinblätter
3 küchenfertige Fasane, ohne Innereien
Meersalz
frisch gemahlener schwarzer Pfeffer
400 g Frühstücksspeck in Scheiben
500 ml trockener Rotwein
3 Granatäpfel
100 ml halbtrockener Sherry
1–2 EL Balsamico
2 EL eiskalte Butter

1 Den Backofen auf 180 °C vorheizen. Thymian- und Rosmarinblätter fein wiegen. Die Fasane waschen, trocken tupfen und von innen und außen salzen und pfeffern. Auf ein tiefes Backblech geben, mit Thymian und Rosmarin bestreuen und mit dem Frühstücksspeck belegen. Den Rotwein zu den Fasanen gießen. In den Backofen geben und die Fasane 40–50 Minuten garen. Den Speck abnehmen und die Fasane noch 10 Minuten knusprig werden lassen.

2 In der Zwischenzeit die Granatäpfel auspressen. Die Fasane aus dem Backofen nehmen und warm beiseitestellen. Den Bratenfond mit dem Sherry auf die gewünschte Konsistenz einkochen, mit Granatapfelsaft und Balsamico verfeinern und mit der eiskalten Butter binden.

3 Die Fasane mit dem Frühstücksspeck auf vorgewärmten Platten anrichten und die Sauce getrennt dazu servieren.

Fasan im Gemüsebett

1 Die Zwiebeln abziehen und grob würfeln. Die Karotten und Petersilienwurzel schälen und klein schneiden. Den Lauch und Sellerie putzen, waschen und in Stücke schneiden. Den Knoblauch abziehen und pressen. Thymian-, und Rosmarinblätter fein wiegen. Die Fasane waschen und trocken tupfen. Jeden Fasan in 4–6 Stücke zerteilen und diese rundum salzen, pfeffern und mit Thymian, Rosmarin und Knoblauch einreiben. Den Speck in kleine Würfel schneiden.

2 In einem großen Bräter das Olivenöl erhitzen und den Speck darin auslassen. Die Fasanenstücke zufügen und 10–15 Minuten rundum anbraten. Zwiebeln, Karotten, Petersilienwurzel, Lauch und Sellerie dazugeben und kurz anrösten. Mit dem Rotwein ablöschen und zugedeckt ca. 60 Minuten schmoren lassen.

3 Das Fleisch aus dem Bräter nehmen und warm beiseitestellen. Das Gemüse aus dem Fond nehmen, abtropfen lassen und beiseitestellen. Den Fond durch ein Küchensieb streichen, mit der Sahne auf die gewünschte Konsistenz einkochen und mit der Butter binden. Noch einmal mit Salz und Pfeffer abschmecken.

4 Auf einer großen, flachen Schale aus dem geschmorten Gemüse ein Gemüsebett anrichten, die Fasanenstücke darauf geben und mit der Sauce überzogen servieren.

Für 6 Personen

Zutaten

4 große rote Zwiebeln
3 Karotten
1 Petersilienwurzel
1 Stange Lauch
2 Stangen Sellerie
3 Knoblauchzehen
1 EL gehackte Thymianblätter
1 EL gehackte Rosmarinblätter
3 küchenfertige Fasane, ohne Innereien
Meersalz
frisch gemahlener schwarzer Pfeffer
150 g durchwachsener Speck
4 EL Olivenöl
500 ml trockener Rotwein
200 g Sahne
2 EL eiskalte Butter

Fasan mit Trüffelfüllung

1 Die Trüffel in sehr feine Scheiben schneiden und mit dem Schweinemett vermengen. Die Fasane waschen, trocken tupfen und mit der Masse füllen. Über Nacht im Kühlschrank ziehen lassen.

2 Den Backofen auf 180 °C vorheizen. Die Fasane salzen, pfeffern und auf ein tiefes Backblech geben. Mit dem Frühstücksspeck belegen und Gemüsebrühe und Weißwein angießen. In den Backofen geben und die Fasane 40–50 Minuten garen. Den Speck abnehmen und die Fasane noch 10 Minuten knusprig werden lassen.

3 Die Fasane aus dem Backofen nehmen und warm beiseitestellen. Den Fasanenfond mit der Sahne auf die gewünschte Konsistenz einkochen und mit Salz und Pfeffer abschmecken.

4 Die Fasane mit dem Frühstücksspeck auf vorgewärmten Platten anrichten und die Sauce getrennt dazu servieren.

Für 6 Personen

Zutaten

6 weiße Trüffel
500 g Schweinemett
3 küchenfertige Fasane, ohne Innereien
400 g Frühstücksspeck
frisch gemahlener schwarzer Pfeffer
Meersalz
250 ml Gemüsebrühe
250 ml trockener Weißwein
200 g Sahne

Weinberg-Fasan

Für 6 Personen

Zutaten

250 g blaue Trauben, ohne Kerne
250 g grüne Weintrauben, ohne Kerne
3 küchenfertige Fasane, ohne Innereien
frisch gemahlener schwarzer Pfeffer
Meersalz
150 g weiche Butter
6 cl Weinbrand
250 ml trockener Weißwein
250 ml Geflügelbrühe
150 g Crème fraîche

1 Den Backofen auf 180 °C vorheizen. Die Trauben waschen und trocken tupfen. Je 150 g blaue und grüne Trauben klein schneiden und vermischen. Die Fasane waschen, trocken tupfen, salzen, pfeffern und mit den Trauben füllen. Die Haut der Fasane von außen mit der Butter bestreichen und die Vögel auf ein tiefes Backblech geben. In den Backofen geben und die Fasane 30 Minuten garen. Mit Weinbrand ablöschen, Geflügelbrühe und Weißwein angießen und die Fasane noch 30 Minuten bräunen lassen.

2 Inzwischen je 6 blaue und grüne Weintrauben halbieren, den Rest klein schneiden. Die Fasane aus dem Backofen nehmen und warm beiseitestellen. Den Fasanenfond mit der Crème fraîche auf die gewünschte Konsistenz einkochen, mit Salz und Pfeffer abschmecken und die klein geschnittenen Trauben unterziehen.

3 Die Fasane auf vorgewärmten Platten anrichten, mit den halbierten Weintrauben garnieren und mit etwas Sauce überzogen servieren. Die restliche Sauce getrennt dazu servieren.

Gebratene Fasanenbrust auf Spitzkohl

Für 6 Personen

Zutaten

6 Wacholderbeeren
10 schwarze Pfefferkörner
2 Lorbeerblätter
1 EL gehackte Majoranblätter
1 EL gehackte Thymianblätter
1 EL gehackte Rosmarinblätter
Meersalz
2 EL körniger Senf
4 cl Weinbrand
6 küchenfertige Brustfilets vom Fasan
2–3 kleine Köpfe Spitzkohl
150 g durchwachsener Speck
3 EL Butter
500 ml trockener Weißwein
frisch gemahlener schwarzer Pfeffer
4 EL Butterschmalz
150 g Crème double

1 Die Wacholderbeeren, die Pfefferkörner und die Lorbeerblätter in einem Mörser zerstoßen. Die Majoran-, Thymian- und Rosmarinblätter fein wiegen. Mit Salz, dem Senf und dem Weinbrand zu einer Beize vermischen. Das Fleisch waschen, trocken tupfen, mit der Beize bestreichen und 24 Stunden zugedeckt im Kühlschrank marinieren lassen.

2 In der Zwischenzeit den Spitzkohl putzen, vom Strunk und unschönen Blättern befreien und sehr fein schneiden. Den Speck fein würfeln. In einem Topf die Butter erhitzen, den Speck darin auslassen und den Spitzkohl darin andünsten. Mit der Hälfte des Weißweins ablöschen und den Spitzkohl zugedeckt 10 Minuten blanchieren. Den Weißwein bei geöffnetem Deckel verkochen lassen und den Spitzkohl mit Salz und Pfeffer würzen.

3 In einer Pfanne das Butterschmalz erhitzen und die Fasanenbrüste darin auf jeder Seite ca. 8–12 Minuten braten. Herausnehmen und in Alufolie verpackt warm beiseitestellen. Den Bratensatz mit dem restlichen Weißwein ablöschen, aufkochen lassen, die Crème double und eventuell überschüssige Beize dazugeben und auf die gewünschte Konsistenz einkochen. Noch einmal mit Salz und Pfeffer abschmecken.

4 Auf vorgewärmten Tellern ein Spitzkohlbett anlegen, die Fasanenbrüste darauf anrichten und mit der Sauce überzogen servieren.

Fasanenbrust mit Orangensauce

Für 6 Personen

Zutaten

3 Schalotten
2 Orangen
6 küchenfertige Brustfilets vom Fasan
frisch gemahlener schwarzer Pfeffer
3 EL Olivenöl
Meersalz
250 ml trockener Rosé
250 ml Orangensaft
200 g Sahne
1 TL Speisestärke

1 Die Schalotten abziehen und fein würfeln. Die Orangen schälen, in Schnitze aufteilen und klein schneiden. Das Fleisch waschen, trocken tupfen, in Stücke schneiden und kräftig pfeffern.

2 In einer großen Pfanne das Olivenöl erhitzen und das Fleisch darin 8–12 Minuten braten. Herausnehmen, salzen und warm beiseitestellen. Die Schalotten glasig dünsten, die Orangenstücke dazugeben, mit dem Wein ablöschen und mit Orangensaft auffüllen. Die Sauce mit der Sahne cremig einkochen. Die Speisestärke mit kaltem Wasser glatt rühren und die Sauce damit binden. Noch einige Minuten sanft köcheln lassen.

3 Die Fasanenbrüste mit der Sauce auf vorgewärmten Tellern anrichten und servieren.

Fasanenbrust mit Spargelspitzen

Für 6 Personen

Zutaten

6 Wacholderbeeren
10 schwarze Pfefferkörner
6 EL Olivenöl
6 küchenfertige Brustfilets vom Fasan
2 EL gehackte glatte Petersilie
750 g weiße Spargelspitzen
6 EL Butterschmalz
Meersalz
frisch gemahlener schwarzer Pfeffer
250 ml trockener Weißwein
200 g Sahne

1 Die Wacholderbeeren und die Pfefferkörner in einem Mörser zerstoßen und mit dem Olivenöl vermischen. Das Fleisch waschen, trocken tupfen, mit dem Gewürzöl einreiben, in eine große Schüssel geben und 24 Stunden zugedeckt im Kühlschrank marinieren lassen.

2 Die Petersilie waschen, trocken tupfen und fein hacken. Die Spargelspitzen waschen und – wenn nötig – etwas schälen. In einer großen Pfanne 3 EL Butterschmalz erhitzen und die Spargelspitzen darin 10–12 Minuten garen, nach Belieben leicht bräunen lassen. Salzen, pfeffern, herausnehmen und warm beiseitestellen.

3 3 EL Butterschmalz in einer Pfanne erhitzen. Das Fleisch mit der Marinade in die heiße Pfanne geben und darin auf jeder Seite ca. 8–12 Minuten braten. Salzen, herausnehmen und in Alufolie verpackt warm beiseitestellen. Den Bratensatz mit dem Weißwein ablöschen, aufkochen lassen, die Sahne dazugeben und auf die gewünschte Konsistenz einkochen. Noch einmal mit Salz und Pfeffer abschmecken.

Fasan im Kartoffelbett

Für 6 Personen

Zutaten

12 mittlere Kartoffeln
Meersalz
2 EL Butter
3 küchenfertige Fasane, ohne Innereien
frisch gemahlener weißer Pfeffer
4 EL Butterschmalz
200 g Sahne
6 cl Calvados
1 EL Sojasauce
3 EL gehackte glatte Petersilie

1 Die Kartoffeln schälen, in dünne Scheiben schneiden und kräftig salzen. In einer großen Pfanne die Butter erhitzen und die Kartoffeln darin ca. 10 Minuten anbraten. Den Backofen auf 225 °C vorheizen. Die Fasane waschen, trocken tupfen und innen und außen mit Salz und Pfeffer einreiben. In einer großen Pfanne 3 EL Butterschmalz erhitzen, die Fasane nacheinander darin rundum goldbraun anbraten und beiseitestellen. Das tiefe Backblech mit 1 EL Butterschmalz einfetten und die Kartoffeln darauf auslegen. Die Fasane auf das Kartoffelbett geben, das ganze Blech mit Alufolie abdecken und im Backofen zugedeckt ca. 30–40 Minuten schmoren lassen. Die Sahne mit dem Calvados und der Sojasauce mischen. Die Folie entfernen, die Mischung über die Fasane träufeln und weitere 15 Minuten ohne Deckel bräunen lassen. Inzwischen die Petersilie waschen, trocken tupfen und fein hacken. Die Fasane auf dem Kartoffelbett mit der Petersilie garniert direkt aus dem Backofen mit dem Backblech auftragen und bei Tisch tranchieren.

Fasanenbrust mit gemischten Pilzen

Für 6 Personen

Zutaten

1 EL gehackte Thymianblätter
1 EL gehackte Rosmarinblätter
1 EL gehackte Majoranblätter
4 EL Olivenöl
4 cl Gin
3 EL körniger Senf
frisch gemahlener schwarzer Pfeffer
6 küchenfertige Brustfilets vom Fasan
15 g getrocknete Steinpilze
2 EL gehackte glatte Petersilie
3 Schalotten
150 g Champignons
2 Kräuterseitlinge
Meersalz
250 ml trockener Rotwein
150 g Crème fraîche
2 EL Butter

1 Thymian-, Rosmarin- und Majoranblätter fein wiegen und mit 1 EL Olivenöl, dem Gin, dem Senf und reichlich Pfeffer zu einer Beize vermischen. Das Fleisch waschen, trocken tupfen, in die Beize geben und zugedeckt 24 Stunden im Kühlschrank ziehen lassen.

2 Die Steinpilze in einer kleinen Schüssel mit lauwarmem Wasser bedecken und 30 Minuten einweichen. Die Petersilie waschen, trocken tupfen und fein hacken. Die Champignons und Kräuterseitlinge putzen (nicht waschen!) und klein schneiden. Die Schalotten abziehen und klein schneiden. In einer Pfanne das restliche Olivenöl erhitzen und die Fasanenbrüste darin von beiden Seiten je 8–12 Minuten braten. Herausnehmen, leicht salzen und warm beiseitestellen. Den Bratensatz mit dem Rotwein loskochen und die Sauce mit der Crème fraîche cremig einkochen.

3 In einer anderen Pfanne die Butter erhitzen und die Schalotten darin glasig dünsten. Die Steinpilze ausdrücken, dabei die Flüssigkeit auffangen, und zusammen mit den Champignons und Kräuterseitlingen in die Pfanne geben. Kräftig anbraten, bis alle Flüssigkeit verdampft ist, und dann immer wieder mit dem Einweichwasser ablöschen, bis dieses verbraucht ist. Die Pilze in die Sauce mischen und mit Salz und Pfeffer abschmecken.

4 Die Fasanenbrüste auf vorgewärmten Tellern anrichten und mit der Pilzcreme servieren.

Fasanenbrust in Portweinsauce

Für 6 Personen

Zutaten

3 Wacholderbeeren
3 Pimentkörner
1 EL gehackte Thymianblätter
frisch gemahlener schwarzer Pfeffer
6 cl Weinbrand
6 küchenfertige Brustfilets vom Fasan
1 EL Butter
1 EL Mehl
3 EL Butterschmalz
Meersalz
300 g Frühstücksspeck
250 ml Portwein

1 Die Wacholderbeeren und Pimentkörner in einem Mörser zerstoßen. Die Thymianblätter fein wiegen. Alles mit reichlich Pfeffer und dem Weinbrand zu einer Beize verrühren. Die Fasanenbrüste waschen, trocken tupfen, in die Beize geben und zugedeckt im Kühlschrank 24 Stunden ziehen lassen.

2 Die Butter mit dem Mehl verkneten und ins Eisfach stellen. Das Fleisch aus der Beize nehmen und abtropfen lassen. Die Brustfilets leicht salzen und mit dem Frühstücksspeck umwickeln. In einer großen Pfanne das Butterschmalz erhitzen und die Fasanenbrüste darin von jeder Seite ca. 8–12 Minuten braten. Herausnehmen und warm beiseitestellen. Den Bratensatz mit der Beize loskochen, den Portwein auffüllen, die Sauce auf die gewünschte Konsistenz einkochen und mit der Mehlbutter binden. Noch 2–3 Minuten köcheln lassen.

3 Die Fasanenbrüste auf vorgewärmten Tellern anrichten und mit der Sauce überzogen servieren.

Fasanenbrust mit Apfelsauce

Für 6 Personen

Zutaten

1 Zwiebel
2 Knoblauchzehen
3 grüne Äpfel
125 g durchwachsener Speck
6 küchenfertige Brustfilets vom Fasan
frisch gemahlener schwarzer Pfeffer
2 EL Butter
1 EL Olivenöl
Meersalz
4 cl Orangenlikör
200 g Sahne

1 Zwiebel und Knoblauch abziehen und fein hacken. Die Äpfel waschen und klein schneiden, die Kerngehäuse entfernen. Den Speck in kleine Würfel schneiden. Das Fleisch waschen, trocken tupfen und kräftig pfeffern. In einer großen Pfanne die Butter und das Olivenöl erhitzen und den Speck darin bei geringer Hitze auslassen. Die Fasanenbrüste nach und nach darin von jeder Seite 8–12 Minuten braten, herausnehmen, leicht salzen und warm beiseitestellen. In der Pfanne die Zwiebel, den Knoblauch und die Apfelstücke anbraten und weich dünsten. Mit dem Orangenlikör ablöschen, pürieren und mit der Sahne cremig einkochen. Noch einmal mit Salz und Pfeffer abschmecken.

2 Die Fasanenbrüste auf vorgewärmten Tellern anrichten und mit der Sauce überzogen servieren.

Fasanenbrust mit Maronen

Für 6 Personen

Zutaten

Meersalz
500 g Maronen
1 Ei
frisch gemahlener schwarzer Pfeffer
1 EL gehackter Kerbel
6 küchenfertige Brustfilets vom Fasan
300 g Frühstücksspeck
3 EL Olivenöl
4 cl Whisky
250 ml trockener Rotwein
250 ml Hühnerbrühe
200 g Sahne
frisch geriebene Muskatnuss

1 Einen Topf mit Salzwasser zum Kochen bringen. Die Maronen an der Spitze kreuzweise einschneiden und 30 Minuten kochen. Abkühlen lassen, pürieren, mit dem Ei verkneten und mit Pfeffer und Salz würzen. Den Kerbel fein hacken. Das Fleisch waschen und trocken tupfen. Die Fasanenbrüste seitlich einschneiden, mit der Maronenmasse füllen und mit dem Frühstücksspeck umwickeln.

2 In einer großen Pfanne das Olivenöl erhitzen und die Fasanenbrüste nach und nach von beiden Seiten je 8–12 Minuten braten, herausnehmen und warm beiseitestellen. Den Bratensatz mit dem Whisky loskochen, den Rotwein und die Hühnerbrühe angießen, aufkochen lassen und mit der Sahne cremig einkochen. Die Sauce mit Salz, Pfeffer und Muskatnuss abschmecken.

3 Die Fasanenbrüste auf vorgewärmten Tellern anrichten und mit der Sauce überzogen servieren.

Fasanenbrust im Speckmantel

Für 6 Personen

Zutaten

6 Wacholderbeeren
1 Lorbeerblatt
1 EL gehackte Thymianblätter
6 küchenfertige Brustfilets vom Fasan
Meersalz
frisch gemahlener weißer Pfeffer
300 g Frühstücksspeck
2 EL Olivenöl
2 EL aromatisiertes Trüffelöl
3 cl Orangenlikör
3 cl Gin
500 ml Hühnerbrühe
2 EL eiskalte Butter

1 Die Wacholderbeeren und das Lorbeerblatt in einem Mörser zerstoßen. Den Thymian fein wiegen. Das Fleisch waschen, trocken tupfen, mit den Kräutern einreiben, salzen, pfeffern, in den Frühstücksspeck einwickeln und 4 Stunden ziehen lassen.

2 Den Backofen auf 180 °C vorheizen. In einem großen flachen Bräter das Olivenöl erhitzen und die Fasanenbrüste darin von beiden Seiten je 3–5 Minuten anbraten. Mit dem Trüffelöl beträufeln und offen ca. 15 Minuten im Backofen garen. Herausnehmen und warm beiseitestellen. Den Bratenfond mit Orangenlikör und Gin loskochen und die Hühnerbrühe angießen. Bei starker Hitze auf die Hälfte reduzieren und mit der Butter binden.

3 Die Fasanenbrüste auf vorgewärmten Tellern anrichten und mit der Sauce überzogen servieren.

Fasanenbrust mit Hagebuttensauce

Für 6 Personen

Zutaten

4 Wacholderbeeren
1 Lorbeerblatt
1 EL gehackte Thymianblätter
6 küchenfertige Brustfilets vom Fasan
Meersalz
frisch gemahlener schwarzer Pfeffer
300 g Frühstücksspeck
125 g fetter Speck
1 Schalotte
1 Limette
1 EL Olivenöl
250 ml trockener Rotwein
250 ml Gemüsebrühe
150 g Crème fraîche
6 EL Hagebuttenkonfitüre
Zucker

1 Die Wacholderbeeren und das Lorbeerblatt in einem Mörser zerstoßen. Den Thymian fein wiegen. Das Fleisch waschen, trocken tupfen, mit den Kräutern einreiben, salzen, pfeffern, in den Frühstücksspeck einwickeln und 4 Stunden ziehen lassen.

2 Den Speck in feine Würfel schneiden. Die Schalotte abziehen und fein hacken. Die Limette auspressen. Das Olivenöl in einer Pfanne erhitzen, die Speckwürfel darin auslassen und die Fasanenbrüste nach und nach darin auf jeder Seite 8–12 Minuten braten. Herausnehmen und warm beiseitestellen. Die Schalotten in die Pfanne geben und glasig dünsten. Mit dem Rotwein ablöschen, die Gemüsebrühe angießen, aufkochen lassen und mit der Crème fraîche cremig einkochen. Die Hagebuttenkonfitüre unterziehen und mit Salz, Pfeffer, Limettensaft und Zucker abschmecken.

3 Die Fasanenbrüste auf vorgewärmten Tellern anrichten und mit der Sauce überzogen servieren.

Fasan mit Quitten

Für 6 Personen

Zutaten

1 EL gehackte Thymianblätter
1 EL gehackte Rosmarinblätter
3 küchenfertige Fasane, ohne Innereien
Meersalz
frisch gemahlener schwarzer Pfeffer
3 Zwiebeln
400 g Frühstücksspeck
250 ml trockener Rosé
6 Quitten
Zucker
2 Karotten
250 ml Hühnerbrühe
200 g Sahne
3 EL Quittengelee

1 Den Backofen auf 180 °C vorheizen. Thymian- und Rosmarinblätter fein wiegen. Die Fasane waschen, trocken tupfen und von innen und außen salzen und pfeffern. Die Zwiebeln abziehen, grob schneiden und jeden Fasan mit 1 Zwiebel füllen. Auf ein tiefes Backblech geben, mit Thymian und Rosmarin bestreuen und mit dem Frühstücksspeck belegen. Den Rosé zu den Fasanen gießen. Die Quitten waschen und so achteln, dass die Stücke an der Basis noch zusammenhängen. Auf das Backblech legen und mit Zucker bestreuen. Die Karotten schälen und in Stücke schneiden. Zu den Fasanen geben und 40–50 Minuten im Backofen garen, dabei immer wieder mit dem Fond begießen. Den Speck abnehmen und die Fasane noch 10 Minuten bräunen lassen.

2 Die Fasane aus dem Backofen nehmen, die Zwiebeln herausnehmen und die Vögel warm beiseitestellen. Den Fasanenfond in einen Topf füllen, die Karotten und die Zwiebeln pürieren und dazugeben. Mit der Hühnerbrühe auffüllen und aufkochen lassen. Mit der Sahne auf die gewünschte Konsistenz einkochen. Das Quittengelee unterziehen und mit Salz und Pfeffer abschmecken.

Fasan in Wacholdersauce

1 Die Wacholderbeeren und Pfefferkörner in einem Mörser zerstoßen und mit Senf und Gin zu einer Beize vermischen. Die Fasane waschen, trocken tupfen, mit der Beize bestreichen und im Kühlschrank 24 Stunden ziehen lassen.

2 Den Backofen auf 180 °C vorheizen. Die Schalotten abziehen und fein würfeln. Die Äpfel waschen, klein schneiden und von den Kerngehäusen befreien. In einer Pfanne die Butter erhitzen und die Schalotten und die Äpfel darin weich dünsten. Herausnehmen und mit dem Schweinemett, den Eiern und den Pinienkernen vermengen, salzen und pfeffern. Die Fasane mit der Masse füllen und die Öffnungen mit Küchengarn zunähen. Auf ein tiefes Backblech legen, salzen und pfeffern und mit dem Frühstücksspeck belegen. Die Hühnerbrühe angießen, in den Backofen geben und 40–50 Minuten garen, dabei immer wieder mit dem Fond begießen. Den Speck abnehmen und die Fasane noch 10 Minuten bräunen lassen.

3 Die Vögel aus dem Backofen nehmen und warm beiseitestellen. Den Fasanenfond in einen Topf füllen und aufkochen lassen. Mit der Sahne auf die gewünschte Konsistenz einkochen und mit Salz und Pfeffer abschmecken.

Für 6 Personen

Zutaten

8 Wacholderbeeren
10 schwarze Pfefferkörner
3 EL Dijon-Senf
6 cl Gin
3 küchenfertige Fasane, ohne Innereien
Meersalz
frisch gemahlener schwarzer Pfeffer
3 Schalotten
2 EL Butter
500 g Schweinemett
3 Eier
100 g Pinienkerne
400 g Frühstücksspeck
3 grüne Äpfel
250 ml Hühnerbrühe
200 g Sahne

Fasanenbrust mit Gorgonzolasauce

1 Den Wirsing waschen, in kochendem Salzwasser blanchieren und kalt abschrecken. Den Backofen auf 250 °C vorheizen. Die Petersilie waschen, trocken tupfen und fein hacken. Das Fleisch waschen, trocken tupfen und kräftig mit Pfeffer bestreuen. In einer großen Pfanne das Olivenöl erhitzen und die Fasanenbrüste darin von beiden Seiten je 3–5 Minuten scharf anbraten. Jedes Brustfilet in ein Wirsingblatt einschlagen und ca. 10–15 Minuten im Backofen garen. Gelegentlich mit etwas Wasser bepinseln, damit der Kohlwickel nicht anbrennt.

2 Die Fasanenbrüste herausnehmen und warm beiseitestellen. Den Bratensatz mit dem Rotwein loskochen und in einen Topf füllen. Den Gorgonzala in die Sauce bröseln und die Sauce auf die gewünschte Konsistenz einkochen. Die Blaubeermarmelade unterziehen und mit Salz und Pfeffer abschmecken.

Für 6 Personen

Zutaten

6 große Wirsingblätter
1 EL gehackte glatte Petersilie
6 küchenfertige Brustfilets vom Fasan
frisch gemahlener schwarzer Pfeffer
3 EL Olivenöl
500 ml trockener Rotwein
200 g Gorgonzola
2 EL Blaubeermarmelade
Meersalz

Die Wildgans

Ähnlich wie bei der Wildente ist auch hier der Begriff Wildgans zoologisch ungenau, da er auf jede der in Freiheit lebenden Gänsearten angewendet werden kann. Wenn man in einem Wildrestaurant oder beim Metzger jedoch Wildente bestellt, bekommt man in aller Regel Graugans *(Anser anser)*, die Wildform unserer heutigen Hausgans. Dieser große Gänsevogel brütet im Sommer in ganz West-, Nord-, Mittel- und Osteuropa und zieht im Winter nach Südeuropa und Nordafrika. Allerdings gibt es zunehmend auch Graugänse, die – wahrscheinlich bedingt durch ein reichhaltiges Nahrungsangebot – in ihren europäischen Brutgebieten überwintern. Ferner gibt es Graugänse auch in weiten Teilen Asiens bis hin nach China.

Man erkennt den schweren, stämmigen Vogel an seinem orangefarbenen Schnabel, den ebenfalls orangefarbenen kurzen, kräftigen Beinen und einem dünnen Lidring am Auge in derselben Farbe. Die Grundfärbung des Gefieders ist silbergrau bis dunkelgrau, bis auf den Kopf ist es jedoch stets schwarz und weiß gezeichnet. Die Flügel sind unterseitig dunkelgrau und tragen eine auffällige silberne Bänderung, die vor allem beim Auffliegen ins Auge sticht. In der Luft ordnen sich die Graugänse zu einer V-Formation, dabei geben sie ständig laute und durchdringende Rufe von sich. Auch wenn die Schwimmvögel sehr viel Zeit auf dem Wasser verbringen, gründeln sie doch selten, sondern suchen sich ihre Nahrung, die ausschließlich aus Pflanzenteilen besteht, an Land, vorzugsweise auf landwirtschaftlich genutzten Feldern.

Durch ihre Vorliebe für Feldsaaten sind die Graugänse wahrscheinlich schon vor sehr langer Zeit mit den sesshaft gewordenen Menschen in Berührung gekommen. Und seit den Versuchen, die der große Verhaltensforscher Konrad Lorenz mit Graugänsen gemacht hat, weiß man: Frisch aus dem Ei geschlüpfte Graugänse akzeptieren die Person als Mutter, die sie in ihrem Leben zuerst erblicken. Das sind natürlich perfekte Voraussetzungen für eine Domestizierung, die für die Hausgans auf eine Zeit vor rund 4.000 Jahren angegeben wird.

Graugänse erreichen eine Länge von 90 cm, eine Flügelspannweite von 180 cm und ein Gewicht bis 4 kg. Die „Ganter“ sind dabei schwerer als Weibchen, die in der Regel zwischen 2 und 3,5 kg wiegen.

Wildgänse besitzen ein weitaus magereres Fleisch als die gemästeten Hausgänse. Dennoch muss man sie beim Braten nicht spicken oder mit Speckscheiben belegen. Ein Trick, den viele Köche anwenden: Die Wildgans kann vorgekocht werden, wodurch sich ihre Garzeit im Backofen wesentlich verkürzt. Eine Wildgans ergibt 6 Portionen.

Gebratene Wildgans mit Äpfeln und Zwiebeln

Für 6 Personen

Zutaten

3 große Zwiebeln
3 Äpfel
1 EL gehackte Rosmarinblätter
1 EL gehackte Majoranblätter
1 EL gemahlener Beifuß
6 EL Olivenöl
1 küchenfertige Wildgans, ohne Innereien
Meersalz
frisch gemahlener schwarzer Pfeffer
500 ml trockener Weißwein
250 ml Hühnerbrühe
200 g Sahne

1 Den Backofen auf 200 °C vorheizen. Die Zwiebeln abziehen und grob würfeln. Die Äpfel schälen, von den Kerngehäusen befreien, in Würfel schneiden und mit den Zwiebeln vermischen. Rosmarin- und Majoranblätter fein wiegen und mit dem Beifuß und dem Olivenöl vermischen. Die Gans waschen, trocken tupfen, mit dem Gewürzöl bestreichen und salzen und pfeffern. Mit dem Apfel-Zwiebel-Gemisch füllen und mit Küchengarn zubinden und fixieren, dabei die Keulen an den Körper binden. Die Gans mit der Brustseite nach unten in einen Bräter legen und den Weißwein angießen. Ca. 150 Minuten garen, dabei den Vogel immer wieder mit Bratenfond übergießen. Die Gans wenden und 30 Minuten von der Brustseite knusprig garen

2 Herausnehmen und warm beiseitestellen. Den Fond kräftig entfetten, mit der Hühnerbrühe und der Sahne auf die gewünschte Konsistenz einkochen und mit Salz und Pfeffer würzen. Die Gans auf einer vorgewärmten Platte anrichten und die Sauce separat servieren.

Gebratene Wildgans nach mediterraner Art

Für 6 Personen

Zutaten

3 große Zwiebeln
6 Knoblauchzehen
250 g grüne Oliven ohne Steine
250 g schwarze Oliven ohne Steine
2 EL gehackte Rosmarinblätter
1 EL gehackte Thymianblätter
1 EL gehackte Majoranblätter
1 EL gemahlener Beifuß
9 EL Olivenöl
1 küchenfertige Wildgans, ohne Innereien
Meersalz
frisch gemahlener schwarzer Pfeffer
500 ml trockener Rotwein
2 TL Speisestärke

1 Den Backofen auf 200 °C vorheizen. Die Zwiebeln und Knoblauchzehen abziehen und grob würfeln. Die Oliven klein schneiden und mit den Zwiebeln und dem Knoblauch vermischen. 1 EL Rosmarin- sowie die Thymian- und Majoranblätter fein wiegen und mit dem Beifuß und dem Olivenöl vermischen. Die Gans waschen, trocken tupfen, mit dem Gewürzöl bestreichen und salzen und pfeffern. Mit dem Oliven-Gemisch füllen und mit Küchengarn zubinden und fixieren, dabei die Keulen an den Körper binden. Die Gans mit der Brustseite nach unten in einen Bräter legen und den Rotwein angießen. Ca. 150 Minuten garen, dabei den Vogel immer wieder mit Bratenfond übergießen. Die Gans wenden und 30 Minuten von der Brustseite knusprig garen.

2 Herausnehmen und warm beiseitestellen. Den restlichen Rosmarin fein wiegen. Den Fond kräftig entfetten, mit der Hühnerbrühe und dem Rosmarin auf die gewünschte Konsistenz einkochen und mit Salz und Pfeffer würzen. Die Speisestärke mit kaltem Wasser glatt rühren und die Sauce damit binden. Noch 2–3 Minuten köcheln lassen. Die Gans auf einer vorgewärmten Platte anrichten und die Sauce separat dazu servieren.

Cassoulet mit Wildgans

Für 6 Personen

Zutaten

5 Schalotten
3 Knoblauchzehen
2 Karotten
1 Petersilienwurzel
1 EL gehackte Majoranblätter
1 EL gehackte Rosmarinblätter
1 EL gehackte Thymianblätter
250 g durchwachsener Speck
1 kg küchenfertige Gänsebrust, ohne Knochen
frisch gemahlener schwarzer Pfeffer
3 EL Olivenöl
250 ml trockener Rotwein
800 g gehackte Tomaten aus der Dose
2 Lorbeerblätter
Meersalz
1 kg große weiße Bohnen aus dem Glas
1 EL gehackte glatte Petersilie
Cayennepfeffer

1 Schalotten und Knoblauch abziehen und fein würfeln. Die Karotten und Petersilienwurzel schälen und klein schneiden. Majoran-, Rosmarin- und Thymianblätter fein wiegen. Den Speck würfeln. Das Fleisch waschen, trocken tupfen, in 2 cm große Stücke schneiden und mit Pfeffer und den Kräutern vermengen.

2 Das Olivenöl in einem großen Schmortopf erhitzen und das Fleisch darin rundum goldbraun anbraten. Schalotten, Knoblauch und Karotten dazugeben und anrösten. Mit dem Rotwein ablöschen, die Tomaten mit Saft dazugeben und gut umrühren. Die Lorbeerblätter dazugeben und kräftig salzen. Zugedeckt bei geringer Hitze 120 Minuten schmoren lassen. Die Bohnen abtropfen lassen, hinzufügen, gut vermischen und kurz erhitzen. Die Petersilie waschen, trocken tupfen, fein hacken und untermischen. Die Lorbeerblätter entfernen. Mit Cayennepfeffer abschmecken und auf vorgewärmten Tellern heiß servieren.

Schmortopf von der Wildgans

Für 6 Personen

Zutaten

500 g Maronen
1 EL gehackte Rosmarinblätter
1 EL gehackte Thymianblätter
2 Knoblauchzehen
3 rote Zwiebeln
3 Karotten
2 Fleischtomaten
250 g durchwachsener Speck
1 kg küchenfertige Gänsebrust, ohne Knochen
Meersalz
frisch gemahlener schwarzer Pfeffer
3 EL Olivenöl
250 ml trockener Rotwein
125 ml Hühnerbrühe
1 Lorbeerblatt

1 Den Backofen auf 250 °C vorheizen. Die Maronen an der Spitze kreuzweise einschneiden, kurz anrösten, schälen und klein schneiden. Die Hitze auf 150 °C reduzieren. Rosmarin- und Thymianblätter fein wiegen. Knoblauch und Zwiebeln abziehen und fein würfeln. Die Karotten schälen und klein schneiden. Die Tomaten waschen und grob hacken. Den Speck fein würfeln. Das Fleisch waschen, trocken tupfen, in 2 cm große Würfel schneiden und salzen und pfeffern.

2 In einem großen feuerfesten Schmortopf bei geringer Temperatur das Öl erhitzen und den Speck darin auslassen. Bei stärkerer Hitze das Fleisch darin rundum braun anbraten. Knoblauch, Zwiebeln, Karotten und Tomaten hinzufügen und kurz anrösten. Mit dem Wein ablöschen und die Brühe angießen. Aufkochen lassen, Rosmarin, Thymian und das Lorbeerblatt dazugeben und im Backofen zugedeckt 60 Minuten backen. Die Maronen einrühren und noch einmal 30–60 Minuten backen, bis das Fleisch sehr zart ist. Dabei eventuell Wasser zugeben, wenn die Sauce zu trocken wird. Lorbeerblatt entfernen. Den Schmortopf auf vorgewärmten Tellern heiß servieren.

Gebratene Wildgans mit Aprikosen und Pfirsichen

1 Die Butter mit dem Mehl verkneten und ins Eisfach stellen. Den Backofen auf 200 °C vorheizen. 3 Zwiebeln abziehen und grob würfeln. Die Aprikosen und Pfirsiche entkernen, klein schneiden und mit den Zwiebeln vermischen. Rosmarin-, Majoran- und Thymianblätter fein wiegen und mit dem Beifuß vermischen. Die Gans waschen, trocken tupfen, mit den Kräutern bestreuen, salzen und pfeffern. Mit dem Aprikosen-Pfirsich-Gemisch füllen und mit Küchengarn zubinden und fixieren, dabei die Keulen an den Körper binden. Die Flügelspitzen abschneiden.

2 Die Gans mit der Brustseite nach unten in einen Bräter legen, mit dem Frühstücksspeck belegen und 500 ml Wasser angießen. Ca. 150 Minuten garen, dabei den Vogel immer wieder mit Bratenfond übergießen. Die Gans wenden und 30 Minuten von der Brustseite knusprig garen. Herausnehmen und warm beiseitestellen.

3 In der Zwischenzeit 750 ml Salzwasser aufkochen, die Flügelspitzen, den Hals und die Leber darin 45 Minuten auskochen. Flügelspitzen, Hals und Leber entfernen und den Fond beiseitestellen. Die letzte Zwiebel abziehen und fein hacken.

4 3 EL von dem Gänsefett aus dem Fond entnehmen, in einem Topf erhitzen und die Zwiebel darin glasig dünsten. Mit dem Fond ablöschen und auf die gewünschte Konsistenz einkochen. Mit Salz und Pfeffer abschmecken und mit der Mehlbutter binden. Noch 2–3 Minuten köcheln lassen.

5 Die Gans auf einer vorgewärmten Platte anrichten und die Sauce separat dazu servieren.

Für 6 Personen

Zutaten

2 EL Butter
1 EL Mehl
4 große Zwiebeln
250 g Aprikosen
250 g Pfirsiche
1 EL gehackte Rosmarinblätter
1 EL gehackte Majoranblätter
1 EL gehackte Thymianblätter
1 EL gemahlener Beifuß
1 küchenfertige Wildgans, mit Hals und Leber
Meersalz
frisch gemahlener schwarzer Pfeffer
400 g Frühstücksspeck

Gebratene Wildgans mit Orangen und Pflaumen

Für 6 Personen

Zutaten

4 große Zwiebeln
3 Orangen
250 g Pflaumen
1 EL gehackte Majoranblätter
1 EL gehackte Thymianblätter
1 EL gemahlener Beifuß
1 küchenfertige Wildgans, mit Hals und Leber
Meersalz
frisch gemahlener schwarzer Pfeffer
400 g Frühstücksspeck
250 ml trockener Rotwein
200 g Sahne

1 Den Backofen auf 200 °C vorheizen. 3 Zwiebeln abziehen und grob würfeln. Die Orangen schälen, die Pflaumen entkernen, alles klein schneiden und mit den Zwiebeln vermischen. Majoran- und Thymianblätter fein wiegen und mit dem Beifuß vermischen. Die Gans waschen, trocken tupfen, mit den Kräutern bestreuen, salzen und pfeffern. Mit dem Orangen-Pflaumen-Gemisch füllen und mit Küchengarn zubinden und fixieren, dabei die Keulen an den Körper binden. Die Flügelspitzen abschneiden. Gans mit der Brustseite nach unten in einen Bräter legen, mit dem Frühstücksspeck belegen und 500 ml Wasser angießen. Ca. 150 Minuten garen, dabei den Vogel immer wieder mit Bratenfond übergießen. Die Gans wenden und 30 Minuten von der Brustseite knusprig garen. Herausnehmen und warm beiseitestellen.

2 In der Zwischenzeit 500 ml Salzwasser mit dem Rotwein aufkochen, die Flügelspitzen, den Hals und die Leber darin 45 Minuten auskochen. Flügelspitzen, Hals und Leber entfernen und den Fond beiseitestellen. Die letzte Zwiebel abziehen und fein hacken. 3 EL von dem Gänsefett aus dem Fond entnehmen, in einem Topf erhitzen und die Zwiebel darin glasig dünsten. Mit dem Rotweinfond ablöschen und mit der Sahne auf die gewünschte Konsistenz einkochen. Mit Salz und Pfeffer abschmecken. Die Gans auf einer vorgewärmten Platte anrichten und die Sauce separat dazu servieren.

Gänsebrust mit Feigensauce

Für 6 Personen

Zutaten

1 EL gehackte Rosmarinblätter
4 küchenfertige Gänsebrüste, ohne Knochen
Meersalz
frisch gemahlener schwarzer Pfeffer
400 g Frühstücksspeck
3 EL Butterschmalz
150 ml trockener Weißwein
200 g Sahne
2 EL Feigenmarmelade

1 Rosmarinblätter fein wiegen. Die Gänsebrüste waschen, trocken tupfen, salzen, pfeffern, mit dem Rosmarin einreiben und mit dem Frühstücksspeck umwickeln. In einem flachen Bräter das Butterschmalz erhitzen und das Fleisch darin von beiden Seiten je ca. 15 Minuten garen. Herausnehmen und warm beiseitestellen. Den Bratensatz mit dem Weißwein loskochen und die Sauce mit der Sahne cremig einkochen. Die Feigenmarmelade einrühren und mit Salz und Pfeffer würzen. Die Gänsebrüste aufschneiden, auf 6 vorgewärmte Teller verteilen und mit der Sauce überzogen servieren.

Gebratene Wildgans mit Champignons, Äpfeln und Mandeln

1 Den Backofen auf 200 °C vorheizen. 3 Zwiebeln abziehen und grob würfeln. Die Champignons putzen (nicht waschen!) und klein schneiden. Die Äpfel schälen, von den Kerngehäusen befreien, in Würfel schneiden und mit den Zwiebeln, den Champignons und den Mandeln vermischen. Rosmarin-, Majoran- und Thymianblätter fein wiegen und mit dem Beifuß und dem Olivenöl vermischen. Die Gans waschen, trocken tupfen, mit dem Gewürzöl bestreichen und salzen und pfeffern. Mit dem Apfel-Zwiebel-Gemisch füllen und mit Küchengarn zubinden und fixieren.

2 Die Gans mit der Brustseite nach unten in einen Bräter legen, 500 ml Wasser angießen und ca. 150 Minuten garen, dabei den Vogel immer wieder mit Bratenfond übergießen. Die Gans wenden und 30 Minuten von der Brustseite knusprig garen. Herausnehmen und warm beiseitestellen.

3 In der Zwischenzeit 500 ml Salzwasser mit dem Weißwein aufkochen, die Flügelspitzen, den Hals und die Leber darin 45 Minuten auskochen. Flügelspitzen, Hals und Leber entfernen und den Fond beiseitestellen.

4 Die letzte Zwiebel abziehen und fein hacken. 3 EL von dem Gänsefett aus dem Fond entnehmen, in einem Topf erhitzen und die Zwiebel darin glasig dünsten. Mit dem Weißweinfond ablöschen und auf die gewünschte Konsistenz einkochen. Die Speisestärke mit kaltem Wasser glatt rühren und die Sauce damit binden. Noch 2–3 Minuten köcheln lassen. Mit Salz und Pfeffer abschmecken.

5 Die Gans auf einer vorgewärmten Platte anrichten und die Sauce separat dazu servieren.

Für 6 Personen

Zutaten

4 große Zwiebeln
250 g kleine braune Champignons
3 Äpfel
100 g grob gehackte Mandeln
1 EL gehackte Rosmarinblätter
1 EL gehackte Majoranblätter
1 EL gehackte Thymianblätter
1 EL gemahlener Beifuß
6 EL Olivenöl
1 küchenfertige Wildgans, mit Hals und Leber
Meersalz
frisch gemahlener schwarzer Pfeffer
250 ml trockener Weißwein
2 TL Speisestärke

Gebratene Brust von der Wildgans

Für 6 Personen

Zutaten

1 EL gehackte Thymianblätter
1 EL gehackte Rosmarinblätter
3 Schalotten
4 küchenfertige Gänsebrüste, ohne Knochen
Meersalz
frisch gemahlener schwarzer Pfeffer
400 g Frühstücksspeck
3 EL Olivenöl
250 ml Rotwein
200 g Sahne

1 Thymian- und Rosmarinblätter fein wiegen, die Schalotten abziehen und fein würfeln. Das Fleisch waschen, trocken tupfen, salzen und pfeffern, mit den Kräutern einreiben und in den Speck einwickeln. Das Öl in einer großen Pfanne erhitzen und das Fleisch darin von beiden Seiten je ca. 15 Minuten garen. In den letzten 5 Minuten die Schalotten dazugeben und anbraten. Die Gänsebrüste herausnehmen und warm beiseitestellen.

2 Die Schalotten mit dem Rotwein ablöschen, die Sauce mit der Sahne cremig einkochen und mit Salz und Pfeffer abschmecken. Die Gänsebrüste aufschneiden, auf 6 vorgewärmte Teller verteilen und mit der Sauce überzogen servieren.

Gänsebrust in Thymiankruste

Für 6 Personen

Zutaten

2 EL gehackte Thymianblätter
1 EL abgeriebene Orangenschale
100 g Paniermehl
4 küchenfertige Gänsebrüste, ohne Knochen
3 EL Olivenöl
Meersalz
frisch gemahlener schwarzer Pfeffer
2 rote Zwiebeln
150 ml trockener Rotwein
150 ml Orangensaft
2 EL Orangenmarmelade
2 EL eiskalte Butter

1 Den Backofen auf 160 °C vorheizen. Den Thymian fein wiegen und gut mit der Orangenschale und dem Paniermehl mischen. Die Gänsebrüste waschen, trocken tupfen und in der Panade wälzen. In einer großen Pfanne das Öl erhitzen und das Fleisch darin einige Minuten von beiden Seiten goldbraun anbraten. Auf den Rost in den Ofen geben und ca. 20 Minuten garen. Herausnehmen, salzen und pfeffern und warm beiseitestellen.

2 Inzwischen die Zwiebeln abziehen, fein würfeln und in der Pfanne glasig schwitzen. Mit dem Rotwein ablöschen, den Orangensaft angießen und alles auf die gewünschte Konsistenz reduzieren. Die Orangenmarmelade unterheben, mit der eiskalten Butter binden und mit Salz und Pfeffer abschmecken. Die Gänsebrüste aufschneiden. Auf 6 vorgewärmten Tellern einen Saucenspiegel anlegen und die Gänsebrüste darauf verteilt servieren.

Gegrillte Wildgans vom Drehspieß

1 Den Orangensaft mit dem Rotwein vermischen. Die Gans waschen, trocken tupfen in die Marinade geben und kühl 24 Stunden ziehen lassen.

2 Die Gans innen und außen kräftig salzen und pfeffern und mit den Kräutersträußchen füllen. Die Öffnungen wegen der Hitze nicht mit Küchenzwirn, sondern mit Rouladennadeln aus Metall verschließen. Die Beine ebenfalls mit Rouladennadeln am Körper fixieren. Die Gans sorgfältig zentriert auf einen Drehspieß stecken und fixieren. Über der Holzkohle je nach Hitze und Größe der Gans ca. 4–5 Stunden rundum grillen, dabei abwechselnd immer wieder mit der flüssigen Butter und der Marinade bestreichen. Falls der Vogel zu schnell Farbe annimmt, ihn vorübergehend komplett mit Alufolie umwickeln und weitergrillen oder den Abstand zur Glut vergrößern. Inzwischen die Rosmarin-, Thymian- und Majoranblätter fein wiegen. Ca. 30 Minuten vor dem Ende der Grillzeit mit den gehackten Kräutern bestreuen und zum Schluss die Haut knusprig werden lassen. Vom Grill nehmen und vor dem Tranchieren 20 Minuten ruhen lassen.

Für 6 Personen

Zutaten

5 l Orangensaft
1 l trockener Rotwein
1 küchenfertige Wildgans, ohne Innereien
Meersalz
frisch gemahlener schwarzer Pfeffer
1 großes Bund Rosmarinzweige
1 großes Bund Thymianzweige
2 EL gehackte Rosmarinblätter
2 EL gehackte Thymianblätter
2 EL gehackte Majoranblätter
250 g flüssige Butter

Gänsebrust mit Rotweinsauce

1 Den Backofen auf 200 °C vorheizen. Die Gänsebrüste waschen, trocken tupfen, salzen und pfeffern. In einer großen Pfanne das Olivenöl erhitzen und das Fleisch rundherum golden anbraten. Auf den Rost in den Backofen geben und ca. 30 Minuten garen. Herausnehmen und warm beiseitestellen.

2 Inzwischen die Perlzwiebeln abziehen, fein würfeln und in der Pfanne glasig dünsten. Mit dem Rotwein ablöschen und die Sauce mit der Crème fraîche cremig einkochen. Die Preiselbeermarmelade unterheben und mit Salz und Pfeffer abschmecken. Die Gänsebrüste aufschneiden, auf 6 vorgewärmte Teller verteilen und mit der Sauce überzogen servieren.

Für 6 Personen

Zutaten

4 küchenfertige Gänsebrüste, ohne Knochen
Meersalz
frisch gemahlener schwarzer Pfeffer
3 EL Olivenöl
4 Perlzwiebeln
250 ml trockener Rotwein
150 g Crème fraîche
1 EL Preiselbeermarmelade

Peking-Gänsebrust

Für 6 Personen

Zutaten

1 Zwiebel
4 küchenfertige Gänsebrüste, ohne Knochen
Meersalz
10 EL Sojasauce
8 EL Honig
2 Bund Lauchzwiebeln
200 g Hoisinsauce (aus dem Asienladen)
1 EL Sesamöl
1 EL brauner Zucker

1 In einem großen Topf 3 l Salzwasser zum Kochen bringen. Die Zwiebel abziehen und klein schneiden. Mit 8 EL Sojasauce und 7 EL Honig in das kochende Wasser geben. Die Gänsebrüste waschen, trocken tupfen, mit der Fettseite nach unten in den Topf geben und ca. 45 Minuten sanft offen köcheln lassen. Herausnehmen, abtropfen lassen und 24 Stunden kalt stellen.

2 Den Backofen auf 200 °C vorheizen. 2 EL Sojasauce mit 1 EL Honig verrühren und die Gänsebrüste damit bestreichen. Auf den Rost geben und 10 Minuten im Backofen garen. Die Temperatur auf 220 °C erhöhen und weitere 20–35 Minuten knusprig werden lassen. Herausnehmen und warm beiseitestellen.

3 Inzwischen die Lauchzwiebeln putzen, waschen und sehr fein hacken. Mit der Hoisinsauce, dem Sesamöl und dem Zucker zu einem Dip verrühren. Die Gänsebrüste aufschneiden, auf 6 Teller verteilen und mit der Sauce überzogen servieren.

Gänsebrust vom Grill

Für 6 Personen

Zutaten

10 bunte Pfefferkörner
3 EL körniger Senf
6 EL Olivenöl
1 EL abgeriebene Orangenschale
1 EL abgeriebene Zitronenschale
4 küchenfertige Gänsebrüste, ohne Knochen
500 g grüner Spargel
6 Maiskolben
6 EL flüssige Butter
Meersalz

1 Die Pfefferkörner in einem Mörser zerstoßen und mit dem Senf, dem Olivenöl und der Orangen- und Zitronenschale zu einer Beize verrühren. Das Fleisch waschen und trocken tupfen. Die Fettseite kreuzweise ca. 2 mm tief einschneiden, die Gänsebrüste gut mit der Beize vermengen und zugedeckt 24 Stunden im Kühlschrank marinieren lassen.

2 Den Spargel leicht schälen, in 6 Portionen aufteilen und jede Portion in Alufolie verpacken. Auf dem Grill in ca. 20–30 Minuten gar grillen. Das Fleisch auf den Grill geben und ca. 15–20 Minuten von beiden Seiten grillen. Auf ein schönes Branding achten. Herunternehmen und warm beiseitestellen. Die Maiskolben rundherum schön knusprig grillen.

3 Den Spargel auspacken, mit den Maiskolben auf 6 Tellern anrichten und mit der Butter überziehen. Das Fleisch aufschneiden, dazugeben, alles salzen und sofort servieren.

Gänsekeule mit Senfkruste

Für 6 Personen

Zutaten

1 EL gehackte Rosmarinblätter
4 Schalotten
2 Knoblauchzehen
2 Karotten
250 g kleine Champignons
6 küchenfertige Gänsekeulen
Meersalz
frisch gemahlener schwarzer Pfeffer
2 EL Dijon-Senf
3 EL Olivenöl
200 ml Hühnerbrühe
200 ml trockener Weißwein
150 g saure Sahne

1 Den Backofen auf 180 °C vorheizen. Die Rosmarinblätter fein wiegen. Schalotten und Knoblauch abziehen und fein würfeln. Die Karotten schälen und klein schneiden. Die Champignons putzen (nicht waschen!) und je nach Größe halbieren oder vierteln. Die Gänsekeulen waschen, trocken tupfen, mit Salz, Pfeffer und Rosmarin einreiben und mit dem Senf bestreichen.

2 In einem Bräter das Öl erhitzen und die Keulen darin rundum goldbraun anbraten. Das Gemüse dazugeben und kurz mit anrösten. Mit der Hühnerbrühe und dem Weißwein ablöschen, in den Ofen geben und zugedeckt 90 Minuten schmoren lassen. Den Deckel abnehmen, den Backofen auf 220 °C schalten und die Keulen ca. 10 Minuten knusprig bräunen. Das Fleisch herausnehmen und warm beiseitestellen. Den Bratfond pürieren oder durch ein Sieb streichen, sorgfältig entfetten, mit der sauren Sahne cremig einkochen und mit Salz und Pfeffer abschmecken.

3 Die Keulen auf vorgewärmten Tellern anrichten und mit der Sauce überzogen servieren.

Gänsekeule süß-sauer

Für 6 Personen

Zutaten

1 EL Senfkörner
3 Zwiebeln
Meersalz
8 EL Zucker
2 Lorbeerblätter
1 EL Pfefferkörner
1 EL Wacholderbeeren
6 EL Weißweinessig
6 küchenfertige Gänsekeulen
2 TL Speisestärke
frisch gemahlener schwarzer Pfeffer

1 Die Senfkörner in einer Pfanne ohne Fett sanft rösten, bis sie anfangen zu springen. Die Zwiebeln abziehen und vierteln. Einen großen Topf mit Salzwasser zum Kochen bringen und die Senfkörner, Zwiebeln, 5 EL Zucker, Lorbeerblätter, Pfefferkörner, Wacholderbeeren und den Essig dazugeben. Die Gänsekeulen waschen, in den Topf geben und bei geringer Hitze 2 Stunden köcheln lassen. Beiseite stellen und 24 Stunden ziehen lassen.

2 Das Gänsefett aus dem Topf abschöpfen und in einer großen Pfanne erhitzen. Die abgetropften Gänsekeulen mit 3 EL Zucker bestreuen, nach und nach in dem heißen Fett rundherum goldbraun braten und warm beiseitestellen. Den Bratensatz mit dem Kochsud ablöschen und stark einkochen. Die Speisestärke mit kaltem Wasser glatt rühren und die Sauce damit binden, noch 2–3 Minuten köcheln lassen und mit Salz und Pfeffer abschmecken. Die Gänsekeulen auf 6 vorgewärmte Teller verteilen und mit der Sauce überzogen servieren.

Geschmorte Gänsekeule

Für 6 Personen

Zutaten

6 Wacholderbeeren
6 Pimentkörner
1 EL gehackte Thymianblätter
1 EL gehackte Salbeiblätter
3 rote Zwiebeln
2 Karotten
1 Stange Sellerie
500 g Sauerkirschen aus dem Glas
6 küchenfertige Gänsekeulen
Meersalz
frisch gemahlener schwarzer Pfeffer
3 EL Butterschmalz
3 EL Tomatenmark
150 g Mehl
1 l trockener Rotwein
2 TL Speisestärke

1 Die Wacholderbeeren und Pimentkörner in einem Mörser zerstoßen. Thymian- und Salbeiblätter fein wiegen. Die Zwiebeln abziehen und klein hacken. Die Karotten schälen, den Sellerie putzen und waschen und beides klein schneiden. Die Kirschen abgießen, den Saft auffangen und die Früchte klein schneiden. Die Gänsekeulen waschen, trocken tupfen und rundum mit Salz, Pfeffer, Thymian und Salbei einreiben.

2 Den Backofen auf 200 °C vorheizen. In einem großen Bräter das Butterschmalz erhitzen und die Gänsekeulen darin rundum goldbraun anbraten. Zwiebeln, Karotten, Sellerie und Tomatenmark zufügen und anrösten lassen. Mit dem Mehl bestäuben, gut umrühren und mit dem Rotwein ablöschen. Den Saft der Sauerkirschen angießen und die Gänsekeulen zugedeckt ca. 60 Minuten schmoren lassen. Die Keulen herausnehmen und warm beiseitestellen.

3 Den Fond pürieren, in einen Topf umfüllen, auf die gewünschte Konsistenz einkochen und die Sauerkirschen unterheben. Die Speisestärke mit kaltem Wasser glatt rühren und die Sauce damit binden, noch 2–3 Minuten köcheln lassen und mit Salz und Pfeffer abschmecken.

Gänsekeule pikant

Für 6 Personen

Zutaten

6 küchenfertige Gänsekeulen
Meersalz
6 EL Olivenöl
1 Ananas
1–2 TL Sambal oelek
4 rote Zwiebeln
4 Karotten
4 EL süße Chilisauce
1 EL brauner Zucker

1 Den Backofen auf 200 °C vorheizen. Die Gänsekeulen waschen, trocken tupfen und mit Salz und 3 EL Olivenöl einreiben. Auf einem Backblech in den Ofen geben und ca. 30–45 Minuten garen.

2 Inzwischen die Ananas schälen und in Stücke schneiden, den harten Strunk in der Mitte entfernen. Ca. 150 g Fruchtfleisch pürieren und mit dem Sambal oelek zu einer Paste verrühren. Die Gänsekeulen von allen Seiten damit bestreichen und weitere 20–30 Minuten garen. Im abgeschalteten Ofen ruhen lassen.

3 In der Zwischenzeit die Zwiebeln abziehen und fein Würfeln. Die Karotten schälen und in dünne Stifte schneiden. In einer großen Pfanne 3 EL Olivenöl erhitzen und die Zwiebeln, die Karotten und die restliche Ananas darin kräftig anrösten. Die Chilisauce einrühren und das Gemüse mit Salz und Zucker abschmecken. Die Gänsekeulen auf 6 vorgewärmten Tellern anrichten und mit dem Gemüse servieren.

Gänsekeule in Apfel-Honig-Sauce

1 Die Schalotten abziehen und grob hacken. Den Honig in einem Topf erhitzen, den Apfelsaft und den Weißwein angießen und etwas einkochen lassen. Die Gewürznelken, Zimtstange, Wacholderbeeren, Pfefferkörner und Lorbeerblätter dazugeben, einmal kräftig aufkochen lassen und mit Salz und Balsamico abschmecken. Die Marinade abkühlen lassen, die Gänsekeulen waschen, hineingeben und 24 Stunden darin ziehen lassen.

2 Den Backofen auf 200 °C vorheizen. Die Zwiebeln und den Knoblauch abziehen und fein hacken. Die Äpfel waschen und klein schneiden, die Kerngehäuse entfernen. Die Gänsekeulen aus der Marinade nehmen und abtropfen lassen.

3 Das Butterschmalz in einem großen Bräter erhitzen und die Keulen darin nach und nach rundum goldbraun anbraten. Zwiebeln, Knoblauch und Äpfel dazugeben und kurz anrösten. Die Marinade durch ein Sieb gießen und den Bräter mit der Hälfte davon ablöschen. In den Ofen geben und zugedeckt ca. 60 Minuten schmoren lassen. Zwischendurch nach und nach die restliche Marinade angießen. Die Keulen herausnehmen und warm beiseitestellen. Die Petersilie waschen, trocken tupfen und fein hacken.

4 Den Fond pürieren, in einen Topf füllen und mit der Sahne cremig einkochen. Das Apfelmus unterheben und noch einmal mit Salz und Pfeffer abschmecken.

5 Die Gänsekeulen auf 6 vorgewärmte Teller verteilen, mit der Sauce überziehen und mit der Petersilie garniert servieren.

Für 6 Personen

Zutaten

4 Schalotten
6 EL Honig
500 ml Apfelsaft
500 ml Weißwein
6 Gewürznelken
1 Zimtstange
6 Wacholderbeeren
6 Pfefferkörner
2 Lorbeerblätter
Meersalz
6 EL Balsamico
6 küchenfertige Gänsekeulen
4 rote Zwiebeln
4 Knoblauchzehen
3 Äpfel
3 EL Butterschmalz
200 g Sahne
2 EL Apfelmus
frisch gemahlener schwarzer Pfeffer
1 EL gehackte glatte Petersilie

Wildgans mit Rosinen, Mandeln und Honig

Für 6 Personen

Zutaten

¼ TL Safranfäden
120 g Mandelplättchen
3 rote Zwiebeln
3 Knoblauchzehen
3 cm frischer Ingwer
100 g getrocknete Aprikosen
2 getrocknete Feigen
1 Zitrone
1 EL gehackte Korianderblätter
1 kg küchenfertige Gänsebrust, ohne Knochen
6 EL Olivenöl
3 EL Butter
Meersalz
frisch gemahlener weißer Pfeffer
½ TL gemahlene Kurkuma
1 EL Honig
150 g Rosinen
3 Zimtstangen à 5 cm

1 In einer Pfanne ohne Fett bei sehr geringer Hitze den Safran 2–3 Minuten spröde rösten. In einer Tasse zerbröseln, mit 3–4 EL kochendem Wasser aufgießen und 10 Minuten ziehen lassen. Danach in derselben Pfanne ohne Fett die Mandelplättchen rösten. Die Zwiebeln abziehen, 1 Zwiebel fein raspeln, 2 Zwiebeln grob hacken. Den Knoblauch abziehen und fein würfeln. Den Ingwer schälen und fein reiben. Die Aprikosen halbieren, die Feigen vierteln. Die Zitrone auspressen. Die Korianderblätter fein hacken. Das Fleisch waschen, trocken tupfen und in 2 cm große Stücke schneiden.

2 Das Öl in einem großen Schmortopf erhitzen und den Ingwer, 1 TL Salz, Pfeffer, Kurkuma, die geraspelte Zwiebel und den Knoblauch darin eine halbe Minute andünsten. Das Fleisch dazugeben und ca. 3 Minuten gut umrühren, bis es gut mit den Gewürzen vermischt ist. Die gehackten Zwiebeln, die Safranmischung und den Honig hinzufügen. Wasser angießen, bis das Fleisch bedeckt ist. Zugedeckt bei mittlerer Hitze köcheln lassen, dabei immer wieder umrühren und Wasser angießen, wenn das Gericht zu trocken wird.

3 Nach 45 Minuten 1–2 Kellen von der Kochflüssigkeit entnehmen und die Rosinen, Aprikosen und Feigen darin 30 Minuten einweichen. Die entnommene Flüssigkeit im Eintopf bei Bedarf mit Wasser ausgleichen. Die Obstmischung und die Zimtstangen an den Eintopf geben. Zugedeckt weitere 30 Minuten köcheln lassen, bis das Fleisch sehr zart ist. Salzen und Pfeffern und die Zimtstangen entfernen.

4 Den Eintopf auf vorgewärmten Tellern anrichten und mit Mandeln und Koriander garniert servieren.

Gebratene Wildgans mit Maronen und Zwiebeln

1 Die Maronen an der Spitze kreuzweise einschneiden, 30 Minuten in Salzwasser kochen, abkühlen lassen, schälen und klein schneiden. Den Backofen auf 200 °C vorheizen. Die Zwiebeln abziehen, grob würfeln und mit den Maronen vermischen. Rosmarin- und Thymianblätter fein wiegen und mit dem Beifuß vermischen. Die Gans waschen, trocken tupfen, mit den Kräutern einreiben, salzen und pfeffern. Mit dem Maronen-Zwiebel-Gemisch füllen und mit Küchengarn zubinden und fixieren, dabei die Keulen an den Körper binden. Die Gans mit der Brustseite nach unten in einen Bräter legen, mit dem Frühstücksspeck belegen und die Brühe angießen. Ca. 150 Minuten garen, dabei den Vogel immer wieder mit Bratenfond übergießen. Die Gans wenden und 30 Minuten von der Brustseite knusprig garen. Herausnehmen und warm beiseitestellen.

2 Den Fond kräftig entfetten, mit der Sahne auf die gewünschte Konsistenz einkochen und mit Salz und Pfeffer würzen. Die Gans auf einer vorgewärmten Platte anrichten und die Sauce separat dazu servieren.

Für 6 Personen

Zutaten

3 große Zwiebeln
500 g Maronen
1 EL gehackte Rosmarinblätter
1 EL gehackte Thymianblätter
1 EL gemahlener Beifuß
1 küchenfertige Wildgans, ohne Innereien
Meersalz
frisch gemahlener schwarzer Pfeffer
400 g Frühstücksspeck
500 ml Hühnerbrühe
200 g Sahne

Wildgans mit Gemüse

1 Den Lauch putzen, die grünen Teile entfernen, den Rest in dünne Ringe schneiden und waschen. Den Knoblauch abziehen und fein hacken. Karotten und Kartoffeln schälen und klein schneiden. Die Petersilie waschen, trocken tupfen und fein hacken. Den Safran klein bröseln. Das Fleisch waschen, trocken tupfen, in 2 cm große Würfel schneiden, salzen und pfeffern.

2 Den Backofen auf 180 °C vorheizen. Das Öl in einem großen feuerfesten Schmortopf bei mittlerer Temperatur erhitzen und das Fleisch darin 10 Minuten rundum anbraten. Die Lauchringe und den Knoblauch dazugeben und ca. 5 Minuten weich dünsten. Das Mehl anstäuben und ca. 5 Minuten unter Rühren golden anschwitzen. Mit dem Wein ablöschen und ca. 4 Minuten einkochen lassen. Die Brühe einrühren, Lorbeerblätter, Safran, Karotten und Kartoffeln hinzugeben. Aufkochen und 10 Minuten köcheln lassen. Den Topf zudecken und in den Backofen stellen. Ca. 30 Minuten backen, bis des Fleisch schön zart und das Gemüse gar ist. Die Lorbeerblätter entfernen. Mit Petersilie garnieren und heiß servieren.

Für 6 Personen

Zutaten

4 große Lauchstangen
3 Knoblauchzehen
6 Karotten
6 Kartoffeln
2 EL gehackte frische glatte Petersilie
8 Safranfäden
1 kg küchenfertige Gänsebrust, ohne Knochen
4 EL Olivenöl
Meersalz
frisch gemahlener schwarzer Pfeffer
4 EL Weizenmehl
500 ml trockener Weißwein
500 ml Hühnerbrühe
2 Lorbeerblätter

Wildgans mit Birnen

Für 6 Personen

Zutaten

100 g Sultaninen
3 EL blanchierte Mandeln
3 rote Zwiebeln
4 feste reife Birnen
8 Safranfäden
2 TL gehackter frischer Ingwer
2 Zimtstangen à 5 cm
1 Bund frischer Koriander
1 Zitrone
1 unbehandelte Orange
1 kg küchenfertige Gänsebrust, ohne Knochen
6 EL Butter
¼ TL gemahlener Kardamom
6 EL Honig
3 EL Olivenöl
Meersalz
frisch gemahlener schwarzer Pfeffer
250 ml trockener Weißwein

1 Die Sultaninen in einer Schüssel 15 Minuten in warmem Wasser einweichen und gut abtropfen lassen. Die Mandeln in einer Pfanne ohne Öl leicht anrösten. Die Zwiebeln abziehen und fein würfeln. Die Birnen waschen, vierteln und von den Kerngehäusen befreien. Den Safran klein bröseln. Den Ingwer fein hacken die Zimtstangen halbieren, den Koriander mit Küchengarn zu einem Strauß binden. Die Zitrone auspressen. Von der Orange die Schale abreiben, dann halbieren. Eine Hälfte auspressen, die andere schälen, in Schnitze aufteilen und klein schneiden. Das Fleisch waschen, trocken tupfen und in 2 cm große Würfel schneiden.

2 In einem großen Schmortopf die Butter schmelzen, die Birnen darin 2 Minuten dünsten und mit dem Kardamom bestreuen. Den Honig dazugeben und die Birnen darin unter Wenden rundum karamellisieren. Herausnehmen und beiseitestellen.

3 Das Öl in den Topf geben und die Zwiebeln darin bei geringer Hitze golden braten. Das Fleisch, den Safran und Ingwer dazugeben, salzen und pfeffern und 10 Minuten rundum goldbraun anbraten. Zimtstangen, Sultaninen und Koriander hinzufügen, Zitronensaft und Wein einrühren. Aufkochen lassen und zugedeckt ca. 30 Minuten köcheln lassen, bis das Fleisch gar ist. Birnen, Orangenschale, Orangenstücke und Orangensaft hinzugeben und ohne Deckel 10 Minuten köcheln lassen. Koriander und Zimtstangen entfernen.

4 Auf vorgewärmten Tellern anrichten und mit den Mandeln bestreut servieren.

Kohlwickel von der Wildgans

1 Den Backofen auf 200 °C vorheizen. Den Wirsing waschen, für 5 Minuten in kochendem Wasser blanchieren, kalt abschrecken und trocken tupfen. Die Perlzwiebeln abziehen und sehr fein würfeln. Das Fleisch waschen, trocken tupfen und sehr fein hacken. Den Speck in sehr kleine Würfel schneiden. In einer großen Schüssel alles mit den Eiern, Paniermehl, Muskatnuss, Salz und Pfeffer gut vermischen.

2 Die Kohlblätter auf einer trockenen Arbeitsplatte so zu einem Rechteck auslegen, dass sie sich überlappen und keine Lücke zwischen ihnen verbleibt. Die Fleischmasse in die Mitte der Blätter geben und zu einem Laib formen. Die Kohlblätter um den Laib wickeln, ohne dass sie einreißen. Den Wickel mit Küchengarn rundum festbinden.

3 Den Wickel vorsichtig in einen großen Schmortopf legen. Die Zwiebel abziehen, fein hacken, mit Tomaten und Öl vermischen und über den Kohlwickel geben. Ca. 75–90 Minuten backen, dabei gelegentlich mit Wein und Brühe begießen. Herausnehmen und beiseitestellen.

4 Den Fond pürieren und cremig einkochen. Die Speisestärke mit kaltem Wasser glatt rühren und die Sauce damit binden. Noch 2–3 Minuten sanft köcheln lassen.

5 Den Kohlwickel in Scheiben schneiden, auf vorgewärmten Tellern anrichten und mit der Sauce überzogen servieren.

Für 6 Personen

Zutaten

12–15 Blätter Wirsingkohl
3 Perlzwiebeln
1 kg küchenfertige Gänsebrust, ohne Knochen
250 g durchwachsener Speck
2 Eier
100 g Paniermehl
frisch geriebene Muskatnuss
Meersalz
frisch gemahlener schwarzer Pfeffer
1 große Zwiebel
800 g gehackte Tomaten aus der Dose
40 EL Olivenöl
250 ml trockener Weißwein
125 ml Hühnerbrühe
2 TL Speisestärke

Gebratene Wildgans mit Mettfüllung

Für 6 Personen

Zutaten

100 g Rosinen
6 cl Weinbrand
3 große Zwiebeln
500 g Schweinemett
1 Ei
1 EL gehackte Majoranblätter
1 EL gehackte Thymianblätter
1 EL gemahlener Beifuß
6 EL Olivenöl
1 küchenfertige Wildgans, mit Leber
Meersalz
frisch gemahlener schwarzer Pfeffer
500 ml trockener Rotwein
250 ml Hühnerbrühe
2 TL Speisestärke

1 Die Rosinen in einer Schale in dem Weinbrand einweichen. Den Backofen auf 200 °C vorheizen. Die Zwiebeln abziehen und grob würfeln. Die Gänseleber klein schneiden und mit den Rosinen, den Zwiebeln, dem Mett und dem Ei vermischen. Majoran- und Thymianblätter fein wiegen und mit dem Beifuß und dem Olivenöl vermischen. Die Gans waschen, trocken tupfen, mit dem Gewürzöl bestreichen und salzen und pfeffern. Mit der Mettmasse füllen und mit Küchengarn zubinden und fixieren, dabei die Keulen an den Körper binden. Die Gans mit der Brustseite nach unten in einen Bräter legen und den Rotwein angießen. Ca. 150 Minuten garen, dabei den Vogel immer wieder mit Bratenfond übergießen. Die Gans wenden und 30 Minuten von der Brustseite knusprig garen. Herausnehmen und warm beiseitestellen.

2 Den Fond kräftig entfetten, mit der Hühnerbrühe auf die gewünschte Konsistenz einkochen und mit Salz und Pfeffer würzen. Die Speisestärke mit kaltem Wasser glatt rühren und die Sauce damit binden. Noch 2–3 Minuten köcheln lassen. Die Gans auf einer vorgewärmten Platte anrichten und die Sauce separat dazu servieren.

Eintopf von der Wildgans

Für 6 Personen

Zutaten

2 EL gehackte Thymianblätter
3 Zwiebeln
6 Knoblauchzehen
2 Karotten
½ Sellerieknolle
6 Kartoffeln
300 g Champignons
1 Kopf Brokkoli
1 kg küchenfertige Gänsebrust, ohne Knochen
2–3 EL Weizenmehl
Meersalz
frisch gemahlener schwarzer Pfeffer
3 EL Olivenöl
3 EL Tomatenmark
500 ml Bier
125 ml Rinderbrühe

1 Den Backofen auf 180 °C vorheizen. Die Thymianblätter fein wiegen. Die Zwiebeln abziehen und grob hacken. Den Knoblauch abziehen und pressen. Karotten, Sellerie und Kartoffeln schälen und klein schneiden. Die Champignons putzen (nicht waschen!) und je nach Größe halbieren oder vierteln. Den Brokkoli waschen und in Röschen zerteilen. Das Fleisch waschen, trocken tupfen und in 2 cm große Würfel schneiden. In einer flachen Schüssel Mehl, Salz und Pfeffer vermischen und das Fleisch darin wälzen, bis es gut paniert ist.

2 Das Fleisch in einen großen Schmortopf legen und das gesamte Gemüse darüber geben. Mit Thymian bestreuen. Öl, Tomatenmark, Bier und Brühe in einer Schüssel vermengen, salzen, pfeffern und über das Fleisch und Gemüse geben. Zugedeckt ca. 90–120 Minuten garen, bis das Fleisch sehr zart ist. Auf vorgewärmten Tellern anrichten und heiß servieren.

Schottischer Wildgans-Stew mit Knödeln

Für 6 Personen

Zutaten

2 große Zwiebeln
3 große Karotten
½ Speiserübe
1 kg küchenfertige Gänsebrust, ohne Knochen
2 EL Weizenmehl
Meersalz
frisch gemahlener schwarzer Pfeffer
4 EL Olivenöl
500 ml Hühnerbrühe
150 g Weizenmehl
60 g Backfett oder Rindertalg

1 Die Zwiebeln abziehen und grob hacken. Karotten und Rübe schälen und grob zerkleinern. Das Fleisch waschen, trocken tupfen und in 2 cm große Stücke schneiden. Im Mehl wälzen, abschütteln und großzügig salzen und pfeffern. Das Öl in einem großen Schmortopf bei mittlerer Temperatur erhitzen und das Fleisch darin portionsweise je 8–10 Minuten rundum braun anbraten. Zwiebeln, Karotten und Rübe dazugeben und bei mittlerer Hitze 8–10 Minuten braun anbraten. Die Brühe angießen, salzen, pfeffern und bei geringer Hitze 75 Minuten köcheln lassen.

2 Mehl und Fett mit ca. 4–6 EL Wasser vermengen, sodass ein glatter Teig entsteht. Daraus 6 Knödel formen und in den Topf auf den Stew geben. Zugedeckt weitere 30–45 Minuten köcheln lassen, bis das Fleisch schön zart ist und die Knödel ihre Größe verdoppelt haben. Je 1 Knödel auf vorgewärmte Teller geben und mit dem Stew servieren.

Pikanter Gänsetopf

Für 6 Personen

Zutaten

1 TL Kreuzkümmelsamen
1 TL Koriandersamen
4 Knoblauchzehen
3 Karotten
3 Stangen Lauch
18 kleine Kartoffeln (Bratlinge)
1 kg küchenfertige Gänsebrust, ohne Knochen
75 g Weizenmehl
Meersalz
frisch gemahlener schwarzer Pfeffer
4 EL Olivenöl
1 TL Zimtpulver
1 Lorbeerblatt
100 ml süßer Sherry
500 ml Hühnerbrühe
100 g Sultaninen
2 EL sehr fein abgeriebene Zitronenschale

1 Die Kreuzkümmelsamen und Koriandersamen in einem Mörser zerdrücken. Die Knoblauchzehen abziehen und fein hacken. Die Karotten schälen, den Lauch putzen und waschen, beides klein schneiden. Die Kartoffeln abbürsten. Das Fleisch waschen, trocken tupfen und in 2 cm große Stücke schneiden. Das Mehl in einer flachen Schüssel salzen und pfeffern. Das Fleisch darin rundum wälzen und abschütteln.

2 Das Öl in einem großen Topf bei mittlerer Temperatur erhitzen und das Fleisch darin 8–10 Minuten rundum braun anbraten. Herausnehmen und beiseitestellen, den Bratensaft im Topf lassen. Den Knoblauch in den Topf geben und bei mittlerer Hitze eine halbe Minute dünsten. Kreuzkümmel, Koriander, Zimt und Lorbeerblatt dazugeben und 1–2 Minuten kochen, dann den Sherry angießen und unter Umrühren einkochen lassen. Die Hühnerbrühe angießen und alles gut vermischen. Das Fleisch hinzufügen und zugedeckt bei geringer Hitze ca. 60 Minuten köcheln lassen. Immer wieder umrühren. Lauch, Karotten, Kartoffeln und Sultaninen hinzugeben, salzen und pfeffern und zugedeckt bei geringer Hitze noch einmal ca. 60 Minuten köcheln lassen, bis das Fleisch sehr weich ist. Das Lorbeerblatt entfernen. Auf vorgewärmten Tellern anrichten und mit der Zitronenschale bestreut servieren.

Ungarischer Eintopf von der Wildgans

1 Knoblauch und Zwiebeln abziehen und fein hacken. Die Paprikaschoten entkernen und klein schneiden. Die Petersilie waschen, trocken tupfen und fein hacken. 2 EL Öl in einem großen Kochtopf bei mittlerer Temperatur erhitzen und das Fleisch darin 8–10 Minuten rundum braun anbraten. Salzen, aus dem Topf nehmen und warm beiseitestellen.

2 Das restliche Öl erhitzen und den Schinken, den Knoblauch und die Zwiebeln darin ca. 5 Minuten anbraten, bis die Zwiebeln weich sind. Paprika hinzugeben und weitere 5 Minuten dünsten. Den Wein angießen, einkochen lassen, die Tomaten dazugeben und zugedeckt 15 Minuten köcheln lassen. Das Gänsefleisch hinzufügen, pfeffern und ca. 45–60 Minuten schmoren lassen, bis das Fleisch schön zart ist. Die Petersilie unterziehen und den Eintopf heiß servieren.

Für 6 Personen

Zutaten

3 Knoblauchzehen
2 rote Zwiebeln
1 rote Paprikaschote
1 grüne Paprikaschote
1 gelbe Paprikaschote
2 EL gehackte frische Petersilie
1 kg küchenfertige Gänsebrust, ohne Knochen
4 EL Olivenöl
Meersalz
200 g luftgetrockneter Schinken in dünnen Scheiben
250 ml trockener Weißwein
400 g gehackte Dosentomaten mit Saft
frisch gemahlener schwarzer Pfeffer

Gegrillte Gänsekeulen

1 Den Knoblauch abziehen, in dünne Scheiben schneiden und in Salz zerstoßen. Die Pfefferkörner in einem Mörser zerstoßen. Alles in einer großen Schüssel mit dem Senf, 3 EL Olivenöl und dem Honig zu einer Beize verrühren. Das Fleisch waschen, trocken tupfen, gut mit der Beize vermengen und zugedeckt 24 Stunden im Kühlschrank marinieren lassen.

2 Auf den Grill geben und je nach Größe ca. 20–40 Minuten von allen Seiten grillen. Herunternehmen und warm beiseitestellen. Inzwischen die Auberginen waschen, trocken tupfen, vom Stielansatz befreien und längs halbieren. Die Schnittflächen mit dem Zitronensaft und 3 EL Olivenöl beträufeln, kräftig salzen und pfeffern und einige Minuten auf dem Rost gar grillen.

3 Die Kartoffeln bürsten und halbieren. Die Tomaten waschen und halbieren. Abwechselnd je 4 Kartoffel- und Tomatenhälften auf einen Spieß stecken und so insgesamt 6 Spieße herstellen. Salzen, pfeffern, mit 3 EL Olivenöl beträufeln und 2–3 Minuten von der Schnittseite und 1 Minute von der Hautseite auf dem Rost grillen.

4 Jede Gänsekeule mit einer halben Aubergine und einem Grillspieß auf Tellern anrichten und servieren.

Für 6 Personen

Zutaten

2 Knoblauchzehen
Meersalz
10 schwarze Pfefferkörner
3 EL Dijon-Senf
9 EL Olivenöl
5 EL Honig
6 küchenfertige Gänsekeulen
3 große Auberginen
3 EL Zitronensaft
frisch gemahlener schwarzer Pfeffer
12 kleine Kartoffeln (Bratlinge)
12 kleine Tomaten

Das Perlhuhn

Die Perlhühner gehören zur Familie der Hühnervögel *(Galliformes)*. Es gibt insgesamt sechs verschiedene Arten, die ursprünglich allesamt aus Afrika stammen. Dort bewohnen sie verschiedenste Lebensräume von den tropischen Regenwäldern bis hin zu den trockenen und kargen Halbwüsten. Das heute domestizierte Perlhuhn stammt vom Helmperlhuhn *(Numida peleagris)* ab. Es lebt in Afrika südlich der Sahara und bevorzugt die offenen Lebensräume der Savanne. Eine kleine, isolierte Population findet man im nordafrikanischen Marokko. Helmperlhühner werden ca. 1,6 kg schwer. Ihr dichtes schwarzes Gefieder glänzt metallisch und weist zahlreiche weiße Sprenkel auf, die an Perlen erinnern. Hals und Kopf tragen keine Federn. Hier ist die Haut bläulich bis rötlich gefärbt. Typisch sind zwei rötliche Hautlappen, die das Männchen unterhalb des Schnabelansatzes trägt.

Im Laufe der Zeit wurde das Helmperlhuhn wahrscheinlich gleich mehrfach unabhängig voneinander domestiziert. So waren Perlhühner bereits in der Vorzeit in Afrika wichtige Fleisch- und Federlieferanten für die dort lebenden Menschen. Erste Hinweise auf die Domestizierung stammen aus dem alten Ägypten und sind über 5.000 Jahre alt. In der Antike waren Hausperlhühner im ganzen Mittelmeerraum bekannt. Mit dem Untergang des Römischen Reiches wurden die Perlhühner vom neu aufgekommenen Haushuhn verdrängt. Erst ab dem 16. Jahrhundert gelangten wieder Perlhühner nach Europa und wurden hier erneut domestiziert.

Hausperlhühner werden heute praktisch weltweit gezüchtet. Außerhalb der ursprünglichen Verbreitungsgebiete in Afrika, wo sie nach wie vor zu den wichtigsten Arten von Hausgeflügel zählen, erreichen sie bei Weitem nirgendwo die Bedeutung der Truthühner oder gar der Haushühner. Ein Grund dafür liegt darin, dass die aus dem warmen Afrika stammende Art in unserem Klima einfach nicht so gut gedeiht. Das musste man bereits im 18. Jahrhundert feststellen, als man versuchte, Perlhühner in West- und Mitteleuropa auszuwildern und so wie den Fasan als Jagdwild bei uns heimisch zu machen. Nach einigen Anfangserfolgen zeigte sich dann aber doch, dass diese Art vor allem mit den strengen Wintern bei uns nicht zurechtkommt und am Ende starben alle Populationen wieder aus. In ihrer afrikanischen Heimat zählen Perlhühner zum beliebten Jagdwild.

In der Küche ist das Perlhuhn wegen seines zarten, aromatischen Fleisches sehr beliebt. Meist werden Perlhühner im Ganzen oder in Teilen zubereitet. Man sollte darauf achten, dass das Fleisch während der Zubereitung nicht austrocknet.

Gefülltes Perlhuhn mit Maronen

Für 6 Personen

Zutaten

3 küchenfertige Perlhühner, ohne Innereien
Meersalz
frisch gemahlener schwarzer Pfeffer
150 g Maronen
100 ml Milch
150 g durchwachsener Speck
400 g Frühstücksspeck
500 ml trockener Rotwein
3 EL Olivenöl
3 rote Zwiebeln
200 g Sahne
1 TL Mehl

1 Den Backofen auf 180 °C vorheizen. Die Perlhühner waschen, trocken tupfen und von innen und außen salzen und pfeffern. Die Maronen an der spitzen Seite kreuzweise einschneiden, kurz im Backofen anrösten, schälen und klein schneiden. In einem Topf die Milch erhitzen und die Maronen 10 Minuten darin kochen. Den Speck klein schneiden, mit den abgetropften Maronen vermengen und die Masse gut mit Salz und Pfeffer würzen. Die Perlhühner auf ein tiefes Backblech geben, jeden Vogel mit einem Viertel der Füllmasse füllen, mit dem Frühstücksspeck belegen, in den Backofen geben und 40–50 Minuten garen. Den Speck abnehmen und die Perlhühner noch 10 Minuten knusprig werden lassen.

2 In der Zwischenzeit die Zwiebeln abziehen und fein würfeln. Die Perlhühner aus dem Backofen nehmen und warm beiseitestellen. Mit dem Rotwein den Bratensatz loskochen. In einer Pfanne das Olivenöl erhitzen, die Zwiebeln darin glasig dünsten und mit dem Bratenfond ablöschen. Die Sahne mit dem Mehl verrühren und die Sauce damit auf die gewünschte Konsistenz einkochen und binden. Mit Salz und Pfeffer abschmecken und die restlichen Maronen mit Speck unterheben.

Perlhuhn mit Aprikosen

Für 6 Personen

Zutaten

3 küchenfertige Perlhühner, ohne Innereien
Meersalz
frisch gemahlener schwarzer Pfeffer
150 g getrocknete Aprikosen
150 g gehackte Walnüsse
400 g fetter Speck
250 ml trockener Weißwein
250 ml Orangensaft
2 weiße Zwiebeln
3 EL Butter
200 g Sahne

1 Den Backofen auf 180 °C vorheizen. Die Perlhühner waschen, trocken tupfen und von innen und außen salzen und pfeffern. Die Aprikosen klein schneiden und mit den Walnüssen vermengen. Jeden Vogel mit einem Viertel davon füllen. Den Speck in dünne Scheiben schneiden. Die Perlhühner auf ein tiefes Backblech geben, mit dem Speck belegen, den Weißwein und den Orangensaft angießen und die Perlhühner 40–50 Minuten im Backofen garen. Den Speck abnehmen und die Perlhühner noch 10 Minuten bräunen lassen.

2 In der Zwischenzeit die Zwiebeln abziehen und fein würfeln. Die Perlhühner aus dem Backofen nehmen und warm beiseitestellen. In einer Pfanne die Butter erhitzen und die Zwiebeln darin glasig dünsten. Mit dem Fond ablöschen und mit der Sahne auf die gewünschte Konsistenz einkochen. Mit Salz und Pfeffer abschmecken und die restlichen Aprikosen und Walnüsse unterheben.

Perlhuhn in Pfifferlingssauce

1 Den Backofen auf 180 °C vorheizen. Die Pfefferkörner in einem Mörser zerstoßen. Die Perlhühner waschen, trocken tupfen und von innen salzen und pfeffern. Von außen jedes Perlhuhn mit 1 EL flüssiger Butter, Salz und den Pfefferkörnern einreiben. Auf ein tiefes Backblech geben, mit dem Frühstücksspeck belegen, den Weißwein angießen und die Perlhühner 40–50 Minuten im Backofen garen. Den Speck abnehmen und die Perlhühner noch 10 Minuten knusprig werden lassen.

2 In der Zwischenzeit die Schalotten abziehen und fein würfeln. Die Pfifferlinge putzen (nicht waschen!), verlesen und klein schneiden. Die Perlhühner aus dem Backofen nehmen und warm beiseitestellen. In einer Pfanne das Olivenöl erhitzen und die Schalotten darin glasig dünsten. Die Pfifferlinge dazugeben und braten, bis alle Flüssigkeit verdunstet ist. Die Pfifferlinge mit dem Fond ablöschen, mit der Sahne auf die gewünschte Konsistenz einkochen und mit Salz und Pfeffer abschmecken.

3 Die Perlhühner mit dem Frühstücksspeck auf vorgewärmten Platten anrichten und die Sauce getrennt dazu servieren.

Für 6 Personen

Zutaten

15 schwarze Pfefferkörner
3 küchenfertige Perlhühner, ohne Innereien
3 EL flüssige Butter
Meersalz
frisch gemahlener schwarzer Pfeffer
400 g Frühstücksspeck in Scheiben
500 ml trockener Weißwein
3 Schalotten
3 EL Olivenöl
500 g Pfifferlinge
200 g Sahne

Perlhuhn mit Steinpilzen

1 Den Backofen auf 180 °C vorheizen. Die Pfefferkörner in einem Mörser zerstoßen. Thymian- und Rosmarinblätter fein wiegen. Die Perlhühner waschen, trocken tupfen und von innen salzen und pfeffern. Von außen jedes Perlhuhn mit 1 EL Olivenöl, Salz, Pfefferkörnern, Thymian und Rosmarin einreiben. Auf ein tiefes Backblech geben, mit dem Frühstücksspeck belegen, den Weißwein angießen und 40–50 Minuten im Backofen garen. Den Speck abnehmen und die Perlhühner noch 10 Minuten knusprig werden lassen.

2 In der Zwischenzeit die Zwiebeln abziehen und fein würfeln. Die Steinpilze putzen (nicht waschen!), verlesen und klein schneiden. Die Perlhühner aus dem Backofen nehmen und warm beiseitestellen. In einer Pfanne 3 EL Olivenöl erhitzen und die Zwiebeln darin glasig dünsten. Die Steinpilze dazugeben und braten, bis alle Flüssigkeit verdunstet ist. Mit dem Fond ablöschen, mit der Sahne auf die gewünschte Konsistenz einkochen und mit Salz und Pfeffer abschmecken.

Für 6 Personen

Zutaten

15 schwarze Pfefferkörner
1 EL gehackte Thymianblätter
1 EL gehackte Rosmarinblätter
3 küchenfertige Perlhühner, ohne Innereien
Meersalz
frisch gemahlener schwarzer Pfeffer
6 EL Olivenöl
400 g Frühstücksspeck in Scheiben
500 ml trockener Weißwein
3 weiße Zwiebeln
500 g Steinpilze
200 g Sahne

Perlhuhn mit Schattenmorellen

Für 6 Personen

Zutaten

400 g Schattenmorellen
500 ml trockener Rotwein
6 cl Kirschwasser
2 Gemüsezwiebeln
3 küchenfertige Perlhühner, ohne Innereien
Meersalz
frisch gemahlener schwarzer Pfeffer
400 g fetter Speck
4 Schalotten
3 EL Olivenöl
200 g Sahne
2 TL Speisestärke

1 Die Schattenmorellen entkernen, 12 Kirschen halbieren, den Rest klein hacken und alles in eine Schüssel geben. Mit dem Rotwein und der Hälfte des Kirschwassers aufgießen und über Nacht ziehen lassen.

2 Den Backofen auf 180 °C vorheizen. Die Gemüsezwiebeln abziehen und grob würfeln. Die Perlhühner waschen, trocken tupfen und von innen und außen salzen und pfeffern. Den Speck in dünne Scheiben schneiden.

3 Auf ein tiefes Backblech geben, mit den Zwiebelwürfeln füllen und mit den Speckscheiben belegen. Die Schattenmorellen aus dem Rotwein nehmen und gut abtropfen lassen, den Rotwein zu den Perlhühnern gießen. In den Backofen geben und die Perlhühner 40–50 Minuten garen. Den Speck abnehmen und die Perlhühner noch 10 Minuten bräunen lassen.

4 In der Zwischenzeit die Schalotten abziehen und fein würfeln. In einer Pfanne das Olivenöl erhitzen und die Schalotten darin glasig dünsten. Die Perlhühner aus dem Backofen nehmen, mit dem restlichen Kirschwasser beträufeln und warm beiseitestellen. Den Fond pürieren oder durch ein Sieb streichen, zu den Schalotten geben, aufkochen und mit der Sahne auf die gewünschte Konsistenz einkochen. Die Speisestärke mit kaltem Wasser glatt rühren und die Sauce damit binden. Noch 2–3 Minuten köcheln lassen und mit Salz und Pfeffer abschmecken.

5 Die Perlhühner mit den halbierten Schattenmorellen auf einer vorgewärmten Platte anrichten und die Sauce getrennt dazu servieren.

Perlhuhn mit Jägersauce

Für 6 Personen

Zutaten

1 EL gehackte Thymianblätter
1 EL gehackte Rosmarinblätter
400 g fetter Speck
3 küchenfertige Perlhühner, ohne Innereien
Meersalz
frisch gemahlener schwarzer Pfeffer
500 ml trockener Weißwein
2 Zwiebeln
500 g kleine braune Champignons
3 EL Olivenöl
2 EL eiskalte Butter

1 Den Backofen auf 180 °C vorheizen. Thymian- und Rosmarinblätter fein wiegen. Den Speck in dünne Scheiben schneiden. Die Perlhühner waschen, trocken tupfen und von innen und außen salzen und pfeffern. Auf ein tiefes Backblech geben, mit Thymian und Rosmarin bestreuen und mit den Speckscheiben belegen. Den Weißwein zu den Perlhühnern gießen. In den Backofen geben und die Perlhühner 40–50 Minuten garen. Den Speck abnehmen und die Perlhühner noch 10 Minuten bräunen lassen.

2 In der Zwischenzeit die Zwiebeln abziehen und fein würfeln. Die Champignons putzen (nicht waschen!) und in feine Scheiben schneiden. Die Perlhühner aus dem Backofen nehmen und warm beiseitestellen. In einer Pfanne das Olivenöl erhitzen und die Zwiebeln darin glasig dünsten. Die Champignons dazugeben und braten, bis alle Flüssigkeit verdunstet ist. Mit dem Fond ablöschen, auf die gewünschte Konsistenz einkochen, mit Salz und Pfeffer abschmecken und mit der Butter binden.

Perlhuhn auf normannische Art

Für 6 Personen

Zutaten

6 EL Butter
3 EL Mehl
1 EL gehackte Thymianblätter
3 küchenfertige Perlhühner, ohne Innereien
Meersalz
frisch gemahlener schwarzer Pfeffer
3 große rote Zwiebeln
150 g durchwachsener Speck
4 EL Butter
2–3 säuerliche Äpfel
6 cl Calvados
750 ml Cidre

1 2 EL Butter mit dem Mehl verkneten und ins Eisfach stellen. Die Thymianblätter fein wiegen. Die Perlhühner waschen und trocken tupfen. Jeden Vogel in 4–6 Stücke zerteilen und diese rundum salzen, pfeffern und mit dem Thymian einreiben. Die Zwiebeln abziehen und fein würfeln. Den Speck in kleine Würfel schneiden. In einem großen Bräter die restliche Butter erhitzen und den Speck darin auslassen. Die Zwiebeln dazugeben und glasig dünsten. Die Perlhuhnstücke zufügen und 10–15 Minuten rundum anbräunen. Inzwischen die Äpfel schälen, von den Kerngehäusen befreien und in Stücke schneiden. Mit dem Calvados ablöschen und den Cidre angießen. Die Äpfel darüber streuen und zugedeckt ca. 60 Minuten schmoren lassen.

2 Das Fleisch aus dem Bräter nehmen und warm beiseitestellen. Den Fond pürieren oder durch ein Küchensieb streichen und auf die gewünschte Konsistenz einkochen. Die Sauce mit der Mehlbutter binden, noch 2–3 Minuten köcheln lassen und mit Salz und Pfeffer abschmecken.

Perlhuhn mit Mettfüllung

Für 6 Personen

Zutaten

1 TL gehackte Thymianblätter
1 TL gehackte Rosmarinblätter
2 rote Zwiebeln
250 g Schweinemett
Meersalz
frisch gemahlener schwarzer Pfeffer
3 küchenfertige Perlhühner, ohne Innereien
400 g fetter Speck
250 ml Gemüsebrühe
250 ml trockener Weißwein
200 g Sahne

1 Einen großen Römertopf gut wässern. Thymian- und Rosmarinblätter fein wiegen. Die Zwiebeln abziehen und fein würfeln. Das Schweinemett mit Salz und Pfeffer würzen und mit Zwiebeln, Thymian und Rosmarin vermengen. Die Perlhühner waschen, trocken tupfen, innen und außen salzen und pfeffern und mit dem Mett füllen, die Füllöffnung verschließen.

2 Den Backofen auf 200 °C vorheizen. Den Speck in dünne Scheiben schneiden und einen Römertopf damit auslegen. Die Perlhühner daraufsetzen und mit den restlichen Speckscheiben belegen. Die Gemüsebrühe dazugeben und die Perlhühner zugedeckt im Backofen ca. 90–120 Minuten garen. 15 Minuten vor dem Ende der Garzeit den Deckel vom Römertopf nehmen und die Perlhühner bräunen lassen.

3 Die Vögel herausnehmen und warm beiseitestellen. Den Fond in einen Topf gießen und mit dem Weißwein und der Sahne einkochen lassen. Mit Salz und Pfeffer würzen und separat zu den Perlhühnern reichen.

Perlhuhn mit Tomatensauce

Für 6 Personen

Zutaten

1 TL gehackte Thymianblätter
1 TL gehackte Rosmarinblätter
1 EL gehackte Majoranblätter
2 Gemüsezwiebeln
Meersalz
frisch gemahlener schwarzer Pfeffer
3 küchenfertige Perlhühner, ohne Innereien
800 g gehackte Tomaten aus der Dose
300 g Frühstücksspeck
250 ml trockener Weißwein
2 TL Speisestärke

1 Einen großen Römertopf gut wässern. Thymian-, Rosmarin- und Majoranblätter fein wiegen. Die Zwiebeln abziehen, fein würfeln und mit den Gewürzen vermengen. Die Perlhühner waschen, trocken tupfen, innen und außen salzen und pfeffern und mit den Zwiebeln füllen, die Füllöffnung verschließen.

2 Den Backofen auf 200 °C vorheizen. Die Tomaten salzen, pfeffern und in den Römertopf geben. Die Perlhühner daraufsetzen und mit den Speckscheiben belegen. Zugedeckt im Backofen ca. 90–120 Minuten garen. 15 Minuten vor dem Ende der Garzeit den Deckel vom Römertopf nehmen und die Perlhühner bräunen lassen.

3 Die Vögel herausnehmen und warm beiseitestellen. Den Fond in einen Topf gießen und mit dem Weißwein einkochen lassen. Die Speisestärke mit kaltem Wasser glatt rühren und die Sauce damit binden. Noch 2–3 Minuten sanft köcheln lassen, mit Salz und Pfeffer abschmecken und die Sauce separat zu den Perlhühnern reichen.

Perlhuhn mit Granatapfel

Für 6 Personen

Zutaten

1 EL gehackte Thymianblätter
1 EL gehackte Rosmarinblätter
3 küchenfertige Perlhühner, ohne Innereien
Meersalz
frisch gemahlener schwarzer Pfeffer
400 g Frühstücksspeck in Scheiben
500 ml trockener Weißwein
3 Granatäpfel
100 ml Madeira
1–2 TL Balsamico-Essenz
2 TL Speisestärke

1 Den Backofen auf 180 °C vorheizen. Thymian- und Rosmarinblätter fein wiegen. Die Perlhühner waschen, trocken tupfen und von innen und außen salzen und pfeffern. Auf ein tiefes Backblech geben, mit Thymian und Rosmarin bestreuen und mit dem Frühstücksspeck belegen. Den Weißwein zu den Perlhühnern gießen. In den Backofen geben und die Perlhühner 40–50 Minuten garen. Den Speck abnehmen und die Perlhühner noch 10 Minuten knusprig werden lassen.

2 In der Zwischenzeit die Granatäpfel auspressen. Die Perlhühner aus dem Backofen nehmen und warm beiseitestellen. Den Bratenfond mit dem Madeira auf die gewünschte Konsistenz einkochen und mit Granatapfelsaft und Balsamico-Essenz verfeinern. Die Speisestärke mit kaltem Wasser glattrühren und die Sauce damit binden, noch 2–3 Minuten unter ständigem Umrühren köcheln lassen.

3 Die Perlhühner mit dem Frühstücksspeck auf vorgewärmten Platten anrichten und die Sauce getrennt dazu servieren.

Perlhuhn mit Leberfüllung

Für 6 Personen

Zutaten

1 TL gehackte Thymianblätter
1 TL gehackte Rosmarinblätter
2 rote Zwiebeln
250 g Kalbsleber
4 EL Preiselbeermarmelade
3 küchenfertige Perlhühner, ohne Innereien
Meersalz
frisch gemahlener schwarzer Pfeffer
400 g fetter Speck
500 ml trockener Weißwein
150 g Crème fraîche

1 Thymian- und Rosmarinblätter fein wiegen. Die Zwiebeln abziehen und fein würfeln. Die Kalbsleber in sehr kleine Würfel schneiden, mit Salz und Pfeffer würzen und mit Zwiebeln, Thymian, Rosmarin und 2 EL Preiselbeermarmelade vermengen. Die Perlhühner waschen, trocken tupfen, innen und außen salzen und pfeffern und mit der Masse füllen, die Füllöffnung verschließen. Den Speck in dünne Scheiben schneiden. Die Vögel auf ein tiefes Backblech geben, mit den Speckscheiben belegen und den Weißwein angießen. In den Backofen geben und die Perlhühner 40–50 Minuten garen. Den Speck abnehmen und die Perlhühner noch 10 Minuten bräunen lassen.

2 Die Perlhühner aus dem Backofen nehmen und warm beiseitestellen. Den Fond mit der Crème fraîche auf die gewünschte Konsistenz einkochen, die restliche Preiselbeermarmelade unterziehen und mit Salz und Pfeffer abschmecken.

3 Die Perlhühner auf vorgewärmten Platten anrichten und die Sauce getrennt dazu servieren.

Perlhuhn mit Gemüse

Für 6 Personen

Zutaten

3 Gemüsezwiebeln
3 Karotten
1 Petersilienwurzel
2 Stangen Lauch
1 Stange Sellerie
4 Knoblauchzehen
1 EL gehackte Thymianblätter
1 EL gehackte Rosmarinblätter
3 küchenfertige Perlhühner, ohne Innereien
Meersalz
frisch gemahlener schwarzer Pfeffer
150 g durchwachsener Speck
3 EL Olivenöl
500 ml trockener Weißwein
200 g Sahne

1 Die Gemüsezwiebeln abziehen und grob würfeln. Die Karotten und Petersilienwurzel schälen und klein schneiden. Den Lauch und Sellerie waschen, putzen und in Stücke schneiden. Den Knoblauch abziehen und pressen. Thymian-, und Rosmarinblätter fein wiegen. Die Perlhühner waschen und trocken tupfen. Jeden Vogel in 4–6 Stücke zerteilen und diese rundum salzen, pfeffern und mit Thymian, Rosmarin und Knoblauch einreiben. Den Speck in kleine Würfel schneiden.

2 Den Backofen auf 180 °C vorheizen. In einem großen Bräter das Olivenöl erhitzen und den Speck darin auslassen. Die Perlhuhnstücke zufügen und 10–15 Minuten rundum anbräunen. Zwiebeln, Karotten, Petersilienwurzel, Lauch und Sellerie dazugeben und kurz anrösten. Mit dem Weißwein ablöschen und im Backofen zugedeckt ca. 60 Minuten schmoren lassen.

3 Das Fleisch aus dem Bräter nehmen und warm beiseitestellen. Das Gemüse aus dem Fond nehmen, abtropfen lassen und beiseitestellen. Den Fond durch ein Küchensieb streichen, mit der Sahne cremig einkochen und noch einmal mit Salz und Pfeffer abschmecken.

4 Auf einer großen, flachen Schale aus dem geschmorten Gemüse ein Gemüsebett anrichten, die Perlhuhnstücke darauf geben und mit der Sauce überzogen servieren.

Perlhuhn mit Oliven

Für 6 Personen

Zutaten

100 g große schwarze Oliven, entsteint
100 g große grüne Oliven, entsteint
1 EL gehackte Thymianblätter
1 EL gehackte Rosmarinblätter
1 EL gehackte Salbeiblätter
3 Knoblauchzehen
3 küchenfertige Perlhühner, ohne Innereien
Meersalz
frisch gemahlener schwarzer Pfeffer
150 g durchwachsener Speck
4 EL Olivenöl
500 ml trockener Weißwein
200 g Sahne
2 EL eiskalte Butter

1 Den Backofen auf 180 °C vorheizen. Die Oliven klein schneiden. Thymian-, Rosmarin- und Salbeiblätter fein wiegen. Den Knoblauch abziehen und fein hacken. Die Perlhühner waschen und trocken tupfen. Jeden Vogel in 4–6 Stücke zerteilen und diese rundum salzen, pfeffern und mit Thymian, Rosmarin, Salbei und Knoblauch einreiben. Den Speck in kleine Würfel schneiden.

2 In einem großen Bräter das Olivenöl erhitzen und den Speck darin auslassen. Die Perlhuhnstücke zufügen und 10–15 Minuten rundum anbräunen. Mit dem Weißwein ablöschen, die gehackten Oliven darüber streuen und zugedeckt im Ofen ca. 60 Minuten schmoren lassen.

3 Das Fleisch aus dem Bräter nehmen und warm beiseitestellen. Einen Teil der Oliven aus dem Fond nehmen und beiseitestellen. Den Fond pürieren oder durch ein Küchensieb streichen, mit der Sahne cremig einkochen, noch einmal mit Salz und Pfeffer abschmecken und mit der Butter binden.

Perlhuhn mit Trüffeln

Für 6 Personen

Zutaten

6 weiße Trüffel
500 g Schweinemett
3 küchenfertige Perlhühner, ohne Innereien
400 g fetter Speck in Scheiben
frisch gemahlener schwarzer Pfeffer
Meersalz
500 ml trockener Weißwein
200 g Sahne

1 Die Trüffel in sehr feine Scheiben schneiden und mit dem Schweinemett vermengen. Die Perlhühner waschen, trocken tupfen und mit der Masse füllen, die Füllöffnung verschließen. Über Nacht im Kühlschrank durchziehen lassen.

2 Den Backofen auf 180 °C vorheizen. Die Perlhühner salzen, pfeffern und auf ein tiefes Backblech geben. Mit dem Speck belegen und den Weißwein angießen. In den Backofen geben und die Perlhühner 40–50 Minuten garen. Den Speck abnehmen und die Perlhühner noch 10 Minuten knusprig werden lassen.

3 Die Perlhühner aus dem Backofen nehmen und warm beiseitestellen. Den Fond mit der Sahne cremig einkochen und mit Salz und Pfeffer abschmecken.

Perlhuhn mit Weintrauben

Für 6 Personen

Zutaten

250 g blaue Weintrauben ohne Kerne
250 g grüne Weintrauben ohne Kerne
3 küchenfertige Perlhühner, ohne Innereien
frisch gemahlener schwarzer Pfeffer
Meersalz
6 EL Olivenöl
6 cl Weinbrand
250 ml trockener Weißwein
250 ml Geflügelbrühe
150 g Crème fraîche

1 Den Backofen auf 180 °C vorheizen. Die Trauben waschen und trocken tupfen. Je 150 g blaue und grüne Trauben klein schneiden und vermischen. Die Perlhühner waschen, trocken tupfen, salzen, pfeffern und mit den Trauben füllen. Die Haut der Perlhühner von außen mit dem Olivenöl bestreichen und die Vögel auf ein tiefes Backblech geben. In den Backofen geben und die Perlhühner 30 Minuten garen. Dabei immer wieder mit dem Öl beträufeln. Mit Weinbrand ablöschen, Geflügelbrühe und Weißwein angießen und die Perlhühner noch 30 Minuten garen. Immer wieder mit dem Fond begießen und in den letzten 10 Minuten schön bräunen lassen.

2 Inzwischen je 6 blaue und grüne Weintrauben vierteln, den Rest klein schneiden. Die Perlhühner aus dem Backofen nehmen und warm beiseitestellen. Den Fond mit der Crème fraîche auf die gewünschte Konsistenz einkochen, mit Salz und Pfeffer abschmecken und die klein geschnittenen Trauben unterziehen.

Perlhuhn mit Spargel

Für 6 Personen

Zutaten

6 Wacholderbeeren
10 schwarze Pfefferkörner
6 EL Olivenöl
3 küchenfertige Perlhühner, ohne Innereien
400 g fetter Speck in Scheiben
2 EL gehackte glatte Petersilie
500 g weiße Spargelspitzen
250 g grüne Spargelspitzen
3 EL Butterschmalz
Meersalz
frisch gemahlener schwarzer Pfeffer
250 ml trockener Weißwein
200 g Sahne

1 Die Wacholderbeeren und die Pfefferkörner in einem Mörser zerstoßen und mit dem Olivenöl vermischen. Die Perlhühner waschen, trocken tupfen, mit dem Gewürzöl einreiben und 24 Stunden zugedeckt im Kühlschrank marinieren lassen.

2 Den Backofen auf 180 °C vorheizen. Die Perlhühner auf das tiefe Backblech setzen und mit dem Speck belegen. Den Wein angießen und die Vögel in den Backofen geben und 40–50 Minuten garen, dann den Speck abnehmen und die Vögel noch ca. 10 Minuten schön bräunen lassen. Herausnehmen und warm beiseitestellen. Den Fond mit der Sahne cremig einkochen und noch einmal mit Salz und Pfeffer abschmecken.

3 Inzwischen die Petersilie waschen, trocken tupfen und fein hacken. Die Spargelspitzen waschen und – wenn nötig – etwas schälen. In einer großen Pfanne das Butterschmalz erhitzen und die Spargelspitzen darin 10–12 Minuten garen, nach Belieben leicht bräunen lassen. Mit Salz und Pfeffer würzen.

Perlhuhn mit Kartoffeln

Für 6 Personen

Zutaten

10 mittlere Kartoffeln
4 Karotten
3 rote Zwiebeln
Meersalz
6 EL Olivenöl
3 küchenfertige Perlhühner, ohne Innereien
frisch gemahlener weißer Pfeffer
200 g Sahne
6 cl Calvados
3 EL gehackte glatte Petersilie

1 Zwiebeln, Kartoffeln und Karotten schälen, in dünne Scheiben schneiden, gut vermischen und kräftig salzen. In einer großen Pfanne 2 EL Olivenöl erhitzen und das Gemüse darin ca. 10 Minuten anbraten. Den Backofen auf 225 °C vorheizen. Die Perlhühner waschen, trocken tupfen und innen und außen mit Salz und Pfeffer einreiben. In einer großen Pfanne 3 EL Olivenöl erhitzen, die Perlhühner nacheinander darin rundum goldbraun anbraten und beiseitestellen. Das tiefe Backblech mit 1 EL Olivenöl einfetten und das Gemüse darauf auslegen. Die Perlhühner darauf geben, das ganze Blech mit Alufolie abdecken und im Backofen zugedeckt ca. 30–40 Minuten schmoren lassen. Die Sahne mit dem Calvados mischen. Die Folie entfernen, die Mischung über die Perlhühner träufeln und weitere 15 Minuten bräunen lassen. Inzwischen die Petersilie waschen, trocken tupfen und fein hacken. Die Perlhühner auf dem Kartoffelgemüse mit der Petersilie garniert direkt aus dem Backofen mit dem Backblech auftragen und bei Tisch tranchieren.

Perlhuhn mit Quitten

Für 6 Personen

Zutaten

1 EL gehackte Majoranblätter
1 EL gehackte Thymianblätter
1 EL gehackte Rosmarinblätter
3 weiße Zwiebeln
400 g fetter Speck
3 küchenfertige Perlhühner, ohne Innereien
Meersalz
frisch gemahlener schwarzer Pfeffer
500 ml trockener Rosé
6 Quitten
Zucker
200 g Sahne
3 EL Quittengelee

1 Den Backofen auf 180 °C vorheizen. Majoran-, Thymian- und Rosmarinblätter fein wiegen. Die Zwiebeln abziehen und grob schneiden. Den Speck in dünne Scheiben schneiden. Die Perlhühner waschen, trocken tupfen, von innen und außen salzen und pfeffern und jeden Vogel mit 1 Zwiebel füllen. Auf ein tiefes Backblech geben, mit den Kräutern bestreuen und mit den Speckscheiben belegen. Den Rosé zu den Perlhühnern gießen. Die Quitten waschen und so achteln, dass die Stücke an der Basis noch zusammenhängen. Zu den Perlhühnern geben und 40–50 Minuten im Backofen garen, dabei immer wieder mit dem Fond begießen. Den Speck abnehmen und die Perlhühner noch 10 Minuten bräunen lassen.

2 Die Perlhühner aus dem Backofen nehmen, die Zwiebeln herausnehmen und die Vögel warm beiseitestellen. Den Fond in einen Topf füllen, die Zwiebeln pürieren und dazugeben. Mit der Sahne auf die gewünschte Konsistenz einkochen. Das Quittengelee unterziehen und mit Salz und Pfeffer abschmecken.

Geschmortes Perlhuhn

Für 6 Personen

Zutaten

6 Perlzwiebeln
1 Knoblauchzehe
2 Karotten
2 Stangen Sellerie
1 EL gehackte Thymianblätter
1 EL gehackte Rosmarinblätter
2 Lorbeerblätter
4 Wacholderbeeren
250 ml trockener Weißwein
100 ml Weißweinessig
12 EL Olivenöl
3 küchenfertige Perlhühner, ohne Innereien
Meersalz
frisch gemahlener schwarzer Pfeffer
1–2 EL Mehl
200 g Sahne

1 Perlzwiebeln und Knoblauch abziehen und fein würfeln. Die Karotten schälen und klein schneiden. Den Sellerie waschen, putzen und in Stücke schneiden. Thymian-, und Rosmarinblätter fein wiegen. Lorbeerblätter und Wacholderbeeren in einem Mörser zerstoßen. Alles in eine große Schüssel geben und mit dem Weißwein, Weißweinessig und 9 EL Olivenöl zu einer Marinade verrühren. Die Perlhühner waschen und trocken tupfen. Jeden Vogel in 4–6 Stücke zerteilen, in die Marinade geben und 24 Stunden im Kühlschrak ziehen lassen.

2 Den Backofen auf 250 °C vorheizen. In einem Bräter 3 EL Olivenöl erhitzen. Die Perlhuhnstücke abtrocknen, salzen und pfeffern, leicht mit Mehl bestäuben und rundum goldbraun anbraten. Das Gemüse aus der Marinade nehmen, abtropfen lassen, zu den Perlhühnern geben und kurz anrösten. Mit der Marinade ablöschen und kurz aufkochen lassen. Zugedeckt in den Backofen geben und 10 Minuten bei 250 °C garen, dann die Temperatur auf 120 °C reduzieren und ca. 120 Minuten schmoren lassen.

3 Die Perlhuhnstücke herausnehmen und warm beiseitestellen. Den Fond pürieren oder durch ein Sieb streichen und in einen Topf geben. Mit der Sahne cremig einkochen und noch einmal mit Salz und Pfeffer abschmecken.

4 Die Perlhühner auf einer vorgewärmten Platte anrichten und mit etwas Sauce überzogen servieren. Die restliche Sauce separat dazu reichen.

Wacholder-Perlhuhn

1 Die Wacholderbeeren und Pfefferkörner in einem Mörser zerstoßen und mit Senf und Gin zu einer Beize vermischen. Die Perlhühner waschen, trocken tupfen, mit der Beize bestreichen und im Kühlschrank 24 Stunden ziehen lassen.

2 Den Backofen auf 180 °C vorheizen. Die Perlzwiebeln abziehen und fein würfeln. Die Äpfel waschen, klein schneiden und von den Kerngehäusen befreien.

3 In einer Pfanne das Butterschmalz erhitzen und die Zwiebeln und die Äpfel darin weich dünsten. Herausnehmen und mit dem Schweinemett, den Eiern und den Kürbiskernen vermengen, salzen und pfeffern. Die Perlhühner mit der Masse füllen und die Öffnungen mit Küchengarn zunähen.

4 Auf ein tiefes Backblech legen, salzen und pfeffern und mit dem Frühstücksspeck belegen. Den Weißwein angießen, in den Backofen geben und 40–50 Minuten garen, dabei immer wieder mit dem Fond begießen. Den Speck abnehmen und die Perl-hühner noch 10 Minuten bräunen lassen.

5 Die Vögel aus dem Backofen nehmen und warm beiseitestellen. Den Fond in einen Topf füllen und aufkochen lassen. Mit der Sahne auf die gewünschte Konsistenz einkochen und mit Salz und Pfeffer abschmecken.

6 Die Perlhühner mit dem Speck auf vorgewärmten Platten anrichten und die Sauce getrennt dazu servieren.

Für 6 Personen

Zutaten

8 Wacholderbeeren
10 schwarze Pfefferkörner
3 EL körniger Senf
6 cl Gin
3 küchenfertige Perlhühner, ohne Innereien
Meersalz
frisch gemahlener schwarzer Pfeffer
3 Perlzwiebeln
2 EL Butterschmalz
250 g Schweinemett
2–3 Eier
100 g Kürbiskerne
400 g Frühstücksspeck
3 grüne Äpfel
250 ml Weißwein
200 g Sahne

Das Rebhuhn

Der kleinere, rundliche Vogel mit der typischen gedrungenen Gestalt der Hühnervögel *(Galliformes)* trägt einen seltsam kahl wirkenden, kugeligen und rostbraunen bis orangefarbigen Kopf. Die Männchen weisen im Prachtkleid ein silbrig graues Brustgefieder und einen in der Tarnfarbe braun gebänderten Rücken auf. Um das Auge verläuft ein roter Wachsring. Außerhalb der Balzzeit ist das Männchen wesentlich schlichter gefärbt und ähnelt viel stärker den Weibchen. Diese besitzen keine silbergraue Färbung, sie sind schlichter und vorwiegend braun gefärbt. Beiden Geschlechtern gemeinsam sind die kurzen abgerundeten Flügel und der ebensolche Schwanz. Insgesamt könnte man das Rebhuhn *(Perdix perdix)* äußerlich relativ leicht mit der Wachtel verwechseln, wenn es nicht deutlich größer wäre als diese.

Rebhühner findet man in einem weiten Verbreitungsgebiet. Dieses zieht sich von Westeuropa nach Mittel-, Ost- und Südosteuropa und über Kleinasien und Zentralasien bis hin nach Nordchina. In Südeuropa und Nordskandinavien hingegen fehlt es. Dafür gibt es im Süden einige verwandte Arten. Über dieses riesige Gebiet hinaus sind Rebhühner auch in Südskandinavien und Nordamerika eingebürgert worden. Das Rebhuhn leidet unter der Intensivlandwirtschaft. So sind die Bestände bei uns schon lange rückläufig und das Rebhuhn steht auf der Roten Liste der stark gefährdeten Arten. Vor allem die Pflanzenschutzmittel machen den Rebhühnern schwer zu schaffen, da sie dann nicht genügend Insekten für die Aufzucht ihrer Jungen finden.

Das Rebhuhn lebt in der offenen Landschaft, am liebsten in Kulturland mit Hecken, Gebüschen und Rainen. Es baut sein Nest am Boden in dichtem Pflanzenwuchs, das Gelege ist meist groß. Seine Nahrung besteht aus Samen und Körnern, die Brut wird mit Insekten gefüttert.

Rebhuhnfleisch ist bei Feinschmeckern sehr beliebt und ist deshalb traditionell ein beliebtes Wildgeflügel bei der Jagd. Vielerorts darf es allerdings wegen der dramatischen Bestandsabnahme schon länger nicht mehr gejagt werden. So kommt immer mehr Rebhuhnfleisch von Tieren in Käfighaltung, ohne dass dabei allerdings schon von Domestizierung gesprochen werden kann.

In der Küche wird das nur bis zu 400 g schwere Rebhuhn wegen seines zarten, aromatischen Fleisches geschätzt. Es wird in der Regel im Ganzen gebraten oder geschmort. Das Fleisch ist mager und sollte bei der Zubereitung stets gegen Austrocknung geschützt werden. Beim Genuss sollte man auf eventuell noch im Fleisch vorhandene Schrotkügelchen achten. Ein Vogel ergibt 1 Portion.

Gebratenes Rebhuhn

Für 6 Personen

Zutaten

1 EL gehackte Thymianblätter
3 Schalotten
1 Zitrone
250 g fetter Speck
6 küchenfertige Rebhühner, ohne Innereien
Meersalz
frisch gemahlener schwarzer Pfeffer
3 EL Butterschmalz
500 ml trockener Rotwein
1 Lorbeerblatt
200 g saure Sahne

1 Den Backofen auf 200 °C vorheizen. Die Thymianblätter fein wiegen. Die Schalotten abziehen und fein hacken. Die Zitrone auspressen. Den Speck in dünne Scheiben schneiden. Die Rebhühner waschen, trocken tupfen, innen und außen leicht salzen, pfeffern und mit Zitronensaft beträufeln. In einem großen Bräter das Butterschmalz erhitzen und die Rebhühner darin rundum anbraten. Mit dem Rotwein ablöschen und mit den Schalotten bestreuen. Die Rebhühner mit den Speckscheiben belegen, das Lorbeerblatt hinzufügen. Zugedeckt im Backofen ca. 75 Minuten garen, die Speckscheiben abnehmen und ohne Deckel noch einmal 15 Minuten bräunen lassen.

2 Die Rebhühner herausnehmen und warm beiseitestellen. Speck und Lorbeerblatt entfernen, den Fond pürieren und in einem Topf mit der sauren Sahne auf die gewünschte Konsistenz einkochen. Noch einmal mit Salz und Pfeffer abschmecken. Die Rebhühner auf vorgewärmten Tellern anrichten und die Sauce getrennt dazu servieren.

Geschmortes Rebhuhn

Für 6 Personen

Zutaten

1 EL gehackte Thymianblätter
1 EL gehackte Rosmarinblätter
4 rote Zwiebeln
2 Knoblauchzehen
125 g durchwachsener Speck
6 küchenfertige Rebhühner, ohne Innereien
4 EL Olivenöl
500 ml trockener Rotwein
2 EL Tomatenmark
Meersalz
frisch gemahlener schwarzer Pfeffer
500 g kleine braune Champignons

1 Thymian- und Rosmarinblätter fein wiegen, Zwiebeln und Knoblauch abziehen und fein hacken. Den Speck in kleine Würfel schneiden. Die Rebhühner waschen, trocken tupfen und in je 4 Teile zerlegen. In einem großen Schmortopf das Olivenöl erhitzen und die Rebhuhnteile mit dem Speck nach und nach darin braun anbraten. Zwiebeln, Knoblauch, Tomatenmark, Thymian und Rosmarin zufügen und leicht anrösten. Mit dem Rotwein ablöschen, salzen, pfeffern und zugedeckt ca. 35 Minuten schmoren lassen. Inzwischen die Champignons putzen (nicht waschen!), in den Topf geben und weitere 10 Minuten schmoren lassen.

2 Die Rebhühner mit den Champignons und der Sauce direkt aus dem Topf bei Tisch auf vorgewärmten Tellern anrichten.

Rebhuhn mit Pfefferkruste

Für 6 Personen

Zutaten

15 schwarze Pfefferkörner
3 Knoblauchzehen
6 EL Honig
6 EL Rotweinessig
3 große Zwiebeln
6 küchenfertige Rebhühner, ohne Innereien
Meersalz
frisch gemahlener schwarzer Pfeffer
4 Schalotten
500 ml trockener Rotwein
3 EL Olivenöl
200 g Sahne

1 Den Backofen auf 180 °C vorheizen. Die Pfefferkörner in einem Mörser zerstoßen, den Knoblauch abziehen und pressen. Beides mit dem Honig und dem Essig zu einer Marinade verarbeiten. Die Zwiebeln abziehen und grob würfeln. Die Rebhühner waschen, trocken tupfen, innen wie außen salzen und pfeffern und mit den Zwiebelwürfeln füllen. Auf einem Backblech in den Backofen geben und 50–60 Minuten garen. Dabei in den ersten 40 Minuten immer wieder mit der Marinade bestreichen. In den letzten 10–20 Minuten eine schöne Kruste entstehen lassen.

2 In der Zwischenzeit die Schalotten abziehen und fein würfeln. Die Rebhühner aus dem Backofen nehmen und warm beiseitestellen. Den Bratensatz mit dem Rotwein loskochen. In einer Pfanne das Olivenöl erhitzen und die Schalotten darin glasig dünsten. Mit dem Rotwein ablöschen und mit der Sahne auf die gewünschte Konsistenz einkochen. Mit Salz und Pfeffer abschmecken. Die Rebhühner auf vorgewärmten Platten anrichten und die Sauce getrennt dazu servieren.

Rebhuhn mit Birnensauce

Für 6 Personen

Zutaten

1 EL gehackte Thymianblätter
1 EL gehackte Majoranblätter
2 Zwiebeln
250 g fetter Speck
6 küchenfertige Rebhühner, ohne Innereien
Meersalz
frisch gemahlener schwarzer Pfeffer
3 EL Olivenöl
500 ml trockener Rotwein
4 Birnen
200 g Sahne

1 Den Backofen auf 200 °C vorheizen. Thymian- und Majoranblätter fein wiegen. Die Zwiebeln abziehen und fein hacken. Den Speck in dünne Scheiben schneiden. Die Rebhühner waschen, trocken tupfen, innen und außen leicht salzen und pfeffern. In einem großen Bräter das Olivenöl erhitzen und die Rebhühner darin rundum anbraten. Die Zwiebeln dazugeben und kurz mitbraten. Mit dem Rotwein ablöschen und die Rebhühner mit den Speckscheiben belegen. Zugedeckt im Backofen ca. 75 Minuten garen.

2 Inzwischen die Birnen waschen, kleinschneiden und von den Kerngehäusen befreien. Die Speckscheiben abnehmen, die Birnen zufügen und die Rebhühner ohne Deckel noch einmal 15 Minuten bräunen lassen.

3 Die Rebhühner herausnehmen und warm beiseitestellen. Speck entfernen, den Fond pürieren und in einem Topf mit der Sahne auf die gewünschte Konsistenz einkochen. Noch einmal mit Salz und Pfeffer abschmecken. Die Rebhühner auf vorgewärmten Tellern anrichten und die Sauce getrennt dazu servieren.

Rebhuhn mit Speck

1 Den Backofen auf 180 °C vorheizen. Die Zwiebeln abziehen und grob würfeln. Die Rebhühner waschen, trocken tupfen und innen wie außen kräftig salzen und pfeffern. Mit den Zwiebelwürfeln füllen, auf ein Backblech legen und mit den Speckscheiben belegen. In den Backofen geben und 60 Minuten garen. Nach 40 Minuten die Speckscheiben entfernen und die Haut bei 250 °C knusprig garen.

2 In der Zwischenzeit die Schalotten abziehen und fein würfeln. Die Rebhühner aus dem Backofen nehmen und warm beiseitestellen. Den Bratensatz mit dem Rotwein loskochen. In einer Pfanne das Olivenöl erhitzen und die Schalotten darin glasig dünsten. Mit dem Rotwein ablöschen und mit der Sahne auf die gewünschte Konsistenz einkochen. Mit Salz und Pfeffer abschmecken.

Für 6 Personen

Zutaten

3 große Zwiebeln
6 küchenfertige Rebhühner, ohne Innereien
Meersalz
frisch gemahlener schwarzer Pfeffer
200 g Frühstücksspeck
4 Schalotten
250 ml trockener Rotwein
200 g Sahne

Rebhuhn mit Maronen

1 Den Backofen auf 250 °C vorheizen. Die Pfefferkörner in einem Mörser zerstoßen. Die Rebhühner waschen, trocken tupfen und innen salzen und pfeffern.Von außen jedes Rebhuhn mit 1 EL Olivenöl, Salz und den Pfefferkörnern einreiben. Die Maronen an der spitzen Seite kreuzweise einschneiden, kurz im Backofen anrösten, schälen und klein schneiden. In einem Topf die Milch erhitzen und die Maronen 10 Minuten darin kochen. Den Speck klein schneiden und mit den abgetropften Maronen vermengen. Gut mit Salz und Pfeffer würzen, jedes Rebhuhn damit füllen, auf einem Backblech in den Backofen geben und 15 Minuten garen. Die Hitze auf 180 °C reduzieren, den Rotwein angießen und weitere 40 Minuten garen. Dabei immer wieder mit dem Fond bestreichen. In den letzten 10 Minuten die Haut knusprig werden lassen.

2 In der Zwischenzeit die Schalotten abziehen und fein würfeln. Die Rebhühner aus dem Backofen nehmen und warm beiseitestellen. In einer Pfanne 3 EL Olivenöl erhitzen und die Schalotten darin glasig dünsten. Mit dem Fond ablöschen und mit der Sahne auf die gewünschte Konsistenz einkochen. Mit Salz und Pfeffer abschmecken und die restlichen Maronen mit Speck unterheben.

Für 6 Personen

Zutaten

15 schwarze Pfefferkörner
6 küchenfertige Rebhühner, ohne Innereien
9 EL Olivenöl
Meersalz
150 g Maronen
100 ml Milch
150 g durchwachsener Speck
500 ml trockener Rotwein
3 Schalotten
200 g Sahne
frisch gemahlener schwarzer Pfeffer

Rebhuhn auf Weinkraut

Für 6 Personen

Zutaten

1 EL gehackte Thymianblätter
1 EL gehackte Rosmarinblätter
3 große Zwiebeln
500 g Weintrauben ohne Kerne
6 küchenfertige Rebhühner, ohne Innereien
Meersalz
frisch gemahlener schwarzer Pfeffer
400 g Frühstücksspeck
3 EL Butterschmalz
500 ml trockener Weißwein
250 ml Wildfond
4 Schalotten
750 g Sauerkraut
3 EL Olivenöl
200 g Sahne

1 Den Backofen auf 200 °C vorheizen. Thymian- und Rosmarinblätter fein wiegen, die Zwiebeln abziehen und klein schneiden, alles gut miteinander vermischen. Die Weintrauben waschen und klein schneiden. Die Rebhühner waschen, trocken tupfen und innen und außen mit Salz und Pfeffer einreiben. Mit den Zwiebeln füllen und die Öffnungen mit Küchengarn zunähen. In den Frühstücksspeck einwickeln und in einen großen Bräter geben. Die Hälfte der Weintrauben dazugeben, 250 ml Wein und den Wildfond angießen. In den Backofen geben und 30 Minuten garen, dann den Speck entfernen und noch einmal 10–15 Minuten bräunen lassen.

2 Inzwischen die Schalotten abziehen und klein schneiden. In einem großen Topf das Olivenöl erhitzen und die Schalotten darin glasig dünsten. Das Sauerkraut abtropfen lassen, dazugeben und 20 Minuten schmoren lassen. Dabei immer wieder den restlichen Weißwein angießen und verkochen lassen. Zum Schluss das Sauerkraut etwas anrösten, mit Salz und Pfeffer würzen und warm beiseitestellen.

3 Die Rebhühner herausnehmen und warm beiseitestellen. Den Fond pürieren und mit der Sahne cremig einkochen. Mit Salz und Pfeffer abschmecken.

4 Auf 6 Tellern ein Bett aus Sauerkraut anlegen und die Rebhühner darauf anrichten. Die Sauce getrennt dazu servieren.

Tipp: Zum Garnieren eignen sich besonders halbierte, kurz gebratene Weintrauben.

Rebhuhn mit weißen Bohnen

Für 6 Personen

Zutaten

1 Lorbeerblatt
6 Pimentkörner
6 schwarze Pfefferkörner
1 EL gehackte Rosmarinblätter
1 EL gehackte Thymianblätter
3 rote Zwiebeln
6 küchenfertige Rebhühner, ohne Innereien
Meersalz
frisch gemahlener schwarzer Pfeffer
5 EL Olivenöl
12 Knoblauchzehen
6 Zweige Rosmarin
750 ml trockener Rotwein
100 ml Gemüsebrühe
3 Schalotten
125 g durchwachsener Speck
400 g gehackte Tomaten aus der Dose
800 g große weiße Bohnen aus dem Glas
2 EL eiskalte Butter

1 Den Backofen auf 200 °C vorheizen. Das Lorbeerblatt, die Piment- und Pfefferkörner in einem Mörser zerstoßen. Rosmarin- und Thymianblätter fein wiegen. Die Zwiebeln abziehen und fein hacken. Die Rebhühner waschen, trocken tupfen, innen salzen und pfeffern und außen mit dem Lorbeerblatt, den Pimentkörnern und Pfefferkörnern und der Hälfte des Thymians und Rosmarins einreiben und mit 3 EL Olivenöl beträufeln. Jedes Rebhuhn mit 1 Rosmarinzweig und 2 abgezogenen Knoblauchzehen füllen.

2 Einen großen Bräter erhitzen und die Rebhühner darin rundum anbraten. Die Zwiebeln dazugeben und kurz mitbraten. Die Hälfte des Rotweins und die Gemüsebrühe angießen und zugedeckt im Backofen ca. 50 Minuten schmoren. Den restlichen Wein angießen und ohne Deckel noch ca. 10–15 Minuten bräunen lassen.

3 Inzwischen die Schalotten abziehen und sehr fein hacken. Den Speck in kleine Würfel schneiden. In einem Topf das restliche Olivenöl erhitzen, den Speck darin 5 Minuten anbraten, dann die Schalotten dazugeben und glasig schwitzen. Mit den gehackten Tomaten auffüllen, den restlichen Thymian dazugeben und 20 Minuten köcheln lassen. Die Bohnen abgießen und untermischen. Mit Salz und Pfeffer abschmecken und warm beiseitestellen.

4 Die Rebhühner herausnehmen und warm beiseitestellen. Den Fond pürieren, stark einkochen, mit Salz und Pfeffer würzen und die Sauce mit der eiskalten Butter binden.

5 Auf 6 Tellern ein Bett aus weißen Bohnen anlegen und die Rebhühner darauf anrichten. Die Sauce getrennt dazu servieren.

Rebhuhn mit Pfifferlingen

Für 6 Personen

Zutaten

15 schwarze Pfefferkörner
6 küchenfertige Rebhühner, ohne Innereien
9 EL Olivenöl
Meersalz
500 ml trockener Weißwein
3 Schalotten
500 g Pfifferlinge
200 g Sahne
frisch gemahlener schwarzer Pfeffer

1 Den Backofen auf 250 °C vorheizen. Die Pfefferkörner in einem Mörser zerstoßen. Die Rebhühner waschen, trocken tupfen und innen salzen und pfeffern. Von außen jedes Rebhuhn mit 1 EL Olivenöl, Salz und den Pfefferkörnern einreiben. Auf einem Backblech in den Backofen geben und 15 Minuten garen. Die Hitze auf 180 °C reduzieren, den Weißwein angießen und weitere 40 Minuten garen, dabei immer wieder mit dem Fond bestreichen. In den letzten 10 Minuten die Haut knusprig werden lassen.

2 In der Zwischenzeit die Schalotten abziehen und fein würfeln. Die Pfifferlinge putzen (nicht waschen!), verlesen und klein schneiden. Die Rebhühner aus dem Backofen nehmen und warm beiseitestellen. In einer Pfanne 3 EL Olivenöl erhitzen und die Schalotten darin glasig dünsten. Die Pfifferlinge dazugeben und braten, bis alle Flüssigkeit verdunstet ist. Mit dem Fond ablöschen, mit der Sahne auf die gewünschte Konsistenz einkochen und mit Salz und Pfeffer abschmecken.

3 Die Rebhühner auf vorgewärmten Platten anrichten und die Sauce getrennt dazu servieren.

Rebhuhn Winzer-Art

Für 6 Personen

Zutaten

4 rote Zwiebeln
500 g grüne Weintrauben ohne Kerne
24 frische Weinblätter
6 küchenfertige Rebhühner, ohne Innereien
Meersalz
frisch gemahlener schwarzer Pfeffer
400 g Frühstücksspeck
3 EL Olivenöl
500 ml trockener Rosé
200 g Sahne
2 EL Weingelee

1 Die Zwiebeln abziehen und fein hacken, die Weintrauben waschen und klein schneiden. Die Weinblätter gründlich waschen und vorsichtig trocken tupfen. Die Rebhühner waschen, trocken tupfen, innen und außen mit Salz und Pfeffer würzen und mit der Hälfte der Zwiebeln und Weintrauben füllen, die Öffnung zunähen. Jedes Rebhuhn in Frühstücksspeck und dann in 4 Weinblätter einwickeln und mit Küchengarn verschnüren. In einem großen Schmortopf das Öl erhitzen und die Rebhühner darin von allen Seiten anbraten. Die restlichen Zwiebeln und Weintrauben dazugeben, mit dem Wein ablöschen und mit Deckel bei geringer Hitze ca. 45 Minuten schmoren lassen. Die Rebhühner herausnehmen und warm beiseitestellen. Den Fond pürieren und in einem Topf mit der Sahne cremig einkochen lassen. Mit Salz und Pfeffer abschmecken und das Weingelee unterrühren. Die Rebhühner auf vorgewärmten Tellern anrichten und die Sauce getrennt dazu servieren.

Rebhuhn mit Schattenmorellen

Für 6 Personen

Zutaten

400 g Schattenmorellen
500 ml trockener Rotwein
6 cl Kirschwasser
15 schwarze Pfefferkörner
9 EL Olivenöl
3 große Zwiebeln
6 küchenfertige Rebhühner, ohne Innereien
Meersalz
frisch gemahlener schwarzer Pfeffer
4 Schalotten
200 g Sahne

1 Die Schattenmorellen entkernen, 12 Kirschen halbieren, den Rest klein hacken und alles in eine Schüssel geben. Mit dem Rotwein und der Hälfte des Kirschwassers aufgießen und über Nacht ziehen lassen.

2 Den Backofen auf 200 °C vorheizen. Die Pfefferkörner in einem Mörser zerstoßen, die Zwiebeln abziehen und grob würfeln. Die Rebhühner waschen, trocken tupfen, innen salzen und pfeffern und mit den Zwiebelwürfeln füllen. Von außen jedes Rebhuhn mit 1 EL Olivenöl beträufeln und mit Salz und Pfefferkörnern einreiben. Die Schattenmorellen aus dem Rotwein nehmen und gut abtropfen lassen.

3 Die Rebhühner auf einem Backblech in den Backofen geben und 60 Minuten garen. Dabei in den ersten 50 Minuten immer wieder mit Rotwein begießen. Den restlichen Rotwein angießen, die gehackten Schattenmorellen dazugeben und in den letzten 10 Minuten eine schöne Kruste entstehen lassen.

4 In der Zwischenzeit die Schalotten abziehen und fein würfeln. In einer Pfanne 3 EL Olivenöl erhitzen und die Schalotten darin glasig dünsten. Die Rebhühner aus dem Backofen nehmen, mit dem restlichen Kirschwasser beträufeln und warm beiseitestellen. Den Fond pürieren oder durch ein Sieb streichen, zu den Schalotten geben, aufkochen und mit der Sahne auf die gewünschte Konsistenz einkochen. Noch einmal mit Salz und Pfeffer abschmecken.

5 Die Rebhühner mit den halbierten Schattenmorellen auf einer vorgewärmten Platte anrichten und die Sauce getrennt dazu servieren.

Tipp: Als Beilage zu diesem Gericht eignet sich zum Beispiel Blumenkohl.

Rebhuhn mit Jägersauce

1 Die Thymian- und Rosmarinblätter fein wiegen, die Schalotten abziehen und fein hacken. Die Champignons putzen (nicht waschen!), die Hälfte der Pilze vierteln, den Rest in dünne Scheiben schneiden. Den Speck in kleine Würfel schneiden. Die Rebhühner waschen, trocken tupfen, innen und außen salzen und pfeffern und mit 3 EL Olivenöl einreiben. Jeden Vogel mit je 1 Thymian- und Rosmarinzweig und mit den geviertelten Champignons füllen.

2 In einem großen Schmortopf den Speck auslassen und die Rebhühner darin von allen Seiten anbraten. Mit der Hühnerbrühe ablöschen und ca. 45 Minuten zugedeckt bei geringer Hitze schmoren lassen.

3 Inzwischen in einer großen Pfanne das restliche Olivenöl erhitzen und die Schalotten darin glasig dünsten. Die in Scheiben geschnittenen Champignons dazugeben und 15 Minuten braten, bis die Flüssigkeit verdampft ist. Mit Salz und Pfeffer würzen. Die Petersilie waschen, trocken tupfen und fein hacken.

4 Die Rebhühner herausnehmen und warm beiseitestellen. Den Fond auf die gewünschte Konsistenz einkochen und die Champignons unterheben. Die Speisestärke mit kaltem Wasser glattrühren und die Sauce damit binden. Noch 2–3 Minuten köcheln lassen, die Hälfte der Petersilie unterheben und noch einmal abschmecken.

5 Die Rebhühner auf vorgewärmten Tellern anrichten, mit der restlichen Petersilie garnieren und die Sauce getrennt dazu servieren.

Für 6 Personen

Zutaten

1 EL gehackte Thymianblätter
1 EL gehackte Rosmarinblätter
3 Schalotten
500 g kleine braune Champignons
125 g durchwachsener Speck
6 küchenfertige Rebhühner, ohne Innereien
Meersalz
frisch gemahlener schwarzer Pfeffer
6 EL Olivenöl
6 Thymianzweige
6 Rosmarinzweige
500 ml Hühnerbrühe
1 EL gehackte glatte Petersilie
1–2 TL Speisestärke

Rebhuhn mit Preiselbeeren

Für 6 Personen

Zutaten

15 schwarze Pfefferkörner
6 EL Honig
6 EL körniger Senf
3 rote Zwiebeln
6 küchenfertige Rebhühner, ohne Innereien
Meersalz
frisch gemahlener schwarzer Pfeffer
400 g Frühstücksspeck
4 Schalotten
500 ml trockener Rotwein
3 EL Olivenöl
200 g Sahne
4 EL Preiselbeermarmelade

1 Den Backofen auf 180 °C vorheizen. Die Pfefferkörner in einem Mörser zerstoßen und mit dem Honig und dem Senf zu einer Gewürzpaste verarbeiten. Die Zwiebeln abziehen und grob würfeln. Die Rebhühner waschen, trocken tupfen und innen wie außen salzen und pfeffern. Mit Würzpaste bestreichen, mit den Zwiebelwürfeln füllen, in den Frühstücksspeck einwickeln, auf einem Backblech in den Backofen geben und 50 Minuten garen. Den Speck abnehmen und 10 Minuten eine schöne Kruste entstehen lassen. Wenn die Rebhühner zu schnell bräunen, mit Alufolie abdecken oder mit Rotwein beträufeln.

2 In der Zwischenzeit die Schalotten abziehen und fein würfeln. Die Rebhühner aus dem Backofen nehmen und warm beiseitestellen. Den Bratensatz mit dem Rotwein loskochen. In einer Pfanne das Olivenöl erhitzen und die Schalotten darin glasig dünsten. Mit dem Rotwein ablöschen und mit der Sahne auf die gewünschte Konsistenz einkochen. Die Preiselbeermarmelade unterziehen und mit Salz und Pfeffer abschmecken.

3 Die Rebhühner auf einer vorgewärmten Platte anrichten und die Sauce getrennt dazu servieren.

Rebhuhn in Orangensauce

Für 6 Personen

Zutaten

3 Orangen
3 große Zwiebeln
250 g fetter Speck
6 küchenfertige Rebhühner, ohne Innereien
Meersalz
frisch gemahlener schwarzer Pfeffer
500 ml Orangensaft
2 EL bittere Orangenmarmelade
200 g Sahne

1 Den Backofen auf 200 °C vorheizen. Die Orangen schälen und klein schneiden. Die Zwiebeln abziehen, fein hacken und mit den Orangenstücken vermischen. Den Speck in dünne Scheiben schneiden. Die Rebhühner waschen, trocken tupfen, innen und außen salzen und pfeffern. Jedes Rebhuhn mit der Orangen-Zwiebel-Mischung füllen und mit Speckscheiben umwickeln. Die Vögel in einen großen Bräter geben und ca. 45 Minuten im Backofen garen, dann den Speck abnehmen, den Orangensaft angießen und noch 15 Minuten bräunen lassen. Herausnehmen, die Füllung entfernen und die Rebhühner warm beiseitestellen.

2 Die Füllung pürieren und in den Fond geben. Mit der Sahne cremig einkochen, die Orangenmarmelade unterheben und noch einmal mit Salz und Pfeffer abschmecken. Die Rebhühner auf vorgewärmten Tellern anrichten und die Sauce getrennt dazu servieren.

Rebhuhn mit Kräuterseitlingen

Für 6 Personen

Zutaten

15 schwarze Pfefferkörner
1 EL gehackte Thymianblätter
1 EL gehackte Rosmarinblätter
6 küchenfertige Rebhühner, ohne Innereien
Meersalz
400 g Frühstücksspeck
500 ml trockener Rotwein
3 Schalotten
500 g Kräuterseitlinge
3 EL Olivenöl
2 EL eiskalte Butter
frisch gemahlener schwarzer Pfeffer

1 Den Backofen auf 220 °C vorheizen. Die Pfefferkörner in einem Mörser zerstoßen. Thymian- und Rosmarinblätter fein wiegen. Die Rebhühner waschen, trocken tupfen und innen salzen und pfeffern. Von außen jedes Rebhuhn mit Salz, Pfefferkörnern, Thymian und Rosmarin einreiben. In den Frühstücksspeck einwickeln, auf einem Backblech in den Backofen geben und 15 Minuten garen. Die Hitze auf 180 °C reduzieren, den Rotwein angießen und weitere 40 Minuten garen, dabei immer wieder mit dem Fond bestreichen. In den letzten 10 Minuten die Haut knusprig werden lassen.

2 In der Zwischenzeit die Schalotten abziehen und fein würfeln. Die Kräuterseitlinge putzen (nicht waschen!), verlesen und klein schneiden. Die Rebhühner aus dem Backofen nehmen und warm beiseitestellen. In einer Pfanne 3 EL Olivenöl erhitzen und die Schalotten darin glasig dünsten. Die Kräuterseitlinge dazugeben und braten, bis alle Flüssigkeit verdunstet ist. Mit dem Fond ablöschen, auf die gewünschte Konsistenz einkochen, mit der eiskalten Butter binden und mit Salz und Pfeffer abschmecken.

Geschmortes Rebhuhn mit Oliven

Für 6 Personen

Zutaten

100 g große schwarze Oliven, entsteint
100 g große grüne Oliven, entsteint
1 EL gehackte Thymianblätter
1 EL gehackte Rosmarinblätter
1 EL gehackte Salbeiblätter
3 Knoblauchzehen
6 küchenfertige Rebhühner, ohne Innereien
Meersalz
frisch gemahlener schwarzer Pfeffer
150 g durchwachsener Speck
4 EL Olivenöl
500 ml trockener Weißwein
150 g Crème fraîche
2 EL eiskalte Butter

1 Die Oliven klein schneiden. Thymian-, Rosmarin- und Salbeiblätter fein wiegen. Den Knoblauch abziehen und fein hacken. Die Rebhühner waschen, trocken tupfen, rundum salzen, pfeffern und mit Thymian, Rosmarin, Salbei und Knoblauch einreiben. Den Speck in kleine Würfel schneiden.

2 In einem großen Bräter das Olivenöl erhitzen und den Speck darin auslassen. Die Rebhühner darin 10 Minuten rundum anbräunen. Mit dem Weißwein ablöschen, die gehackten Oliven darüber streuen und zugedeckt ca. 45 Minuten schmoren lassen.

3 Das Fleisch aus dem Bräter nehmen und warm beiseitestellen. Ein Teil der Oliven aus dem Fond nehmen und beiseitestellen. Den Fond pürieren oder durch ein Küchensieb streichen, mit der Crème fraîche auf die gewünschte Konsistenz einkochen, noch einmal mit Salz und Pfeffer abschmecken und mit der Butter binden.

4 Die Rebhühner auf vorgewärmten Tellern anrichten, mit den Oliven garnieren und die Sauce separat dazu reichen.

Rebhuhn mit Steinpilzen

Für 6 Personen

Zutaten

1 Bund glatte Petersilie
6 küchenfertige Rebhühner, ohne Innereien
Meersalz
frisch gemahlener weißer Pfeffer
6 Rosmarinzweige
6 Thymianzweige
400 g Frühstücksspeck
6 EL Butterschmalz
100 ml Madeira
150 ml trockener Weißwein
250 ml Hühnerbrühe
3 Schalotten
500 g Steinpilze
200 g Sahne
2 TL Speisestärke

1 Die Petersilie waschen, trocken tupfen und grob hacken. Die Rebhühner waschen, trocken tupfen, innen und außen salzen und pfeffern, mit der Petersilie und je 1 Zweig Rosmarin und Thymian füllen und mit dem Speck umwickeln. In einem großen Schmortopf 3 EL Butterschmalz erhitzen und die Rebhühner darin rundum anbraten. Mit dem Madeira ablöschen, Weißwein und Hühnerbrühe angießen und zugedeckt ca. 60 Minuten schmoren lassen.

2 Inzwischen die Schalotten abziehen und fein hacken. Die Steinpilze putzen (nicht waschen!) und klein schneiden. In einer großen Pfanne 3 EL Butterschmalz erhitzen und die Schalotten darin glasig dünsten. Die Steinpilze hinzufügen, weich dünsten, salzen, pfeffern und warm beiseitestellen.

3 Die Rebhühner herausnehmen und warm beiseitestellen. Den Fond in einem Topf mit der Sahne cremig einkochen. Die Speisestärke mit kaltem Wasser glattrühren und die Sauce damit binden. Noch 2–3 Minuten köcheln lassen und mit Salz und Pfeffer abschmecken. Die Rebhühner auf vorgewärmte Teller geben, mit den Steinpilzen anrichten und die Sauce getrennt dazu servieren.

Geschmortes Rebhuhn mit Linsen

Für 6 Personen

Zutaten

500 g braune Linsen
3 große Zwiebeln
2 Knoblauchzehen
2 Karotten
200 g durchwachsener Speck
1 Bund krause Petersilie
6 küchenfertige Rebhühner, ohne Innereien
Meersalz
frisch gemahlener schwarzer Pfeffer
3 EL Butterschmalz
500 ml Gemüsebrühe
400 g gehackte Tomaten (Dose)

1 Die Linsen nach Packungsangaben vorbereiten, eventuell einweichen und/oder vorkochen. Zwiebeln und Knoblauch abziehen und fein würfeln. Die Karotten schälen und in feine Stifte schneiden. Den Speck in Würfel schneiden. Die Petersilie waschen, trocken tupfen und fein hacken. Die Rebhühner waschen, trocken tupfen und innen und außen salzen und pfeffern.

2 In einem großen Bräter das Butterschmalz erhitzen und den Speck darin auslassen. Die Rebhühner darin rundum anbraten. Zwiebeln, Knoblauch und Karotten dazugeben und leicht anrösten. Mit Gemüsebrühe ablöschen und die Linsen und Tomaten dazugeben. 50–60 Minuten sanft schmoren lassen. Wenn das Gericht zu trocken wird, etwas Wasser angießen.

3 Auf vorgewärmten Tellern ein Bett aus Linsengemüse anlegen, die Rebhühner darauf anrichten und mit Petersilie garniert servieren.

Rebhuhn mit Weintrauben

Für 6 Personen

Zutaten

250 g blaue Weintrauben ohne Kerne
250 g grüne Weintrauben ohne Kerne
6 küchenfertige Rebhühner, ohne Innereien
frisch gemahlener schwarzer Pfeffer
Meersalz
150 g weiche Butter
6 cl Weinbrand
500 ml trockener Rotwein
200 g Sahne

1 Den Backofen auf 180 °C vorheizen. Die Trauben waschen und trocken tupfen. Je 150 g blaue und grüne Trauben klein schneiden und vermischen. Die Rebhühner waschen, trocken tupfen, salzen, pfeffern und mit den Trauben füllen. Die Haut von außen mit der Butter bestreichen und die Vögel auf ein tiefes Backblech geben. In den Backofen geben und die Rebhühner 30–40 Minuten garen. Mit Weinbrand ablöschen, Rotwein angießen und die Rebhühner noch 20 Minuten bräunen lassen.

2 Inzwischen je 6 blaue und grüne Weintrauben vierteln, den Rest klein schneiden. Die Rebhühner aus dem Backofen nehmen und warm beiseitestellen. Den Fond mit der Sahne auf die gewünschte Konsistenz einkochen, mit Salz und Pfeffer abschmecken und die klein geschnittenen Trauben unterziehen.

3 Die Rebhühner auf vorgewärmten Platten anrichten, mit den geviertelten Weintrauben garnieren und mit etwas Sauce überzogen servieren. Die restliche Sauce getrennt dazu servieren.

Rebhuhn im Gemüsebett

Für 6 Personen

Zutaten

2 EL Butter
2 EL Mehl
1 EL gehackte Thymianblätter
1 EL gehackte Rosmarinblätter
3 Knoblauchzehen
3 rote Zwiebeln
500 g Champignons
3 Karotten
1 Petersilienwurzel
3 Birnen
6 küchenfertige Rebhühner, ohne Innereien
Meersalz
frisch gemahlener schwarzer Pfeffer
400 g Frühstücksspeck
3 EL Butterschmalz oder Olivenöl
6 cl Weinbrand
250 ml trockener Rotwein
250 ml Gemüsebrühe

1 Die Butter mit dem Mehl verkneten und ins Eisfach stellen. Thymian- und Rosmarinblätter fein wiegen. Knoblauch und Zwiebeln abziehen, den Knoblauch längs halbieren, die Zwiebeln vierteln. Die Champignons putzen (nicht waschen!) und eventuell halbieren oder vierteln. Karotten und Petersilienwurzel schälen und in Stücke schneiden. Die Birnen waschen, in Stücke schneiden und von den Kerngehäusen befreien. Die Rebhühner waschen, trocken tupfen, innen und außen salzen und pfeffern, mit den Birnen füllen und in den Speck einwickeln.

2 In einem großen Schmortopf das Butterschmalz oder Olivenöl erhitzen und die Rebhühner darin rundum anbraten. Gemüse und Kräuter dazugeben und leicht anrösten. Mit dem Weinbrand ablöschen und mit dem Wein und der Gemüsebrühe auffüllen. Bei geringer Hitze ca. 60 Minuten schmoren lassen.

3 Die Rebhühner herausnehmen, die Füllung entfernen und die Vögel warm beiseitestellen. Das Gemüse herausnehmen, abtropfen lassen und warm beiseitestellen. Die Füllung pürieren und mit dem Fond auf die gewünschte Konsistenz einkochen. Mit der Mehlbutter binden, noch 2–3 Minuten köcheln lassen und mit Salz und Pfeffer abschmecken.

Gekochtes Rebhuhn mit Marinade

Für 6 Personen

Zutaten

3 rote Zwiebeln
2 Karotten
2 Stangen Bleichsellerie
Meersalz
6 küchenfertige Rebhühner, ohne Innereien
1 EL gehackte glatte Petersilie
10 EL Olivenöl
6 EL Balsamico
frisch gemahlener schwarzer Pfeffer

1 Die Zwiebeln abziehen und grob würfeln. Die Karotten schälen und klein schneiden. Den Sellerie waschen, putzen und in Stücke schneiden. In einem sehr großen Topf Salzwasser zum Kochen bringen und das Gemüse darin 5 Minuten kochen. Die Rebhühner waschen, dazugeben und ca. 45–60 Minuten köcheln lassen. Herausnehmen und abkühlen lassen. Das Gemüse aus dem Sud nehmen und ebenfalls abkühlen lassen.

2 Die Petersilie waschen, trocken tupfen und fein hacken. Aus Olivenöl, Balsamico und Petersilie eine Marinade zubereiten und mit Salz und Pfeffer abschmecken. Die Rebhühner halbieren.

3 Auf jeden Teller 2 halbe Rebhühner geben, mit etwas Gemüse anrichten und mit der Marinade überziehen. Noch kurz marinieren lassen und kalt oder lauwarm servieren.

Rebhuhn mit Äpfeln

Für 6 Personen

Zutaten

1 EL gehackte Thymianblätter
1 EL gehackte Rosmarinblätter
6 küchenfertige Rebhühner, ohne Innereien
Meersalz
frisch gemahlener schwarzer Pfeffer
3 Zwiebeln
400 g Frühstücksspeck
250 ml trockener Rosé
6 Äpfel
Zucker
2 Karotten
250 ml Hühnerbrühe
200 g Sahne

1 Den Backofen auf 180 °C vorheizen. Thymian- und Rosmarinblätter fein wiegen. Die Rebhühner waschen, trocken tupfen und von innen und außen salzen und pfeffern. Die Zwiebeln abziehen, grob schneiden und jedes Rebhuhn damit füllen. Auf ein tiefes Backblech geben, mit Thymian und Rosmarin bestreuen und mit dem Frühstücksspeck belegen. Den Rosé zu den Rebhühnern gießen. Die Äpfel waschen und so achteln, dass die Stücke an der Basis noch zusammenhängen. Auf das Backblech legen und mit Zucker bestreuen. Die Karotten schälen und in Stücke schneiden. Zu den Rebhühnern geben und 40–50 Minuten im Backofen garen, dabei immer wieder mit dem Fond begießen. Den Speck abnehmen und die Rebhühner noch 10 Minuten bräunen lassen.

2 Die Rebhühner aus dem Backofen nehmen, die Zwiebeln herausnehmen und die Vögel warm beiseitestellen. Den Fond in einen Topf füllen, die Karotten und die Zwiebeln pürieren und dazugeben. Mit der Hühnerbrühe auffüllen und aufkochen lassen. Mit der Sahne auf die gewünschte Konsistenz einkochen und mit Salz und Pfeffer abschmecken.

3 Die Rebhühner mit dem Frühstücksspeck und den Äpfeln auf vorgewärmten Platten anrichten und die Sauce getrennt dazu servieren.

Rebhuhn mit Lebkuchensauce

Für 6 Personen

Zutaten

500 g Pflaumen
6 küchenfertige Rebhühner, ohne Innereien
Meersalz
frisch gemahlener schwarzer Pfeffer
1 TL getrockneter Estragon
400 g Frühstücksspeck
3 EL Olivenöl
500 ml trockener Rotwein
2 EL Saucenlebkuchen

1 Den Backofen auf 180 °C vorheizen. Die Pflaumen waschen, entsteinen und klein schneiden. Die Rebhühner waschen, trocken tupfen, mit Salz, Pfeffer und Estragon einreiben und mit dem Frühstücksspeck umwickeln. In einem Bräter das Olivenöl erhitzen und die Rebhühner darin rundum anbraten. Mit dem Rotwein ablöschen, die Pflaumen dazugeben und zugedeckt im Backofen ca. 60 Minuten sanft schmoren. Die Rebhühner herausnehmen und warm beiseitestellen. Den Fond pürieren und in einem Topf einkochen. Mit Salz und Pfeffer abschmecken und mit dem Lebkuchen binden.

2 Die Rebhühner mit dem Frühstücksspeck auf vorgewärmten Platten anrichten und die Sauce getrennt dazu servieren.

Rebhuhn in Wacholdersauce

Für 6 Personen

Zutaten

8 Wacholderbeeren
10 schwarze Pfefferkörner
3 EL Dijon-Senf
6 cl Gin
6 küchenfertige Rebhühner, ohne Innereien
Meersalz
frisch gemahlener schwarzer Pfeffer
3 Schalotten
2 EL Butter
500 g Schweinemett
3 Eier
100 g Pinienkerne
400 g Frühstücksspeck
3 grüne Äpfel
250 ml Hühnerbrühe
200 g Sahne

1 Die Wacholderbeeren und Pfefferkörner in einem Mörser zerstoßen und mit Senf und Gin zu einer Beize vermischen. Die Rebhühner waschen, trocken tupfen, mit der Beize bestreichen und im Kühlschrank 24 Stunden ziehen lassen.

2 Den Backofen auf 180 °C vorheizen. Die Schalotten abziehen und fein würfeln. Die Äpfel waschen, klein schneiden und von den Kerngehäusen befreien. In einer Pfanne die Butter erhitzen und die Schalotten und die Äpfel darin weich dünsten. Herausnehmen und mit dem Schweinemett, den Eiern und den Pinienkernen vermengen, salzen und pfeffern. Die Rebhühner mit der Masse füllen und die Öffnungen mit Küchengarn zunähen. Auf ein tiefes Backblech legen, salzen und pfeffern und mit dem Frühstücksspeck belegen. Die Hühnerbrühe angießen, in den Backofen geben und 40–50 Minuten garen, dabei immer wieder mit dem Fond begießen. Den Speck abnehmen und die Rebhühner noch 10 Minuten bräunen lassen.

3 Die Vögel aus dem Backofen nehmen und warm beiseitestellen. Den Fond in einen Topf füllen und aufkochen lassen. Mit der Sahne auf die gewünschte Konsistenz einkochen und mit Salz und Pfeffer abschmecken.

4 Die Rebhühner mit dem Speck auf vorgewärmten Platten anrichten und die Sauce getrennt dazu servieren.

Rebhuhn mit Aprikosen

1 Den Backofen auf 250 °C vorheizen. Die Pfefferkörner in einem Mörser zerstoßen. Die Rebhühner waschen, trocken tupfen und innen salzen und pfeffern. Von außen jedes Rebhuhn mit 1 EL Olivenöl, Salz und den Pfefferkörnern einreiben. Die Aprikosen klein schneiden und mit den Walnüssen vermengen. Jedes Rebhuhn damit füllen, auf einem Backblech in den Backofen geben und 15 Minuten garen. Die Hitze auf 180 °C reduzieren, den Weißwein und den Orangensaft angießen und weitere 45 Minuten garen. Dabei in den ersten 30 Minuten immer wieder mit dem Fond bestreichen. In den letzten 15 Minuten die Haut knusprig werden lassen.

2 In der Zwischenzeit die Schalotten abziehen und fein würfeln. Die Rebhühner aus dem Backofen nehmen und warm beiseitestellen. In einer Pfanne 3 EL Olivenöl erhitzen und die Schalotten darin glasig dünsten. Mit dem Fond ablöschen und mit der Sahne auf die gewünschte Konsistenz einkochen. Mit Salz und Pfeffer abschmecken und die restlichen Aprikosen und Walnüsse unterheben.

3 Die Rebhühner auf vorgewärmten Platten anrichten und die Sauce getrennt dazu servieren.

Für 6 Personen

Zutaten

15 schwarze Pfefferkörner
6 küchenfertige Rebhühner, ohne Innereien
9 EL Olivenöl
Meersalz
150 g getrocknete Aprikosen
150 g gehackte Walnüsse
250 ml trockener Weißwein
250 ml Orangensaft
3 Schalotten
200 g Sahne
frisch gemahlener schwarzer Pfeffer

Rebhuhn im Kartoffelbett

1 Die Kartoffeln schälen, in dünne Scheiben schneiden und kräftig salzen. In einer großen Pfanne die Butter erhitzen und die Kartoffeln darin ca. 10 Minuten anbraten. Den Backofen auf 225 °C vorheizen. Die Rebhühner waschen, trocken tupfen und innen und außen mit Salz und Pfeffer einreiben. In einer großen Pfanne 3 EL Butterschmalz erhitzen, die Rebhühner nacheinander darin rundum goldbraun anbraten und beiseitestellen. Das tiefe Backblech mit 1 EL Butterschmalz einfetten und die Kartoffeln darauf auslegen. Die Rebhühner auf das Kartoffelbett geben, das ganze Blech mit Alufolie abdecken und im Backofen zugedeckt ca. 30–40 Minuten schmoren lassen. Die Sahne mit dem Calvados und der Sojasauce mischen. Die Folie entfernen, die Mischung über die Rebhühner träufeln und weitere 15 Minuten ohne Deckel bräunen lassen. Inzwischen die Petersilie waschen, trocken tupfen und fein hacken. Die Rebhühner auf dem Kartoffelbett mit der Petersilie garniert direkt aus dem Backofen mit dem Backblech auftragen und bei Tisch tranchieren.

Für 6 Personen

Zutaten

12 mittlere Kartoffeln
Meersalz
2 EL Butter
6 küchenfertige Rebhühner, ohne Innereien
frisch gemahlener weißer Pfeffer
4 EL Butterschmalz
200 g Sahne
6 cl Calvados
1 EL Sojasauce
3 EL gehackte glatte Petersilie

Rebhuhn mit Hagebuttensauce

Für 6 Personen

Zutaten

4 Wacholderbeeren
1 Lorbeerblatt
1 EL gehackte Thymianblätter
6 küchenfertige Rebhühner, ohne Innereien
Meersalz
frisch gemahlener schwarzer Pfeffer
300 g Frühstücksspeck
125 g fetter Speck
1 Schalotte
1 Limette
1 EL Olivenöl
250 ml trockener Rotwein
250 ml Gemüsebrühe
150 g Crème fraîche
6 EL Hagebuttenkonfitüre
Zucker

1 Die Wacholderbeeren und das Lorbeerblatt in einem Mörser zerstoßen. Die Thymianblätter fein wiegen. Die Rebhühner waschen, trocken tupfen, innen und außen mit den Kräutern einreiben, salzen, pfeffern, in den Frühstücksspeck einwickeln und 4 Stunden ziehen lassen.

2 Den Speck in feine Würfel schneiden. Die Schalotte abziehen und fein hacken. Die Limette auspressen. Das Olivenöl in einem großen Schmortopf erhitzen, die Speckwürfel darin auslassen und die Rebhühner nach und nach darin rundum 8–12 Minuten braten. Die Schalotte dazugeben und glasig dünsten. Mit dem Rotwein ablöschen, die Gemüsebrühe angießen, aufkochen lassen und 60 Minuten zugedeckt leicht köcheln lassen.

3 Die Rebhühner herausnehmen und warm beiseitestellen. Den Fond pürieren und mit der Crème fraîche cremig einkochen. Die Hagebuttenkonfitüre unterziehen und mit Salz, Pfeffer, Limettensaft und Zucker abschmecken.

Rebhuhn mit Spargelspitzen

Für 6 Personen

Zutaten

6 Wacholderbeeren
10 schwarze Pfefferkörner
6 EL Olivenöl
6 küchenfertige Rebhühner, ohne Innereien
400 g Frühstücksspeck
250 ml trockener Weißwein
250 ml Hühnerbrühe
Meersalz
frisch gemahlener schwarzer Pfeffer
2 EL gehackte glatte Petersilie
750 g weiße Spargelspitzen
6 EL Butterschmalz
200 g Sahne

1 Die Wacholderbeeren und die Pfefferkörner in einem Mörser zerstoßen und mit dem Olivenöl vermischen. Die Vögel waschen, trocken tupfen, innen und außen mit dem Gewürzöl einreiben, in eine große Schüssel geben und 24 Stunden zugedeckt im Kühlschrank marinieren lassen.

2 Die Rebhühner aus der Marinade nehmen, abtropfen lassen und in den Frühstücksspeck einwickeln. In einem großen Schmortopf 3 EL Butterschmalz erhitzen und die Vögel darin rundum anbraten. Mit dem Wein und der Hühnerbrühe ablöschen und zugedeckt 60 Minuten sanft schmoren lassen. Die Rebhühner herausnehmen und warm beiseitestellen. Den Fond pürieren und mit der Sahne auf die gewünschte Konsistenz einkochen. Noch einmal mit Salz und Pfeffer abschmecken.

3 Inzwischen die Petersilie waschen, trocken tupfen und fein hacken. Die Spargelspitzen waschen und – wenn nötig – etwas schälen. In einer großen Pfanne 3 EL Butterschmalz erhitzen und die Spargelspitzen darin 10–12 Minuten garen, nach Belieben leicht bräunen lassen. Salzen, pfeffern, herausnehmen und warm beiseitestellen.

Rebhuhn mit Trüffelfüllung

1 Die Trüffel in sehr feine Scheiben schneiden und mit dem Schweinemett vermengen. Die Rebhühner waschen, trocken tupfen und mit der Masse füllen, die Füllöffnung verschließen. Über Nacht im Kühlschrank durchziehen lassen.

2 Den Backofen auf 180 °C vorheizen. Die Rebhühner salzen, pfeffern und auf ein tiefes Backblech geben. Mit dem Frühstücksspeck belegen und Gemüsebrühe und Weißwein angießen. In den Backofen geben und die Rebhühner 40–50 Minuten garen. Den Speck abnehmen und die Rebhühner noch 10 Minuten knusprig werden lassen.

3 Die Rebhühner aus dem Backofen nehmen und warm beiseitestellen. Den Fond mit der Sahne auf die gewünschte Konsistenz einkochen und mit Salz und Pfeffer abschmecken.

Für 6 Personen

Zutaten

6 weiße Trüffel
250 g Schweinemett
6 küchenfertige Rebhühner, ohne Innereien
400 g Frühstücksspeck
frisch gemahlener schwarzer Pfeffer
Meersalz
250 ml Gemüsebrühe
250 ml trockener Weißwein
200 g Sahne

Salat vom Rebhuhn

1 Die Rebhuhnbrüste waschen, trocken tupfen und in dünne Scheiben schneiden. Aus Salz, Pfeffer, der Balsamico-Creme und dem Senf eine Paste herstellen und das Fleisch damit bestreichen. Kühl und zugedeckt 2 Stunden marinieren lassen.

2 Die Zwiebel abziehen und fein würfeln. Die Rosmarinblätter von den Zweigen zupfen und sehr fein wiegen. Die Petersilie waschen, trocken tupfen und fein hacken. In einer großen Pfanne das Olivenöl erhitzen und die Zwiebel darin glasig dünsten. Das Fleisch, Rosmarin und drei Viertel von der Petersilie hinzugeben. Ca. 8–12 Minuten kräftig braten, bis das Fleisch gar ist. Vom Herd nehmen und abkühlen lassen.

3 In der Zwischenzeit den Romana-Salat verlesen und waschen. Die Schalotten abziehen, sehr fein würfeln und in eine Salatschüssel geben. Die Karotten schälen, in sehr feine Stifte schneiden und zu den Schalotten geben. Die Frühlingszwiebeln putzen, waschen, in feine Scheiben schneiden und ebenfalls hinzugeben. Die Champignons putzen (nicht waschen!), in dünne Scheiben schneiden und zu den anderen Zutaten geben. Salzen, pfeffern und den Estragon untermischen. Aus dem Haselnussöl und Rotweinessig eine Salatsauce herstellen und über das Gemüse geben. Alles gut vermischen. Den Romana-Salat und das abgekühlte Fleisch hinzufügen, noch einmal kräftig durchmischen und sofort servieren.

Für 6 Personen

Zutaten

750 g küchenfertiges Brustfleisch vom Rebhuhn
Meersalz
frisch gemahlener schwarzer Pfeffer
6 EL Balsamico-Creme
3 EL Dijon-Senf
1 Zwiebel
1 Zweig Rosmarin
1 Bund krause Petersilie
4 EL Olivenöl
1 Kopf Romana-Salat
2 Schalotten
2 Karotten
1 Bund Frühlingszwiebeln
250 g Champignons
½ TL getrockneter Estragon
4–6 EL Haselnussöl
Rotweinessig

Die Waldschnepfe

Eine Vogelart aus der Familie der Schnepfenvögel *(Scolopacidae)* ist die Waldschnepfe *(Scolopax rusticola)*. Sie ist etwa so groß wie eine Taube und besitzt einen gedrungenen Körper, einen bis zu 7 cm langen geraden Schnabel und kurze Beine. Ihr Gefieder ist braun, schwarz und weiß gemustert. Durch diese Tarnfärbung ist die Waldschnepfe im Freiland nur sehr schwer auszumachen. Männchen und Weibchen weisen die gleiche Färbung auf. In der Gestalt ist die Waldschnepfe der etwas kleineren, eng verwandten Bekassine sehr ähnlich, die aber einen deutlich längeren Schnabel besitzt. Ausgewachsen erreicht die Waldschnepfe eine Länge von 40 cm und eine Flügelspannweite bis zu 65 cm. Das Höchstgewicht liegt bei ca. 450 g.

Das Verbreitungsgebiet der Waldschnepfe ist sehr groß und erstreckt sich über die Wälder Eurasiens von Westeuropa bis nach Japan. Lediglich in den Hochgebirgen Asiens sucht man sie vergeblich. Auch auf den Azoren, Madeira und den Kanarischen Inseln sowie auf zahlreichen Inseln des pazifischen Raumes leben Waldschnepfen. Als Lebensraum bevorzugt die Waldschnepfe feuchte Laub- und Mischwälder. Die in Mittel- und Nordeuropa brütenden Waldschnepfen wandern im Herbst in den Mittelmeerraum oder nach Westeuropa an die Atlantikküste ab und kehren im Frühling wieder zurück. Die scheuen Einzelgänger verstecken sich am Tag und werden in der Regel erst mit Einbruch der Dämmerung aktiv, wenn sie auf Nahrungssuche gehen. Auf ihrem Speiseplan stehen Würmer, Spinnen, Insekten und deren Larven, nach denen die Waldschnepfen in der Dunkelheit mit ihren langen Schnäbeln im Boden herumstochern. Im Winter ernähren sie sich auch von Beeren, Früchten und anderen Pflanzenteilen.

Die Waldschnepfe gilt heute als eine der Vogelarten, die vom Klimawandel besonders betroffen sind. So geht man davon aus, dass sich das Verbreitungsgebiet der Waldschnepfe bis zum Ende des 21. Jahrhunderts deutlich verkleinern wird. Aus Mitteleuropa wird die Waldschnepfe nach diesen Prognosen vollständig verschwinden. Dafür wird sie sich in Island, Spitzbergen sowie an den arktischen Küsten Norwegens und Russlands ansiedeln.

In der Küche ist die von Feinschmeckern hoch geschätzte Waldschnepfe für den berüchtigten „Schnepfendreck" bekannt, der aus den Eingeweiden samt Inhalt, Speck, Eigelb, Zwiebel und Kapern bereitet und als Brotaufstrich auf überbackenem Weißbrot genossen wird. Ansonsten wird die Waldschnepfe im Ganzen gebraten oder geschmort, wobei ein Vogel 1 Portion entspricht.

Geschmorte Waldschnepfe

Für 6 Personen

Zutaten

3 Schalotten
500 g Champignons
1 EL gehackte Thymianblätter
1 EL gehackte Salbeiblätter
1 EL Wacholderbeeren
10 schwarze Pfefferkörner
6 küchenfertige Waldschnepfen, ohne Innereien
Meersalz
400 g Frühstücksspeck
4 EL Butterschmalz oder Olivenöl
500 ml trockener Rotwein
200 g Sahne
frisch gemahlener schwarzer Pfeffer
1 EL gehackte glatte Petersilie

1 Die Schalotten abziehen und fein würfeln. Die Champignons putzen (nicht waschen!) und vierteln. Die Thymian- und Salbeiblätter fein wiegen. Die Wacholderbeeren und Pfefferkörner in einem Mörser zerstoßen. Die Schnepfen waschen, trocken tupfen, innen und außen leicht salzen und kräftig mit Thymian, Salbei, Wacholderbeeren und Pfeffer einreiben. In Frühstücksspeck einwickeln und mit Küchengarn festbinden.

2 In einem großen Bräter das Butterschmalz oder Olivenöl erhitzen und die Schnepfen darin kräftig anbraten. Schalotten und Champignons dazugeben und leicht anrösten. Mit dem Rotwein ablöschen und ca. 45–60 Minuten schmoren lassen.

3 Die Petersilie waschen, trocken tupfen und fein hacken. Die Schnepfen herausnehmen und den Fond und die Pilze mit der Sahne cremig einkochen lassen. Noch einmal mit Salz und Pfeffer abschmecken. Die Schnepfen mit den Sahnechampignons auf vorgewärmten Tellern anrichten und mit der Petersilie garniert servieren.

Waldschnepfe in Rotweinsahne

Für 6 Personen

Zutaten

1 EL gehackte Thymianblätter
3 Schalotten
1 Zitrone
250 g fetter Speck
6 küchenfertige Waldschnepfen, ohne Innereien
Meersalz
frisch gemahlener schwarzer Pfeffer
3 EL Butterschmalz
500 ml trockener Rotwein
1 Lorbeerblatt
200 g Sahne

1 Den Backofen auf 200 °C vorheizen. Die Thymianblätter fein wiegen. Die Schalotten abziehen und fein hacken. Die Zitrone auspressen. Den Speck in dünne Scheiben schneiden. Die Schnepfen waschen, trocken tupfen, innen und außen leicht salzen, pfeffern und mit Zitronensaft beträufeln. In einem großen Bräter das Butterschmalz erhitzen und die Schnepfen darin rundum anbraten. Mit dem Rotwein ablöschen und mit den Schalotten bestreuen. Die Schnepfen mit den Speckscheiben belegen, das Lorbeerblatt hinzufügen. Zugedeckt im Backofen ca. 45 Minuten garen, die Speckscheiben abnehmen und ohne Deckel noch einmal 15 Minuten bräunen lassen.

2 Die Schnepfen herausnehmen und warm beiseitestellen. Speck und Lorbeerblatt entfernen, den Fond pürieren und in einem Topf mit der Sahne cremig einkochen. Noch einmal mit Salz und Pfeffer abschmecken.

3 Die Schnepfen auf vorgewärmten Tellern anrichten und die Sauce getrennt dazu servieren.

Pikante Waldschnepfe

Für 6 Personen

Zutaten

12 schwarze Pfefferkörner
3 EL Dijon-Senf
3 EL Olivenöl
6 küchenfertige Waldschnepfen, ohne Innereien
3 Zwiebeln
6 Wacholderbeeren
6 Lorbeerblätter
250 g fetter Speck
6 Rosmarinzweige
6 Thymianzweige
6 Gewürznelken
3 EL Butterschmalz
6 cl Gin
250 ml trockener Weißwein
250 ml Hühnerbrühe
Meersalz
frisch gemahlener schwarzer Pfeffer
1 EL Speisestärke

1 Die Pfefferkörner in einem Mörser zerstoßen und mit dem Senf und mit dem Olivenöl verrühren. Die Schnepfen waschen, trocken tupfen, mit der Paste bestreichen und 24 Stunden im Kühlschrank ziehen lassen.

2 Die Zwiebeln abziehen und fein würfeln. Den Speck in dünne Scheiben schneiden. Jede Schnepfe mit 1 Zweig Rosmarin, 1 Zweig Thymian, 1 Wacholderbeere, 1 Lorbeerblatt und 1 Gewürznelke füllen. In einem großen Bräter das Butterschmalz erhitzen und die Schnepfen darin rundum anbraten. Die Zwiebeln dazugeben und leicht anrösten. Mit dem Gin und dem Weißwein ablöschen, die Hühnerbrühe angießen, die Schnepfen mit dem Speck belegen und zugedeckt ca. 45 Minuten köcheln lassen. Den Speck abnehmen und noch ca. 15 Minuten schmoren lassen. Herausnehmen und warm beiseitestellen.

3 Den Fond pürieren und sämig einkochen lassen, mit Salz und Pfeffer abschmecken. Die Speisestärke mit kaltem Wasser glatt rühren und die Sauce damit binden. Noch 2–3 Minuten köcheln lassen. Die Schnepfen auf vorgewärmten Tellern anrichten und mit der Sauce überzogen servieren.

Waldschnepfe mit Leberfüllung

Für 6 Personen

Zutaten

125 g durchwachsener Speck
6 Wacholderbeeren
10 schwarze Pfefferkörner
3 EL gehackte Salbeiblätter
1 EL gehackte Thymianblätter
500 g Geflügelleber
6 küchenfertige Waldschnepfen, ohne Innereien
Meersalz
frisch gemahlener schwarzer Pfeffer
400 g Frühstücksspeck
250 ml trockener Weißwein
250 ml Hühnerbrühe
200 g Sahne

1 Den Speck fein würfeln und in einer Pfanne ohne Fett bei geringer Hitze auslassen und leicht anrösten. Die Wacholderbeeren und Pfefferkörner in einem Mörser zerstoßen. Salbei- und Thymianblätter fein wiegen. Die Geflügelleber waschen, trocken tupfen und fein hacken. Alles mit Salz zu einer Füllmasse vermengen. Die Schnepfen waschen, trocken tupfen, mit der Masse füllen und die Öffnungen mit Küchengarn verschließen.

2 Den Backofen auf 180 °C vorheizen. Die Schnepfen von außen pfeffern, in den Frühstücksspeck einwickeln, in einen großen Bräter setzen und ca. 35 Minuten im Backofen garen. Den Speck abnehmen und die Schnepfen noch ca. 10 Minuten bräunen lassen. Herausnehmen und warm beiseitestellen. Den Bratensatz mit dem Weißwein und der Hühnerbrühe einkochen und auf die Hälfte reduzieren und mit der Sahne cremig einkochen. Noch einmal mit Salz und Pfeffer abschmecken. Die Schnepfen mit dem krossen Speck auf vorgewärmten Tellern anrichten und mit der Sauce überzogen servieren.

Waldschnepfe mit Kapern

1 3 EL Kapernäpfel und die Sardellenfilets abspülen und fein hacken. Zwiebeln und Knoblauch abziehen und fein würfeln. Die Schnepfen waschen, trocken tupfen, innen und außen salzen und pfeffern und mit je 1 EL Olivenöl einreiben.

2 Einen großen Bräter erhitzen und die Schnepfen darin rundum goldbraun anbraten. Kapernäpfel, Sardellen, Zwiebeln und Knoblauch dazugeben und leicht anrösten. Mit dem Sherry ablöschen, Weißwein und Hühnerbrühe angießen und zugedeckt ca. 45–60 Minuten schmoren lassen. Herausnehmen und warm beiseitestellen.

3 Den Fond pürieren und sämig einkochen lassen. Die Orangenmarmelade unterziehen, mit Salz und Pfeffer abschmecken und mit der eiskalten Butter binden. Die Schnepfen auf vorgewärmten Tellern anrichten, mit der Sauce überziehen und mit den restlichen Kapernäpfeln garniert servieren.

Für 6 Personen

Zutaten

4 EL eingelegte Kapernäpfel
6 Sardellenfilets
3 rote Zwiebeln
3 Knoblauchzehen
6 küchenfertige Waldschnepfen, ohne Innereien
Meersalz
frisch gemahlener schwarzer Pfeffer
6 EL Olivenöl
100 ml halbtrockener Sherry
250 ml trockener Weißwein
150 ml Hühnerbrühe
2 EL bittere Orangenmarmelade
2 EL eiskalte Butter

Waldschnepfenbrust auf Äpfeln

1 Die Äpfel waschen, 3 Äpfel klein schneiden, die Kerngehäuse entfernen. 1 Apfel in Scheiben schneiden, das Kerngehäuse entfernen. Die Zitrone auspressen und die Apfelscheiben von beiden Seiten mit Zitronensaft beträufeln. Die Schalotten abziehen und fein würfeln. Thymian- und Salbeiblätter fein wiegen, die Petersilie waschen, trocken tupfen und fein hacken. Das Fleisch waschen, trocken tupfen, salzen, pfeffern, mit Thymian und Salbei einreiben und in den Frühstücksspeck einwickeln. Mit Küchengarn fixieren.

2 In einer großen Pfanne das Butterschmalz erhitzen und die Schnepfenbrüste darin von beiden Seiten je ca. 6–8 Minuten braten. Herausnehmen und warm beiseitestellen. Apfelstücke und Schalotten in die Pfanne geben und 8–10 Minuten dünsten. Mit dem Calvados ablöschen und die Hühnerbrühe angießen. Den Fond aufkochen lassen, 5 Minuten köcheln, pürieren und mit der Sahne cremig einkochen. Mit Salz und Pfeffer abschmecken.

3 In einer weiteren Pfanne die Butter erhitzen und die Apfelscheiben darin von beiden Seiten kurz anrösten. Die Apfelscheiben auf 6 vorgewärmten Tellern anrichten, je 2 Schnepfenbrüste darauf geben und mit der Sauce überzogen servieren.

Für 6 Personen

Zutaten

4 Äpfel
1 Zitrone
3 Schalotten
1 EL gehackte Thymianblätter
1 EL gehackte Salbeiblätter
1 EL gehackte glatte Petersilie
12 küchenfertige Brustfilets von der Waldschnepfe
Meersalz
frisch gemahlener schwarzer Pfeffer
400 g Frühstücksspeck
3 EL Butterschmalz
6 cl Calvados
250 ml Hühnerbrühe
200 g Sahne
1 EL Butter

Waldschnepfe mit grünen Spargelspitzen

Für 6 Personen

Zutaten

6 küchenfertige Waldschnepfen, ohne Innereien
Meersalz
frisch gemahlener schwarzer Pfeffer
400 g Frühstücksspeck
3 Schalotten
3 EL Butterschmalz
250 ml Weißwein
750 g grüne Spargelspitzen
3 EL Butter
1 EL gehackte krause Petersilie
2 EL eiskalte Butter

1 Die Waldschnepfen waschen, trocken tupfen, innen und außen salzen und pfeffern, mit Frühstücksspeck umwickeln und mit Küchengarn festbinden. Die Schalotten abziehen und fein würfeln. In einem großen Bräter das Butterschmalz erhitzen und die Schalotten darin glasig dünsten. Die Schnepfen dazugeben, anbraten, mit Weißwein ablöschen und bei schwacher Hitze ca. 45–60 Minuten schmoren lassen.

2 Die Spargelspitzen waschen und – wenn nötig – etwas schälen. In einer großen Pfanne 3 EL Butter erhitzen und die Spargelspitzen darin 10–12 Minuten garen, nach Belieben leicht bräunen lassen. Salzen, pfeffern, herausnehmen und warm beiseitestellen.

3 Die Petersilie waschen, trocken tupfen und fein hacken. Die Schnepfen herausnehmen und warm beiseitestellen. Den Fond aufkochen und mit der eiskalten Butter binden.

4 Die Schnepfen mit den Spargelspitzen auf vorgewärmten Tellern anrichten, mit der Sauce überziehen und mit Petersilie garniert servieren.

Waldschnepfe mit Pilzen

Für 6 Personen

Zutaten

1 EL gehackte Thymianblätter
1 EL gehackte Rosmarinblätter
4 rote Zwiebeln
2 Knoblauchzehen
125 g durchwachsener Speck
6 küchenfertige Waldschnepfen, ohne Innereien
4 EL Olivenöl
500 ml trockener Rotwein
2 EL Tomatenmark
Meersalz
frisch gemahlener schwarzer Pfeffer
500 g kleine braune Champignons oder Steinpilze

1 Thymian- und Rosmarinblätter fein wiegen, Zwiebeln und Knoblauch abziehen und fein hacken. Den Speck in kleine Würfel schneiden. Die Schnepfen waschen, trocken tupfen und zerlegen. In einem großen Schmortopf das Olivenöl erhitzen und die Schnepfenteile mit dem Speck nach und nach darin braun anbraten. Zwiebeln, Knoblauch, Tomatenmark, Thymian und Rosmarin zufügen und leicht anrösten. Mit dem Rotwein ablöschen, salzen, pfeffern und zugedeckt ca. 45 Minuten schmoren lassen. Inzwischen die Pilze putzen (nicht waschen!), in den Topf geben und weitere 10 Minuten schmoren lassen.

2 Die Schnepfen mit den Pilzen und der Sauce direkt aus dem Topf bei Tisch auf vorgewärmten Tellern anrichten.

Waldschnepfe mit Pfefferkruste

Für 6 Personen

Zutaten

15 schwarze Pfefferkörner
3 Knoblauchzehen
6 EL Honig
6 EL Rotweinessig
3 große Zwiebeln
6 küchenfertige Waldschnepfen, ohne Innereien
Meersalz
frisch gemahlener schwarzer Pfeffer
4 Schalotten
500 ml trockener Rotwein
200 g Sahne

1 Den Backofen auf 180 °C vorheizen. Die Pfefferkörner in einem Mörser zerstoßen, den Knoblauch abziehen und pressen. Beides mit dem Honig und dem Essig zu einer Marinade verarbeiten. Die Zwiebeln abziehen und grob würfeln. Die Schnepfen waschen, trocken tupfen, innen wie außen salzen und pfeffern und mit den Zwiebelwürfeln füllen. Auf einem Backblech in den Backofen geben und 45–60 Minuten garen. Dabei in den ersten 40 Minuten immer wieder mit der Marinade bestreichen und dann eine schöne Kruste entstehen lassen.

2 In der Zwischenzeit die Schalotten abziehen und fein würfeln. Die Schnepfen aus dem Backofen nehmen und warm beiseitestellen. Den Bratensatz mit dem Rotwein loskochen. In einer Pfanne das Olivenöl erhitzen und die Schalotten darin glasig dünsten. Mit dem Rotwein ablöschen und mit der Sahne sämig einkochen. Mit Salz und Pfeffer abschmecken.

Waldschnepfe mit Birnensauce

Für 6 Personen

Zutaten

1 EL gehackte Thymianblätter
1 EL gehackte Majoranblätter
2 Zwiebeln
250 g fetter Speck
6 küchenfertige Waldschnepfen, ohne Innereien
Meersalz
frisch gemahlener schwarzer Pfeffer
3 EL Olivenöl
500 ml trockener Weißwein
7 Birnen
200 g Sahne
6 TL Preiselbeermarmelade

1 Den Backofen auf 200 °C vorheizen. Thymian- und Majoranblätter fein wiegen. Die Zwiebeln abziehen und fein hacken. Den Speck in dünne Scheiben schneiden. Die Schnepfen waschen, trocken tupfen, innen und außen leicht salzen und pfeffern. In einem großen Bräter das Olivenöl erhitzen und die Schnepfen darin rundum anbraten. Die Zwiebeln dazugeben und kurz mitbraten. Mit dem Weißwein ablöschen und die Schnepfen mit den Speckscheiben belegen. Zugedeckt im Backofen ca. 30–35 Minuten schmoren lassen.

2 Inzwischen die Birnen waschen, 4 Birnen kleinschneiden und von den Kerngehäusen befreien, 3 Birnen längs halbieren und die Kerngehäuse ausstechen. Die Speckscheiben von den Schnepfen abnehmen, die klein geschnittenen Birnen zufügen und die Schnepfen ohne Deckel noch einmal ca. 10–15 Minuten bräunen lassen. Inzwischen die halbierten Birnen in einem Topf mit 250 ml kochendem Wasser 5 Minuten blanchieren. Herausnehmen und beiseitestellen.

3 Die Schnepfen herausnehmen und warm beiseitestellen. Den Fond pürieren und in einem Topf mit dem Birnenwasser und der Sahne auf die gewünschte Konsistenz einkochen. Noch einmal mit Salz und Pfeffer abschmecken.

Der Strauß

Der größte heute lebende Vogel der Erde ist der Afrikanische Strauß *(Struthio camelus)*. Der riesige, flugunfähige Laufvogel wird bis zu 250 cm hoch und erreicht ein Gewicht bis zu 135 kg. Diese Werte gelten für die männlichen Tiere („Hähne"), die Weibchen („Hennen") bleiben mit bis zu 190 cm Höhe kleiner und mit bis zu 110 kg Gewicht auch leichter. Die Hähne besitzen ein schwarzes Gefieder, die Schwungfedern der Flügel und die Schwanzfedern sind hingegen weiß. Die Hennen sind eher unscheinbar bräunlich gefärbt mit grauen Flügeln und Schwänzen. Jungtiere („Küken") tragen ein einheitlich bräunliches Gefieder. Die nackten Beine sowie der Hals können von grau über graublau bis rosa gefärbt sein. Im Vergleich zu seinem Körper und seiner Gesamtgröße ist der Kopf relativ klein. Dafür sind die Augen des Riesenvogels mit einem Durchmesser von 5 cm größer als die Augen jedes anderen Landwirbeltiers. Die Flügel sind groß, aber dennoch nicht zum Fliegen geeignet; dazu ist der Strauß einfach viel zu schwer. Die Flügel dienen stattdessen zur Balz, zum Schattenspenden und zum Halten des Gleichgewichts beim schnellen Laufen. Die sehr langen Beine des Straußes sind mit einer kräftigen Muskulatur ausgestattet, die ihm das Erreichen einer Höchstgeschwindigkeit von ca. 70 km/h gestattet, Geschwindigkeiten von ca. 50 km/h kann der Vogel mühelos über längere Zeit durchhalten. Das hilft ihm bei der Flucht vor Feinden, doch ist der Strauß durchaus nicht wehrlos. So besitzt er an den Zehen bis zu 10 cm lange Krallen, die er wirkungsvoll als Waffen einsetzen kann. Die Wucht, mit der die Hiebe dabei geführt werden, kann beim Angreifer zu schweren Verletzungen oder gar zum Tode führen.

Wegen seines Fleisches, seiner Federn und seines Leders wurden Strauße seit jeher von den Menschen gejagt und in vielen Regionen am Ende ausgerottet, etwa in Arabien, Westasien und Nordafrika. Heute lebt er nur noch in den offenen Landschaften, Savannen und Wüsten Ost- und Südafrikas. Bereits im 19. Jahrhundert begann man Strauße auf Farmen zu züchten, weil seine Federn als Hutschmuck der Damen groß in Mode kamen. Heute spielen die Federn kaum noch eine Rolle. Man züchtet die Strauße vor allem wegen ihres Fleisches und ihrer Haut, aus der man hochwertiges Leder herstellen kann.

In der Küche schätzt man das Straußenfleisch wegen seines ganz eigenen Geschmacks. Es ist fast ausschließlich als Steak erhältlich und eignet sich frisch oder mariniert hervorragend zum Kurzbraten oder Grillen.

Straußensteaks mit Heidelbeeren

Für 6 Personen

Zutaten

4 Schalotten
1 Karotte
1 Stange Sellerie
6 Wacholderbeeren
300 g Heidelbeeren
6 küchenfertige Straußensteaks à 200 g
Meersalz
frisch gemahlener schwarzer Pfeffer
4 EL Butterschmalz oder Olivenöl
250 ml Rotwein
250 ml Fleischbrühe oder Wildfond
200 g Sahne

1 Die Schalotten abziehen, die Karotte schälen, den Sellerie putzen und alles sehr fein würfeln. Die Wacholderbeeren im Mörser zerstoßen. Die Heidelbeeren putzen und verlesen. Das Fleisch waschen, trocken tupfen und rundum mit Salz und Pfeffer würzen.

2 In einer Pfanne das Butterschmalz oder Olivenöl erhitzen und die Steaks nacheinander von jeder Seite 6–8 Minuten braten, bis das Fleisch gar ist. Herausnehmen und warm beiseitestellen.

3 Schalotten, Karotte, Sellerie, Wacholderbeeren und zwei Drittel der Heidelbeeren in die Pfanne geben und bei großer Hitze anrösten. Mit dem Rotwein ablöschen und mit Fleischbrühe oder Wildfond auffüllen. Bei starker Hitze reduzieren. Die Sauce pürieren oder durch ein Sieb streichen, mit Salz und Pfeffer abschmecken und mit der Sahne cremig einkochen. Die restlichen Heidelbeeren in die Sauce geben.

4 Die Steaks auf vorgewärmten Tellern anrichten, eventuell ausgetretenen Fleischsaft in die Sauce mischen. Mit der Sauce überzogen servieren.

Straußensteaks mit Pfifferlingen

Für 6 Personen

Zutaten

500 g Pfifferlinge
2–3 Schalotten
6 küchenfertige Straußensteaks à 200 g
frisch gemahlener schwarzer Pfeffer
3–4 EL Butterschmalz oder Olivenöl
Meersalz
500 ml trockener Rotwein
150 g Crème fraîche
3 cl Madeira

1 Die Pfifferlinge putzen (nicht waschen!) und klein schneiden. Die Schalotten abziehen und fein würfeln. Das Fleisch waschen, trocken tupfen und mit Pfeffer würzen.

2 In einer Pfanne das Butterschmalz oder Olivenöl erhitzen und das Fleisch darin von jeder Seite 6–8 Minuten braten, bis es gar ist. Herausnehmen, salzen und warm beiseitestellen. Die Schalotten in die Pfanne geben und kurz anbraten. Die Pfifferlinge dazugeben und bei großer Hitze braten, bis alle Flüssigkeit verdampft ist. Mit dem Rotwein ablöschen und aufkochen lassen. Die Sauce mit der Crème fraîche unter ständigem Rühren auf die gewünschte Konsistenz einkochen, mit dem Madeira verfeinern und noch einmal mit Pfeffer und Salz abschmecken. Das Fleisch auf vorgewärmten Tellern mit den Sahnepfifferlingen anrichten und mit der Sauce überzogen servieren.

Straußensteaks auf Champignons

Für 6 Personen

Zutaten

3 große rote Zwiebeln
2 Knoblauchzehen
500 g braune Champignons
2 EL gehackte glatte Petersilie
100 g magerer Räucherspeck
6 EL Öl
100 ml trockener Rotwein
Meersalz
frisch gemahlener schwarzer Pfeffer
6 küchenfertige Straußensteaks à 200 g

1 Zwiebeln und Knoblauch abziehen und sehr fein würfeln. Die Champignons sorgfältig putzen (nicht waschen!) und in Stücke schneiden. Die Petersilie waschen, trocken tupfen und fein hacken. Den Speck in feine Würfel schneiden.

2 In einer großen Pfanne 3 EL Olivenöl erhitzen und den Speck darin auslassen. Die Zwiebeln dazugeben und glasig dünsten. Knoblauch hinzufügen und anrösten. Die Champignons hinzugeben und kräftig anbraten. Mit dem Rotwein ablöschen und bei großer Hitze einkochen, bis die Flüssigkeit verdampft ist. Salzen, pfeffern und die Petersilie untermischen. Herausnehmen und warm beiseitestellen.

3 In derselben Pfanne 3 EL Öl erhitzen und die Steaks darin von jeder Seite 6–8 Minuten braten. Salzen und pfeffern. Auf vorgewärmten Tellern die Champignons anrichten, die Steaks darauflegen und sofort servieren.

Straußensteaks mit Lebkuchensauce

Für 6 Personen

Zutaten

6 Wacholderbeeren
5 EL Olivenöl
2 TL körniger Senf
frisch gemahlener schwarzer Pfeffer
6 küchenfertige Straußensteaks à 200 g
2 Schalotten
1 Knoblauchzehe
5 schwarze Pfefferkörner
1 Lorbeerblatter
1 TL gehackte Thymianblätter
1 TL gehackte Majoranblätter
250 ml trockener Rotwein
1 TL Sardellenpaste
2 EL Johannisbeergelee
4 EL geriebener Saucenlebkuchen
Meersalz
frisch gemahlener Piment

1 2 Wacholderbeeren im Mörser zerstoßen. Mit 1 EL Olivenöl, dem Senf und Pfeffer zu einer Gewürzpaste verarbeiten. Die Steaks waschen, trocken tupfen, von beiden Seiten mit der Gewürzmischung bestreichen und im Kühlschrank 4 Stunden ziehen lassen.

2 Die Schalotten abziehen und fein reiben. Den Knoblauch abziehen und pressen. Die restlichen Wacholderbeeren, die Pfefferkörner und das Lorbeerblatt im Mörser zerstoßen. Thymian- und Majoranblätter fein wiegen.

3 In einer großen Pfanne 4 EL Olivenöl erhitzen und die Steaks von beiden Seiten darin je 6–8 Minuten anbraten. Herausnehmen und warm beiseitestellen. Den Bratensatz mit dem Rotwein ablöschen, Schalotten, Knoblauch, Wacholderbeeren, Pfefferkörner, Lorbeerblatt, Thymian und Majoran dazugeben und aufkochen lassen. Sardellenpaste, Johannisbeergelee und Lebkuchen einrühren. Mit Salz und Piment abschmecken. Die Steaks wieder in die Sauce geben und ca. 6 Minuten ziehen lassen.

4 Die Steaks mit der Sauce auf vorgewärmten Tellern anrichten und sofort servieren.

Straußensteaks mit Preiselbeeren

1 Basilikum- und Oreganoblätter fein wiegen. Die Pfefferkörner im Mörser zerstoßen. Alles mit Salz und 6 EL Olivenöl vermengen. Die Straußensteaks waschen, trocken tupfen, mit der Gewürzmischung bestreichen und zugedeckt im Kühlschrank über Nacht marinieren lassen.

2 Die Schalotten abziehen, die Karotten schälen und beides sehr fein würfeln. Den Lauch putzen, waschen und in sehr feine Ringe schneiden. In einer großen Pfanne 4 EL Olivenöl erhitzen und die Straußensteaks darin von jeder Seite je 6–8 Minuten braten. Herausnehmen und warm beiseitestellen.

3 Die Butter in die Pfanne geben und das Gemüse darin anrösten. Mit dem Rotwein ablöschen und 8–10 Minuten kochen. Die Sahne und die Preiselbeermarmelade einrühren und noch einmal 3–4 Minuten sanft köcheln lassen. Dabei ständig umrühren. Die Sauce mit Salz, Pfeffer und Balsamico abschmecken und mit der eiskalten Butter binden.

4 Die Straußensteaks auf vorgewärmten Tellern anrichten und mit der Sauce überzogen sofort servieren.

Für 6 Personen

Zutaten

1 EL gehackte Basilikumblätter
1 EL gehackte Oreganoblätter
1 TL schwarze Pfefferkörner
Meersalz
10 EL Olivenöl
6 küchenfertige Straußensteaks à 200 g
2–3 Schalotten
1–2 Karotten
1 kleine Stange Lauch
1–2 EL Butter
250 ml trockener Rotwein
200 g Sahne
6 EL Preiselbeermarmelade
1–2 TL Balsamico
frisch gemahlener schwarzer Pfeffer
1–2 EL eiskalte Butter

Straußensteaks mit Steinpilzen

1 Den Backofen auf 200 °C vorheizen. Das Fleisch waschen, trocken tupfen, salzen und pfeffern. In einem Bräter 2 EL Olivenöl und 2 EL Butter erhitzen und die Steaks darin rundum anbraten. In den Backofen geben und ca. 15–20 Minuten garen lassen. In der Zwischenzeit die Schalotten abziehen und fein würfeln sowie die Steinpilze putzen (nicht waschen!) und in Scheiben schneiden.

2 Die Steaks aus dem Backofen nehmen und warm beiseitestellen. Den Bratensatz mit dem Rotwein loskochen. Die Sauce mit der Crème fraîche sämig einkochen. Noch einige Minuten sanft köcheln lassen. Immer wieder umrühren. Mit Salz und Pfeffer abschmecken.

3 Inzwischen in einer Pfanne 2 EL Butter erhitzen und die Schalotten darin glasig dünsten. Die Steinpilze dazugeben und einige Minuten gar braten. Mit Salz und Pfeffer würzen.

4 Die Steaks auf vorgewärmten Tellern anrichten und mit der Sauce überziehen. Die Steinpilze dazugeben und sofort servieren.

Für 6 Personen

Zutaten

6 küchenfertige Straußensteaks à 200 g
5 EL Olivenöl
4 EL Butter
Meersalz
frisch gemahlener schwarzer Pfeffer
2 Schalotten
500 g Steinpilze
200 ml trockener Rotwein
150 g Crème fraîche

Straußensteaks mit Orangensauce

Für 6 Personen

Zutaten

3 Schalotten
6 küchenfertige Straußensteaks à 200 g
frisch gemahlener schwarzer Pfeffer
3 EL Olivenöl
Meersalz
500 ml Orangensaft
200 ml trockener Rotwein
200 g Sahne
2 EL bittere Orangenmarmelade mit Schale

1 Die Schalotten abziehen und fein würfeln. Das Fleisch waschen, trocken tupfen und pfeffern. In einer großen Pfanne das Olivenöl erhitzen und die Steaks darin nach und nach von jeder Seite 6–8 Minuten braten. Herausnehmen, salzen und warm beiseitestellen.

2 Die Schalotten in die Pfanne geben und glasig schwitzen. Mit dem Orangensaft ablöschen und mit dem Rotwein auffüllen. Pürieren und mit der Sahne cremig einkochen lassen. Dabei immer wieder umrühren. Mit Salz und Pfeffer abschmecken und die Orangenmarmelade unterziehen.

3 Die Steaks auf vorgewärmten Tellern anrichten und mit der Sauce überzogen servieren.

Straußensteaks mit Spiegeleiern

Für 6 Personen

Zutaten

8 EL Olivenöl
3 EL Zitronensaft
frisch gemahlener schwarzer Pfeffer
6 küchenfertige Straußensteaks à 200 g
Meersalz
5 EL Butter
6 Eier
6 große Scheiben Weißbrot
6 dünne Scheiben luftgetrockneter Schinken

1 6 EL Olivenöl in einer großen Schüssel mit dem Zitronensaft verrühren und reichlich Pfeffer daruntermischen. Das Fleisch waschen, trocken tupfen, in die Schüssel geben und 1–2 Stunden marinieren lassen.

2 In einer Pfanne je 2 EL Butter und Olivenöl erhitzen und die Steaks darin nach und nach von beiden Seiten je 6–8 Minuten braten. Herausnehmen, salzen und warm beiseitestellen. In einer anderen Pfanne die restliche Butter erhitzen, die Eier nach und nach darin zu Spiegeleiern braten und ebenfalls leicht salzen.

3 In der Zwischenzeit die Weißbrotscheiben kräftig toasten. Das Bratfett darüber träufeln, jede Brotscheibe mit 1 Scheibe Schinken, 1 Steak und 1 Spiegelei belegen und sofort servieren.

Straußensteaks vom Grill

Für 6 Personen

Zutaten

6 küchenfertige Straußensteaks à 200 g
frisch gemahlener schwarzer Pfeffer
6 EL Olivenöl
Meersalz
6 zarte Maiskolben
3 EL Butter

1 Das Fleisch waschen, trocken tupfen, von beiden Seiten kräftig pfeffern, in eine Schüssel geben, mit dem Olivenöl vermengen und 2 Stunden ziehen lassen. Die Steaks auf dem Holzkohlegrill von beiden Seiten ca. 6–8 Minuten direkt grillen, dann beiseitestellen und ruhen lassen. Inzwischen die Maiskolben rundherum schön knusprig grillen. Die Steaks auf Teller geben, salzen, je einen Maiskolben dazulegen und mit Butter bestreichen.

Marinierte Straußensteaks vom Grill

Für 6 Personen

Zutaten

6 Wacholderbeeren
4 Knoblauchzehen
1 EL gehackte Majoranblätter
3 EL körniger Senf
6 EL Olivenöl
2–3 EL scharfe Chilisauce
6 küchenfertige Straußensteaks à 200 g
3 große Auberginen
3 EL Zitronensaft
Meersalz
frisch gemahlener schwarzer Pfeffer

1 Die Wacholderbeeren in einem Mörser zerstoßen. Die Knoblauchzehen abziehen und pressen. Die Majoranblätter fein wiegen. Alles mit dem Senf, 3 EL Olivenöl und der Chilisauce zu einer Beize verrühren. Das Fleisch waschen, trocken tupfen, von beiden Seiten mit der Beize bestreichen und zugedeckt im Kühlschrank 24 Stunden ziehen lassen.

2 Die Steaks auf dem Holzkohlegrill von beiden Seiten ca. 6–8 Minuten direkt grillen, dann beiseitestellen und ruhen lassen. Inzwischen die Auberginen waschen, trocken tupfen, vom Stielansatz befreien und längs halbieren. Die Schnittflächen mit dem Zitronensaft und 3 EL Olivenöl beträufeln, kräftig salzen und pfeffern und einige Minuten auf dem Rost gar grillen. Die Steaks mit je einer halben Aubergine auf Tellern anrichten und servieren.

Die Wildtaube

Mit dem zoologisch unpräzisen Begriff Wildtaube sind im Grunde alle Taubenarten *(Columbidae)* gemeint, die – im Gegensatz zu Haustauben – ein Leben in freier Wildbahn führen. Die am häufigsten vorkommenden Arten sind in Europa die Ringeltaube *(Columba palumbus)*, die Türkentaube *(Streptopelia decaocto)* und die Turteltaube *(Streptopelia turtur)*. In manchen Ländern werden alle drei Arten intensiv bejagt, doch in Deutschland ist die Bejagung der Türkentaube und der Turteltaube ganzjährig verboten. Hier konzentriert sich die Jagd ausschließlich auf die Ringeltaube, was nicht bedeutet, dass es dabei nicht zu zahlreichen unbeabsichtigten Fehlabschüssen der geschützten Arten kommt. Zusammen mit der Stockente steht die Ringeltaube mit jährlich weit über 500.000 Abschüssen beim Federwild in der Beliebtheitsskala der Jäger ganz vorne. Trotz dieser starken Bejagung ist die Ringeltaube ein häufiger Brutvogel und gilt bei uns als nicht gefährdet.

Die Ringeltaube ist mit einem Gewicht von bis zu 500 g bei einer Körperlänge von maximal 45 cm und einer Flügelspannweite von bis zu 80 cm die größte Wildtaube Europas. Sie ist kräftig gebaut und fällt durch ihren relativ langem Schwanz und recht kleinen Kopf auf. Mit ihren weißen Flügelbändern und den weißen Halsstreifen ist sie unverwechselbar. Männliche und weibliche Tiere unterscheiden sich minimal in der Größe, aber kaum im Erscheinungsbild.

Man findet Ringeltauben in einem großen Verbreitungsgebiet, das von Portugal bis zum Himalaya und vom Mittelmeer bis zum Nordkap reicht. In den wärmeren Teilen dieses riesigen Gebietes ist die Ringeltaube Standvogel, aus den kälteren Bereichen wandert sie im Winter über kurze bis mittlere Strecken ab nach Süden. Die Ringeltaube ist äußerst anpassungsfähig und kommt in beinahe allen Lebensräumen zurecht. Man findet sie in Waldlandschaften ebenso wie in offenen Landschaften, Parklandschaften und Gärten bis in die Zentren der Innenstädte hinein. Ihre Nester bauen sie in Bäumen oder Büschen, aber auch auf Ödland, Wiesen, Weiden und Feldern auf dem Boden. Ringeltauben ernähren sich rein pflanzlich von Trieben, Knospen, Samen und Früchten. Sie bevorzugen es, wenn das Nahrungsangebot im direkten Umkreis des Nests groß ist, legen in kargen Gegenden bei der Nahrungssuche aber auch Entfernungen von mehr als 15 km zurück.

Das dunkle Fleisch der Ringeltaube ist zart und aromatisch und gilt unter Feinschmeckern als große Delikatesse. Die Tauben werden in der Regel gefüllt, mit Speck ummantelt und im Ganzen geschmort oder gebraten.

Wildtauben im Speckmantel

Für 6 Personen

Zutaten

3 Zwiebeln
6 Pfefferkörner
1 Zitrone
6 küchenfertige Wildtauben, ohne Innereien
Meersalz
400 g Frühstücksspeck
3 EL Butterschmalz
500 ml Hühnerbrühe
2 EL Speisestärke
frisch gemahlener schwarzer Pfeffer

1 Den Backofen auf 200 °C vorheizen. Die Zwiebeln abziehen und klein schneiden. Die Pfefferkörner in einem Mörser zerstoßen. Die Zitrone auspressen. Die Tauben waschen, trocken tupfen, salzen, mit dem zerstoßenen Pfeffer einreiben und mit dem Frühstücksspeck umwickeln.

2 In einem großen Bräter das Butterschmalz erhitzen und die Tauben darin rundum anbraten. Die Zwiebeln zufügen und anschwitzen. Mit der Hühnerbrühe ablöschen und ca. 45 Minuten im Backofen garen. Gelegentlich mit dem Fond beträufeln. Herausnehmen und warm beiseitestellen.

3 Den Fond auf die Hälfte einkochen. Die Speisestärke mit kaltem Wasser glatt rühren und die Sauce damit binden. Noch 2–3 Minuten sanft köcheln lassen und mit Salz und Pfeffer abschmecken. Die Tauben auf vorgewärmten Tellern anrichten und mit der Sauce überzogen servieren.

Gespickte Wildtauben

Zutaten

1 EL Butter
1 EL Mehl
125 g fetter Speck
6 küchenfertige Wildtauben, ohne Innereien
6 Rosmarinzweige
Meersalz
frisch gemahlener schwarzer Pfeffer
6 EL flüssige Butter
250 ml Hühnerbrühe

1 Den Backofen auf 200 °C vorheizen. Die Butter mit dem Mehl verkneten und ins Eisfach stellen. Den Speck in dünne Streifen schneiden. Die Tauben waschen, trocken tupfen und sorgfältig mit den Speckstreifen spicken. In jede Taube einen Rosmarinzweig geben und die Vögel salzen und pfeffern. Auf ein Backblech setzen und rundum mit flüssiger Butter einpinseln.

2 In den Backofen geben und ca. 45 Minuten knusprig braun garen. Dabei immer wieder mit der Butter bestreichen. Herausnehmen und warm beiseitestellen.

3 Den Bratensatz mit der Hühnerbrühe loskochen und die Sauce mit der Mehlbutter binden. Noch 2–3 Minuten sanft köcheln lassen und mit Salz und Pfeffer abschmecken. Die Tauben auf vorgewärmten Tellern anrichten und mit der Sauce überzogen servieren.

Wildtauben mit Olivensauce

Für 6 Personen

Zutaten

100 g große schwarze Oliven, entsteint
100 g große grüne Oliven, entsteint
1 EL gehackte Thymianblätter
1 EL gehackte Rosmarinblätter
3 Knoblauchzehen
6 küchenfertige Wildtauben, ohne Innereien
Meersalz
frisch gemahlener schwarzer Pfeffer
150 g durchwachsener Speck
4 EL Olivenöl
250 ml trockener Weißwein
250 ml Hühnerbrühe
200 g Sahne

1 Die Oliven klein schneiden. Thymian- und Rosmarinblätter fein wiegen. Den Knoblauch abziehen und fein hacken. Die Tauben waschen, trocken tupfen, rundum salzen, pfeffern und mit Thymian, Rosmarin und Knoblauch einreiben. Den Speck in kleine Würfel schneiden.

2 In einem großen Bräter das Olivenöl erhitzen und den Speck darin auslassen. Die Tauben darin rundum anbraten. Mit dem Weißwein ablöschen, die Hühnerbrühe angießen, die gehackten Oliven darüber streuen und zugedeckt ca. 45 Minuten schmoren lassen.

3 Die Vögel herausnehmen und warm beiseitestellen. Ein Drittel der Oliven aus dem Fond nehmen und beiseitestellen. Den Fond pürieren oder durch ein Küchensieb streichen und mit der Sahne cremig einkochen, noch einmal mit Salz und Pfeffer abschmecken. Die Tauben auf vorgewärmten Tellern anrichten, mit der Sauce überziehen und mit Oliven garniert servieren.

Wildtauben mit Tomatensauce

Für 6 Personen

Zutaten

3 rote Zwiebeln
125 g durchwachsener Speck
6 küchenfertige Wildtauben, ohne Innereien
Meersalz
frisch gemahlener schwarzer Pfeffer
3 Schalotten
1 Karotte
1 Stange Sellerie
3 EL Olivenöl
250 ml trockener Rotwein
1,2 kg gehackte Tomaten aus der Dose

1 Die Zwiebeln abziehen und grob hacken. Den Speck in kleine Würfel schneiden. Die Tauben waschen, trocken tupfen, salzen, pfeffern und mit Zwiebeln und Speck füllen. Die Schalotten abziehen und fein würfeln. Die Karotte schälen, den Sellerie putzen und beides klein schneiden. In einem großen Bräter das Olivenöl erhitzen und die Tauben rundum anbraten. Das Gemüse dazugeben und leicht anrösten. Mit dem Rotwein ablöschen und verkochen lassen. Die Tomaten dazugeben und zugedeckt 45 Minuten schmoren lassen. Herausnehmen und warm beiseitestellen. Die Sauce pürieren und mit Salz und Pfeffer abschmecken. Die Tauben auf vorgewärmten Tellern anrichten, mit der Sauce überziehen und mit Oliven garniert servieren.

Wildtauben mit Salbeisauce

Für 6 Personen

Zutaten

4 EL gehackte Salbeiblätter
4 Schalotten
4 Knoblauchzehen
4 Sardellenfilets
1 EL Kapern
12 küchenfertige Wildtaubenbrüste, ohne Knochen
frisch gemahlener schwarzer Pfeffer
3 EL Olivenöl
1 EL abgeriebene Zitronenschale
250 ml trockener Weißwein
2 EL gehackte glatte Petersilie
Meersalz
150 g Crème fraîche

1 Die Salbeiblätter fein wiegen, Schalotten und Knoblauch abziehen und fein würfeln. Die Sardellenfilets und die Kapern fein hacken. Die Taubenbrüste waschen, trocken tupfen und großzügig mit Pfeffer einreiben. In einem großen Bräter das Olivenöl erhitzen und die Taubenbrüste darin von allen Seiten anbraten. Salbei, Schalotten, Knoblauch, Sardellen, Kapern und Zitronenschale dazugeben. Mit dem Weißwein ablöschen und zugedeckt ca. 45 Minuten schmoren lassen. Inzwischen die Petersilie waschen, trocken tupfen und fein hacken. Das Fleisch herausnehmen, salzen und warm beiseitestellen. Den Fond pürieren und mit der Crème fraîche cremig einkochen lassen. Noch einmal salzen und pfeffern. Je 2 Taubenbrüste auf vorgewärmten Tellern anrichten, mit der Sauce überziehen und mit der Petersilie bestreut servieren.

Wildtauben mit Zitronensauce

Für 6 Personen

Zutaten

4 Zitronen
3 rote Zwiebeln
6 küchenfertige Wildtauben, ohne Innereien
Meersalz
frisch gemahlener schwarzer Pfeffer
3 EL Butterschmalz
400 g Frühstücksspeck
100 ml Zitronensaft
500 ml Hühnerbrühe
2 EL Zitronenmarmelade
200 g Sahne

1 Den Backofen auf 200 °C vorheizen. 3 Zitronen schälen und klein schneiden. Die Zwiebeln abziehen, fein hacken und mit den Zitronenstücken vermischen. Die Tauben waschen, trocken tupfen, innen und außen salzen und pfeffern und mit der Zitronen-Zwiebel-Mischung füllen. In einem großen Bräter das Butterschmalz erhitzen und die Tauben darin rundum anbraten. Mit dem Frühstücksspeck belegen, in den Backofen geben und ca. 30 Minuten garen, dann mit dem Zitronensaft ablöschen und die Hühnerbrühe angießen. Noch weitere ca. 15 Minuten garen, dann herausnehmen, die Füllung entfernen und die Tauben warm beiseitestellen.

2 Die Füllung pürieren und in den Fond geben. Mit der Sahne cremig einkochen, die Zitronenmarmelade unterheben und noch einmal mit Salz und Pfeffer abschmecken. 1 Zitrone in dünne Scheiben schneiden. Die Tauben auf vorgewärmten Tellern anrichten, mit der Sauce überziehen und mit Zitronenscheiben garniert servieren.

Wildtaube mit Steinpilzfüllung

Für 6 Personen

Zutaten

500 g frische Steinpilze
3 Schalotten
1 EL gehackte Thymianblätter
1 EL gehackte Rosmarinblätter
3 EL Butter
Meersalz
frisch gemahlener schwarzer Pfeffer
6 küchenfertige Wildtauben, ohne Innereien
250 g Frühstücksspeck
250 ml trockener Rotwein
200 g Sahne

1 Die Steinpilze putzen (nicht waschen!) und klein schneiden. Die Schalotten abziehen und fein würfeln. Thymian- und Rosmarinblätter fein wiegen. In einer Pfanne die Butter erhitzen und die Schalotten darin glasig dünsten. Die Steinpilze dazugeben und unter ständigem Rühren kräftig anbraten, bis die Flüssigkeit verdampft ist und die Pilze leicht bräunen. Thymian und Rosmarin unterrühren, salzen, pfeffern und warm beiseitestellen.

2 Den Backofen auf 180 °C vorheizen. Die Tauben waschen, trocken tupfen, von innen mit Salz und Pfeffer würzen und mit den Pilzen füllen. Die Vögel auf ein tiefes Backblech geben, von außen mit Pfeffer würzen und mit je zwei Scheiben Frühstücksspeck belegen. In den Backofen geben und 35 Minuten garen. Den Speck abnehmen und die Tauben noch 10 Minuten braun werden lassen.

3 Die Tauben vom Blech nehmen und warm beiseitestellen. Den Fond in einem Topf mit der Sahne auf die gewünschte Konsistenz einkochen und noch einmal mit Salz und Pfeffer abschmecken.

4 Die Tauben in zwei Hälften teilen, auf vorgewärmten Tellern anrichten und mit der Sauce überzogen servieren.

Feine Wildtaubensuppe

Für 6 Personen

Zutaten

3 Zwiebeln
2 Karotten
½ Knolle Sellerie
1 Stange Lauch
250 g kleine Champignons
½ kleiner Blumenkohl
3 EL Butter
4 küchenfertige Wildtauben, ohne Innereien
3 l Hühnerbrühe
250 g Suppennudeln
Meersalz
frisch gemahlener schwarzer Pfeffer
1 Bund krause Petersilie

1 Die Zwiebeln abziehen und grob hacken. Karotten und Sellerie schälen, Lauch putzen und waschen, alles klein schneiden. Die Champignons putzen (nicht waschen!) und vierteln. Den Blumenkohl in Röschen teilen und waschen. Die Tauben waschen und trocken tupfen. In einem großen Topf die Butter erhitzen und das Gemüse darin andünsten. Mit der Hühnerbrühe ablöschen und zum Kochen bringen. Die Tauben hineingeben, aufkochen und ca. 60 Minuten sanft köcheln lassen. Die Tauben herausnehmen. Das Fleisch von den Knochen lösen, in mundgerechte Stücke schneiden und wieder in die Suppe geben. Die Suppennudeln dazugeben und gar ziehen lassen. Die Petersilie waschen, trocken tupfen und fein hacken. Mit Salz und Pfeffer und Pfeffer abschmecken und die Petersilie untermischen. Sofort heiß servieren.

Wildtauben mit Wacholdersauce

Für 6 Personen

Zutaten

20 Wacholderbeeren
12 küchenfertige Taubenbrüste
frisch gemahlener schwarzer Pfeffer
Meersalz
4 EL Butter
250 ml trockener Weißwein
200 g Sahne

1 Die Wacholderbeeren in einem Mörser sehr fein zerstoßen. Die Taubenbrüste waschen, trocken tupfen, salzen und pfeffern. In einem Bräter die Butter erhitzen und die Taubenbrüste darin rundum anbraten. Mit dem Weißwein ablöschen, die Wacholderbeeren dazugeben und ca. 45 Minuten zugedeckt köcheln lassen. Das Fleisch herausnehmen und warm beiseitestellen. Den Fond mit der Sahne auf die gewünschte Konsistenz einkochen und die Sauce mit Salz und Pfeffer abschmecken.

2 Je zwei Taubenbrüste auf vorgewärmten Tellern anrichten und mit der Sauce überzogen servieren.

Wildtauben mit Füllung

Für 6 Personen

Zutaten

1 TL gehackte glatte Petersilie
1 TL gehackte Liebstöckelblätter
3 Schalotten
250 g Schweinemett
6 küchenfertige Wildtauben, ohne Innereien
Meersalz
frisch gemahlener schwarzer Pfeffer
250 g Frühstücksspeck
250 ml trockener Weißwein
200 g Sahne
2 EL eiskalte Butter

1 Petersilie und Liebstöckelblätter waschen, trocken tupfen und sehr fein hacken. Die Schalotten abziehen und fein würfeln. Das Schweinemett mit Salz und Pfeffer würzen und mit Schalotten, Petersilie und Liebstöckel vermengen. Die Tauben waschen, trocken tupfen, innen und außen salzen und pfeffern und mit dem Mett füllen, die Füllöffnung verschließen.

2 Den Backofen auf 180 °C vorheizen. Die Tauben auf ein tiefes Backblech geben und mit dem Frühstücksspeck belegen. In den Backofen geben und 30 Minuten garen. Den Speck abnehmen und die Tauben noch 10 Minuten knusprig werden lassen.

3 Die Tauben herausnehmen und warm beiseitestellen. Den Bratensatz mit dem Weißwein loskochen und mit der Sahne auf die gewünschte Konsistenz einkochen. Mit Salz und Pfeffer abschmecken und mit der Butter binden.

4 Die Tauben in zwei Hälften teilen, auf vorgewärmten Tellern anrichten und mit der Sauce überzogen servieren.

Wildtauben mit Rotweinsauce

Für 6 Personen

Zutaten

2 EL Butter
3 EL Mehl
4 Schalotten
2 Knoblauchzehen
3 Karotten
250 g reife Cherry-Tomaten
1 Lorbeerblatt
2 Wacholderbeeren
1 EL gehackte Majoranblätter
6 küchenfertige Wildtauben, ohne Innereien
Meersalz
frisch gemahlener schwarzer Pfeffer
4 EL Olivenöl
1 l trockener Rotwein

1 Die Butter mit dem Mehl verkneten und ins Eisfach stellen. Schalotten und Knoblauch abziehen und fein würfeln. Die Karotten schälen und in Stücke schneiden. Die Tomaten waschen und halbieren. Das Lorbeerblatt und die Wacholderbeeren in einem Mörser zerstoßen. Die Majoranblätter fein wiegen. Die Tauben waschen, trocken tupfen, salzen, pfeffern und mit Lorbeerblatt, Wacholder und Majoran einreiben.

2 In einem großen Bräter das Öl erhitzen und die Tauben darin rundum scharf anbraten. Herausnehmen und Schalotten, Knoblauch und Karotten anrösten. Die Tomaten dazugeben, kurz mitkochen und mit dem Rotwein ablöschen. Aufkochen, die Tauben wieder dazugeben und 45–60 Minuten köcheln lassen.

3 Die Tauben herausnehmen und warm beiseitestellen. Den Fond pürieren oder durch ein Küchensieb streichen, mit Salz und Pfeffer abschmecken und mit der Mehlbutter binden.

Wildtauben mit Pfefferkruste

Für 6 Personen

Zutaten

15 schwarze Pfefferkörner
3 Knoblauchzehen
6 EL Honig
6 EL Rotweinessig
3 rote Zwiebeln
6 küchenfertige Wildtauben, ohne Innereien
Meersalz
frisch gemahlener schwarzer Pfeffer
4 Schalotten
500 ml trockener Rotwein
3 EL Olivenöl
200 g Sahne

1 Den Backofen auf 180 °C vorheizen. Die Pfefferkörner in einem Mörser zerstoßen, den Knoblauch abziehen und pressen. Beides mit dem Honig und dem Essig zu einer Marinade verarbeiten. Die Zwiebeln abziehen und grob würfeln. Die Tauben waschen, trocken tupfen, innen wie außen salzen und pfeffern und mit den Zwiebelwürfeln füllen.

2 Auf einem tiefen Backblech in den Backofen geben und 45 Minuten garen. Dabei in den ersten 35 Minuten immer wieder mit der Marinade bestreichen. In den letzten 10 Minuten eine schöne Kruste entstehen lassen.

3 In der Zwischenzeit die Schalotten abziehen und fein würfeln. Die Tauben aus dem Backofen nehmen und warm beiseitestellen. Den Bratensatz mit dem Rotwein loskochen. In einer Pfanne das Olivenöl erhitzen und die Schalotten darin glasig dünsten. Mit dem Bratenfond ablöschen und mit der Sahne auf die gewünschte Konsistenz einkochen. Mit Salz und Pfeffer abschmecken.

Gebratene Wildtaubenbrust auf Salat

1 Die Schalotten abziehen, sehr fein würfeln und in eine Salatschüssel geben. Die Karotten schälen, in sehr feine Stifte schneiden und zu den Schalotten geben. Die Radieschen putzen, waschen, in feine Scheiben schneiden und ebenfalls hinzugeben. Salzen, pfeffern und den Estragon untermischen. Petersilie und Schnittlauch waschen, trocken tupfen, sehr fein hacken und hinzufügen. Aus Haselnussöl und Himbeeressig eine Salatsauce herstellen und über das Gemüse geben. Alles gut vermischen. Den Feldsalat putzen, verlesen, waschen und zum Abtropfen beiseitestellen.

2 Die Wacholderbeeren in einem Mörser zerstoßen. Die Taubenbrüste waschen, trocken tupfen, salzen, pfeffern und mit den Wacholderbeeren einreiben. In einer Pfanne die Butter erhitzen und die Taubenbrüste darin von beiden Seiten je 3–5 Minuten braten. Aus der Pfanne nehmen warm beiseitestellen.

3 Den Feldsalat unter den Salat mischen und kurz ziehen lassen. Die Taubenbrüste dünn aufschneiden. Auf jeden Teller ein Salatbett geben und die Taubenbrüste darauf fächerförmig anrichten.

Für 6 Personen

Zutaten

2 Schalotten
2 Karotten
1 Bund Radieschen
1 TL Estragon
1 EL gehackte Petersilie
1 EL gehackter Schnittlauch
Meersalz
frisch gemahlener bunter Pfeffer
4–6 EL Haselnussöl
3–4 EL Himbeeressig
150 g Feldsalat
6 Wacholderbeeren
12 küchenfertige Taubenbrüste
3 EL Butter

Wildtauben mit Thymiansauce

1 Schalotten und Knoblauch abziehen und fein würfeln. Die Thymianblätter fein wiegen. Die Tauben waschen, trocken tupfen, in zwei Hälften teilen und mit Salz und Pfeffer würzen.

2 In einer großen Pfanne Butter und Olivenöl erhitzen und die Tauben darin nach und nach jeweils 15–20 Minuten rundum knusprig braten. Herausnehmen und warm beiseitestellen.

3 Im Bratensatz die Schalotten, den Knoblauch und den Thymian andünsten und leicht anrösten. Mit dem Rotwein ablöschen und aufkochen lassen. Mit der Sahne auf die gewünschte Konsistenz einkochen. Die Sauce pürieren und ein weiteres mal kurz aufkochen, dann noch einmal mit Salz und Pfeffer abschmecken.

4 Je zwei Taubenhälften auf einem Teller anrichten und mit der Sauce überzogen servieren.

Für 6 Personen

Zutaten

3 Schalotten
2 Knoblauchzehen
2 EL gehackte Thymianblätter
6 küchenfertige Wildtauben, ohne Innereien
Meersalz
frisch gemahlener schwarzer Pfeffer
4 EL Butter
4 EL Olivenöl
250 ml trockener Rotwein
200 g Sahne

Wildtauben auf weißen Bohnen

Für 6 Personen

Zutaten

3 Schalotten
2 Knoblauchzehen
1 EL gehackte Thymianblätter
200 g durchwachsener Speck
4 EL Olivenöl
800 g große weiße Bohnen aus dem Glas
1 TL getrocknetes Bohnenkraut
400 g gehackte Tomaten aus der Dose
Meersalz
frisch gemahlener schwarzer Pfeffer
12 küchenfertige Taubenbrüste

1 Die Schalotten abziehen und fein würfeln. Den Knoblauch abziehen und pressen. Die Thymianblätter fein wiegen. Den Speck in feine Würfel schneiden. In einem großen Schmortopf 1 EL Olivenöl erhitzen und den Speck darin langsam auslassen. Die Schalotten darin glasig dünsten. Knoblauch und Thymian dazugeben und leicht anrösten. Bohnen und Bohnenkraut hinzufügen und einige Minuten schmoren lassen. Die Tomaten einrühren, erhitzen und mit Salz und Pfeffer abschmecken.

2 Den Backofen auf 220 °C vorheizen. In einem Bräter 3 EL Olivenöl erhitzen. Die Wildtaubenbrüste salzen und pfeffern und beidseitig goldbraun anbraten. In den Backofen geben und mit der Hautseite nach oben ca. 3–5 Minuten garen. Herausnehmen und in Alufolie verpackt warm beiseitestellen.

3 Die Bohnen auf vorgewärmte Teller geben. Die Taubenbrüste fein aufschneiden und je zwei Brüste auf einem Teller fächerförmig anrichten.

Wildtauben mit Speck

Für 6 Personen

Zutaten

3 große Zwiebeln
6 küchenfertige Wildtauben, ohne Innereien
Meersalz
frisch gemahlener schwarzer Pfeffer
400 g Frühstücksspeck
4 Schalotten
250 ml trockener Rotwein
3 EL Olivenöl
200 g Sahne

1 Den Backofen auf 200 °C vorheizen. Die Zwiebeln abziehen und grob würfeln. Die Tauben waschen, trocken tupfen und innen wie außen kräftig salzen und pfeffern. Mit den Zwiebelwürfeln füllen, auf ein Backblech legen und mit dem Frühstücksspeck belegen. In den Backofen geben und 45 Minuten garen. Die Speckscheiben entfernen und die Haut bei 250 °C ca. 10–15 Minuten knusprig werden lassen.

2 In der Zwischenzeit die Schalotten abziehen und fein würfeln. Die Tauben aus dem Backofen nehmen und warm beiseitestellen. Den Bratensatz mit dem Rotwein loskochen. In einer Pfanne das Olivenöl erhitzen und die Schalotten darin glasig dünsten. Mit dem Rotwein ablöschen und mit der Sahne cremig einkochen. Mit Salz und Pfeffer abschmecken.

3 Die Tauben auf vorgewärmten Tellern anrichten und mit der Sauce überzogen servieren.

Wildtauben mit Orangensauce

Für 6 Personen

Zutaten

3 Orangen
3 große Zwiebeln
250 g fetter Speck
6 küchenfertige Wildtauben, ohne Innereien
Meersalz
frisch gemahlener schwarzer Pfeffer
500 ml Orangensaft
2 EL bittere Orangenmarmelade
200 g Sahne

1 Den Backofen auf 200 °C vorheizen. Die Orangen schälen und klein schneiden. Die Zwiebeln abziehen, fein hacken und mit den Orangenstücken vermischen. Den Speck in dünne Scheiben schneiden. Die Tauben waschen, trocken tupfen, innen und außen salzen und pfeffern. Jeden Vogel mit der Orangen-Zwiebel-Mischung füllen und mit Speckscheiben umwickeln. Die Vögel in einen großen Bräter geben und ca. 30 Minuten im Backofen garen, dann den Speck abnehmen, den Orangensaft angießen und noch ca. 15 Minuten bräunen lassen. Herausnehmen, die Füllung entfernen und die Tauben warm beiseitestellen.

2 Die Füllung pürieren und in den Fond geben. Mit der Sahne cremig einkochen, die Orangenmarmelade unterheben und noch einmal mit Salz und Pfeffer abschmecken. Die Tauben auf vorgewärmten Tellern anrichten und mit der Sauce überzogen servieren.

Wildtauben mit Steinpilzen

Für 6 Personen

Zutaten

1 Bund glatte Petersilie
250 g fetter Speck
6 küchenfertige Wildtauben, ohne Innereien
Meersalz
frisch gemahlener weißer Pfeffer
6 EL Butterschmalz
100 ml süßer Sherry
150 ml trockener Weißwein
250 ml Hühnerbrühe
3 Schalotten
500 g Steinpilze
200 g Sahne
2 TL Speisestärke

1 Die Petersilie waschen, trocken tupfen und grob hacken. Den Speck in dünne Scheiben schneiden. Die Tauben waschen, trocken tupfen, innen und außen salzen und pfeffern, mit der Petersilie und je 1 Zweig Rosmarin und Thymian füllen und mit dem Speck umwickeln. In einem großen Schmortopf 3 EL Butterschmalz erhitzen und die Tauben darin rundum anbraten. Mit dem Sherry ablöschen, Weißwein und Hühnerbrühe angießen und zugedeckt ca. 45–60 Minuten schmoren lassen.

2 Inzwischen die Schalotten abziehen und fein hacken. Die Steinpilze putzen (nicht waschen!) und klein schneiden. In einer großen Pfanne 3 EL Butterschmalz erhitzen und die Schalotten darin glasig dünsten. Die Steinpilze hinzufügen, weich dünsten, salzen, pfeffern und warm beiseitestellen.

3 Die Tauben herausnehmen und warm beiseitestellen. Den Fond in einem Topf mit der Sahne cremig einkochen. Die Speisestärke mit kaltem Wasser glatt rühren und die Sauce damit binden. Noch 2–3 Minuten köcheln lassen und mit Salz und Pfeffer abschmecken. Die Tauben halbieren, auf vorgewärmte Teller geben, mit den Steinpilzen anrichten und mit der Sauce überzogen servieren.

Wildtauben mit Linsen

1 Die Linsen nach Packungsangaben vorbereiten, eventuell einweichen und/oder vorkochen. Zwiebeln und Knoblauch abziehen und fein würfeln. Die Karotten schälen und in feine Stifte schneiden. Den Speck in Würfel schneiden. Die Petersilie waschen, trocken tupfen und fein hacken. Die Tauben waschen, trocken tupfen und innen und außen salzen und pfeffern.

2 In einem großen Bräter das Butterschmalz erhitzen und den Speck darin auslassen. Die Tauben darin rundum anbraten. Zwiebeln, Knoblauch und Karotten dazugeben und leicht anrösten. Mit Gemüsebrühe ablöschen und die Linsen und Tomaten dazugeben. Ca. 45–60 Minuten sanft schmoren lassen. Wenn das Gericht zu trocken wird, etwas Wasser angießen.

3 Auf vorgewärmten Tellern ein Bett aus Linsengemüse anlegen, die Tauben darauf anrichten und mit Petersilie garniert servieren.

Für 6 Personen

Zutaten

500 g braune Linsen
3 große Zwiebeln
2 Knoblauchzehen
2 Karotten
200 g durchwachsener Speck
1 Bund krause Petersilie
6 küchenfertige Wildtauben, ohne Innereien
Meersalz
frisch gemahlener schwarzer Pfeffer
3 EL Butterschmalz
500 ml Gemüsebrühe
400 g gehackte Tomaten aus der Dose

Wildtauben mit Spargelspitzen

1 Die Pfefferkörner in einem Mörser zerstoßen und mit dem Olivenöl vermischen. Die Vögel waschen, trocken tupfen, innen und außen damit einreiben, in eine große Schüssel geben und 24 Stunden zugedeckt im Kühlschrank marinieren lassen.

2 Die Tauben aus der Marinade nehmen und abtropfen lassen. In einem großen Schmortopf 3 EL Butterschmalz erhitzen und die Vögel darin rundum anbraten. Mit dem Wein und der Hühnerbrühe ablöschen, mit dem Frühstücksspeck belegen und zugedeckt ca. 45–60 Minuten sanft schmoren lassen. Die Tauben herausnehmen und warm beiseitestellen. Den Fond pürieren und mit der Sahne cremig einkochen. Noch einmal mit Salz und Pfeffer abschmecken.

3 Inzwischen die Petersilie waschen, trocken tupfen und fein hacken. Die Spargelspitzen waschen und – wenn nötig – etwas schälen. In einer großen Pfanne 3 EL Butterschmalz erhitzen und die Spargelspitzen darin 10–12 Minuten garen, nach Belieben leicht bräunen lassen. Salzen, pfeffern, herausnehmen und warm beiseitestellen.

4 Die Tauben mit den Spargelspitzen auf vorgewärmten Tellern anrichten und mit der Sauce überzogen servieren.

Für 6 Personen

Zutaten

10 schwarze Pfefferkörner
6 EL Olivenöl
6 küchenfertige Wildtauben, ohne Innereien
400 g Frühstücksspeck
250 ml trockener Weißwein
250 ml Hühnerbrühe
Meersalz
frisch gemahlener schwarzer Pfeffer
2 EL gehackte glatte Petersilie
500 g weiße Spargelspitzen
250 g grüne Spargelspitzen
6 EL Butterschmalz
200 g Sahne

Die Wachtel

Die unscheinbare Wachtel *(Coturnix coturnix)* ist der kleinste Vertreter der Hühnervögel *(Galliformes)* in Europa. Ihr Gefieder ist unauffällig bräunlich im Tarnmuster eingefärbt. Am Kopf trägt die Wachtel einen weißlichen Oberaugenstreif, der Rücken ist bräunlich längs gestreift. Die Flügeldecken tragen eine weiße Bänderung, die hellere Brust ist quer gewellt. Wachteln kommen in West-, Mittel- und Südosteuropa, im Mittelmeerraum sowie in Nordafrika vor. Sie leben zurückgezogen in offener Flur, auch in Kulturland, und sind meist mehr zu hören („Wachtelschlag") als zu sehen. Wachteln ernähren sich von Insekten, Spinnen und Samen. Sie nisten in Bodenmulden, doch ist ihr Brutverhalten noch weitgehend unerforscht. Durch Verlust vieler Lebensräume ist die Art bei uns sehr stark zurückgegangen und mittlerweile bedroht.

Wegen der Bestandsabnahme der Wachteln darf das ehemals beliebte Wildgeflügel bei uns schon lange nicht mehr gejagt werden. Im Handel angebotene Wachteleier oder Wachtelfleisch stammen also aus Zuchtbetrieben. Die domestizierte Art der Wachteln stammt nicht direkt von den bei uns heimischen Wachteln ab. Man hat diese zwar auch oft in Gefangenschaft gehalten, wobei sie häufig handzahm wurden, doch eine Domestizierung ist nie gelungen. Nur eine einzige Unterart der Wachtel, die in Sibirien und Japan heimische „Japanische Wachtel" *(C. c. japonica)*, wurde zum Haustier. Zudem leben „Hauswachteln" mit bis zu fünf Jahren wesentlich länger als ihre wilden Vorläufer, die nur ein Höchstalter von zwei Jahren erreichen.

Im Gegensatz zu vielen anderen Haustieren, die kleiner sind als das ursprüngliche Wildtier, ist es bei der „Hauswachtel" umgekehrt. Sie wird mit einem Höchstgewicht von 300 g fast dreimal so schwer wie eine wild lebende Wachtel. Zentren der Wachtelzucht sind Japan und in Europa vor allem Frankreich. In der französischen Küche sind Wachteln und ihre Eier sehr viel weiter verbreitet als bei uns. Aber auch in Deutschland gibt es mittlerweile zahlreiche Höfe, auf denen die kleinen Verwandten der Hühner in vielen verschiedenen Farbrassen gezüchtet werden.

Unter Liebhabern von Wildgerichten sind Wachteln überaus beliebt, viele halten sie für das schmackhafteste Wildgeflügel überhaupt. Wachteln werden fast immer im Ganzen zubereitet, meist mit einer Füllung, gelegentlich aber auch ohne. Stets muss man darauf achten, dass das zarte Fleisch beim Garen nicht austrocknet. Deshalb werden Wachteln meist vor der Zubereitung mit Speck umwickelt.

Salbei-Wachteln

Für 6 Personen

Zutaten

3 Schalotten
3 Knoblauchzehen
3 EL gehackte Salbeiblätter
1 unbehandelte Zitrone
9–12 küchenfertige Wachteln, ohne Innereien (je nach Größe)
Meersalz
frisch gemahlener schwarzer Pfeffer
6 Tomaten
400 g Frühstücksspeck
4 EL Olivenöl
250 ml trockener Weißwein
250 ml Hühnerbrühe
200 g Sahne

1 Den Backofen auf 200 °C vorheizen. Schalotten und Knoblauch abziehen und fein hacken. Die Salbeiblätter fein wiegen. Die Schale der Zitrone fein abreiben, alles gut miteinander vermischen. Die Wachteln waschen und trocken tupfen, außen mit Salz und Pfeffer einreiben und mit der Salbeimischung füllen. Die Keulen der Wachteln mit Küchengarn zusammenbinden. Den Saft der Zitrone auspressen. Die Tomaten waschen und klein schneiden.

2 Das Olivenöl in einem großen Bräter erhitzen. Die Wachteln darin rundherum braun anbraten und mit dem Frühstücksspeck belegen. Die Tomatenwürfel um die Wachteln herum verstreuen, den Weißwein mit der Hühnerbrühe und dem Zitronensaft angießen. Den Bräter in den Backofen geben und die Wachteln zugedeckt 25–30 Minuten schmoren lassen. Den Deckel abnehmen und die Wachteln weitere 10–15 Minuten bräunen lassen. Herausnehmen und warm beiseitestellen.

3 Den Fond pürieren, in einen Topf umfüllen und mit der Sahne cremig einkochen. Noch einmal mit Salz und Pfeffer abschmecken. Die Wachteln auf vorgewärmten Tellern anrichten und die Sauce getrennt dazu servieren.

Wachteln mit Rotweinsauce

Für 6 Personen

Zutaten

1 EL gehackte Thymianblätter
2 rote Zwiebeln
1 Zitrone
250 g fetter Speck
9–12 küchenfertige Wachteln, ohne Innereien (je nach Größe)
Meersalz
frisch gemahlener schwarzer Pfeffer
3 EL Butterschmalz
500 ml trockener Rotwein
1 Lorbeerblatt
200 g saure Sahne

1 Den Backofen auf 200 °C vorheizen. Die Thymianblätter fein wiegen. Die Zwiebeln abziehen und fein hacken. Die Zitrone auspressen. Den Speck in dünne Scheiben schneiden. Die Wachteln waschen, trocken tupfen, innen und außen leicht salzen, pfeffern und mit Zitronensaft beträufeln. In einem großen Bräter das Butterschmalz erhitzen und die Wachteln darin rundum anbraten. Mit dem Rotwein ablöschen und mit den Zwiebeln bestreuen. Die Wachteln mit den Speckscheiben belegen, das Lorbeerblatt hinzufügen. Zugedeckt im Backofen ca. 30 Minuten garen, die Speckscheiben abnehmen und ohne Deckel noch einmal 10 Minuten bräunen lassen.

2 Die Wachteln herausnehmen und warm beiseitestellen. Speck und Lorbeerblatt entfernen, den Fond pürieren und in einem Topf mit der sauren Sahne auf die gewünschte Konsistenz einkochen. Noch einmal mit Salz und Pfeffer abschmecken. Die Wachteln auf vorgewärmten Tellern anrichten und die Sauce getrennt dazu servieren.

Wachteln mit Champignons

Für 6 Personen

Zutaten

1 EL gehackte Majoranblätter
1 EL gehackte Thymianblätter
1 EL gehackte Rosmarinblätter
4 weiße Zwiebeln
3 Knoblauchzehen
125 g durchwachsener Speck
9–12 küchenfertige Wachteln, ohne Innereien (je nach Größe)
Meersalz
frisch gemahlener schwarzer Pfeffer
3 EL Olivenöl
500 ml trockener Weißwein
500 g kleine braune Champignons

1 Majoran-, Thymian- und Rosmarinblätter fein wiegen, Zwiebeln und Knoblauch abziehen und fein hacken. Den Speck in kleine Würfel schneiden. Die Wachteln waschen, trocken tupfen und mit Salz und Pfeffer einreiben.

2 In einem großen Schmortopf das Olivenöl erhitzen und die Wachteln mit dem Speck nach und nach darin braun anbraten. Zwiebeln, Knoblauch, Majoran, Rosmarin und Thymian zufügen und leicht anrösten. Mit dem Weißwein ablöschen, salzen, pfeffern und zugedeckt ca. 35 Minuten schmoren lassen. Inzwischen die Champignons putzen (nicht waschen!), in den Topf geben und weitere 10 Minuten schmoren lassen.

3 Die Wachteln mit den Champignons und der Sauce direkt aus dem Topf bei Tisch auf vorgewärmten Tellern anrichten.

Wachteln mit Sherrysauce

Für 6 Personen

Zutaten

9–12 küchenfertige Wachteln, ohne Innereien (je nach Größe)
Meersalz
frisch gemahlener schwarzer Pfeffer
9–12 Weinblätter
9–12 Lorbeerblätter
18–24 Wacholderbeeren
400 g Frühstücksspeck
3 EL Olivenöl
500 ml halbtrockener Sherry, z. B. Amontillado
200 g Sahne
1 TL Speisestärke

1 Den Backofen auf 220 °C vorheizen. Die Wachteln waschen, trocken tupfen, innen und außen leicht salzen und pfeffern. Die Weinblätter waschen und trocken tupfen. In jede Wachtel 1 Lorbeerblatt und 2 Wacholderbeeren geben. Die Brüste der Wachteln mit je 1 Weinblatt belegen und die Vögel mit Frühstücksspeck umwickeln.

2 In einem großen Bräter das Olivenöl erhitzen und die Wachteln darin rundum anbraten. In den Bräter geben und im Backofen 25 Minuten garen. Mit dem Sherry ablöschen, die Hitze auf 180 °C reduzieren und weitere 20 Minuten garen. Herausnehmen und warm beiseitestellen.

3 Den Fond mit der Sahne cremig einkochen. Die Speisestärke mit kaltem Wasser glatt rühren und die Sauce damit binden. Noch 2–3 Minuten sanft köcheln lassen. Die Wachteln auf vorgewärmten Tellern anrichten, die Sauce getrennt dazu servieren.

Wacholder-Wachteln

Für 6 Personen

Zutaten

8 Wacholderbeeren
10 schwarze Pfefferkörner
3 EL Estragon-Senf
6 cl Gin
9–12 küchenfertige Wachteln, ohne Innereien (je nach Größe)
Meersalz
frisch gemahlener schwarzer Pfeffer
3 weiße Zwiebeln
3 grüne Äpfel
2 EL Butter
500 g Schweinemett
3 Eier
2 TL getrockneter Estragon
400 g Frühstücksspeck
250 ml Hühnerbrühe
200 g Sahne

1 Die Wacholderbeeren und Pfefferkörner in einem Mörser zerstoßen und mit Senf und Gin zu einer Beize vermischen. Die Wachteln waschen, trocken tupfen, mit der Beize bestreichen und im Kühlschrank 24 Stunden ziehen lassen.

2 Den Backofen auf 180 °C vorheizen. Die Zwiebeln abziehen und fein würfeln. Die Äpfel waschen, klein schneiden und von den Kerngehäusen befreien. In einer Pfanne die Butter erhitzen und die Zwiebeln und die Äpfel darin weich dünsten. Herausnehmen und mit dem Schweinemett, den Eiern und dem Estragon vermengen, salzen und pfeffern.

3 Die Wachteln mit der Masse füllen und die Öffnungen mit Küchengarn zunähen. Auf ein tiefes Backblech legen, salzen und pfeffern und mit dem Frühstücksspeck belegen. Die Hühnerbrühe angießen, in den Backofen geben und 35–40 Minuten garen, dabei immer wieder mit dem Fond begießen. Den Speck abnehmen und die Wachteln noch 10 Minuten bräunen lassen.

4 Die Vögel aus dem Backofen nehmen und warm beiseitestellen. Den Fond in einen Topf füllen und aufkochen lassen. Mit der Sahne auf die gewünschte Konsistenz einkochen und mit Salz und Pfeffer abschmecken.

5 Die Wachteln mit dem Speck auf vorgewärmten Platten anrichten und die Sauce getrennt dazu servieren.

Spinat-Wachteln

Für 6 Personen

Zutaten

6 Wacholderbeeren
10 schwarze Pfefferkörner
2 Lorbeerblätter
1 EL gehackte Majoranblätter
1 EL gehackte Thymianblätter
1 EL gehackte Rosmarinblätter
9–12 küchenfertige Wachteln, ohne Innereien (je nach Größe)
Meersalz
750 ml trockener Weißwein
2 Knoblauchzehen
1 kg Blattspinat
4 EL Olivenöl
frisch gemahlener schwarzer Pfeffer
Muskatnuss
100 g Pinienkerne
4 EL Butterschmalz
200 g Sahne

1 Die Wacholderbeeren, die Pfefferkörner und die Lorbeerblätter in einem Mörser zerstoßen. Die Majoran-, Thymian- und Rosmarinblätter fein wiegen. Die Wachteln waschen, trocken tupfen, mit Gewürzen, Kräutern und Salz einreiben, in eine große Schüssel geben und mit 500 ml Weißwein aufgießen. 24 Stunden zugedeckt im Kühlschrank marinieren lassen.

2 Den Spinat verlesen, Stiele und Strünke wegwerfen, die Blätter waschen. Den Knoblauch abziehen und pressen. In einem großen Topf das Olivenöl erhitzen und den Knoblauch darin anschwitzen, nicht bräunen! Den Spinat dazugeben und bei großer Hitze andünsten. Mit 250 ml Weißwein ablöschen und zugedeckt kochen lassen, bis der Spinat völlig zusammengefallen ist. Gut salzen, pfeffern, mit Muskatnuss würzen und ohne Deckel einkochen, bis der Spinat leicht anröstet. Die Pinienkerne untermischen und beiseitestellen.

3 Die Wachteln aus der Marinade nehmen und abtropfen lassen. In einem großen Bräter das Butterschmalz erhitzen und die Vögel darin rundum anbraten. Mit der Marinade ablöschen und 45 Minuten zugedeckt schmoren lassen. Herausnehmen und warm beiseitestellen. Den Fond in einem Topf aufkochen, die Sahne dazugeben und auf die gewünschte Konsistenz einkochen. Noch einmal mit Salz und Pfeffer abschmecken.

4 Auf vorgewärmten Tellern ein Spinatbett anlegen, die Wachteln darauf anrichten und mit der Sauce überzogen servieren.

Wachteln mit Pfifferlingen

Für 6 Personen

Zutaten

15 schwarze Pfefferkörner
9–12 küchenfertige Wachteln, ohne Innereien (je nach Größe)
6 EL flüssige Butter
500 ml trockener Weißwein
3 Schalotten
500 g Pfifferlinge
Meersalz
3 EL Olivenöl
200 g Sahne
frisch gemahlener schwarzer Pfeffer

1 Den Backofen auf 250 °C vorheizen. Die Pfefferkörner in einem Mörser zerstoßen. Die Wachteln waschen, trocken tupfen und innen pfeffern. Von außen jede Wachtel mit ½ EL flüssige Butter und den Pfefferkörnern einreiben. Auf einem Backblech in den Backofen geben und 15 Minuten garen. Die Hitze auf 180 °C reduzieren, den Weißwein angießen und weitere 30 Minuten garen, dabei immer wieder mit dem Fond bestreichen. In den letzten 10 Minuten die Haut knusprig werden lassen.

2 In der Zwischenzeit die Schalotten abziehen und fein würfeln. Die Pfifferlinge putzen (nicht waschen!), verlesen und klein schneiden. Die Wachteln aus dem Backofen nehmen, salzen und warm beiseitestellen. In einer Pfanne das Olivenöl erhitzen und die Schalotten darin glasig dünsten. Die Pfifferlinge dazugeben und braten, bis alle Flüssigkeit verdunstet ist. Mit dem Fond ablöschen, mit der Sahne auf die gewünschte Konsistenz einkochen und mit Salz und Pfeffer abschmecken.

3 Die Wachteln auf vorgewärmten Tellern anrichten und die Sauce getrennt dazu servieren.

Flambierte Wachteln mit Pflaumen

Für 6 Personen

Zutaten

750 g Pflaumen
9–12 küchenfertige Wachteln, ohne Innereien (je nach Größe)
100 ml Weinbrand
3 EL Butterschmalz
500 ml trockener Rotwein
Meersalz
frisch gemahlener schwarzer Pfeffer
2 EL eiskalte Butter

1 Die Pflaumen waschen, entkernen und klein schneiden. Die Wachteln waschen und trocken tupfen. Den Weinbrand erwärmen. In einem großen Bräter das Butterschmalz erhitzen und die Wachteln darin rundum goldbraun anbraten. Mit dem Weinbrand beträufeln und anzünden. Mit dem Rotwein ablöschen, salzen, pfeffern und zugedeckt 30 Minuten schmoren. Die Pflaumen hinzufügen und weitere 15 Minuten köcheln lassen. Die Wachteln und die Pflaumen nacheinander herausnehmen und warm beiseitestellen. Den Fond auf die gewünschte Konsistenz einkochen, salzen, pfeffern und mit der Butter binden. Die Wachteln mit den Pflaumen auf vorgewärmten Tellern anrichten und mit der Sauce überzogen servieren.

Weinberg-Wachteln

Für 6 Personen

Zutaten

4 Schalotten
500 g kernlose grüne Weintrauben
18–24 frische Weinblätter
9–12 küchenfertige Wachteln, ohne Innereien (je nach Größe)
Meersalz
frisch gemahlener schwarzer Pfeffer
400 g Frühstücksspeck
3 EL Olivenöl
500 ml trockener Rosé
200 g Sahne
2 EL Weingelee

1 Die Schalotten abziehen und fein hacken, die Weintrauben waschen und klein schneiden. Die Weinblätter gründlich waschen und vorsichtig trocken tupfen. Die Wachteln waschen, trocken tupfen, innen und außen mit Salz und Pfeffer würzen und mit der Hälfte der Schalotten und Weintrauben füllen, die Öffnung zunähen. Jede Wachtel in 2 Weinblätter und dann in Frühstücksspeck einwickeln und mit Küchengarn verschnüren. In einem großen Schmortopf das Öl erhitzen und die Wachteln darin von allen Seiten anbraten. Die restlichen Zwiebeln und Weintrauben dazugeben, mit dem Wein ablöschen und mit Deckel bei geringer Hitze ca. 45 Minuten schmoren lassen. Die Wachteln herausnehmen und warm beiseitestellen. Den Fond pürieren und in einem Topf mit der Sahne cremig einkochen lassen. Mit Salz und Pfeffer abschmecken und das Weingelee unterrühren. Die Wachteln auf vorgewärmten Tellern anrichten und die Sauce getrennt dazu servieren.

Wachteln mit Preiselbeeren

Für 6 Personen

Zutaten

15 schwarze Pfefferkörner
6 EL Honig
6 EL Dijon-Senf
3 rote Zwiebeln
9–12 küchenfertige Wachteln, ohne Innereien (je nach Größe)
Meersalz
frisch gemahlener schwarzer Pfeffer
400 g fetter Speck in Scheiben
4 Schalotten
500 ml trockener Rotwein
3 EL Olivenöl
200 g Sahne
4 EL Preiselbeermarmelade

1 Den Backofen auf 180 °C vorheizen. Die Pfefferkörner in einem Mörser zerstoßen und mit dem Honig und dem Senf zu einer Gewürzpaste verarbeiten. Die Zwiebeln abziehen und grob würfeln. Die Wachteln waschen, trocken tupfen und innen wie außen salzen und pfeffern. Mit Würzpaste bestreichen, mit den Zwiebelwürfeln füllen, in den Speck einwickeln, auf einem Backblech in den Backofen geben und 30 Minuten garen. Den Speck abnehmen und 10 Minuten eine schöne Kruste entstehen lassen. Wenn die Wachteln zu schnell bräunen, mit Alufolie abdecken oder mit Rotwein beträufeln.

2 In der Zwischenzeit die Schalotten abziehen und fein würfeln. Die Wachteln aus dem Backofen nehmen und warm beiseitestellen. Den Bratensatz mit dem Rotwein loskochen. In einer Pfanne das Olivenöl erhitzen und die Schalotten darin glasig dünsten. Mit dem Rotwein ablöschen und mit der Sahne auf die gewünschte Konsistenz einkochen. Die Preiselbeermarmelade unterziehen und mit Salz und Pfeffer abschmecken.

3 Die Wachteln auf einer vorgewärmten Platte anrichten und die Sauce getrennt dazu servieren.

Speckwachteln mit Dattelsauce

Für 6 Personen

Zutaten

1 EL gehackte Salbeiblätter
1 Bund Frühlingszwiebeln
3 Knoblauchzehen
18–24 getrocknete Datteln
9–12 küchenfertige Wachteln, ohne Innereien (je nach Größe)
Meersalz
frisch gemahlener schwarzer Pfeffer
400 g Frühstücksspeck
3 EL Olivenöl
500 ml Hühnerbrühe
150 g Crème fraîche

1 Den Backofen auf 200 °C vorheizen. Die Salbeiblätter fein wiegen. Die Frühlingszwiebeln putzen, waschen und klein schneiden. Den Knoblauch abziehen und fein hacken. Die Datteln entkernen und klein schneiden, alles miteinander vermischen. Die Wachteln waschen, trocken tupfen, salzen, pfeffern, mit der Mischung füllen und in Frühstücksspeck einwickeln.

2 In einem großen Bräter das Olivenöl erhitzen und die Wachteln darin rundum anbraten. Mit der Hühnerbrühe ablöschen und 30 Minuten im Backofen garen. Den Speck entfernen und die Wachteln noch 10 Minuten bräunen lassen. Herausnehmen, die Füllung entfernen und die Wachteln warm beiseitestellen. Den Fond mit der Füllung zusammen pürieren, mit Crème fraîche cremig einkochen und noch einmal salzen und pfeffern. Die Wachteln auf vorgewärmten Tellern mit dem Frühstücksspeck anrichten und mit der Sauce überzogen servieren.

Orangen-Wachteln

Für 6 Personen

Zutaten

3 Orangen
6 Schalotten
9–12 küchenfertige Wachteln, ohne Innereien (je nach Größe)
400 g Frühstücksspeck
Meersalz
frisch gemahlener schwarzer Pfeffer
500 ml Orangensaft
2 EL bittere Orangenmarmelade
200 g Sahne

1 Den Backofen auf 200 °C vorheizen. Die Orangen schälen und klein schneiden. Die Schalotten abziehen, fein hacken und mit den Orangenstücken vermischen. Die Wachteln waschen, trocken tupfen, innen und außen salzen und pfeffern. Jede Wachtel mit der Orangen-Schalotten-Mischung füllen und mit Frühstücksspeck umwickeln. Die Vögel in einen großen Bräter geben und ca. 35 Minuten im Backofen garen, dann den Speck abnehmen, den Orangensaft angießen und noch 10 Minuten bräunen lassen. Herausnehmen, die Füllung entfernen und die Wachteln warm beiseitestellen.

2 Die Füllung pürieren und in den Fond geben. Mit der Sahne cremig einkochen, die Orangenmarmelade unterheben und noch einmal mit Salz und Pfeffer abschmecken. Die Wachteln auf vorgewärmten Tellern anrichten und die Sauce getrennt dazu servieren.

Wachteln auf Steinpilzen

1 Die Petersilie waschen, trocken tupfen und grob hacken. Den Speck in dünne Scheiben schneiden. Die Wachteln waschen, trocken tupfen, innen und außen salzen und pfeffern, mit der Petersilie und je 1 Zweig Rosmarin und Thymian füllen und mit dem Speck umwickeln. In einem großen Schmortopf 3 EL Olivenöl erhitzen und die Wachteln darin rundum anbraten. Mit dem Sherry ablöschen, Weißwein und Hühnerbrühe angießen und zugedeckt ca. 45–60 Minuten schmoren lassen.

2 Inzwischen die Zwiebeln abziehen und fein hacken. Die Steinpilze putzen (nicht waschen!) und klein schneiden. In einer großen Pfanne 3 EL Olivenöl erhitzen und die Zwiebeln darin glasig dünsten. Die Steinpilze hinzufügen, weich dünsten, salzen, pfeffern und warm beiseitestellen.

3 Die Wachteln herausnehmen und warm beiseitestellen. Den Fond in einem Topf mit der Crème fraîche cremig einkochen. Die Speisestärke mit kaltem Wasser glattrühren und die Sauce damit binden. Noch 2–3 Minuten köcheln lassen und mit Salz und Pfeffer abschmecken. Die Wachteln auf vorgewärmte Teller geben, mit den Steinpilzen anrichten und die Sauce getrennt dazu servieren.

Für 6 Personen

Zutaten

1 Bund glatte Petersilie
400 g fetter Speck
9–12 küchenfertige Wachteln, ohne Innereien (je nach Größe)
Meersalz
frisch gemahlener weißer Pfeffer
9–12 Rosmarinzweige
9–12 Thymianzweige
6 EL Olivenöl
100 ml halbtrockener Sherry
150 ml trockener Weißwein
250 ml Hühnerbrühe
2 rote Zwiebeln
500 g Steinpilze
150 g Crème fraîche
2 TL Speisestärke

Wachteln mit Knoblauch

1 Den Backofen auf 240 °C vorheizen. Die Wachteln waschen, trocken tupfen, salzen und pfeffern. 9–12 Knoblauchzehen abziehen und in jede Wachtel 1 Knoblauchzehe geben. Die Wachteln mit dem Frühstücksspeck umwickeln, in einen großen Bräter setzen und 30 Minuten im Backofen garen. Nach 15 Minuten den Weißwein und die Hühnerbrühe angießen. In der Zwischenzeit die übrigen Knoblauchzehen abziehen, 5–10 Minuten in kochendem Salzwasser garen und durch ein Sieb streichen. Die Wachteln herausnehmen und warm beiseitestellen. Den Bratenfond in einem kleinen Topf mit der Crème fraîche und dem Knoblauchpüree verrühren und cremig einkochen lassen. Die Sauce mit Salz und Pfeffer abschmecken. Die Wachteln auf vorgewärmten Tellern anrichten und die Sauce getrennt dazu servieren.

Für 6 Personen

Zutaten

9–12 küchenfertige Wachteln, ohne Innereien (je nach Größe)
Meersalz
frisch gemahlener schwarzer Pfeffer
3 Knoblauchknollen
400 g Frühstücksspeck
250 ml Weißwein
250 ml Hühnerbrühe
150 g Crème fraîche

Rosmarin-Wachteln

Für 6 Personen

Zutaten

3 EL gehackte Rosmarinblätter
3 rote Zwiebeln
6 Knoblauchzehen
12 schwarze Pfefferkörner
9–12 küchenfertige Wachteln, ohne Innereien (je nach Größe)
9–12 Rosmarinzweige
6 EL flüssige Butter
250 ml trockener Rotwein
200 g Sahne
Meersalz
frisch gemahlener schwarzer Pfeffer

1 Den Backofen auf 200 °C vorheizen. Rosmarinblätter fein wiegen, Zwiebeln und Knoblauch abziehen und fein hacken. Die Pfefferkörner in einem Mörser zerstoßen. Die Wachteln waschen, trocken tupfen, mit Zwiebeln, Knoblauch und den Rosmarinzweigen füllen, mit dem Pfeffer und den Rosmarinblättern einreiben und mit flüssiger Butter einpinseln. Auf ein Backblech geben und 45 Minuten garen, immer wieder mit Butter bestreichen. Dabei zum Ende hin schön bräunen lassen.

2 Herausnehmen, die Füllung entfernen und die Wachteln warm beiseitestellen. Den Bratensatz mit dem Rotwein loskochen und mit den Zwiebeln und dem Knoblauch aus den Vögeln pürieren. Mit der Sahne cremig einkochen und mit Salz und Pfeffer abschmecken. Die Wachteln auf vorgewärmten Tellern anrichten und die Sauce getrennt dazu servieren.

Oliven-Wachteln

Für 6 Personen

Zutaten

100 g große schwarze Oliven, entsteint
100 g große grüne Oliven, entsteint
1 EL gehackte Thymianblätter
1 EL gehackte Rosmarinblätter
1 EL gehackte Salbeiblätter
3 Knoblauchzehen
9–12 küchenfertige Wachteln, ohne Innereien (je nach Größe)
Meersalz
frisch gemahlener schwarzer Pfeffer
150 g durchwachsener Speck
4 EL Olivenöl
500 ml trockener Weißwein
150 g Crème fraîche
2 EL eiskalte Butter

1 Die Oliven klein schneiden. Thymian-, Rosmarin- und Salbeiblätter fein wiegen. Den Knoblauch abziehen und fein hacken. Die Wachteln waschen, trocken tupfen, rundum salzen, pfeffern und mit Thymian, Rosmarin, Salbei und Knoblauch einreiben. Den Speck in kleine Würfel schneiden.

2 In einem großen Bräter das Olivenöl erhitzen und den Speck darin auslassen. Die Wachteln darin 10 Minuten rundum anbräunen. Mit dem Weißwein ablöschen, die gehackten Oliven darüber streuen und zugedeckt ca. 40 Minuten schmoren lassen.

3 Die Wachteln aus dem Bräter nehmen und warm beiseitestellen. Einen Teil der Oliven aus dem Fond nehmen und beiseitestellen. Den Fond pürieren oder durch ein Küchensieb streichen, mit der Crème fraîche auf die gewünschte Konsistenz einkochen, noch einmal mit Salz und Pfeffer abschmecken und mit der Butter binden.

4 Die Wachteln auf vorgewärmten Tellern anrichten, mit den Oliven garnieren und die Sauce getrennt dazu reichen.

Wachteln im Lauchbett

Für 6 Personen

Zutaten

6 Kräuterseitlinge
3 rote Zwiebeln
frisch gemahlener schwarzer Pfeffer
1 EL gehackte Thymianblätter
9–12 küchenfertige Wachteln, ohne Innereien (je nach Größe)
400 g Frühstücksspeck
Meersalz
150 ml weißer Portwein
100 ml Hühnerbrühe
1,2 kg Lauch
3 Gemüsezwiebeln
3 EL Butter
250 ml trockener Weißwein
200 g Sahne

1 Den Backofen auf 200 °C vorheizen. Die Kräuterseitlinge putzen (nicht waschen!) und klein schneiden. Die Zwiebeln abziehen und grob hacken. Beides gut vermischen und pfeffern. Den Thymian fein wiegen. Die Wachteln waschen, trocken tupfen, mit der Pilzmischung füllen und außen kräftig mit Thymian und Pfeffer einreiben. Mit dem Frühstücksspeck belegen, in einen großen Bräter geben und 15 Minuten im Backofen garen. Den Portwein und die Hühnerbrühe angießen und weitere 30 Minuten garen. Herausnehmen, salzen, die Füllung entfernen und warm beiseitestellen.

2 In der Zwischenzeit den Lauch putzen, in Scheiben schneiden und waschen. Die Gemüsezwiebeln abziehen und grob hacken. In einem großen Schmortopf die Butter erhitzen und den Lauch und die Zwiebeln darin weich dünsten. Salzen, pfeffern, bei stärkerer Hitze leicht anrösten, mit dem Wein ablöschen und verkochen lassen. Warm beiseitestellen.

3 Den Fond mit der Füllung aus den Vögeln pürieren und mit der Sahne cremig einkochen. Auf vorgewärmten Tellern ein Lauchbett anlegen, die Wachteln darauf anrichten und die Sauce getrennt dazu servieren.

Wachteln auf Linsen

Für 6 Personen

Zutaten

500 g braune Linsen
3 große Zwiebeln
2 Knoblauchzehen
2 Karotten
200 g durchwachsener Speck
1 Bund krause Petersilie
9–12 küchenfertige Wachteln, ohne Innereien (je nach Größe)
Meersalz
frisch gemahlener schwarzer Pfeffer
3 EL Butterschmalz
500 ml Gemüsebrühe
400 g gehackte Tomaten aus der Dose

1 Die Linsen nach Packungsangaben vorbereiten, eventuell einweichen und/oder vorkochen. Zwiebeln und Knoblauch abziehen und fein würfeln. Die Karotten schälen und in feine Stifte schneiden. Den Speck in Würfel schneiden. Die Petersilie waschen, trocken tupfen und fein hacken. Die Wachteln waschen, trocken tupfen und innen und außen salzen und pfeffern.

2 In einem großen Bräter das Butterschmalz erhitzen und den Speck darin auslassen. Die Wachteln darin rundum anbraten. Zwiebeln, Knoblauch und Karotten dazugeben und leicht anrösten. Mit Gemüsebrühe ablöschen und die Linsen und Tomaten dazugeben. 40–50 Minuten sanft schmoren lassen. Wenn das Gericht zu trocken wird, etwas Wasser angießen.

3 Auf vorgewärmten Tellern ein Bett aus Linsengemüse anlegen, die Wachteln darauf anrichten und mit Petersilie garniert servieren.

Wachteln mit Weintrauben

1 Den Backofen auf 180 °C vorheizen. Die Trauben waschen und trocken tupfen. Je 150 g blaue und grüne Trauben klein schneiden und vermischen. Die Wachteln waschen, trocken tupfen, salzen, pfeffern und mit den Trauben füllen. Die Haut von außen mit der Butter bestreichen und die Vögel auf ein Backblech geben. In den Backofen geben und die Wachteln 35 Minuten garen. Mit Weinbrand ablöschen, Rotwein angießen und die Wachteln noch 10 Minuten bräunen lassen.

2 Inzwischen je 6 blaue und grüne Weintrauben vierteln, den Rest klein schneiden. Die Wachteln aus dem Backofen nehmen und warm beiseitestellen. Den Fond mit der Sahne auf die gewünschte Konsistenz einkochen, mit Salz und Pfeffer abschmecken und die klein geschnittenen Trauben unterziehen.

3 Die Wachteln auf vorgewärmten Platten anrichten, mit den geviertelten Weintrauben garnieren und mit etwas Sauce überzogen servieren. Die restliche Sauce getrennt dazu servieren.

Für 6 Personen

Zutaten

250 g kernlose blaue Weintrauben
250 g kernlose grüne Weintrauben
9–12 küchenfertige Wachteln, ohne Innereien (je nach Größe)
Meersalz
frisch gemahlener schwarzer Pfeffer
150 g weiche Butter
6 cl Weinbrand
500 ml trockener Rotwein
200 g Sahne

Wachteln mit Sauerkraut

1 Thymian und Schnittlauch fein wiegen. Die Schalotten abziehen und fein würfeln. Den Speck in kleine Würfel schneiden. In einem Topf bei geringer Hitze den Speck auslassen, das gut abgetropfte Sauerkraut mit dem Schnittlauch darin anschmoren, salzen und pfeffern und abkühlen lassen. Die Wachteln waschen, trocken tupfen, von außen kräftig pfeffern und mit dem Sauerkraut und je 1 Wacholderbeere füllen.

2 Den Backofen auf 200 °C vorheizen. In einem großen Bräter das Olivenöl erhitzen und die Wachteln darin rundum goldbraun anbraten. Die Schalotten dazugeben und glasig dünsten. Mit dem Thymian bestreuen, mit dem Rotwein ablöschen und zugedeckt im Backofen 45 Minuten garen. Herausnehmen, salzen und warm beiseitestellen.

3 Den Fond pürieren und in einem Topf cremig einkochen lassen. Die Speisestärke mit kaltem Wasser glatt rühren und die Sauce damit binden. Noch 2–3 Minuten sanft köcheln lassen und mit Salz und Pfeffer würzen. Die Wachteln auf vorgewärmten Tellern anrichten und die Sauce getrennt dazu servieren.

Für 6 Personen

Zutaten

1 EL gehackte Thymianblätter
1 EL gehackter Schnittlauch
10 Schalotten
125 g durchwachsener Speck
750 g Sauerkraut
9–12 küchenfertige Wachteln, ohne Innereien (je nach Größe)
Meersalz
frisch gemahlener schwarzer Pfeffer
9–12 Wacholderbeeren
3 EL Olivenöl
500 ml trockener Rotwein
1 TL Speisestärke

Rezeptverzeichnis

H

R

S

T

U

W

Z